Patrones en mosaico de

punto y ganchillo

Título original: *Mosaic Chart Directory for Knitting + Crochet*

© 2025 Librero b.v. (edición española)
www.librero.nl

© Quarto Publishing plc 2024

Editora: Charlene Fernandes
Corrección de estilo: Lindsay Kaubi
Comprobación de patrones: Sharon Carter y Linda Brown
Dirección artística: Martina Calvio
Diseño: Bess Daly
Fotografía: Phil Wilkins
Responsable editorial: Lorraine Dickey

Producción de la edición española:
Traducción: Míriam Torras para Delivering iBooks & Design
Redacción y maquetación: Delivering iBooks & Design, Barcelona

Distribución exclusiva de la edición española:
Librero IBP S. L.
C/ Paseo de los Olmos, n.º 20
Planta 1.ª, oficina 7
28005 Madrid, España
www.librero-ibp.es

Impreso en China
ISBN: 978-84-1154-079-7

MIXTO
Papel | Apoyando la
silvicultura responsable
FSC® C016973

Patrones en mosaico de

punto y ganchillo

75 diseños contemporáneos

Anna Nikipirowicz

Librero

Contenido

Conozca a Anna

Hace ya mucho tiempo que hago punto y ganchillo. Fue mi maravillosa madre, Lucy, ya difunta, quien despertó mi amor por estas labores. Estas dos técnicas manuales tienen cierta magia que me mantiene siempre entusiasmada y con ganas de más. A pesar de llevar años explorando y practicando, todavía tengo mucho que aprender. ¡Las posibilidades son infinitas!

Una de las muchas técnicas que me fascinan es la de tejer mosaicos a ganchillo o punto. Comencé creando impresionantes diseños con las dos agujas, cosa que debo agradecer a Barbara Walker. Experta en labores de punto, acuñó el término *mosaic knitting* («tejer mosaicos de punto») y diseñó una plétora de extraordinarios patrones para tejer con la técnica mosaico. Durante mi aventura personal con las agujas de tejer, sus libros han sido recursos muy utilizados y queridos.

Fue más adelante cuando empecé a explorar la técnica mosaico a ganchillo. En este libro me centro en la técnica mosaico a ganchillo con puntos integrados (*inset*), la primera que me enamoró; la de puntos superpuestos (*overlay*) la he descubierto más recientemente. Adoro las dos, pero encuentro que los puntos integrados son más adecuados para una gama más amplia de proyectos. No obstante,

también le ofreceré instrucciones detalladas para que pueda convertir los diagramas y trabajar los patrones con puntos superpuestos o a ganchillo tunecino.

En este libro he incluido patrones muy populares, pero también nuevas creaciones con la ilusión de que también se ganen su corazón. El directorio de patrones está dividido en cinco secciones: geométricos, aztecas, generales, de la naturaleza y estacionales. He tratado de hacer cada uno lo más variado posible. La sección azteca está llena de patrones que yo denomino «apilables», en el sentido de que están diseñados para poder apilarse y formar un bonito diseño integral. No obstante, esto no solo se aplica a la sección azteca: cada diseño puede combinarse con otros. Esta es la característica más maravillosa de tejer, la auténtica libertad que ofrece para ser creativo y abrirse a una infinidad de posibilidades.

Este libro era una idea que tenía en la cabeza desde hace mucho tiempo. Estoy muy agradecida de que mi editora le viera potencial. Ha sido un auténtico placer crear esta obra para usted. Mi esperanza es que encuentre inspiración en sus páginas y disfrute tanto como yo explorando el potencial de la técnica mosaico, sea con las dos agujas o con el ganchillo.

Introducción

¿Qué es la técnica mosaico? Consiste en tejer, a ganchillo o con dos agujas, una labor compuesta de dos colores independientes. El método es muy sencillo: con cada uno de los dos colores utilizados se tejen dos hileras. A diferencia de otras técnicas para tejer labores multicolores, como la Fair Isle (también conocida como *jacquard* o *stranded colourwork*), donde se utilizan dos o más colores por hilera, la técnica mosaico permite crear patrones intrincados sin tener que transportar varios hilos a lo largo de cada hilera.

La técnica mosaico a ganchillo es muy parecida a la de punto; se sigue el mismo diagrama, cada vez se trabaja con un solo color y ambas permiten crear bonitos diseños de colores sin tener que cambiar de hilo en cada hilera o vuelta. En la técnica mosaico a ganchillo, simplemente se conectan hileras o vueltas tejiendo cadenetas y saltándose un punto y luego rellenando el punto saltado con el otro color tejiendo un punto alto dos hileras o vueltas después. Al trabajar con las dos agujas, solo hay que tejer del derecho las hileras D y del revés las hileras R, deslizando puntos para saltarse el color de contraste.

EL NIVEL DE DIFICULTAD SE ESPECIFICA AQUÍ, TANTO PARA GANCHILLO COMO PARA PUNTO.

PRIMERO SE PRESENTAN LAS INSTRUCCIONES ESCRITAS DEL PATRÓN DE PUNTO, QUE PUEDEN LEERSE JUNTO CON EL DIAGRAMA.

EN CADA DIAGRAMA, LA CASILLA BLANCA EQUIVALE AL HILO A, Y LA NEGRA (EL COLOR DE CONTRASTE) AL HILO B. EN TODO EL LIBRO, HE UTILIZADO UN COLOR CRUDO COMO HILO A.

DIFICULTAD
XXX
///

Hojas

Este adorable diseño con hojas queda maravillos[...] un hilo multicolor como hilo B y con un hilo unifor[...]

Instrucciones de punto
Múltiplo de 20 p. + 3
En las H. D, deslice los p. como si fuera a tejerlos del revés con el hilo por detrás.
Monte los p. con A, teja 1 H. del derecho y 1 H. del revés.
H. 1 (D): Con B, 1 d., *[desl. 1, 1 d.] 10 veces; rep. desde * hasta que queden 2 p.; desl. 1, 1 d.
H. 2 y todas las H. R: Teja del revés los d. y deslice los p. desl. como si fuera a tejerlos del revés con el hilo por delante.
H. 3: Con A, 1 d., *5 d., desl. 1, 9 d., desl. 1, 4 d.; rep. desde * hasta que queden 2 p.; 2 d.
H. 5: Con B, 1 d., *desl. 2, 7 d., desl. 2, 1 d., desl. 2, 3 d., desl. 2, 1 d.; rep. desde * hasta que queden 2 p.; desl. 1, 1 d.
H. 7: Con A, 1 d., *2 d., desl. 1, 5 d., desl. 1, 5 d., desl. 1, 1 d., desl. 1, 3 d.; rep. desde * hasta que queden 2 p.; 2 d.
H. 9: Con B, 1 d., *desl. 1, 2 d., [desl. 1, 1 d.] 3 veces, 1 d., desl. 1, 1 d., desl. 1, 2 d., desl. 1, 2 d., desl. 1, 1 d.; rep. desde * hasta que queden 2 p.; desl. 1, 1 d.

H. 11: Con A, 1 d., *1 d., desl. 1, 7 d., [desl. 1, 3 d.] 2 veces, desl. 1, 2 d.; rep. desde * hasta que queden 2 p.; 2 d.
H. 13: Con B, 1 d., *desl. 1, 1 d., [desl. 1, 1 d.] 4 veces, desl. 2, 2 d., desl. 1, 1 d., desl. 1, 2 d., desl. 1; rep. desde * hasta que queden 2 p.; desl. 1, 1 d.
H. 15: Con A, 1 d., *1 d., desl. 1, 7 d., desl. 1, 2 d., desl. 1, 5 d., desl. 1, 1 d.; rep. desde * hasta que queden 2 p.; 2 d.
H. 17: Con B, 1 d., *desl. 1, 2 d., [desl. 1, 1 d.] 3 veces, 1 d., desl. 1, 2 d., [desl. 1, 1 d.] 3 veces, 1 d.; rep. desde * hasta que queden 2 p.; desl. 1, 1 d.
H. 19: Con A, 1 d., *2 d., desl. 1, 5 d., desl. 1, 2 d., desl. 1, 2 d.; rep. desde * hasta que queden 2 p.; 2 d.
H. 21: Con B, 1 d., *desl. 2, 2 d., [desl. 1, 1 d.] 2 veces, 1 d., desl. 2, 2 d., desl. 1, 1 d.] 4 veces; rep. desde * hasta que queden 2 p.; desl. 1, 1 d.
H. 23: Con A, 1 d., *[3 d., desl. 1] 3 veces, 7 d., desl. 1; rep. desde * hasta que queden 2 p.; 2 d.
H. 25: Con B, 1 d., *desl. 1, 1 d., [desl. 1, 2 d.] 2 veces, desl. 1, 1 d., desl. 1, 2 d., [desl. 1, 1 d.] 3 veces, 1 d.; rep. desde * hasta que queden 2 p.; desl. 1, 1 d.

☐ Hilo A = crema
■ Hilo B = verde

DIAGRAMA DEL MOSAICO

23 22 21 20 19 18 17 16 15 14 13 12 11 10 9 8 7 6 5 4 3 2 1

DE LA NATURALEZA

20 p.

134

LA TÉCNICA MOSAICO PERMITE UTILIZAR EL MISMO DIAGRAMA TANTO SI SE TEJE A GANCHILLO COMO A PUNTO.

LA LÍNEA ROJA INDICA LA REPETICIÓN DEL PATRÓN.

ENCONTRARÁ FOTOGRAFÍAS DE MUESTRAS
TEJIDAS A PUNTO Y A GANCHILLO PARA QUE
VEA SU ASPECTO FINAL.

PUNTO

GANCHILLO

...do con
...hilo A.

...d., 4 d., desl. 1, 1 d.,
...l. 1] 2 veces, 1 d.; rep.
...ue queden 2 p.: 2 d.

..., *desl. 1, 1 d., desl. 2,
...desl. 2, 7 d., desl. 1;
...sta que queden 2 p.;

..., *5 d., desl. 1, 9 d.,
...desde * hasta que

..., *[desl. 1, 1 d.] 10 ve-
...* hasta que queden

...a p. del derecho.
...H. 2.
...Para terminar, utilice
...os los p. de la H. 35
...dos los p. de la H. 36

de ganchillo
...+ 3
...atrón: La repetición
...nes escritas difiere del
...H. 13 y 29.
...mero deseado de
...a.
...cad., 1 p. b., *[2 cad.,
...10 veces; rep. desde *
...en 2 p.; 2 cad., sált.
...a vuelta.
H. R: 1 cad., 1 p. b.
...y sált. los esp. de cad.

...d., 1 p. b., *[1 p. a. M.,
...p. a. M., 2 cad., sált.
...p. b.] 4 veces, 1 p. a.
...p. b., [1 p. a. M., 1 p. b.]
...de * hasta que
...a. M., 1 p. b., dele

...d., 1 p. b., *3 cad.,
...1 p. a. M., 3 p. b.,
...p. b., 3 cad., sált. 2 p.,
...1 p. b., 3 cad., sált.
...desde * hasta que
...sált. 1 p., 1 p. b.,

...d., 1 p. b., *2 p. a. M.,
...p. b., 2 cad., sált. 1 p.,
...2 p. a. M., 2 cad., sált.
...sált. 1 p., 2 p. a. M.,
...e * hasta que queden
...p. b., dele la vuelta.

H. 9: Con B, 1 cad., 1 p. b., *2 cad., sált.
1 p., 1 p. b., 1 p. a. M., [2 cad., sált.
1 p., 1 p. b.] 2 veces, 2 cad., sált. 1 p., 1 p. a.
M., 1 p. b., [2 cad., sált. 1 p., 1 p. b.] 2
veces, 1 p. b., 1 p. a. M., 2 cad., sált. 1 p., 1 p. a.
M., 1 p. b., 2 cad., sált. 1 p., 1 p. b.; rep.
desde * hasta que queden 2 p.; 2 cad.,
sált. 1 p., 1 p. b., dele la vuelta.
H. 11: Con A, 1 cad., 1 p. b., *1 p. a. M.,
2 cad., sált. 1 p., [1 p. b., 1 p. a. M.] 3 veces, 1 p. b., 2 cad., sált. 1 p., 1 p. b.,
1 p. b., 1 p. a. M., 2 cad., sált. 1 p., 1 p. b.,
1 p. a. M., 1 p. b., 2 cad., sált. 1 p., 1 p.
a. M., 1 p. b.; rep. desde * hasta que
queden 2 p.; 1 p. a. M., 1 p. b., dele
la vuelta.
H. 13: Con B, 1 cad., 1 p. b., 2 cad., sált.
1 p., *1 p. a. M., [2 cad., sált. 1 p., 1 p.
b.] 3 veces, 1 p. a. M., 1 p. a. M.,
3 cad., sált. 2 p., 1 p. b., 1 p. a. M., 2 cad.,
sált. 1 p., 1 p. b., 2 cad., sált. 1 p., 1 p. a.
M., 1 p. b.**, 3 cad., sált. 2 p.; rep. desde * hasta que queden 3 p., acabando la última repetición en **; 3 cad.,
sált. 2 p., 1 p. b., dele la vuelta.
H. 15: Con A, 1 cad., 1 p. b., *1 p. a. M.,
2 cad., sált. 1 p., [1 p. a. M., 1 p. b.] 3 veces, 1 p. a. M., 2 cad., sált. 1 p., 2 p. a.
M., 2 cad., sált. 1 p., 1 p. b., 2 cad., sált.
1 p., 1 p. a. M.; rep. desde * hasta que
queden 2 p.; 1 p. a. M., 1 p. b., dele
la vuelta.
H. 17: Con B, 1 cad., 1 p. b., *2 cad.,
sált. 1 p., 1 p. a. M., 1 p. b., [2 cad., sált.

1 p., 1 p. b.] 3 veces, 1 p. a. M., 2 cad.,
sált. 1 p., 1 p. a. M., [2 cad., sált.
1 p., 1 p. b.] 2 veces, 2 cad., sált. 1 p.,
1 p. a. M., 1 p. b.; rep. desde * hasta
que queden 2 p.; 2 cad., sált. 1 p.,
1 p. b., dele la vuelta.
H. 19: Con A, 1 cad., 1 p. b., *1 p. a. M.,
1 p. b., 2 cad., sált. 1 p., [1 p. a. M., 1 p.
b.] 2 veces, 1 p. a. M., 2 cad., sált. 1 p.,
1 p. b., 1 p. a. M., 3 cad., sált. 2 p., 1 p. b.,
[1 p. a. M., 1 p. b.] 3 veces, 2 cad., sált.
1 p.; rep. desde * hasta que queden
2 p.; 1 p. a. M., 1 p. b., dele la vuelta.
H. 21: Con B, 1 cad., 1 p. b., *3 cad., sált.
2 p., 1 p. a. M., 1 p. b., [2 cad., sált. 1 p.,
1 p. b.] 2 veces, 1 p. a. M., 3 cad., sált.
2 p., 1 p. a. M., [2 cad., sált. 1 p., 1 p. b.]
3 veces, 2 cad., sált. 1 p., 1 p. b.; rep.
desde * hasta que queden 2 p.; 2 cad.,
sált. 1 p., 1 p. b., dele la vuelta.
H. 23: Con A, 1 cad., 1 p. b., *2 p. a. M.,
1 p. b., 2 cad., sált. 1 p., 1 p. a. M., 1 p. b.,
1 p. a. M., 2 cad., sált. 1 p., 1 p. b., 2 p.
a. M., 2 cad., sált. 1 p., 1 p. b., 1 p. a. M., 1 p.
b.] 3 veces, 1 p. a. M., 2 cad., sált. 1 p.;
rep. desde * hasta que queden 2 p.;
1 p. a. M., 1 p. b., dele la vuelta.
H. 25: Con B, 1 cad., 1 p. b., *2 cad.,
sált. 1 p., 1 p. b., 2 cad., sált. 1 p., 1 p.
a. M., 1 p. b., 2 cad., sált. 1 p., 1 p. b.,
1 p. a. M., 2 cad., sált. 1 p., 1 p. b., 2
cad., sált. 1 p., 1 p. b., 1 p. a. M., [2 cad.,
sált. 1 p., 1 p. b.] 3 veces, 1 p. a. M.; rep.
desde * hasta que queden 2 p.; 2 cad.,
sált. 1 p., 1 p. b., dele la vuelta.

H. 27: Con A, 1 cad., 1 p. b., *[1 p. a. M.,
1 p. b.] 2 veces, 2 cad., sált. 1 p., 1 p. a.
M., 2 cad., sált. 1 p., [1 p. b., 1 p. a. M.]
2 veces, 1 p. b., 2 cad., sált. 1 p., [1 p. a.
M., 1 p. b.] 2 veces, 1 p. a. M., 2 cad.,
sált. 1 p., 1 p. b.; rep. desde * hasta
que queden 2 p.; 1 p. a. M., 1 p. b., dele
la vuelta.
H. 29: Con B, 1 cad., 1 p. b., 2 cad., sált.
1 p., *1 p. b., 3 cad., sált. 2 p., 1 p. a. M.,
1 p. b., 1 p. a. M., 3 cad., sált. 2 p., 1 p. b.,
3 cad., sált. 2 p., 1 p. a. M., 5 p. b., 1 p.
a. M.**, 3 cad., sált. 2 p.; rep. desde *
hasta que queden 3 p., acabando la
última repetición en **; 3 cad., sált.
2 p., 1 p. b., dele la vuelta.
H. 31: Con A, 1 cad., 1 p. b., *1 p. a. M.,
1 p. b., 2 p. a. M., 1 p. b., 2 cad., sált.
1 p., [1 p. b., 2 p. a. M.] 2 veces, 3 p. b.,
2 cad., sált. 1 p., 3 p. b., 1 p. a. M.; rep.
desde * hasta que queden 2 p.; 1 p. a.
M., 1 p. b., dele la vuelta.
H. 33: Con B, 1 cad., 1 p. b., *[2 cad.,
sált. 1 p., 1 p. b.] 2 veces, 1 p. a. M.,
1 p., 1 p. b., [2 cad., sált. 1 p., 1 p.
b.] 4 veces, 2 cad., sált. 1 p., 1 p. b.,
[2 cad., sált. 1 p., 1 p. b.] 2 veces; rep.
desde * hasta que queden 2 p.; 2 cad.,
sált. 1 p., 1 p. b., dele la vuelta.
H. 35: Con A, 1 cad., 1 p. b. en cada p.
y 1 p. a. M. en cada esp.
H. 36: Como la H. 2.
Rep. las H. 1-36, acabando la última
repetición con la H. 35.

135

ESTOS SON LOS PUNTOS DE BORDE U
ORILLO. EN LA PÁGINA 17 APRENDERÁ
A INTERPRETAR UN DIAGRAMA
DE LA TÉCNICA MOSAICO.

EN SEGUNDO LUGAR APARECEN LAS
INSTRUCCIONES ESCRITAS DEL PATRÓN
DE GANCHILLO, QUE PUEDEN LEERSE
JUNTO CON EL DIAGRAMA.

SOLO NECESITA SABER LOS PUNTOS BÁSICOS,
PERO, SI NECESITA REFRESCAR LA MEMORIA, EN
LAS PÁGINAS 166-173 ENCONTRARÁ LECCIONES
ESENCIALES DE PUNTO Y GANCHILLO.

HOJAS

INTRODUCCIÓN

Nociones básicas

Antes de empezar, le ofrecemos información práctica sobre los hilos, las agujas de coser, las de ganchillo y las de tejer, los símbolos y las abreviaturas, así como una guía básica de las técnicas mosaico.

Herramientas y materiales

Para completar los diseños de este libro, se requieren pocos materiales y habilidades. No obstante, el tipo de hilo utilizado y el color producirán resultados que pueden variar en escala y textura, así que experimentar puede ser muy gratificante.

1. Hilo

Hay una amplia gama disponible de hilos de diferentes grosores, desde superfinos a muy gruesos (más información en las páginas 14 y 15). Como los hilos varían según el fabricante, y también la fibra que los compone, los tipos no se indican en cada patrón, ni tampoco los tamaños de agujas, ya que dependerá de las preferencias del tejedor. No obstante, es importante conocer las propiedades de cada hilo, ya que la composición de cada uno afectará a su comportamiento y sus características, y eso influirá en el resultado. En este libro he utilizado hilo de doble hebra The Croft, de West Yorkshire Spinners (100 % lana de las islas Shetland, 225 m, 100 g). En la página 176 se especifican los códigos de color de los hilos empleados en cada capítulo.

2. Agujas de tejer

Elija las agujas en función del hilo que utilice. La etiqueta del ovillo indica el calibre recomendado, lo que es un buen punto de partida, pero puede probar varias agujas de diferentes tamaños hasta obtener el resultado deseado. Hay agujas de tejer de diferentes longitudes. La mayoría son de aluminio, aunque las más largas suelen fabricarse de plástico para reducir su peso. También hay agujas de madera o bambú de diferentes tamaños. Para tejer todos los diseños de este libro he utilizado un par de agujas circulares de 4 mm.

3. Agujas de ganchillo

Se venden agujas de ganchillo de diferentes tamaños y materiales. La mayoría son de aluminio o plástico. Las agujas de acero pequeñas sirven para trabajar con hilos muy finos. También hay modelos artesanos hechos de madera, bambú o cuerno. La comodidad a la hora de tejer

depende considerablemente del diseño de la aguja. Busque una que tenga un agarre cómodo. El tamaño de las agujas se mide diferente en Europa que en Estados Unidos, y algunas marcas las etiquetan con más de un sistema de medidas. En la página 14 encontrará las equivalencias entre los diferentes sistemas. La elección de la aguja es cuestión de preferencia personal, así que pruebe con varias. Yo he empleado una de 3,5 mm.

Materiales adicionales

4. Cinta métrica:
Es imprescindible para comprobar la tensión y la longitud o anchura de un proyecto. Las retráctiles son más prácticas porque caben perfectamente en la bolsa de labores.

5. Marcadores de puntos y contador de hileras:
Puede adquirir marcadores de puntos y utilizarlos para indicar una repetición o como ayuda para contar los puntos de una cadeneta. De manera parecida, un contador de hileras es útil para hacer un seguimiento del número de hileras tejidas, aunque al trabajar con dos agujas normalmente esto es fácil si recuerda contar los puntos de la aguja como una hilera.

6. Tijeras:
Unas tijeras afiladas son una herramienta esencial para cualquier tejedor. Para cortar hilos lo ideal es utilizar unas pequeñas tijeras de bordar.

7. Regla:
Una regla puede ser útil para comprobar la tensión y llevar la cuenta de las hileras, para así saber cuál está trabajando. Simplemente póngala sobre el diagrama, encima de la hilera que va a tejer.

8. Cinta adhesiva decorativa:
Una buena manera de marcar la hilera de trabajo para no perderse. Pegue una tira de cinta encima (no debajo) de la hilera de trabajo y desplácela a medida que avanza. Si la pone debajo, le impedirá ver las hileras anteriores; cuando teja a ganchillo, necesitará verlas para determinar si hace un p. b. o un p. a. M.

9. Lápiz y bolígrafo:
Puede ir tachando las hileras del diagrama con un lápiz. Si escanea e imprime una copia del diagrama, también puede emplear un bolígrafo.

10. Aguja(s) de coser:
Las agujas de punta roma son esenciales para rematar cabos sueltos y coser piezas. Asegúrese de que tengan el ojo lo suficientemente grande para poder enhebrarlas con el hilo.

Hilo

Hay una amplia gama de hilos en el mercado, así que tenemos muchas opciones entre las que elegir. Los hay en una infinidad de colores y grosores, y todos ellos son adecuados para hacer punto o ganchillo.

Grosor del hilo

El grosor, también denominado peso, vienen indicado en la etiqueta del ovillo, así como el tamaño de agujas de tejer o de ganchillo recomendadas según el tipo de hilo.

Encaje/superfino: Hilos muy finos utilizados sobre todo para delicadas labores caladas.

Deportivo: Hilos finos empleados para la mayoría de las labores, ya que genera un tejido ligero. Los hilos de lana con nailon de este grosor son ideales para hacer calcetines.

Estambre ligero/doble hebra: El hilo más habitual, que produce prendas de ropa de peso medio, es adecuado para casi cualquier labor.

Estambre/de Aran: Ambos son más gruesos que los hilos de estambre ligeros/doble hebra, aunque el hilo de estambre es más ligero que el de Aran. Los dos pueden utilizarse para numerosos proyectos.

Grueso: Se trabaja rápido y se emplea para una gran variedad de proyectos, como mantas, bufandas y prendas de ropa. Produce tejidos pesados con puntos bien definidos.

Muy grueso: Perfecto para tejer suaves diseños de gran tamaño, se trabaja rapidísimo y es ideal para sombreros, bufandas y confortables prendas de ropa.

GROSORES DE LOS HILOS

Los hilos se clasifican según el grosor de cada hebra, lo que se conoce como peso. Esta tabla muestra los más habituales junto con los tamaños más recomendados de agujas de tejer y de ganchillo.

CATEGORÍA	NOMBRES	TAMAÑO DE LAS AGUJAS DE TEJER	TAMAÑO DE LA AGUJA DE GANCHILLO
0 Encaje	encaje, puntilla, doble hebra, hilos para ganchillo de numeración 10	1,5-2,25 mm (000-1 en EE. UU.)	acero: 1,6-1,4 mm (6-9) regular: 2,25 mm (B/1)
1 Superfino	calcetines, puntilla, ropa para bebé	2,25-3,25 mm (1-3 en EE. UU.)	2,25-3,5 mm (B/1-E/4 en EE. UU.)
2 Fino	deportivo, 4 hebras, ropa para bebé	3,25-3,75 mm (3-5 en EE. UU.)	3,5-4,5 mm (E/4-G/7 en EE. UU.)
3 Ligero	estambre ligero	3,75-4,5 mm (5-7 en EE. UU.)	4,5-5,5 mm (G/7-I/9 en EE. UU.)
4 Medio	estambre, de Aran, afgano	4,5-5,5 mm (7-9 en EE. UU.)	5,5-6,5 mm (I/9-K10,5 en EE. UU.)
5 Grueso	grueso, de artesanía, para alfombras	5,5-8 mm (9-11 en EE. UU.)	6,5-9 mm (K/10,5-M/13 en EE. UU.)
6 Supergrueso	muy grueso, de fibra discontinua	a partir de 8 mm (a partir de 11 en EE. UU.)	9-15 mm (M/13-P/Q en EE. UU.)
7 Jumbo	jumbo, de fibra discontinua	a partir de 15 mm (a partir de 19 en EE. UU.)	a partir de 15 mm (P/Q en EE. UU.)

Fibras de los hilos

Los hilos están hechos de fibras naturales de distintos tipos, como de alpaca y lana, o artificiales, como los acrílicos o el nailon, y todos ellos están disponibles en diferentes grosores.

Lana

Esta cálida fibra es la más popular para tejer. Procedente del vellón de las ovejas, recibe un nombre diferente según la raza de la cual proviene. La lana merina viene de las ovejas merinas, igual que ocurre con la de las Shetland y la Botany. Los hilos de lana son fáciles de trabajar con el ganchillo y tienen una maravillosa flexibilidad.

Algodón

Esta fibra está disponible en varios grados de suavidad; el algodón egipcio es el más suave de todos. El algodón es una fibra agradable para la piel y es adecuada para la gente con alergias cutáneas. Crea puntos bonitos y bien definidos, pero puede ser pesado y menos elástico que la lana. No obstante, tiene una caída fantástica.

Hilos mixtos

Existe un amplio surtido de hilos mixtos. Se hacen combinando diferentes fibras para obtener distintas texturas y grosores. Pueden ser fibras naturales mezcladas con sintéticas, como la lana con nailon, lo que crea un estupendo hilo para calcetines, o solo naturales, como el mohair con seda o bien la lana con algodón.

Hilos de fantasía

Estos hilos suelen hacerse con fibras sintéticas, retorciendo juntas varias hebras. Son ideales para trabajar una gran variedad de proyectos lisos, que harán que el hilo resalte.

Fibras sintéticas

Las fibras sintéticas están hechas de crudos y de productos intermedios, como petróleo, carbón, piedra caliza y agua. Las más habituales son las acrílicas, que emulan fibras naturales como la lana. Como son fabricadas o semifabricadas, son más baratas y duraderas, por lo que resultan más económicas.

Hilos de bambú y de soja

Estos son hilos ecosostenibles. Los de bambú, hechos con el centro del tallo, son suaves y tienen una muy buena caída. Los de soja, hechos a partir de la planta, son increíblemente suaves y a menudo imitan los hilos de seda.

Abreviaturas y terminología

En esta lista verá las abreviaturas utilizadas en los patrones del libro.

ABREVIATURAS DE PUNTO Y GANCHILLO

*	señala el inicio de una repetición larga (repita las instrucciones de después del asterisco tantas veces como se indica)
[ ]	señala una repetición corta (repita las instrucciones que hay entre los corchetes tantas veces como se indica)
D	derecho de la labor
e. h.	eche hebra sobre la aguja
H.	hilera(s)
p.	punto(s)
R	revés de la labor
rep.	repita
sált.	sáltese

ABREVIATURAS DE GANCHILLO

cad.	cadeneta(s)
esp. de cad.	espacio(s) de cadeneta
laz. del.	solo en la lazada delantera
laz. tras.	solo en la lazada trasera
p. a.	punto alto
p. a. laz. del. 2 H. ab.	punto alto trabajado solo en la lazada delantera del punto situado 2 hileras más abajo
p. a. M.	punto alto en mosaico. Teja un punto alto en el punto saltado, por delante de la cad., en el p. situado 2 hileras más abajo.
p. b.	punto bajo
p. b. alzado	Haga un nudo corredizo, manténgalo en el ganchillo y teja un punto bajo en el punto.
p. r.	punto raso

ABREVIATURAS DE PUNTO

d.	punto del derecho
desl.	deslice
hilo del.	con el hilo por delante
hilo det.	con el hilo por detrás
r.	punto del revés

ABREVIATURAS DE GANCHILLO TUNECINO

PAT	punto alto tunecino
PTB	punto tunecino básico

VARIANTES TERMINOLÓGICAS

En los patrones de este libro se utiliza la terminología mencionada, pero hay puntos que también se conocen con otros nombres según la región. Consulte esta lista para conocer las diferentes variantes.

EN ESTE LIBRO	OTRAS DENOMINACIONES
punto alto (p. a.)	punto vareta
punto alto tunecino (PAT)	punto vareta tunecina
punto raso (p. r.)	punto enano

Cómo leer diagramas de mosaicos

Todos los patrones de este libro van acompañados de diagramas para trabajar con la técnica mosaico. Son una representación visual del diseño multicolor. Compactos y sencillos de leer, sirven tanto para tejer a ganchillo como con las dos agujas.

Normas para interpretar los diagramas

- Los diagramas se leen de abajo arriba.
- Los diagramas se leen de derecha a izquierda en el D y de izquierda a derecha en el R.
    - La hilera 1 y todas las impares (D) se leen de derecha a izquierda.
    - La hilera 2 y todas las pares (R) se leen de izquierda a derecha.
- Cada hilera del diagrama en realidad representa dos hileras de la labor (tejida con un mismo color).
- Cada cuadrado del diagrama representa un punto.
- El cuadrado inicial de cada hilera representa el color de esa hilera.
- El primer punto y el último de cada hilera del diagrama son puntos de orillo. Se hacen del mismo color que la hilera y siempre se trabajan del mismo modo.
  En el diagrama de la derecha, los puntos de orillo se destacan en verde como referencia.
- Cuando haya que dar forma a la labor (como en las prendas de ropa), a menudo el diagrama mostrará cada una de las hileras del patrón.
- La línea roja indica la repetición del patrón en horizontal.
- La(s) hilera(s) base no se muestran en el diagrama. Se trabajan en el color contrario al del cuadrado inicial de la hilera 1 y en el mismo color que el de la(s) última(s) hilera(s).

- Si esta es la primera vez que trabaja con un diagrama de la técnica mosaico, le recomiendo que utilice un hilo oscuro para tejer lo puntos correspondientes a los cuadrados oscuros y un hilo más claro para tejer los puntos correspondientes a los cuadrados más claros. De este modo, le será más fácil seguirlo.

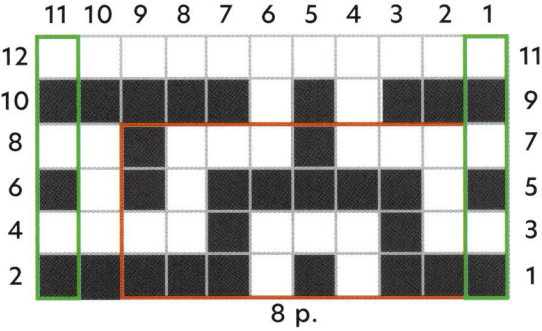

CONSEJO: En este libro, todos los patrones se trabajan a punto liso. Como se deslizan puntos, estos se alargarán cuando se encuentre con el color opuesto, haciendo que los puntos anteriores a ellos queden hundidos. Como resultado, los puntos pueden parecer irregulares. Conseguir una tensión regular es esencial, pero trabajar los diseños a punto bobo (tejiendo del derecho todas las hileras) también ayuda a resolver este problema. Cuando teja a punto bobo por el R, debe deslizar los puntos con el hilo por delante. Simplemente pase el hilo hacia delante entre las agujas y luego vuelva a desplazarlo al tejer el punto siguiente del derecho. También puede combinarlos, haciendo dos hileras a punto liso y dos a punto bobo.

Técnica mosaico: punto

Todos los diagramas de este libro se trabajan a punto liso, es decir, todas las hileras D se tejen del derecho y todas las hileras R del revés. Por supuesto, puede adaptarlas y tejerlas a punto bobo, con los cual se hace lo mismo pero las hileras R se tejen del derecho en lugar del revés.

Siguiendo el diagrama de la página anterior, o cualquier otro del libro, empiece la labor montando el número deseado de puntos en el color secundario hasta llegar a la primera hilera del diagrama. Lo mejor es el montaje de cable, ya que crea un borde bonito y firme (*véase* la página 168). Teja una hilera del derecho y una del revés. Ahora ya puede empezar a trabajar siguiendo el diagrama. El primer punto es un cuadrado 1 x 1. Para incorporar un nuevo color, simplemente empiece el punto del derecho con ese color y atrape el cabo en el revés para asegurarlo. También puede hacerle un nudo para mantener el hilo en el lugar. Al final del proyecto tendrá que deshacer el nudo para rematar el hilo.

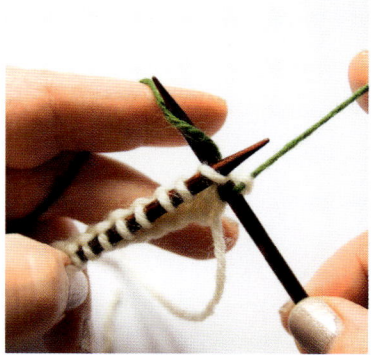

El punto de orillo de cada borde siempre se teje con el mismo color de la franja que está trabajando. Por tanto, nunca desplazará el primer punto o el último del patrón. No obstante, se trabajan mejor a punto bobo (tejiendo del derecho en ambas caras de la labor). Así creará bordes más pulcros. También puede añadir más puntos al borde de orillo: así evitará que la labor se enrolle si está tejida a punto liso.

1. En las hileras tejidas del derecho, leyendo el diagrama de derecha a izquierda, teja del derecho el p. de orillo con el color indicado y luego teja del derecho todos los p. de la hileras que sean del mismo color que el p. de orillo. Deslice los p. del otro color como si fuera a tejerlos del revés, llevando el hilo hacia detrás de la labor (hilo det.).

2. En las hileras tejidas del revés, leyendo el diagrama de izquierda a derecha, teja del revés los p. tejidos del derecho en la hilera anterior y deslice los p. del otro color como si fuera a tejerlos del revés con el hilo por delante (hilo del.).

3. Trabaje cada hilera del mismo modo, cambiando de color cada dos hileras. No corte el hilo al hacer los cambios de color: vaya desplazándolo hacia arriba de la labor. Para conseguir un borde pulcro, cambie de color colocando el hilo que acaba de utilizar por delante de la labor y tome el nuevo hilo, situado detrás.

4. Siga del mismo modo hasta completar el proyecto. Termine la labor con el mismo color que la hilera base. Cierre del modo habitual.

Técnica mosaico: ganchillo

Hay dos maneras principales de trabajar con la técnica mosaico a ganchillo: con puntos integrados o con puntos superpuestos. En este libro me centro en los integrados, pero, más adelante, explico cómo trabajar y adaptar los diagramas para tejerlos con el otro método (*véase* la página 24). Los puntos de ganchillo son mucho más grandes que los tejidos con dos agujas, así que las piezas quedan bastante más grandes.

Como al hacer punto, los puntos de orillo permanecen iguales. A ganchillo, haga puntos bajos en el primer punto de cada hilera y en el último.

Base sin cadeneta

Para trabajar con la técnica mosaico a ganchillo se empieza con una base sin cadeneta en el color de contraste hasta llegar a la primera hilera del diagrama. Igual que al tejer con dos agujas, la hilera base no se muestra en el diagrama. La base sin cadeneta crea un borde estrecho y elástico que no deforma la labor y, además, proporciona una hilera ya hecha de puntos bajos: un inicio perfecto para tejer con esta técnica. Si empieza con una cadeneta, luego teja una hilera de puntos bajos.

1. Primero haga 2 cadenetas, gire la labor a un lado y verá un bultito en la parte trasera de las cadenetas. Introduzca el ganchillo en el bultito de la segunda cadeneta desde la aguja.

2. Eche hebra y sáquela a través del bultito. Ahora tiene 2 lazadas en la aguja. Vuelva a echar hebra y sáquela a través de 1 lazada de la aguja.

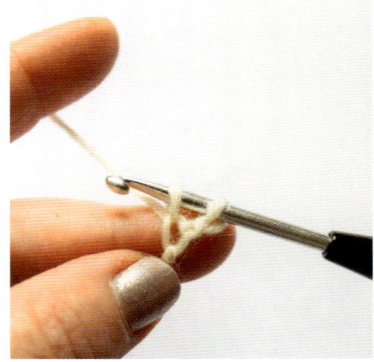

3. Ahora tiene 2 lazadas en la aguja. Eche hebra y sáquela a través de ambas. Ya ha hecho el primer punto. Para tejer el siguiente, gire la labor a un lado y verá la pata delantera del siguiente punto en el que trabajará. Introduzca la aguja en la pata delantera y en la trasera del punto (en toda la «V»). Eche hebra y sáquela a través del punto. Ahora tiene 2 lazadas en la aguja.

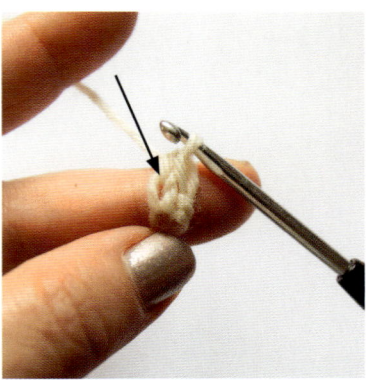

4. Eche hebra y sáquela a través de 1 lazada, dejando 2 lazadas en la aguja, vuelva a echar hebra y sáquela por ambas lazadas. Ya ha hecho el segundo punto.

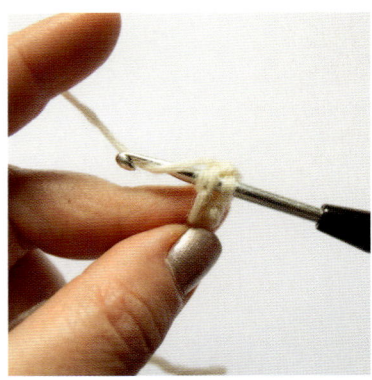

5. Repita los pasos 4 y 5 hasta que tenga el número deseado de p. b.

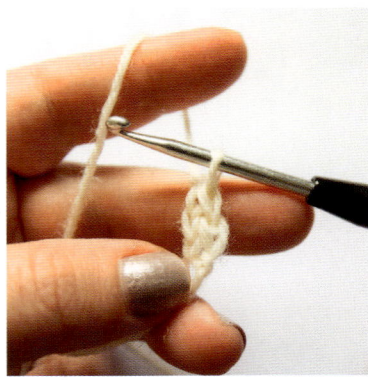

Cómo leer las hileras de ganchillo

Utilizando este diagrama como ejemplo y comenzando en la esquina derecha inferior (cuadrado 1 x 1), siga los pasos siguientes. Al principio de las hileras, teja siempre 1 cad. para dar la altura suficiente al punto inicial. Tenga en cuenta que esta cad. no cuenta como punto.

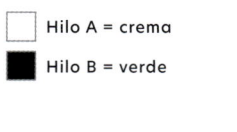

Hilo A = crema
Hilo B = verde

Color del hilo
El color del primer cuadrado también indica qué color debe utilizar en toda la hilera.

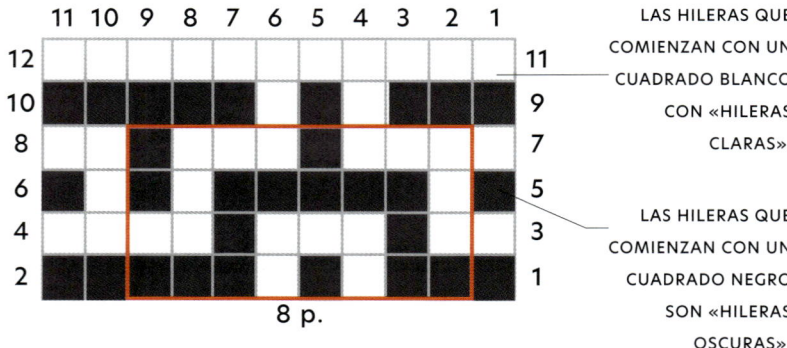

LAS HILERAS QUE COMIENZAN CON UN CUADRADO BLANCO CON «HILERAS CLARAS».

LAS HILERAS QUE COMIENZAN CON UN CUADRADO NEGRO SON «HILERAS OSCURAS».

Inicio:

Haga una hilera base (véase la página 20) de la longitud deseada. En el caso de este diagrama, el número deseado de puntos bajos sin cadeneta será un múltiplo de 8 puntos más 3. Si prefiere trabajar la hilera base creando cadenetas, entonces teja puntos bajos en las cadenetas. También tendrá que tejer la hilera R trabajando un punto bajo en cada punto. Así creará un borde más grueso. Para equilibrar el diseño, cuando termine el proyecto teja las últimas dos hileras del diagrama. Así las hileras iniciales y finales tendrán el mismo grosor.

Hileras oscuras:

Hilera 1: Siempre que vea un cuadrado oscuro, teja un punto bajo.
Si se trata de un cuadrado blanco, haga cad. y sáltese el punto o los puntos siguientes.
Nota: Al hacer cadenetas (para evitar fruncidos): 1 cuadrado = 2 cad.;
2 cuadrados = 3 cad.;
3 cuadrados = 4 cad., etc.

HILERA 1: 2 CAD. PARA SALTARSE 1 PUNTO

HILERA 1: 1 P. B. EN CADA CUADRADO OSCURO

Hilera 2: En la siguiente hilera (par), aún oscura, haga exactamente lo mismo: puntos bajos en los cuadrados oscuros y cadenetas (la misma cantidad de cadenetas) que en la hilera anterior.

HILERA 2

Hileras claras:

Cambie el color incorporando un hilo claro. Lo mejor es tejer hasta llegar al último punto de la hilera anterior, detenerse cuando le queden 2 lazadas del último punto, tomar el nuevo hilo y terminar el punto bajo del modo habitual con el hilo nuevo.

Recuerde hacer siempre 1 cad. al inicio de cada hilera.

Hilera 3: En el diagrama, siempre que vea un cuadrado blanco sobre uno oscuro, teja a punto bajo.

Cuando vea un cuadrado blanco encima de otro blanco (en realidad, en su labor estará sobre cadenetas oscuras), trabaje dos hileras más abajo: teja un punto alto en mosaico (p. a. M.) en la hilera del mismo color del hilo de trabajo, por delante de las cadenetas situadas debajo (observe las imágenes inferiores).

Hilera 4: Después, en la siguiente hilera (par), aún en color claro, haga exactamente lo mismo, pero con puntos bajos y cadenetas. Debe tejer puntos bajos incluso encima de los p. a. M. Teja un punto bajo en cada cuadrado blanco y cadenetas (el mismo número de cadenetas) que en el hilera anterior.

Hileras oscuras:

Hileras 5 y 6: Haga p. b en los cuadrados oscuros, cad. en los claros y p. a. M. en los cuadrados oscuros/oscuros.

Hileras claras:

Hileras 7 y 8: Haga p. b. en los cuadrados blancos, cad. en los oscuros y p. a. M. en los cuadrados blancos/blancos.
Siga trabajando del mismo modo hasta terminar la labor.

Repetición:

En la última hilera de la repetición, se crearán espacios de cadeneta; cuando vuelva a empezar la repetición a partir de la hilera 1, tendrá que llenar estos espacios de cadeneta con p. a. M. Simplemente teja p. a. M. cuando llegue a un espacio de cadeneta.

Acabado:

Trabaje solo el D de la última hilera en el mismo color que la hilera base sin cadeneta, tejiendo p. b. y p. a. M. donde corresponda. Así se asegurará de que la hilera base y la última tienen un grosor similar y, visualmente, quedarán más equilibradas (en el ejemplo de encima, debe terminar en la hilera 11, no la 12). Si su hilera base estaba hecha de cadenetas y dos hileras de puntos bajos, teja también el R para cerrar la labor (hilera 12).

Punto especial
Punto alto en mosaico (p. a. M.)

PASO 1 DEL P. A. M.

Eche hebra sobre la aguja, introduzca el ganchillo en el punto saltado dos hileras más abajo, asegurándose de que queda por delante de las cadenetas.

PASO 2 DEL P. A. M.

Eche hebra y saque 1 lazada (3 lazadas en la aguja).

PASO 3 DEL P. A. M.

Eche hebra y sáquela a través de 2 lazadas, dos veces.

Ganchillo con puntos superpuestos y ganchillo tunecino

Los diagramas de este libro pueden adaptarse fácilmente para trabajarse siguiendo la técnica mosaico a ganchillo con puntos superpuestos o a ganchillo tunecino.

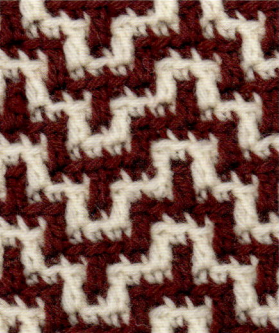

Mosaico a ganchillo con puntos superpuestos

En este técnica, solo teje con el derecho de la labor hacia usted, trabajando cada hilera una sola vez. Eso significa que debe cortar el hilo e incorporar uno nuevo en cada hilera. Cada nueva hilera se empieza con un punto bajo alzado. Puede esconder los cabos encerrándolos en un borde o puede atar más trozos de hilo en los bordes para crear flecos. Los puntos de orillo siempre son puntos bajos e indican el color que utilizará en toda la hilera.

En la técnica mosaico a ganchillo con puntos superpuestos, no se hacen cadenetas y luego se saltan los puntos en los que se han hecho esas cadenetas. En lugar de ello, los puntos se trabajan solo en la lazada trasera (laz. tras.) y, donde corresponda, se tejen puntos altos trabajados solo en la lazada delantera de los puntos situados 2 hileras más abajo (p. a. laz. del. 2 H. ab.), haciendo los p. a. laz. del. 2 H. ab. en las lazadas delanteras de los puntos de la primera hilera de debajo del mismo color.

En el diagrama inferior verá que los cuadrados oscuro/oscuro y claro/claro tienen la letra «X». Esta se refiere a los p. a. laz. del. 2 H. ab. e indica claramente dónde deben trabajarse.

Los números de las hileras ahora solo aparecen en el lado derecho, porque solo trabajará por el derecho de la labor. Todas las hileras se leen de derecha a izquierda. Se empieza tejiendo una base sin cadeneta del color diferente al de la primera hilera del diagrama; esta hilera base no se muestra en el diagrama. En las dos hileras siguientes, cambiando de color en cada hilera, empiece con puntos bajos alzados, haciendo 1 punto bajo solo en la lazada trasera hasta que quede 1 punto, y termine con 1 punto bajo normal (no en la lazada trasera).

A partir de aquí

En una hilera clara, cuando vea:
- Un cuadrado claro sobre uno oscuro (C/O): haga 1 p. b. laz. tras.
- Un cuadrado oscuro sobre otro oscuro (O/O): haga 1 p. b. laz. tras.
- Un cuadrado claro sobre otro claro marcado con una «X» (C/C): haga 1 p. a. laz. del. 2 H. ab. (solo en la lazada delantera) en el punto correspondiente de 2 hileras más abajo.

En una hilera oscura, cuando vea:
- O/C: 1 p. b. laz. tras.
- C/C: 1 p. b. laz. tras.
- O/O marcado con una «X»: 1 p. a. laz. del. 2 H. ab. (solo en la lazada delantera) en el punto correspondiente de 2 hileras más abajo.

PUNTO ALTO TRABAJADO SOLO EN LA LAZADA DELANTERA DEL PUNTO SITUADO 2 HILERAS MÁS ABAJO (1 p. a. laz. del. 2 H. ab.)

Eche hebra, introduzca el ganchillo en la lazada delantera del punto correspondiente de 2 hileras más abajo. Eche hebra y saque 1 lazada (3 lazadas en la aguja), eche hebra y sáquela a través de 2 lazadas, eche hebra y sáquela a través de las 2 lazadas restantes.

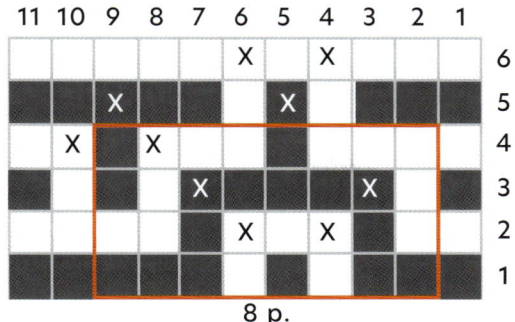

Mosaico a ganchillo tunecino

El ganchillo tunecino se trabaja de una manera muy parecida a la técnica mosaico a ganchillo con puntos superpuestos.

Los diagramas son idénticos; también contienen «X». Todos los puntos son puntos tunecinos básicos (PTB), y la «X» corresponde al lugar donde van los puntos altos tunecinos (PAT).

Los puntos de orillo se trabajan siempre del mismo modo. El primer punto es la lazada de la aguja y el último se trabaja en las dos hebras del último punto de la hilera anterior.

En el diagrama solo están escritos los números del lado derecho, que muestra cómo se trabajan las pasadas de ida. Las pasadas de retorno se tejen del mismo modo en cada hilera. Comience la labor con cadenetas y una pasada de ida y otra de retorno; esto se hace en el color diferente al de la primera hilera del diagrama. La hilera base no se muestra en el diagrama.

A partir de aquí

En una hilera clara, cuando vea:

- Un cuadrado claro sobre uno oscuro (C/O): haga 1 PTB.
- Un cuadrado oscuro sobre otro oscuro (O/O): haga 1 PTB.
- Un cuadrado claro sobre otro claro marcado con una «X» (C/C): 1 PAT en las lazadas delantera y trasera del punto correspondiente de 2 hileras más abajo (hilera del mismo color).

En una hilera oscura, cuando vea:

- O/C: 1 PTB.
- C/C: 1 PTB.
- O/O marcado con una «X»: 1 PAT en las lazadas delantera y trasera del punto correspondiente de 2 hileras más abajo (hilera del mismo color).

PUNTO TUNECINO BÁSICO (PTB)

Introduzca el ganchillo de derecha a izquierda por debajo de la lazada vertical delantera del punto, eche hebra y sáquela. Pasada de retorno: e. h. y sáquela a través de 1 laz. de la aguja, e. h. y sáquela a través de 2 laz.; repita desde * hasta que quede 1 laz. en la aguja.

Punto alto tunecino (PAT)

Eche hebra, introduzca el ganchillo en las lazadas delantera y trasera del punto correspondiente de 2 hileras más abajo. Eche hebra y saque 1 lazada (3 lazadas en la aguja), eche hebra y sáquela a través de solo 2 lazadas.

Trabajar en redondo

Todos los diagramas de este libro se pueden adaptar para trabajarse en redondo. Tendrá que saltarse los puntos de orillo, ya que deformarían el patrón.

Al trabajar en redondo, siempre tendrá el D encarado a usted, así que hay que hacer unos pequeños ajustes a cada técnica:

Si teje con las dos agujas:

Como solo trabajará en el D, debe hacer las hileras pares como las impares; básicamente debe tejer dos veces la hilera D. Es imprescindible que ponga un marcador de puntos al inicio de la vuelta.

Si teje a ganchillo:

Las hileras R no se hacen: solo debe tejer una vez la hilera D. Si trabaja creando una espiral continua, ponga un marcador de puntos al inicio de la vuelta. También puede cerrar la vuelta haciendo 1 punto raso en el primer punto y 1 cadeneta en el inicio de la vuelta. De este modo, obtendrá diseños más cortos y con una apariencia parecida a las labores tejidas con la técnica mosaico a ganchillo con puntos superpuestos.

Geométricos

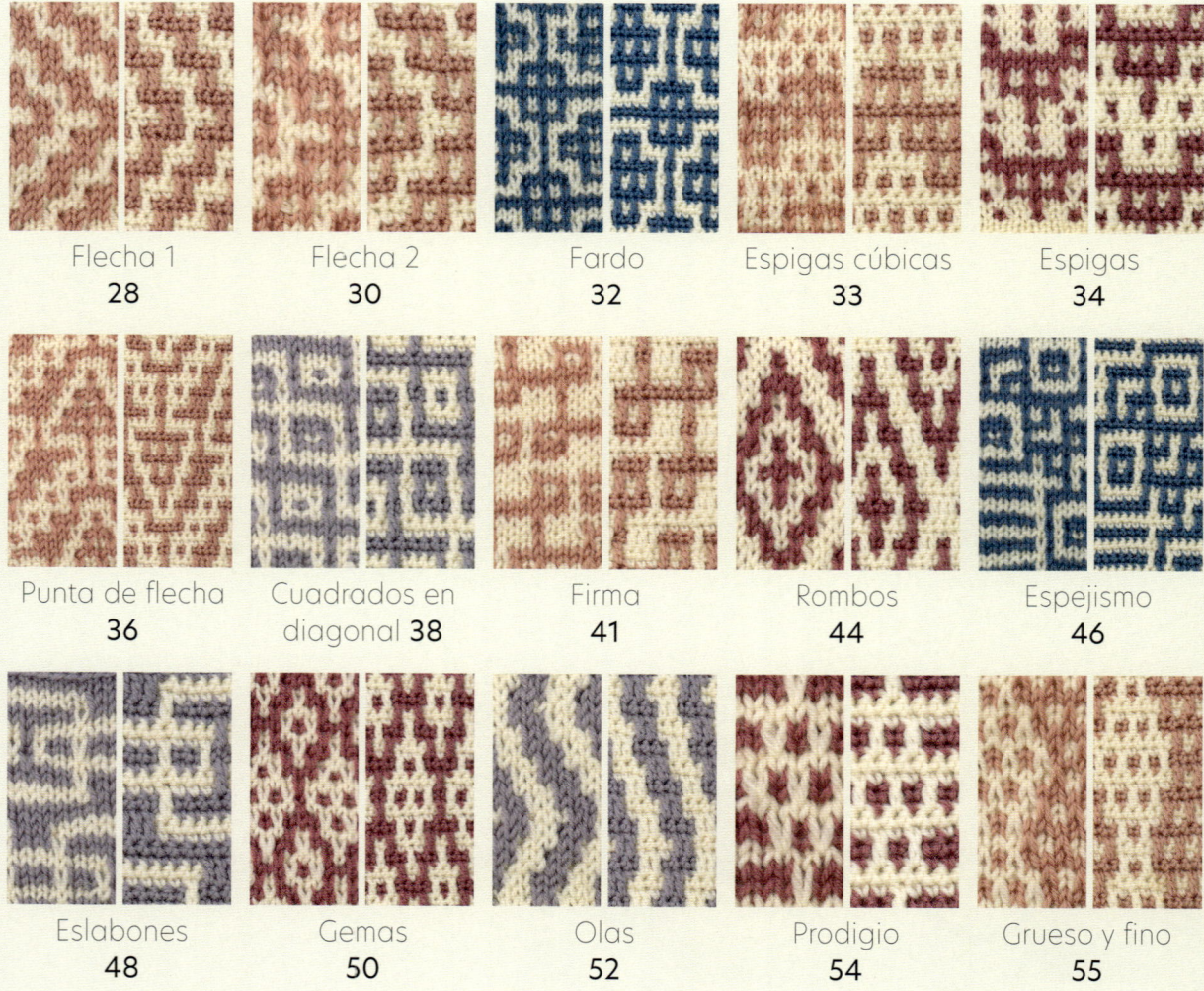

Flecha 1
28

Flecha 2
30

Fardo
32

Espigas cúbicas
33

Espigas
34

Punta de flecha
36

Cuadrados en
diagonal **38**

Firma
41

Rombos
44

Espejismo
46

Eslabones
48

Gemas
50

Olas
52

Prodigio
54

Grueso y fino
55

Cubos
56

Ondulación
57

Maravilla
58

Rombos de rayas
60

Ilusión
62

Encanto
64

Espinas
66

Líneas
67

Flecha 1

Este patrón es perfecto para crear un panel, idealmente tejido a modo de repetición horizontal. Forma líneas definidas y es más fácil de hacer que el otro diseño con flechas de este capítulo.

Instrucciones de punto

Múltiplo de 5 p. + 5

En las H. D, deslice los p. como si fuera a tejerlos del revés con el hilo por detrás.

Monte los p. con B, teja 1 H. del derecho y 1 H. del revés.

H. 1 (D): Con A, 1 d., desl. 2, *3 d., desl. 2; rep. desde * hasta que queden 2 p.; 2 d.

H. 2 y todas las H. R: Teja del revés los d. y deslice los p. desl. como s fuera a tejerlos del revés con el hilo por delante.

H. 3: Con B, 3 d., *desl. 1, 4 d.; rep desde * hasta que queden 2 p.; desl. 1, 1 d.

H. 5: Con A, 3 d., *1 d., desl. 2, 2 d.; rep. desde * hasta que queden 2 p.; 2 d.

H. 7: Con B, 1 d., desl. 1, 1 d., *3 d., desl. 1, 1 d.; rep. desde * hasta que queden 2 p.; 2 d.

H. 9: Con A, 2 d., desl.1, *desl. 1, 3 d., desl. 1; rep. desde * hasta que queden 2 p.; desl. 1, 1 d.

H. 11: Con B, 3 d., *1 d., desl. 1, 3 d.; rep. desde * hasta que queden 2 p.; 2 d.

H. 13: Con A, 1 d., desl. 1, 1 d., *2 d., desl. 2, 1 d.; rep. desde * hasta que queden 2 p.; 2 d.

H. 15: Con B, 2 d., desl. 1, *4 d., desl. 1; rep. desde * hasta que queden 2 p.; 2 d.

H. 17: Con A, 3 d., *desl. 2, 3 d.; rep. desde * hasta que queden 2 p.; desl. 1, 1 d.

H. 19: Como la H. 15.

H. 21: Como la H. 13.

H. 23: Como la H. 11.

H. 25: Como la H. 9.

H. 27: Como la H. 7.

H. 29: Como la H. 5.

H. 31: Como la H. 3.

Rep. las H. 1-32. Para terminar, haga las H. 33-36.

H. 33: Como la H. 1.

H. 35: Con B, teja p. del derecho.

H. 36: Como la H. 2.

Instrucciones de ganchillo

Múltiplo de 5 p. + 5

Nota sobre el patrón: La repetición de las instrucciones escritas difiere del diagrama en las H. 9 y 25.

Con B, teja el número deseado de p. b. sin cadeneta.

H. 1 (D): Con A, 1 cad., 1 p. b., 3 cad., sált. 2 p., *3 p. b., 3 cad., sált. 2 p.; rep. desde * hasta que queden 2 p.; 2 p. b., dele la vuelta.

H. 2 y todas las H. R: 1 cad., 1 p. b. en los p., 1 cad. y sált. los esp. de cad., dele la vuelta.

H. 3: Con B, 1 cad., 1 p. b., 2 p. a. M., *2 cad., sált. 1 p., 2 p. b., 2 p. a. M.; rep. desde * hasta que queden 2 p.; 2 cad., sált. 1 p., 1 p. b., dele la vuelta.

H. 5: Con A, 1 cad., 3 p. b., *1 p. a. M., 3 cad., sált. 2 p., 2 p. b.; rep. desde * hasta que queden 2 p.; 1 p. a. M., 1 p. b., dele la vuelta.

H. 7: Con B, 1 cad., 1 p. b., 2 cad., sált. 1 p., 1 p. b., *1 p. b., 2 p. a. M., 2 cad., sált. 1 p., 1 p. b.; rep. desde * hasta que queden 2 p.; 2 p. b., dele la vuelta.

H. 9: Con A, 1 cad., 1 p. b., 1 p. a. M., 3 cad., sált. 2 p., *2 p. b., 1 p. a. M., 3 cad., sált. 2 p.; rep. desde * hasta que quede 1 p.; 1 p. b., dele la vuelta.

H. 11: Con B, 1 cad., 2 p. b., 1 p. a. M., *1 p. a. M., 2 cad., sált. 1 p., 2 p. b., 1 p. a. M.; rep. desde * hasta que queden 2 p.; 1 p. a. M., 1 p. b., dele la vuelta.

H. 13: Con A, 1 cad., 1 p. b., 2 cad., sált. 1 p., 1 p. b., *1 p. b., 1 p. a. M., 3 cad., sált. 2 p., 1 p. b.; rep. desde * hasta que queden 2 p.; 2 p. b., dele la vuelta.

H. 15: Con B, 1 cad., 1 p. b., 1 p. a. M., 2 cad., sált. 1 p., *2 p. b., 2 p. a. M., 2 cad., sált. 1 p.; rep. desde * hasta que queden 2 p.; 2 p. b., dele la vuelta.

DIAGRAMA DEL MOSAICO

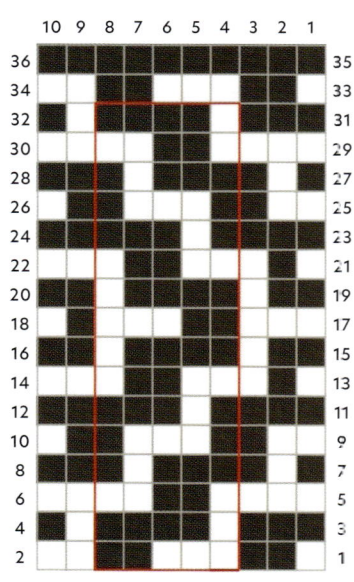

10 9 8 7 6 5 4 3 2 1

5 p.

☐ Hilo A = crema

■ Hilo V = rosa pálido

PUNTO

GANCHILLO

H. 17: Con A, 1 cad., 2 p. b., 1 p. a. M., *3 cad., sált. 2 p., 2 p. b., 1 p. a. M.; rep. desde * hasta que queden 2 p.; 2 cad., sált. 1 p., 1 p. b., dele la vuelta.

H. 19: Con B, 1 cad., 2 p. b., 2 cad., sált. 1 p., *2 p. a. M., 2 p. b., 2 cad., sált. 1 p.; rep. desde * hasta que queden 2 p.; 1 p. a. M., 1 p. b., dele la vuelta.

H. 21: Con A, 1 cad., 1 p. b., 2 cad., sált. 1 p., 1 p. a. M., *2 p. b., 3 cad., sált. 2 p., 1 p. a. M.; rep. desde * hasta que queden 2 p.; 2 p. b., dele la vuelta.

H. 23: Con B, 1 cad., 1 p. b., 1 p. a. M., 1 p. b., *1 p. b., 2 cad., sált. 1 p., 2 p. a. M., 1 p. b.; rep. desde * hasta que queden 2 p.; 2 p. b., dele la vuelta.

H. 25: Con A, 1 cad., 2 p. b., 3 cad., sált. 2 p., *1 p. a. M., 2 p. b., 3 cad., sált. 2 p.; rep. desde * hasta que quede 1 p.; 1 p. b., dele la vuelta.

H. 27: Con B, 1 cad., 1 p. b., 2 cad., sált. 1 p., 1 p. a. M., *1 p. a. M., 2 p. b., 2 cad., sált. 1 p., 1 p. a. M.; rep. desde * hasta que queden 2 p.; 1 p. a. M., 1 p. b., dele la vuelta.

H. 29: Con A, 1 cad., 1 p. b., 1 p. a. M., 1 p. b., *1 p. b., 3 cad., sált. 2 p., 1 p. a. M., 1 p. b.; rep. desde * hasta que queden 2 p.; 2 p. b., dele la vuelta.

H. 31: Con B, 1 cad., 3 p. b., *2 cad., sált. 1 p., 2 p. a. M., 2 p. b.; rep. desde * hasta que queden 2 p.; 2 cad., sált. 1 p., 1 p. b., dele la vuelta.

Rep. las H. 1-32, haciendo 1 p. a. M. en los esp. requeridos en la H. 1. Para terminar, haga las H. 33-35.

H. 33: Con A, 1 cad., 1 p. b., 3 cad., sált. 2 p., *1 p. a. M., 2 p. b., 3 cad., sált. 2 p.; rep. desde * hasta que queden 2 p.; 1 p. a. M., 1 p. b., dele la vuelta.

H. 35: Con B, 1 cad., 1 p. b., 2 p. a. M., *3 p. b., 2 p. a. M.; rep. desde * hasta que queden 2 p.; 2 p. b., dele la vuelta.

Flecha 2

Este diseño es un poco más difícil de tejer que la Flecha 1, ya que requiere más concentración. Dele espacio en un proyecto más grande.

Instrucciones de punto

Múltiplo de 6 p. + 7

En las H. D, deslice los p. como si fuera a tejerlos del revés con el hilo por detrás.

Monte los p. con A, teja 1 H. del derecho y 1 H. del revés.

H. 1 (D): Con B, 4 d., *desl. 1, 5 d.; rep. desde * hasta que queden 3 p.; desl. 1, 2 d.

H. 2 y todas las H. R: Teja del revés los d. y deslice los p. desl. como si fuera a tejerlos del revés con el hilo por delante.

H. 3: Con A, [1 d., desl. 1] 2 veces, *3 d., desl. 1, 1 d., desl. 1; rep. desde * hasta que queden 3 p.; 3 d.

H. 5: Con B, 4 d., *desl. 1, 5 d.; rep. desde * hasta que queden 3 p.; desl. 1, 2 d.

H. 7: Con A, 1 d., desl. 1, 2 d. *[1 d., desl. 1] 2 veces, 2 d.; rep. desde * hasta que queden 3 p.; 1 d., desl. 1, 1 d.

H. 9: Con B, 2 d., desl. 1, 1 d., *4 d., desl. 1, 1 d.; rep. desde * hasta que queden 3 p.; 3 d.

H. 11: Con A, 3 d., desl. 1, *1 d., desl. 1, 3 d., desl. 1; rep. desde * hasta que queden 3 p.; 1 d., desl. 1, 1 d.

H. 13: Con B, 4 d., *2 d., desl. 1, 3 d.; rep. desde * hasta que queden 3 p.; 3 d.

H. 15: Con A, [1 d., desl. 1] 2 veces, *3 d., desl. 1, 1 d., desl. 1; rep. desde * hasta que queden 3 p.; 3 d.

H. 17: Como la H. 13.

H. 19: Como la H. 11.

H. 21: Como la H. 9.

H. 23: Como la H. 7.

Rep. las H. 1-24. Para terminar, haga las H. 25-32.

H. 25: Como la H. 5.

H. 27: Como la H. 3.

H. 29: Como la H. 1.

H. 31: Con A, teja p. del derecho.

H. 32: Como la H. 2.

Instrucciones de ganchillo

Múltiplo de 6 p. + 7

Con A, teja el número deseado de p. b. sin cadeneta.

H. 1 (D): Con B, 1 cad., 4 p. b., *2 cad., sált. 1 p., 5 p. b.; rep. desde * hasta que queden 3 p.; 2 cad., sált. 1 p., 2 p. b., dele la vuelta.

H. 2 y todas las H. R: 1 cad., 1 p. b. en los p., 1 cad. y sált. los esp. de cad., dele la vuelta.

H. 3: Con A, 1 cad., [1 p. b., 2 cad., sált. 1 p.] 2 veces, *1 p. a. M., 2 p. b., 2 cad., sált. 1 p., 1 p. b., 2 cad., sált. 1 p.; rep. desde * hasta que queden 3 p.; 1 p. a. M., 2 p. b., dele la vuelta.

H. 5: Con B, 1 cad., [1 p. b., 1 p. a. M.] 2 veces, *2 cad., sált. 1 p., 2 p. b., 1 p. a. M., 1 p. b., 1 p. a. M.; rep. desde * hasta que queden 3 p.; 2 cad., sált. 1 p., 2 p. b., dele la vuelta.

H. 7: Con A, 1 cad., 1 p. b., 2 cad., sált. 1 p., 2 p. b., *1 p. a. M., [2 cad., sált. 1 p., 1 p. b.] 2 veces, 1 p. b.; rep. desde * hasta que queden 3 p.; 1 p. a. M., 2 cad., sált. 1 p., 1 p. b., dele la vuelta.

H. 9: Con B, 1 cad., 1 p. b., 1 p. a. M., 2 cad., sált. 1 p., 1 p. b., *[1 p. b., 1 p. a. M.] 2 veces, 2 cad., sált. 1 p., 1 p. b.; rep. desde * hasta que queden 3 p.; 1 p. b., 1 p. a. M., 1 p. b., dele la vuelta.

H. 11: Con A, 1 cad., 2 p. b., 1 p. a. M., 2 cad., sált. 1 p., *1 p. b., 2 cad., sált. 1 p., 2 p. b., 1 p. a. M., 2 cad., sált. 1 p.; rep. desde * hasta que queden 3 p.; 1 p. b., 2 cad., sált. 1 p., 1 p. b., dele la vuelta.

H. 13: Con B, 1 cad., 3 p. b., 1 p. a. M., *1 p. b., 1 p. a. M., 2 cad., sált. 1 p., 2 p. b., 1 p. a. M.; rep. desde * hasta que queden 3 p.; 1 p. b., 1 p. a. M., 1 p. b., dele la vuelta.

H. 15: Con A, 1 cad., [1 p. b., 2 cad., sált. 1 p.] 2 veces, *2 p. b., 1 p. a. M., 2 cad., sált. 1 p., 1 p. b., 2 cad., sált. 1 p.; rep. desde * hasta que queden 3 p.; 3 p. b., dele la vuelta.

H. 17: Con B, 1 cad., [1 p. b., 1 p. a. M.] 2 veces, *2 p. b., 2 cad., sált. 1 p., 1 p. a. M., 1 p. b., 1 p. a. M.; rep. desde * hasta que queden 3 p.; 3 p. b., dele la vuelta.

H. 19: Con A, 1 cad., 3 p. b., 2 cad., sált. 1 p., *1 p. b., 2 cad., sált. 1 p., 1 p. a. M.,

DIAGRAMA DEL MOSAICO

13 12 11 10 9 8 7 6 5 4 3 2 1

6 p.

☐ Hilo A = crema

■ Hilo B = rosa pálido

2 p. b., 2 cad., sált. 1 p.; rep. desde *
hasta que queden 3 p.; 1 p. b., 2 cad.,
sált. 1 p., 1 p. b., dele la vuelta.

H. 21: Con B, 1 cad., 2 p. b., 2 cad.,
sált. 1 p., 1 p. a. M., *1 p. b., 1 p. a. M.,
2 p. b., 2 cad., sált. 1 p., 1 p. a. M.; rep.
desde * hasta que queden 3 p.; 1 p. b.,
1 p. a. M., 1 p. b., dele la vuelta.

H. 23: Con A, 1 cad., 1 p. b., 2 cad.,
sált. 1 p., 1 p. a. M., 1 p. b., *1 p. b.,
2 cad., sált. 1 p., 1 p. b., 2 cad., sált.
1 p., 1 p. a. M., 1 p. b.; rep. desde *
hasta que queden 3 p.; 1 p. b., 2 cad.,
sált. 1 p., 1 p. b., dele la vuelta.
Rep. las H. 1-24, haciendo 1 p. a. M.
en los esp. requeridos en la H. 1. Para
terminar, haga las H. 25-31.

H. 25: Con B, 1 cad., 1 p. b., 1 p. a. M.,
2 p. b., *2 cad., sált. 1 p., 1 p. a. M.,
1 p. b., 1 p. a. M., 2 p. b.; rep. desde *
hasta que queden 3 p.; 2 cad., sált. 1 p.,
1 p. a. M., 1 p. b., dele la vuelta.

H. 27: Con A, 1 cad., [1 p. b., 2 cad.,
sált. 1 p.] 2 veces, *1 p. a. M., 2 p. b.,
2 cad., sált. 1 p., 1 p. b., 2 cad., sált. 1 p.;
rep. desde * hasta que queden 3 p.;
1 p. a. M., 2 p. b., dele la vuelta.

H. 29: Con B, 1 cad., [1 p. b., 1 p. a. M.]
2 veces, *2 cad., sált. 1 p., 2 p. b.,
1 p. a. M., 1 p. b., 1 p. a. M.; rep. desde
* hasta que queden 3 p.; 2 cad., sált.
1 p., 2 p. b., dele la vuelta.

H. 31: Con A, 1 cad., 4 p. b., *1 p. a. M.,
5 p. b.; rep. desde * hasta que queden
3 p.; 1 p. a. M., 2 p. b., dele la vuelta.

CONSEJO: Si teje el diseño
con las dos agujas, tenga en
cuenta que, como los puntos
se deslizan, se alargarán,
haciendo que los puntos
anteriores a ellos queden
hundidos. Como resultado,
los puntos pueden parecer
irregulares. Si esto entorpece
su trabajo, pruebe a tejer el
diseño a punto bobo.

PUNTO

GANCHILLO

PUNTO

GANCHILLO

Fardo

Un patrón impresionante que funciona igual de bien como panel vertical que horizontal o en una repetición grande. Si teje varias hileras de la repetición, parecerá un grupo de baldosas decorativas.

Instrucciones de punto

Múltiplo de 10 p. + 3
En las H. D, deslice los p. como si fuera a tejerlos del revés con el hilo por detrás. Monte los p. con A, teja 1 H. del derecho y 1 H. del revés.

H. 1 (D): Con B, teja p. del derecho.

H. 2 y todas las H. R: Teja del revés los d. y deslice los p. desl. como si fuera a tejerlos del revés con el hilo por delante.

H. 3: Con A, 1 d., *[desl. 1, 1 d.] 2 veces, 4 d., desl. 1, 1 d.; rep. desde * hasta que queden 2 p.; desl. 1, 1 d.

H. 5: Con B, 1 d., *3 d., desl. 1, 3 d., desl. 1, 2 d.; rep. desde * hasta que queden 2 p.; 2 d.

H. 7: Con A, 1 d., *desl. 1, 3 d., [desl. 1, 1 d.] 2 veces, 2 d.; rep. desde * hasta que queden 2 p.; desl. 1, 1 d.

☐ Hilo A = crema

■ Hilo B = azul

DIAGRAMA DEL MOSAICO

(cuadrícula del diagrama, columnas numeradas 13 12 11 10 9 8 7 6 5 4 3 2 1; filas pares a la izquierda 24 22 20 18 16 14 12 10 8 6 4 2; filas impares a la derecha 23 21 19 17 15 13 11 9 7 5 3 1)

10 p.

H. 9: Con B, 1 d., *1 d., desl. 1, 7 d., desl. 1; rep. desde * hasta que queden 2 p.; 2 d.

H. 11: Con A, 1 d., *desl. 1, 1 d.; rep. desde * hasta que queden 2 p.; desl. 1, 1 d.

H. 13: Como la H. 9.

H. 15: Como la H. 7.

H. 17: Como la H. 5.

H. 19: Como la H. 3.

H. 21: Con B, teja p. del derecho.

Rep. las H. 3-22. Para terminar, haga las H. 23-24.

H. 23: Con A, teja p. del derecho.

H. 24: Como la H. 2.

Instrucciones de ganchillo

Múltiplo de 10 p. + 3
Con A, teja el número deseado de p. b. sin cadeneta.

H. 1 (D): Con B, 1 cad., 1 p. b. en cada p., dele la vuelta.

H. 2 y todas las H. R: 1 cad., 1 p. b. en los p., 1 cad. y sált. los esp. de cad., dele la vuelta.

H. 3: Con A, 1 cad., 1 p. b., *[2 cad., sált. 1 p., 1 p. b.] 2 veces, 4 p. b., 2 cad., sált. 1 p., 1 p. b.; rep. desde * hasta que queden 2 p.; 2 cad., sált. 1 p., 1 p. b., dele la vuelta.

H. 5: Con B, 1 cad., 1 p. b., *1 p. a. M., 1 p. b., 1 p. a. M., 2 cad., sált. 1 p., 3 p. b., 2 cad., sált. 1 p., 1 p. a. M., 1 p. b.; rep. desde * hasta que queden 2 p.; 1 p. a. M., 1 p. b., dele la vuelta.

H. 7: Con A, 1 cad., 1 p. b., *2 cad., sált. 1 p., 2 p. b., 1 p. a. M., 2 cad., sált. 1 p., 1 p. b., 2 cad., sált. 1 p., 1 p. a. M., 2 p. b.; rep. desde * hasta que queden 2 p.; 2 cad., sált. 1 p., 1 p. b., dele la vuelta.

H. 9: Con B, 1 cad., 1 p. b., *1 p. a. M., 2 cad., sált. 1 p., 2 p. b., 1 p. a. M., 1 p. b., 1 p. a. M., 2 p. b., 2 cad., sált. 1 p.; rep. desde * hasta que queden 2 p.; 1 p. a. M., 1 p. b., dele la vuelta.

H. 11: Con A, 1 cad., 1 p. b., *2 cad., sált. 1 p., 1 p. a. M., [2 cad., sált. 1 p., 1 p. b.] 3 veces, 2 cad., sált. 1 p., 1 p. a. M.; rep. desde * hasta que queden 2 p.; 2 cad., sált. 1 p., 1 p. b., dele la vuelta.

H. 13: Con B, 1 cad., 1 p. b., *1 p. a. M., 2 cad., sált. 1 p., [1 p. a. M., 1 p. b.] 3 veces, 1 p. a. M., 2 cad., sált. 1 p., 1 p. a. M.; rep. desde * hasta que queden 2 p.; 1 p. a. M., 1 p. b., dele la vuelta.

H. 15: Con A, 1 cad., 1 p. b., *2 cad., sált. 1 p., 1 p. a. M., 2 cad., [2 cad., sált. 1 p., 1 p. b.] 2 veces, 1 p. b., 1 p. a. M.; rep. desde * hasta que queden 2 p.; 2 cad., sált. 1 p., 1 p. b., dele la vuelta.

H. 17: Con B, 1 cad., 1 p. b., *1 p. a. M., 2 cad., 2 cad., sált. 1 p., 1 p. a. M., 1 p. b., 1 p. a. M., 2 cad., sált. 1 p., 2 p. b.; rep. desde * hasta que queden 2 p.; 1 p. a. M., 1 p. b., dele la vuelta.

H. 19: Con A, 1 cad., 1 p. b., *2 cad., sált. 1 p., 1 p. b., 2 cad., sált. 1 p., 1 p. a. M., 3 p. b., 1 p. a. M., 2 cad., sált. 1 p., 1 p. b.; rep. desde * hasta que queden 2 p.; 2 cad., sált. 1 p., 1 p. b., dele la vuelta.

H. 21: Con B, 1 cad., 1 p. b., *[1 p. a. M., 1 p. b.] 2 veces, 4 p. b., 1 p. a. M., 1 p. b.; rep. desde * hasta que queden 2 p.; 1 p. a. M., 1 p. b., dele la vuelta.

Rep. las H. 3-22. Para terminar, haga la H. 23.

H. 23: Con A., 1 p. b. en cada p., dele la vuelta.

PUNTO

GANCHILLO

Espigas cúbicas

Este delicado patrón es idóneo para añadir a una prenda de ropa, tanto usado en forma de panel como a modo de repetición. Si lo trabaja con un hilo B más oscuro, resaltará más.

DIFICULTAD

Instrucciones de punto

Múltiplo de 8 p. + 3

En las H. D, deslice los p. como si fuera a tejerlos del revés con el hilo por detrás.

Monte los p. con A, teja 1 H. del derecho y 1 H. del revés.

H. 1 (D): Con B, teja p. del derecho.

H. 2 y todas las H. R: Teja del revés los d. y deslice los p. desl. como si fuera a tejerlos del revés con el hilo por delante.

H. 3: Con A, 1 d., *[desl. 1, 1 d.] 2 veces, 2 d., desl. 1, 1 d.; rep. desde * hasta que queden 2 p.; desl. 1, 1 d.

H. 5: Con B, 1 d., *3 d., [desl. 1, 1 d.] 2 veces, 1 d.; rep. desde * hasta que queden 2 p.; 2 d.

H. 7: Con A, 1 d., *desl. 1, 7 d.; rep. desde * hasta que queden 2 p.; desl. 1, 1 d.

H. 9: Con B, 1 d., *1 d., desl. 1; rep. desde * hasta que queden 2 p.; 2 d.

H. 11: Con A, teja p. del derecho.

H. 13: Con B, 1 d., *[desl. 1, 1 d.] 2 veces, 2 d., desl. 1, 1 d.; rep. desde * hasta que queden 2 p.; desl. 1, 1 d.

H. 15: Con A, 1 d., *3 d., [desl. 1, 1 d.] 2 veces, 1 d.; rep. desde * hasta que queden 2 p.; 2 d.

H. 17: Con B, 1 d., *desl. 1, 7 d.; rep. desde * hasta que queden 2 p.; desl. 1, 1 d.

H. 19: Con A, 1 d., *1 d., desl. 1; rep. desde * hasta que queden 2 p.; 2 d.

H. 21: Con B, teja p. del derecho.

Rep. las H. 3-22. Para terminar, haga las H. 23-24.

H. 23: Con A, teja p. del derecho.

H. 24: Como la H. 2.

Instrucciones de ganchillo

Múltiplo de 8 p. + 3

Con A, teja el número deseado de p. b. sin cadeneta.

H. 1 (D): Con B, 1 cad., 1 p. b. en cada p., dele la vuelta.

H. 2 y todas las H. R: 1 cad., 1 p. b. en los p., 1 cad. y sált. los esp. de cad., dele la vuelta.

H. 3: Con A, 1 cad., 1 p. b., *[2 cad., sált. 1 p., 1 p. b.] 2 veces, 2 p. b., 2 cad., sált. 1 p., 1 p. b.; rep. desde * hasta que queden 2 p.; 2 cad., sált. 1 p., 1 p. b., dele la vuelta.

H. 5: Con B, 1 cad., 1 p. b., *1 p. a. M., 1 p. b., 1 p. a. M., 2 cad., sált. 1 p., 1 p. b., 2 cad., sált. 1 p., 1 p. a. M., 1 p. b.; rep. desde * hasta que queden 2 p.; 1 p. a. M., 1 p. b., dele la vuelta.

H. 7: Con A, 1 cad., 1 p. b., *2 cad., sált. 1 p., 2 p. b., [1 p. a. M., 1 p. b.] 2 veces, 1 p. b.; rep. desde * hasta que queden 2 p.; 2 cad., sált. 1 p., 1 p. b., dele la vuelta.

H. 9: Con B, 1 cad., 1 p. b., *1 p. a. M., [2 cad., sált. 1 p., 1 p. b.] 3 veces, 2 cad., sált. 1 p.; rep. desde * hasta que queden 2 p.; 1 p. a. M., 1 p. b., dele la vuelta.

H. 11: Con A, 1 cad., 1 p. b., *[1 p. b., 1 p. a. M.] 4 veces; rep. desde * hasta que queden 2 p.; 2 p. b., dele la vuelta.

H. 13: Con B, 1 cad., 1 p. b., *[2 cad., sált. 1 p., 1 p. b.] 2 veces, 2 p. b., 2 cad., sált. 1 p., 1 p. b.; rep. desde * hasta que queden 2 p.; 2 cad., sált. 1 p., 1 p. b., dele la vuelta.

H. 15: Con A, 1 cad., 1 p. b., *1 p. a. M., 1 p. b., 1 p. a. M., 2 cad., sált. 1 p., 1 p. b., 2 cad., sált. 1 p., 1 p. a. M., 1 p. b.; rep.

desde * hasta que queden 2 p.; 1 p. a. M., 1 p. b., dele la vuelta.

H. 17: Con B, 1 cad., 1 p. b., *2 cad., sált. 1 p., 2 p. b., [1 p. a. M., 1 p. b.] 2 veces, 1 p. b.; rep. desde * hasta que queden 2 p.; 2 cad., sált. 1 p., 1 p. b., dele la vuelta.

H. 19: Con A, 1 cad., 1 p. b., *1 p. a. M., [2 cad., sált. 1 p., 1 p. b.] 3 veces, 2 cad., sált. 1 p.; rep. desde * hasta que queden 2 p.; 1 p. a. M., 1 p. b., dele la vuelta.

H. 21: Con B, 1 cad., 1 p. b., *[1 p. b., 1 p. a. M.] 4 veces; rep. desde * hasta que queden 2 p.; 2 p. b., dele la vuelta.

Rep. las H. 3-22. Para terminar, haga la H. 23.

H. 23: Con A, 1 cad., 1 p. b. en cada p., dele la vuelta.

☐ Hilo A = crema

■ Hilo B = rosa pálido

DIAGRAMA DEL MOSAICO

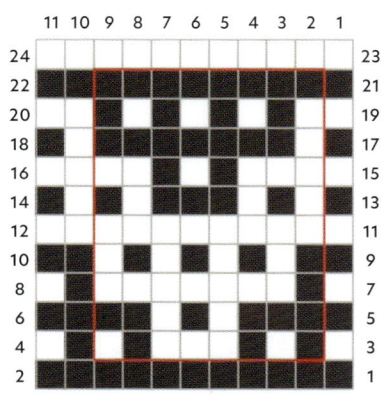

8 p.

Espigas

Este atrevido diseño puede emplearse como panel único o a modo de repetición continua. Puede quedar impresionante en una chaqueta de punto o para adornar una bolsa.

Instrucciones de punto

Múltiplo de 24 p. + 3

En las H. D, deslice los p. como si fuera a tejerlos del revés con el hilo por detrás.

Monte los p. con A, teja 1 H. del derecho y 1 H. del revés.

H. 1 (D): Con B, 1 d., *desl. 1, 6 d., desl. 2, [1 d., desl.] 3 veces, 6 d.; rep. desde * hasta que queden 2 p.; desl. 1, 1 d.

H. 2 y todas las H. R: Teja del revés los d. y deslice los p. desl. como si fuera a tejerlos del revés con el hilo por delante.

H. 3: Con A, 1 d., *1 d., desl. 1, 1 d., desl. 1, 8 d., desl. 1, 8 d., desl. 1, 1 d., desl. 1; rep. desde * hasta que queden 2 p.; 2 d.

H. 5: Con B, 1 d., *desl. 1, 3 d., desl. 1, 1 d., desl. 2, 1 d., desl. 1, 5 d., desl. 1, 1 d., desl. 2, 1 d., desl. 1, 3 d.; rep. desde * hasta que queden 2 p.; desl. 1, 1 d.

H. 7: Con A, 1 d., *10 d., [desl. 1, 1 d.] 2 veces, desl. 1, 9 d.; rep. desde * hasta que queden 2 p.; 2 d.

H. 9: Con B, 1 d., *desl. 2, 1 d., desl. 2, 1 d., desl. 1, 11 d., desl. 1, 1 d., desl. 2, 1 d., desl. 1; rep. desde * hasta que queden 2 p.; desl. 1, 1 d.

H. 11: Con A, 1 d., *7 d., desl. 1, 1 d., desl. 1, 5 d., desl. 1, 1 d., desl. 1, 6 d.; rep. desde * hasta que queden 2 p.; 2 d.

H. 13: Con B, 1 d., *desl. 2, 1 d., desl. 1, 6 d., desl. 2, 1 d., desl. 2, 6 d., desl.

1, 1 d., desl. 1; rep. desde * hasta que queden 2 p.; desl. 1, 1 d.

H. 15: Con A, 1 d., *4 d., desl. 1, 1 d., desl. 1, 11 d., desl. 1, 1 d., desl. 1, 3 d.; rep. desde * hasta que queden 2 p.; 2 d.

Rep. las H. 1-16. Para terminar, haga las H. 17-24.

H. 17: Como la H. 1.

H. 19: Como la H. 3.

H. 21: Como la H. 5.

H. 23: Con A, teja p. del derecho.

H. 24: Como la H. 2.

Instrucciones de ganchillo

Múltiplo de 24 p. + 3

Nota sobre el patrón: La repetición de las instrucciones escritas difiere del diagrama en las H. 9 y 15.

Con A, teja el número deseado de p. b. sin cadeneta.

H. 1 (D): Con B, 1 cad., 1 p. b., 2 cad., sált. 1 p., *6 p. b., [3 cad., sált. 2 p., 1 p. b.] 3 veces, 3 cad., sált. 2 p., 6 p. b., 2 cad., sált. 1 p.; rep. desde * hasta que quede 1 p.; 1 p. b., dele la vuelta.

H. 2 y todas las H. R: 1 cad., 1 p. b. en los p., 1 cad. y sált. los esp. de cad., dele la vuelta.

H. 3: Con A, 1 cad., 1 p. b., *1 p. a. M., 2 cad., sált. 1 p., 1 p. b., 2 cad., sált. 1 p., 3 p. b., 2 p. a. M., 1 p. b., 2 p. a. M., 2 cad., sált. 1 p., 2 p. a. M., 1 p. b., 2 p. a. M., 3 p. b., 2 cad., sált. 1 p.,

1 p. b., 2 cad., sált. 1 p.; rep. desde * hasta que queden 2 p.; 1 p. a. M., 1 p. b., dele la vuelta.

H. 5: Con B, 1 cad., 1 p. b., 2 cad., sált. 1 p., *1 p. a. M., 1 p. b., 1 p. a. M., 2 cad., sált. 1 p., 1 p. b., 3 cad., sált. 2 p., 1 p. b., 2 cad., sált. 2 p., 1 p. b., 1 p. a. M., 2 p. b., 2 cad., sált. 1 p., 1 p. b., 3 cad., sált. 2 p., 1 p. b., 2 cad., sált. 1 p., 1 p. a. M., 1 p. b., 1 p. a. M., 2 cad., sált. 1 p.; rep. desde * hasta que quede 1 p.; 1 p. b., dele la vuelta.

H. 7: Con A, 1 cad., 1 p. b., 1 p. a. M., *3 p. b., 1 p. a. M., 1 p. b., 2 p. a. M., 1 p. b., 1 p. a. M., [2 cad., sált. 1 p., 1 p. b.] 2 veces, 2 cad., sált. 1 p., 1 p. a. M., 1 p. b., 2 p. a. M., 1 p. b., 1 p. a. M., 3 p. b., 1 p. a. M.; rep. desde * hasta que quede 1 p.; 1 p. b., dele la vuelta.

H. 9: Con B, 1 cad., 1 p. b., 3 cad., sált. 2 p., *1 p. b., 3 cad., sált. 2 p., 1 p. b., 2 cad., sált. 1 p., 3 p. b., [1 p. a. M., 1 p. b.] 2 veces, 1 p. a. M., 3 p. b., 2 cad., sált. 1 p., 1 p. b., 3 cad., sált. 2 p., 1 p. b.**, 4 cad., sált. 3 p.; rep. desde * hasta que queden 3 p., acabando la última repetición en **; 3 cad., sált. 2 p., 1 p. b., dele la vuelta.

H. 11: Con A, 1 cad., 1 p. b., 1 p. a. M., *1 p. a. M., 1 p. b., 2 p. a. M., 1 p. b., 1 p. a. M., 2 cad., sált. 1 p., 1 p. b., 2 cad., sált. 1 p., 5 p. b., 2 cad., sált. 1 p., 1 p. b., 2 cad., sált. 1 p., 1 p. a. M., 1 p. b., 2 p. a. M., 1 p. b., 2 p. a. M.; rep. desde * hasta que quede 1 p.; 1 p. b., dele la vuelta.

DIAGRAMA DEL MOSAICO

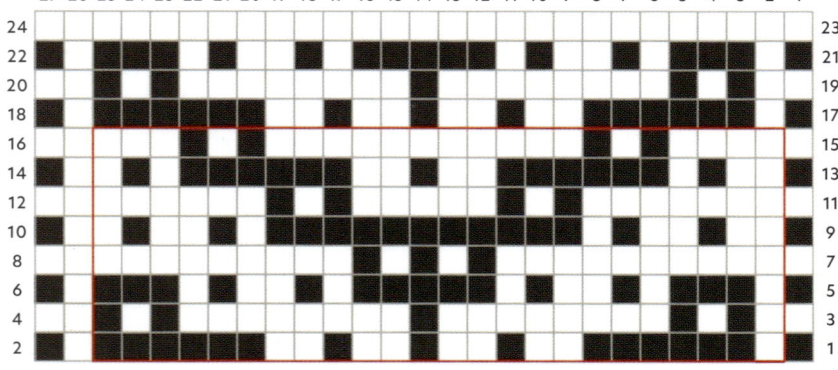

24 p.

Hilo A = crema
Hilo B = rosa oscuro

H. 13: Con B, 1 cad., 1 p. b., 3 cad., sált. 2 p., *1 p. b., 2 cad., sált. 1 p., 3 p. b., 1 p. a. M., 1 p. b., 1 p. a. M., 3 cad., sált. 2 p., 1 p. b., 3 cad., sált. 2 p., 1 p. a. M., 1 p. b., 1 p. a. M., 3 p. b., 2 cad., sált. 1 p., 1 p. b.**, 4 cad., sált. 3 p.; rep. desde * hasta que queden 3 p., acabando la última repetición en **; 3 cad., sált. 2 p., 1 p. b., dele la vuelta.

H. 15: Con A, 1 cad., 1 p. b., 1 p. a. M., *1 p. a. M., 1 p. b., 1 p. a. M., 2 cad., sált. 1 p., 1 p. b., 2 cad., sált. 1 p., 3 p. b., 2 p. a. M., 1 p. b., 2 p. a. M., 3 p. b., 2 cad., sált. 1 p., 1 p. b., 2 cad., sált. 1 p., 1 p. a. M., 1 p. b., 2 p. a. M.; rep. desde * hasta que quede 1 p.; 1 p. b., dele la vuelta.

Rep. las H. 1-16, haciendo 1 p. a. M. en los esp. requeridos en la H. 1. Para terminar, haga las H. 17-23.

H. 17: Con B, 1 cad., 1 p. b., 2 cad., sált. 1 p., *3 p. b., 1 p. a. M., 1 p. b., 1 p. a. M., [3 cad., sált. 2 p., 1 p. b.] 3 veces, 3 cad., sált. 2 p., 1 p. a. M., 1 p. b., 1 p. a. M., 3 p. b., 2 cad., sált. 1 p.; rep. desde * hasta que quede 1 p.; 1 p. b., dele la vuelta.

H. 19: Con A, 1 cad., 1 p. b., 1 p. a. M., *2 cad., sált. 1 p., 1 p. b., 2 cad., sált. 1 p., 3 p. b., 2 p. a. M., 1 p. b., 2 p. a. M., 2 cad., sált. 1 p., 2 p. a. M., 1 p. b., 2 p. a. M., 3 p. b., 2 cad., sált. 1 p., 1 p. b., 2 cad., sált. 1 p., 1 p. a. M.; rep. desde * hasta que quede 1 p.; 1 p. b., dele la vuelta.

H. 21: Con B, 1 cad., 1 p. b., 2 cad., sált. 1 p., *1 p. a. M., 1 p. b., 1 p. a. M., 2 cad., sált. 1 p., 1 p. b., 3 cad., sált. 2 p., 1 p. b., 2 cad., sált. 1 p., 2 p. b., 1 p. a. M., 2 p. b., 1 p. a. M., 2 p. b., 2 cad., sált. 1 p., 1 p. b., 3 cad., sált. 2 p., 1 p. b., 2 cad., sált. 1 p., 1 p. a. M., 1 p. b., 1 p. a. M., 2 cad., sált. 1 p.; rep. desde * hasta que quede 1 p.; 1 p. b., dele la vuelta.

H. 23: Con A, 1 cad., 1 p. b. en cada p. y 1 p. a. M. en cada esp. de cad., dele la vuelta.

Punta de flecha

La versión hecha a ganchillo es un poco más definida y llamativa que la tejida con las dos agujas. El patrón se adapta mejor aplicado en una sección grande con pocas repeticiones.

Instrucciones de punto

Múltiplo de 20 p. + 5
En las H. D., deslice los p. como si fuera a tejerlos del revés con el hilo por detrás.
Monte los p. con B, teja 1 H. del derecho y 1 H. del revés.
H. 1 (D): Con A, 2 d., *[desl. 1, 1 d.] 2 veces, 1 d., [desl. 1, 4 d.] 2 veces, desl. 1, 2 d., desl. 1, 1 d.; rep. desde * hasta que queden 2 p.; desl. 1, 2 d.
H. 2 y todas las H. R: Teja del revés los d. y deslice los p. desl. como si fuera a tejerlos del revés con el hilo por delante.
H. 3: Con B, 2 d. *4 d., [desl. 1, 1 d.] 2 veces, 6 d., [desl. 1, 1 d.] 2 veces, 2 d.; rep. desde * hasta que queden 3 p.; 3 d.
H. 5: Con A, 2 d., *desl. 1, 4 d., desl. 1, 2 d., [desl. 1, 1 d.] 3 veces, 1 d., desl. 1, 4 d.; rep. desde * hasta que queden 3 p.; desl. 1, 2 d.
H. 7: Con B, 1 d., desl. 1, *1 d., desl. 1, [5 d., desl. 1] 3 veces; rep. desde * hasta que queden 3 p.; 1 d., desl. 1, 1 d.
H. 9: Con A, 2 d., *desl. 1, 3 d., desl. 3, 2 d., [desl. 1, 1 d.] 2 veces, 1 d., desl. 3, 3 d.; rep. desde * hasta que queden 3 p.; desl. 1, 2 d.

H. 11: Con B, 1 d., desl. 1, *[1 d., desl. 1] 2 veces, 4 d., desl. 1, 3 d., desl. 1, 4 d., desl. 1, 1 d., desl. 1; rep. desde * hasta que queden 3 p.; 1 d., desl. 1, 1 d.
H. 13: Con A, 2 d., *desl. 1, 5 d., desl. 2, 2 d., desl. 1, 2 d., desl. 2, 5 d.; rep. desde * hasta que queden 3 p.; desl. 1, 2 d.
H. 15: Con B, 2 d., *3 d., [desl. 1, 1 d.] 2 veces, 2 d., [desl. 1, 1 d.] 2 veces, 2 d., [desl. 1, 1 d.] 2 veces, 1 d.; rep. desde * hasta que queden 2 p.; 3 d.
H. 17: Con A, 2 d., *2 d., desl. 1, 5 d., desl. 1, 3 d., desl. 1, 5 d., desl. 1, 1 d.; rep. desde * hasta que queden 3 p.; 3 d.
H. 19: Con B, 1 d., desl. 1, *1 d., desl. 1, 3 d., [desl. 1, 1 d.] 2 veces, 4 d., [desl. 1, 1 d.] 2 veces, 2 d., desl. 1; rep. desde * hasta que queden 3 p.; 1 d., desl. 1, 1 d.
H. 21: Con A, 2 d., *desl. 1, 2 d., desl. 2, [5 d., desl. 1] 2 veces, 2 d.; rep. desde * hasta que queden 3 p.; desl. 1, 2 d.
H. 23: Con B, 2 d., *2 d., desl. 1, 4 d., [desl. 1, 1 d.] 4 veces, 3 d., desl. 1, 1 d.; rep. desde * hasta que queden 3 p.; 3 d.
H. 25: Con A, 1 d., desl. 1, *1 d., desl. 1, 2 d., desl. 3, [3 d., desl. 1] 2 veces, desl.

2, 2 d., desl. 1; rep. desde * hasta que queden 3 p.; 1 d., desl. 1, 1 d.
H. 27: Con B, 2 d., *3 d., desl. 1, 5 d., desl. 1, 1 d., desl. 1, 5 d., desl. 1, 2 d.; rep. desde * hasta que queden 2 p.; 3 d.
H. 29: Con A, 2 d., *desl. 1, 1 d., desl. 1, 2 d., desl. 1, [4 d., desl. 1] 2 veces, 2 d., desl. 1, 1 d.; rep. desde * hasta que queden 3 p.; desl. 1, 2 d.
Rep. las H. 3-30. Para terminar, haga las H. 31 y 32.
H. 31: Con B, teja p. del derecho.
H. 32: Como la H. 2.

Instrucciones de ganchillo

Múltiplo de 20 p. + 5
Con B, teja el número deseado de p. b. sin cadeneta.
H. 1 (D): Con A, 1 cad., 2 p. b., *[2 cad., sált. 1 p., 1 p. b.] 2 veces, 1 p. b., [2 cad., sált. 1 p., 4 p. b.] 2 veces, 2 cad., sált. 1 p., 2 p. b., 2 cad., sált. 1 p., 1 p. b.; rep. desde * hasta que queden 3 p., acabando la última repetición con 2 cad.; sált. 1 p., 2 p. b., dele la vuelta.
H. 2 y todas las H. R: 1 cad., 1 p. b. en los p., 1 cad. y sált. los esp. de cad., dele la vuelta.
H. 3: Con B, 1 cad., 2 p. b., *[1 p. a. M., 1 p. b.] 2 veces, 2 cad., sált. 1 p., 1 p. a. M., 2 cad., sált. 1 p., 3 p. b., 1 p. a. M., 3 p. b., 2 cad., sált. 1 p., 1 p. a. M., 2 cad., sált. 1 p., 1 p. b., 1 p. a. M., 1 p. b.; rep. desde * hasta que queden 3 p.; 1 p. a. M., 2 p. b., dele la vuelta.
H. 5: Con A, 1 cad., 2 p. b., *2 cad., sált. 1 p., 3 p. b., 1 p. a. M., 2 cad., sált. 1 p., 1 p. a. M., [1 p. b., 2 cad., sált. 1 p.] 3 veces, 1 p. b., 1 p. a. M., 2 cad., sált. 1 p., 1 p. a. M., 3 p. b.; rep. desde * hasta que queden 3 p.; 2 cad., sált. 1 p., 2 p. b., dele la vuelta.
H. 7: Con B, 1 cad., 1 p. b., 2 cad., sált. 1 p., *1 p. a. M., 2 cad., sált. 1 p., 3 p. b., 1 p. a. M., 1 p. b., 2 cad., sált. 1 p., [1 p. a. M., 1 p. b.] 2 veces, 1 p. m. M., 2 cad.,

DIAGRAMA DEL MOSAICO

25 24 23 22 21 20 19 18 17 16 15 14 13 12 11 10 9 8 7 6 5 4 3 2 1

20 p.

☐ Hilo A = crema

■ Hilo B = rosa pálido

PUNTO

GANCHILLO

sált. 1 p., 1 p. b., 1 p. a. M., 3 p. b., 2 cad., sált. 1 p.; rep. desde * hasta que queden 3 p.; 1 p. a. M., 2 cad., sált. 1 p., 1 p. b., dele la vuelta.

H. 9: Con A, 1 cad., 1 p. b., 1 p. a. M., *2 cad., sált. 1 p., 1 p. a. M., 2 p. b., 4 cad., sált. 3 p., 1 p. a. M., [1 p. b., 2 cad., sált. 1 p.] 2 veces, 1 p. b., 1 p. a. M., 4 cad., sált. 3 p., 2 p. b., 1 p. a. M.; rep. desde * hasta que queden 3 p.; 2 cad., sált. 1 p., 1 p. a. M., 1 p. b., dele la vuelta.

H. 11: Con B, 1 cad., 1 p. b., 2 cad., sált. 1 p., *1 p. a. M., 2 cad., sált. 1 p., 1 p. b., 2 cad., sált. 1 p., 3 p. a. M., 1 p. b., 2 cad., sált. 1 p., 1 p. a. M., 1 p. b., 1 p. a. M, 2 cad., sált. 1 p., 1 p. b., 3 p. a. M., 2 cad., sált. 1 p., 1 p. b., 2 cad., sált. 1 p.; rep. desde * hasta que queden 3 p.; 1 p. a. M., 2 cad., sált. 1 p., 1 p. b., dele la vuelta.

H. 13: Con A, 1 cad., 1 p. b., 1 p. a. M., *2 cad., sált. 1 p., [1 p. a. M., 1 p. b.] 2 veces, 1 p. b., 3 cad., sált. 2 p., 1 p. a. M., 1 p. b., 2 cad., sált. 1 p., 1 p. b., 1 p. a. M., 3 cad., sált. 2 p., 2 p. b., 1 p. a. M., 1 p. b., 1 p. a. M.; rep. desde * hasta que queden 3 p.; 2 cad., sált. 1 p., 1 p. a. M., 1 p. b., dele la vuelta.

H. 15: Con B, 1 cad., 2 p. b., *1 p. a. M., 2 p. b., 2 cad., sált. 1 p., 1 p. b., 2 cad., sált. 1 p., 2 p. a. M., 1 p. b., 2 cad., sált. 1 p., 1 p. b.,

2 p. a. M., [2 cad., sált. 1 p., 1 p. b.] 2 veces, 1 p. b.; rep. desde * hasta que queden 3 p.; 1 p. a. M., 2 p. b., dele la vuelta.

H. 17: Con A, 1 cad., 2 p. b., *2 p. b., 2 cad., sált. 1 p., [1 p. a. M., 1 p. b.] 2 veces, 1 p. b., 2 cad., sált. 1 p., 1 p. a. M., 1 p. b., 1 p. a. M., 2 cad., sált. 1 p., 2 p. b., 1 p. a. M., 1 p. b., 1 p. a. M., 2 cad., sált. 1 p., 1 p. b.; rep. desde * hasta que queden 3 p.; 3 p. b., dele la vuelta.

H. 19: Con B, 1 cad., 1 p. b., 2 cad., sált. 1 p., *1 p. b., 2 cad., sált. 1 p., 1 p. a. M., 2 p. b., 2 cad., sált. 1 p., 1 p. b., 2 cad., sált. 1 p., 1 p. a. M., 3 p. b., 1 p. a. M., 2 cad., sált. 1 p., 1 p. b., 2 cad., sált. 1 p., 2 p. b., 1 p. a. M., 2 cad., sált. 1 p.; rep. desde * hasta que queden 3 p.; 1 p. b., 2 cad., sált. 1 p., 1 p. b., dele la vuelta.

H. 21: Con A, 1 cad., 1 p. b., 1 p. a. M., *2 cad., sált. 1 p., 1 p. a. M., 1 p. b., 3 cad., sált. 2 p., [1 p. a. M., 1 p. b.] 2 veces, 1 p. b., 2 cad., sált. 1 p., 2 p. b., 1 p. a. M., 1 p. b., 1 p. a. M., 3 cad., sált. 2 p., 1 p. b., 1 p. a. M.; rep. desde * hasta que queden 3 p.; 2 cad., sált. 1 p., 1 p. a. M., 1 p. b., dele la vuelta.

H. 23: Con B, 1 cad., 2 p. b., *1 p. a. M., 1 p. b., 2 cad., sált. 1 p., 2 p. b., 2 p. b., 2 cad., sált. 1 p., 1 p. b., 2 cad., sált. 1 p., 1 p. a. M., 2 cad., sált. 1 p., 1 p. b., 2 cad., sált. 1 p., 2 p. b., 2 p. a. M., 2 cad., sált.

1 p., 1 p. b.; rep. desde * hasta que queden 3 p.; 1 p. a. M., 2 p. b., dele la vuelta.

H. 25: Con A, 1 cad., 1 p. b., 2 cad., sált. 1 p., *1 p. b., 2 cad., sált. 1 p., 1 p. a. M., 1 p. b., 4 cad., sált. 3 p., 1 p. a. M., 1 p. b., 1 p. a. M., 2 cad., sált. 1 p., 1 p. a. M., 1 p. b., 1 p. a. M., 4 cad., sált. 3 p., 1 p. b., 1 p. a. M., 2 cad., sált. 1 p.; rep. desde * hasta que queden 3 p.; 1 p. b., 2 cad., sált. 1 p., 1 p. b., dele la vuelta.

H. 27: Con B, 1 cad., 1 p. a. M., *1 p. b., 1 p. a. M., 1 p. b., 2 cad., sált. 1 p., 3 p. a. M., 2 p. b., 2 cad., sált. 1 p., 1 p. a. M., 2 cad., sált. 1 p., 2 p. b., 3 p. a. M., 2 cad., sált. 1 p., 1 p. b., 1 p. a. M.; rep. desde * hasta que queden 3 p.; 1 p. b., 1 p. a. M.,1 p. b., dele la vuelta.

H. 29: Con A, 1 cad., 2 p. b., *2 cad., sált. 1 p., 1 p. b., 2 cad., sált. 1 p., 1 p. a. M., 1 p. b., 2 cad., sált. 1 p., 3 p. b., 1 p. a. M., 2 cad., sált. 1 p., 1 p. a. M., 3 p. b., 2 cod., sált. 1 p., 1 p. b., 1 p. a. M., 2 cad., sált. 1 p., 1 p. b.; rep. desde * hasta que queden 3 p.; 2 cad., sált. 1 p., 2 p. b., dele la vuelta.

Rep. H. 3-30. Para terminar, haga la H. 31.

H. 31: Con B, 1 cad., 2 p. b., *[1 p. a. M., 1 p. b.] 2 veces, 1 p. b., 1 p. a. M., [4 p. b., 1 p. a. M.] 2 veces, 2 p. b., 1 p. a. M., 1 p. b.; rep. desde * hasta que queden 3 p.; 1 p. a. M., 2 p. b., dele la vuelta.

Cuadrados en diagonal

Este diseño geométrico es muy apropiado para accesorios del hogar, como un cojín o una manta. Si elige un hilo B de un color que contraste más, el efecto será más pronunciado.

Instrucciones de punto

Múltiplo de 24 p. + 2
En las H. D, deslice los p. como si fuera a tejerlos del revés con el hilo por detrás.
Monte los p. con A, teja 1 H. del derecho y 1 H. del revés.

H. 1 (D): Con B, 1 d., *9 d., desl. 1, 3 d., [desl. 1, 1 d.] 3 veces, desl. 1, 3 d., desl. 1; rep. desde * hasta que quede 1 p.; 1 d.

H. 2 y todas las H. R: Teja del revés los d. y deslice los p. desl. como si fuera a tejerlos del revés con el hilo por delante.

H. 3: Con A, 1 d., *4 d., desl. 1, 3 d., desl. 1, 1 d., [desl. 1, 1 d.] 3 veces, 2 d., desl. 1, 5 d.; rep. desde * hasta que quede 1 p.; 1 d.

H. 5: Con B, 1 d., *3 d., [desl. 1, 1 d.] 4 veces, 2 d., desl. 1, 9 d., desl. 1; rep. desde * hasta que quede 1 p.; 1 d.

H. 7: Con A, 1 d., *[desl. 1, 1 d.] 3 veces, 2 d., desl. 1, 9 d., desl. 1, 3 d., desl. 1, 1 d.; rep. desde * hasta que quede 1 p.; 1 d.

H. 9: Con B, 1 d., *3 d., desl. 1, 9 d., desl. 1, 3 d., [desl. 1, 1 d.] 3 veces, desl. 1; rep. desde * hasta que quede 1 p.; 1 d.

H. 11: Con A, 1 d., *8 d., desl. 1, 3 d., [desl. 1, 1 d.] 4 veces, 2 d., desl. 1, 1 d.; rep. desde * hasta que quede 1 p.; 1 d.

H. 13: Con B, 1 d., *[3 d., desl. 1] 2 veces, [1 d., desl. 1] 3 veces, 3 d., desl. 1, 6 d.; rep. desde * hasta que quede 1 p.; 1 d.

H. 15: Con A, 1 d., *2 d., [desl. 1, 1 d.] 4 veces, 2 d., desl. 1, 9 d., desl. 1, 1 d.; rep. desde * hasta que quede 1 p.; 1 d.

H. 17: Con B, 1 d., *[1 d., desl. 1] 2 veces, 3 d., desl. 1, 9 d., desl. 1, 3 d., desl. 1, 1 d., desl. 1; rep. desde * hasta que quede 1 p.; 1 d.

H. 19: Con A, 1 d., *2 d., desl. 1, 9 d., desl. 1, 3 d., [desl. 1, 1 d.] 4 veces; rep. desde * hasta que quede 1 p.; 1 d.

H. 21: Con B, 1 d., *7 d., desl. 1, 3 d., [desl. 1, 1 d.] 4 veces, 2 d., desl. 1, 2 d.; rep. desde * hasta que quede 1 p.; 1 d.

H. 23: Con A, 1 d., *2 d., desl. 1, 3 d., [desl. 1, 1 d.] 4 veces, 2 d., desl. 1, 7 d.; rep. desde * hasta que quede 1 p.; 1 d.

H. 25: Con B, 1 d., *[1 d., desl. 1] 4 veces, 3 d., desl. 1, 9 d., desl. 1, 2 d.; rep. desde * hasta que quede 1 p.; 1 d.

H. 27: Con A, 1 d., *desl. 1, 1 d., desl. 1, 3 d., desl. 1, 9 d., desl. 1, 3 d., [desl. 1, 1 d.] 2 veces; rep. desde * hasta que quede 1 p.; 1 d.

H. 29: Con B, 1 d., *1 d., desl. 1, 9 d., desl. 1, 3 d., [desl. 1, 1 d.] 4 veces, 1 d.; rep. desde * hasta que quede 1 p.; 1 d.

H. 31: Con A, 1 d., *6 d., desl. 1, 3 d., [desl. 1, 1 d.] 4 veces, 2 d., desl. 1, 3 d.; rep. desde * hasta que quede 1 p.; 1 d.

H. 33: Con B, 1 d., *1 d., desl. 1, 3 d., [desl. 1, 1 d.] 4 veces, 2 d., desl. 1, 8 d.; rep. desde * hasta que quede 1 p.; 1 d.

H. 35: Con A, 1 d., *[desl. 1, 1 d.] 4 veces, 2 d., desl. 1, 9 d., desl. 1, 3 d.; rep. desde * hasta que quede 1 p.; 1 d.

H. 37: Con B, 1 d., *1 d., desl. 1, 3 d., desl. 1, 9 d., desl. 1, 3 d., [desl. 1, 1 d.] 2 veces, desl. 1; rep. desde * hasta que quede 1 p.; 1 d.

H. 39: Con A, 1 d., *desl. 1, 9 d., desl. 1, 3 d., [desl. 1, 1 d.] 4 veces, 2 d.; rep. desde * hasta que quede 1 p.; 1 d.

H. 41: Con B, 1 d., *5 d., desl. 1, 3 d., [desl. 1, 1 d.] 4 veces, 2 d., desl. 1, 4 d.; rep. desde * hasta que quede 1 p.; 1 d.

DIAGRAMA DEL MOSAICO

24 p.

Hilo A = crema
Hilo B = lila

GEOMÉTRICOS

H. 43: Con A, 1 d., *desl. 1, 3 d., [desl. 1, 1 d.] 4 veces, 2 d., desl. 1, 9 d.; rep. desde * hasta que quede 1 p.; 1 d.

H. 45: Con B, 1 d., *[1 d., desl. 1] 3 veces, 3 d., desl. 1, 9 d., desl. 1, 3 d., desl. 1; rep. desde * hasta que quede 1 p.; 1 d.

H. 47: Con A, 1 d., *desl. 1, 3 d., desl. 1, 9 d., desl. 1, 3 d., [desl. 1, 1 d.] 3 veces; rep. desde * hasta que quede 1 p.; 1 d. Rep. las H. 1-48. Para terminar, haga las H. 49-52.

H. 49: Con B, 1 d., *9 d., desl. 1, 3 d., [desl. 1, 1 d.] 3 veces, desl. 1, 3 d., desl. 1; rep. desde * hasta que quede 1 p.; 1 d.

H. 51: Con A, teja p. del derecho.

H. 52: Como la H. 2.

Instrucciones de ganchillo

Múltiplo de 24 p. + 2

Con A, teja el número deseado de p. b. sin cadeneta.

H. 1 (D): Con B, 1 cad., 1 p. b., *9 p. b., 2 cad., sált. 1 p., 3 p. b., [2 cad., sált. 1 p., 1 p. b.] 3 veces, 2 cad., sált. 1 p., 3 p. b., 2 cad., sált. 1 p.; rep. desde * hasta que quede 1 p.; 1 p. b.; dele la vuelta.

H. 2 y todas las H. R: 1 cad., 1 p. b. en los p., 1 cad. y sált. los esp. de cad., dele la vuelta.

H. 3: Con A, 1 cad., 1 p. b., *4 p. b., 2 cad., sált. 1 p., 3 p. b., 2 cad., sált. 1 p., 1 p. a. M., 2 cad., sált. 1 p., 1 p. b., 2 cad., sált. 1 p., 1 p. a. M., 2 cad., sált. 1 p., 1 p. a. M., 1 p. b., 1 p. a. M., 2 cad., sált. 1 p., 1 p. a. M., 3 p. b., 1 p. a. M.; rep. desde * hasta que quede 1 p.; 1 p. b., dele la vuelta.

H. 5: Con B, 1 cad., 1 p. b., *3 p. b., 2 cad., sált. 1 p., 1 p. a. M., 2 cad., sált. 1 p., 1 p. b., 2 cad., sált. 1 p., 1 p. a. M., 2 cad., sált. 1 p., 1 p. a. M., 1 p. b., 1 p. a. M., 2 cad., sált. 1 p., 1 p. a. M., 3 p. b., 1 p. a. M., 4 p. b., 2 cad., sált. 1 p.; rep. desde * hasta que quede 1 p.; 1 p. b., dele la vuelta.

H. 7: Con A, 1 cad., 1 p. b., *2 cad., sált. 1 p., 1 p. b., 2 cad., sált. 1 p., 1 p. a. M., 2 cad., sált. 1 p., 1 p. a. M., 1 p. b., 1 p. a. M., 2 cad., sált. 1 p., 1 p. a. M., 3 p. b., 1 p. a. M., 4 p. b., 2 cad., sált. 1 p., 3 p. b., 2 cad., sált. 1 p., 1 p. a. M.; rep. desde * hasta que quede 1 p.; 1 p. b., dele la vuelta.

H. 9: Con B, 1 cad., 1 p. b., *1 p. a. M., 1 p. b., 1 p. a. M., 2 cad., sált. 1 p., 1 p. a. M., 3 p. b., 1 p. a. M., 4 p. b., 2 cad., sált. 1 p., 3 p. b., 2 cad., sált. 1 p., 1 p. a. M., 2 cad., sált. 1 p., 1 p. b., 2 cad., sált. 1 p., 1 p. a. M., 2 cad., sált. 1 p.; rep.

PUNTO

desde * hasta que quede 1 p.; 1 p. b., dele la vuelta.

H. 11: Con A, 1 cad., 1 p. b., *3 p. b., 1 p. a. M., 4 p. b., 2 cad., sált. 1 p., 3 p. b., 2 cad., sált. 1 p., 1 p. a. M., 2 cad., sált. 1 p., 1 p. b., 2 cad., sált. 1 p., 1 p. a. M., 2 cad., sált. 1 p., 1 p. a. M., 1 p. b., 1 p. a. M., 2 cad., sált. 1 p., 1 p. a. M.; rep. desde * hasta que quede 1 p.; 1 p. b., dele la vuelta.

H. 13: Con B, 1 cad., 1 p. b., *[3 p. b., 2 cad., sált. 1 p.] 2 veces, 1 p. a. M., 2 cad., sált. 1 p., 1 p. b., 2 cad., sált. 1 p., 1 p. a. M., 2 cad., sált. 1 p., 1 p. a. M., 1 p. b., 1 p. a. M., 2 cad., sált. 1 p., 1 p. a. M., 3 p. b., 1 p. a. M., 1 p. b.; rep. desde * hasta que quede 1 p.; 1 p. b., dele la vuelta.

H. 15: Con A, 1 cad., 1 p. b., *2 p. b., 2 cad., sált. 1 p., 1 p. a. M., 2 cad., sált. 1 p., 1 p. b., 2 cad., sált. 1 p., 1 p. a. M., 2 cad., sált. 1 p., 1 p. a. M., 1 p. b., 1 p. a. M., 2 cad., sált. 1 p., 1 p. a. M., 3 p. b., 1 p. a. M., 4 p. b., 2 cad., sált. 1 p., 1 p. b.; rep. desde * hasta que quede 1 p.; 1 p. b., dele la vuelta.

H. 17: Con B, 1 cad., 1 p. b., *1 p. b., 2 cad., sált. 1 p., 1 p. a. M., 2 cad., sált. 1 p., 1 p. a. M., 1 p. b., 1 p. a. M., 2 cad., sált. 1 p., 1 p. a. M., 3 p. b., 1 p. a. M., 4 p. b., 2 cad., sált. 1 p., 3 p. b., 2 cad., sált. 1 p., 1 p. a. M., 2 cad., sált. 1 p.; rep. desde * hasta que quede 1 p.; 1 p. b., dele la vuelta.

H. 19: Con A, 1 cad., 1 p. b., *1 p. b., 1 p. a. M., 2 cad., sált. 1 p., 1 p. a. M., 3 p. b., 1 p. a. M., 4 p. b., 2 cad., sált. 1 p., 3 p. b., 2 cad., sált. 1 p., 1 p. a. M., 2 cad., sált. 1 p., 1 p. b., 2 cad., sált. 1 p., 1 p. a. M., 2 cad., sált. 1 p., 1 p. a. M.; rep. desde * hasta que quede 1 p.; 1 p. b., dele la vuelta.

H. 21: Con B, 1 cad., 1 p. b., *2 p. b., 1 p. a. M., 4 p. b., 2 cad., sált. 1 p., 3 p. b., 2 cad., sált. 1 p., 1 p. a. M., 2 cad., sált. 1 p., 1 p. b., 2 cad., sált. 1 p., 1 p. a. M., 2 cad., sált. 1 p., 1 p. a. M., 1 p. b., 1 p. a. M., 2 cad., sált. 1 p., 1 p. a. M., 1 p. b.; rep. desde * hasta que quede 1 p.; 1 p. b., dele la vuelta.

H. 23: Con A, 1 cad., 1 p. b., *2 p. b., 2 cad., sált. 1 p., 3 p. b., 2 cad., sált. 1 p., 1 p. a. M., 2 cad., sált. 1 p., 1 p. b., 2 cad., sált. 1 p., 1 p. a. M., 2 cad., sált. 1 p., 1 p. a. M., 1 p. b., 1 p. a. M., 2 cad., sált. 1 p., 1 p. a. M., 3 p. b., 1 p. a. M., 2 p. b.; rep. desde * hasta que quede 1 p.; 1 p. b., dele la vuelta.

H. 25: Con B, 1 cad., 1 p. b., *1 p. b., 2 cad., sált. 1 p., 1 p. a. M., 2 cad., sált. 1 p., 1 p. b., 2 cad., sált. 1 p., 1 p. a. M., 2 cad., sált. 1 p., 1 p. a. M., 1 p. b., 1 p. a. M., 2 cad., sált. 1 p., 1 p. o. M., 3 p. b., 1 p. a. M., 4 p. b., 2 cad., sált. 1 p., 2 p. b.; rep. desde * hasta que quede 1 p.; 1 p. b., dele la vuelta.

H. 27: Con A, 1 cad., 1 p. b., *2 cad., sált. 1 p., 1 p. a. M., 2 cad., sált. 1 p., 1 p. a. M., 1 p. b., 1 p. a. M., 2 cad., sált. 1 p., 1 p. a. M., 3 p. b., 1 p. a. M., 4 p. b., 2 cad., sált. 1 p., 3 p. b., 2 cad., sált. 1 p., 1 p. a. M., 2 cad., sált. 1 p., 1 p. b.; rep. desde * hasta que quede 1 p.; 1 p. b., dele la vuelta.

H. 29: Con B, 1 cad., 1 p. b., *1 p. c. M., 2 cad., sált. 1 p., 1 p. a. M., 3 p. b., 1 p. a. M., 4 p. b., 2 cad., sált. 1 p., 3 p. b., 2 cad., sált. 1 p., 1 p. a. M., 2 cad., sált. 1 p., 1 p. b., 2 cad., sált. 1 p., 1 p. a. M., 2 cad., sált. 1 p., 1 p. a. M., 1 p. b.; rep. desde * hasta que quede 1 p.; 1 p. b., dele la vuelta.

H. 31: Con A, 1 cad., 1 p. b., *1 p. b., 1 p. a. M., 4 p. b., 2 cad., sált. 1 p., 3 p. b., 2 cad., sált. 1 p., 1 p. a. M., 2 cad., sált. 1 p., 1 p. b., 2 cad., sált. 1 p., 1 p. a. M., 2 cad., sált. 1 p., 1 p. a. M., 1 p. b., 1 p. a. M., 2 cad., sált. 1 p., 1 p. a. M., 2 p. b.; rep. desde * hasta que quede 1 p.; 1 p. b., dele la vuelta.

H. 33: Con B, 1 cad., 1 p. b., *1 p. b. 2 cad., sált. 1 p., 3 p. b., 2 cad., sált. 1 p.,

1 p. a. M., 2 cad., sált. 1 p., 1 p. b., 2 cad., sált. 1 p., 1 p. a. M., 2 cad., sált. 1 p., 1 p. a. M., 1 p. b., 1 p. a. M., 2 cad., sált. 1 p., [1 p. a. M., 3 p. b.] 2 veces; rep. desde * hasta que quede 1 p.; 1 p. b., dele la vuelta.

H. 35: Con A, 1 cad., 1 p. b., *2 cad., sált. 1 p., 1 p. a. M., 2 cad., sált. 1 p., 1 p. b., 2 cad., sált. 1 p., 1 p. a. M., 2 cad., sált. 1 p., 1 p. a. M., 1 p. b., 1 p. a. M., 2 cad., sált. 1 p., 1 p. a. M., 3 p. b., 1 p. a. M., 4 p. b., 2 cad., sált. 1 p., 3 p. b.; rep. desde * hasta que quede 1 p.; 1 p. b., dele la vuelta.

H. 37: Con B, 1 cad., 1 p. b., *1 p. a. M., 2 cad., sált. 1 p., 1 p. a. M., 1 p. b., 1 p. a. M., 2 cad., sált. 1 p., 1 p. a. M., 3 p. b., 1 p. a. M., 4 p. b., 2 cad., sált. 1 p., 3 p. b., 2 cad., sált. 1 p., 1 p. a. M., 2 cad., sált. 1 p., 1 p. b., 2 cad., sált. 1 p.; rep. desde * hasta que quede 1 p.; 1 p. b., dele la vuelta.

H. 39: Con A, 1 cad., 1 p. b., *2 cad., sált. 1 p., 1 p. a. M., 3 p. b., 1 p. a. M., 4 p. b., 2 cad., sált. 1 p., 3 p. b., 2 cad., sált. 1 p., 1 p. a. M., 2 cad., sált. 1 p.,

1 p. b., 2 cad., sált. 1 p., 1 p. a. M., 2 cad., sált. 1 p., 1 p. a. M., 1 p. b., 1 p. a. M.; rep. desde * hasta que quede 1 p.; 1 p. b., dele la vuelta.

H. 41: Con B, 1 cad., 1 p. b., *1 p. a. M., 4 p. b., 2 cad., sált. 1 p., 3 p. b., 2 cad., sált. 1 p., 1 p. a. M., 2 cad., sált. 1 p., 1 p. b., 2 cad., sált. 1 p., 1 p. a. M., 2 cad., sált. 1 p., 1 p. a. M., 1 p. b., 1 p. a. M., 2 cad., sált. 1 p., 1 p. a. M., 3 p. b.; rep. desde * hasta que quede 1 p.; 1 p. b., dele la vuelta.

H. 43: Con A, 1 cad., 1 p. b., *2 cad., sált. 1 p., 3 p. b., 2 cad., sált. 1 p., 1 p. a. M., 2 cad., sált. 1 p., 1 p. b., 2 cad., sált. 1 p., 1 p. a. M., 2 cad., sált. 1 p., 1 p. a. M., 1 p. b., 1 p. a. M., 2 cad., sált. 1 p., 1 p. a. M., 3 p. b., 1 p. a. M., 4 p. b.; rep. desde * hasta que quede 1 p.; 1 p. b., dele la vuelta.

H. 45: Con B, 1 cad., 1 p. b., *1 p. a. M., 2 cad., sált. 1 p., 1 p. b., 2 cad., sált. 1 p., 1 p. a. M., 2 cad., sált. 1 p., 1 p. a. M., 1 p. b., 1 p. a. M., 2 cad., sált. 1 p., 1 p. a. M., 3 p. b., 1 p. a. M., 4 p. b., 2 cad., sált. 1 p., 3 p. b., 2 cad., sált. 1 p.; rep. desde * hasta que quede 1 p.; 1 p. b., dele la vuelta.

H. 47: Con A, 1 cad., 1 p. b., *2 cad., sált. 1 p., 1 p. a. M., 1 p. b., 1 p. a. M., 2 cad., sált. 1 p., 1 p. a. M., 3 p. b., 1 p. a. M., 4 p. b., 2 cad., sált. 1 p., 3 p. b., 2 cad., sált. 1 p., 1 p. a. M., 2 cad., sált. 1 p., 1 p. b., 2 cad., sált. 1 p., 1 p. a. M.; rep. desde * hasta que quede 1 p.; 1 p. b., dele la vuelta.

Rep. las H. 1-48, haciendo 1 p. a. M. en los esp. requeridos en la H. 1. Para terminar, haga las H. 49-51.

H. 49: Con B, 1 cad., 1 p. b., *1 p. a. M., 3 p. b., 1 p. a. M., 4 p. b., 2 cad., sált. 1 p., 3 p. b., 2 cad., sált. 1 p., 1 p. a. M., 2 cad., sált. 1 p., 1 p. b., 2 cad., sált. 1 p., 1 p. a. M., 2 cad., sált. 1 p., 1 p. a. M., 1 p. b., 1 p. a. M., 2 cad., sált. 1 p.; rep. desde * hasta que quede 1 p.; 1 p. b., dele la vuelta.

H. 51: Con A, 1 cad., 1 p. b., *9 p. b., 1 p. a. M., 3 p. b., 1 p. a. M., [1 p. b., 1 p. a. M.] 3 veces, 3 p. b., 1 p. a. M.; rep. desde * hasta que quede 1 p.; 1 p. b., dele la vuelta.

GANCHILLO

DIFICULTAD

Firma

Para seguir correctamente este patrón, hay que concentrarse. Como recompensa, obtendrá un diseño integral eficaz, estupendo para un cojín u otros objetos para el hogar.

Instrucciones de punto

Múltiplo de 24 p. + 3
En las H. D, deslice los p. como si fuera a tejerlos del revés con el hilo por detrás.
Monte los p. con A, teja 1 H. del derecho y 1 H. del revés.

H. 1 (D): Con B, 1 d., *1 d., desl. 1, 3 d., [desl. 3, 1 d.] 2 veces, 2 d., desl. 1, 8 d.; rep. desde * hasta que queden 2 p.; 2 d.

H. 2 y todas las H. R: Teja del revés los d. y deslice los p. desl. como si fuera a tejerlos del revés con el hilo por delante.

H. 3: Con A, 1 d., *8 d., desl. 1, 3 d., [desl. 1, 1 d.] 4 veces, 2 d., desl. 1, 1 d.; rep. desde * hasta que queden 2 p.; 2 d.

H. 5: Con B, 1 d., *desl. 2, 3 d., desl. 1, 9 d., desl. 1, 3 d., desl. 3, 1 d., desl. 1; rep. desde * hasta que queden 2 p.; desl. 1, 1 d.

H. 7: Con A, 1 d., *2 d., [desl. 1, 1 d.] 4 veces, 2 d., desl. 1, 9 d., desl. 1, 1 d.; rep. desde * hasta que queden 2 p.; 2 d.

H. 9: Con B, 1 d., *5 d., desl. 1, 3 d., desl. 3, 1 d., desl. 3, 3 d., desl. 1, 4 d.; rep. desde * hasta que queden 2 p.; 2 d.

H. 11: Con A, 1 d., *2 d., desl. 1, 9 d., desl. 1, 3 d., [desl. 1, 1 d.] 4 veces; rep. desde * hasta que queden 2 p.; 2 d.

H. 13: Con B, 1 d., *desl. 2, 1 d., desl. 3, 3 d., desl. 1, 9 d., desl. 1, 3 d., desl. 1; rep. desde * hasta que queden 2 p.; desl. 1, 1 d.

H. 15: Con A, 1 d., *2 d., desl. 1, 3 d., [desl. 1, 1 d.] 4 veces, 2 d., desl. 1, 7 d.; rep. desde * hasta que queden 2 p.; 2 d.

H. 17: Con B, 1 d., *9 d., desl. 1, 3 d., desl. 3, 1 d., desl. 3, 3 d., desl. 1; rep. desde * hasta que queden 2 p.; 2 d.

H. 19: Con A, 1 d., *desl. 1, 1 d., desl. 1, 3 d., desl. 1, 9 d., desl. 1, 3 d., [desl. 1, 1 d.] 2 veces; rep. desde * hasta que queden 2 p.; desl. 1, 1 d.

H. 21: Con B, 1 d., *3 d., desl. 3, 1 d., desl. 3, 3 d., desl. 1, 9 d., desl. 1; rep. desde * hasta que queden 2 p.; 2 d.

H. 23: Con A, 1 d., *6 d., desl. 1, 3 d., [desl. 1, 1 d.] 4 veces, 2 d., desl. 1, 3 d.; rep. desde * hasta que queden 2 p.; 2 d.

H. 25: Con B, 1 d., *3 d., desl. 1, 9 d., desl. 1, 3 d., desl. 3, 1 d., desl. 3; rep. desde * hasta que queden 2 p.; 2 d.

H. 27: Con A, 1 d., *[desl. 1, 1 d.] 4 veces, 2 d., desl. 1, 9 d., desl. 1, 3 d.; rep. desde * hasta que queden 2 p.; desl. 1, 1 d.

H. 29: Con B, 1 d., *[3 d., desl. 1] 2 veces, desl. 2, 1 d., desl. 3, 3 d., desl. 1, 6 d.; rep. desde * hasta que queden 2 p.; 2 d.

H. 31: Con A, 1 d., *desl. 1, 9 d., desl. 1, 3 d., [desl. 1, 1 d.] 4 veces, 2 d.; rep. desde * hasta que queden 2 p.; desl. 1, 1 d.

H. 33: Con B, 1 d., *1 d., desl. 3, 3 d., desl. 1, 9 d., desl. 1, 3 d., desl. 3; rep. desde * hasta que queden 2 p.; 2 d.

H. 35: Con A, 1 d., *desl. 1, 3 d., [desl. 1, 1 d.] 4 veces, 2 d., desl. 1, 9 d.; rep. desde * hasta que queden 2 p.; desl. 1, 1 d.

H. 37: Con B, 1 d., *7 d., desl. 1, 3 d., desl. 3, 1 d., desl. 3, 3 d., desl. 1, 2 d.; rep. desde * hasta que queden 2 p.; 2 d.

H. 39: Con A, 1 d., *desl. 1, 3 d., desl. 1, 9 d., desl. 1, 3 d., [desl. 1, 1 d.] 3 veces; rep. desde * hasta que queden 2 p.; desl. 1, 1 d.

>>>

DIAGRAMA DEL MOSAICO

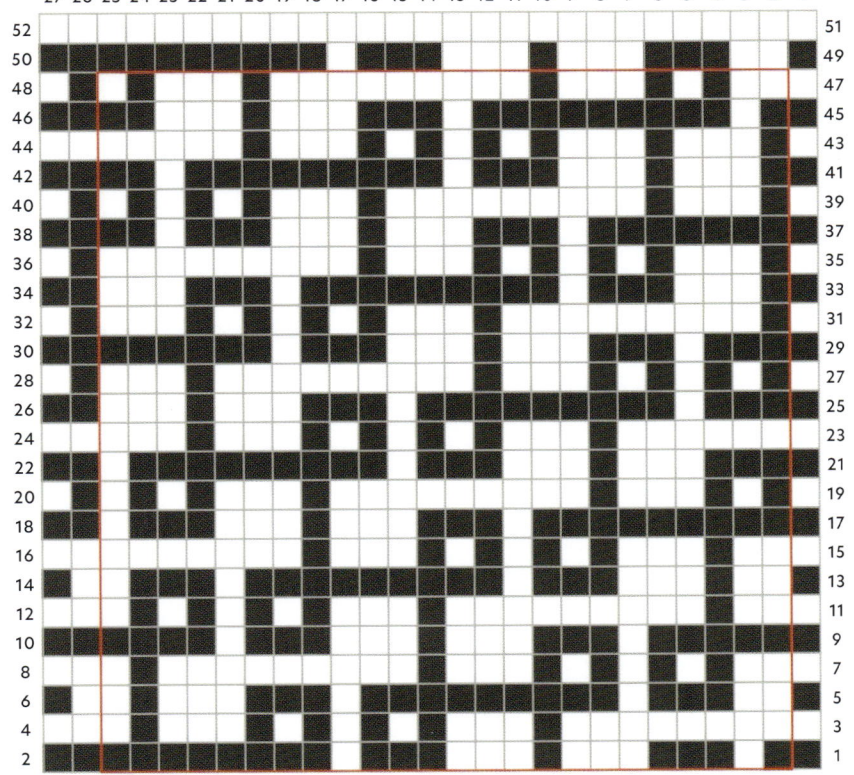

24 p.

☐ Hilo A = crema

■ Hilo B = rosa pálido

H. 41: Con B, 1 d., *[1 d., desl. 3] 2 veces, 3 d., desl. 1, 9 d., desl. 1, 2 d.; rep.
desde * hasta que queden 2 p.; 2 d.
H. 43: Con A, 1 d., *[desl. 1, 3 d.]
2 veces, [desl. 1, 1 d.] 4 veces, 2 d.,
desl. 1, 5 d.; rep. desde * hasta que
queden 2 p.; 2 d.
H. 45: Con B, 1 d., *1 d., desl. 1, 9 d.,
desl. 1, 3 d., [desl. 3, 1 d.] 2 veces, 1 d.;
rep. desde * hasta que queden 2 p.;
2 d.
H. 47: Con A, 1 d., *2 d., desl. 1, 1 d.,
desl. 1, 3 d., desl. 1, 9 d., desl. 1, 3 d.,
desl. 1, 1 d.; rep. desde * hasta que
queden 2 p.; desl. 1, 1 d.
Rep. las H. 1-48. Para terminar, haga
las H. 49-52.
H. 49: Con B, 1 d., *desl. 2, 3 d., desl. 3,
1 d., desl. 3, desl. 1, 8 d.; rep.
desde * hasta que queden 2 p.; 2 d.
H. 51: Con A, teja p. del derecho.
H. 52: Como la H. 2.

Instrucciones de ganchillo

Múltiplo de 24 p. + 3
Nota sobre el patrón: La repetición
de las instrucciones escritas difiere
del diagrama en las H. 5 y 13.
Con A, teja el número deseado de
p. b. sin cadeneta.
H. 1 (D): Con B, 1 cad., 1 p. b., *1 p. b.,
2 cad., sált. 1 p., 3 p. b., 4 cad., sált. 3 p.,
1 p. b., 4 cad., sált. 3 p., 3 p. b., 2 cad.,
sált. 1 p., 8 p. b.; rep. desde * hasta
que queden 2 p.; 2 p. b., dele la vuelta.
H. 2 y todas las H. R: 1 cad., 1 p. b. en
los p., 1 cad. y sált. los esp. de cad.,
dele la vuelta.

H. 3: Con A, 1 cad., 1 p. b., *1 p. b.,
1 p. a. M., 3 p. b., [3 p. a. M., 2 cad., sált.
1 p.] 2 veces, 1 p. b., 2 cad., sált. 1 p.,
1 p. a. M., 2 cad., sált. 1 p., 1 p. b., 2 cad.,
sált. 1 p., 3 p. b., 2 cad., sált. 1 p., 1 p. b.;
rep. desde * hasta que queden 2 p.;
2 p. b., dele la vuelta.
H. 5: Con B, 1 cad., 1 p. b., 3 cad., sált.
2 p., *3 p. b., 2 cad., sált. 1 p., 2 p. b.,
1 p. a. M., 3 p. b., 1 p. a. M., 1 p. b., 1 p.
a. M., 2 cad., sált. 1 p., 1 p. a. M., 1 p. b.,
1 p. a. M., 4 cad., sált. 3 p., 1 p. a. M.**,
4 cad., sált. 3 p.; rep. desde * hasta
que quede 1 p., acabando la última
repetición en **; 3 cad., sált. 2 p., 1 p. b.,
dele la vuelta.
H. 7: Con A, 1 cad., 1 p. b., *2 p. a. M.,
2 cad., sált. 1 p., 1 p. b., 2 cad., sált. 1 p.,
1 p. a. M., 2 cad., sált. 1 p., 1 p. b., 2 cad.,
sált. 1 p., 3 p. b., 2 cad., sált. 1 p., 2 p. b.,
1 p. a. M., 3 p. b., 3 p. a. M., 2 cad., sált.
1 p., 1 p. a. M.; rep. desde * hasta que
queden 2 p.; 1 p. a. M., 1 p. b., dele
la vuelta.
H. 9: Con B, 1 cad., 1 p. b., *2 p. b., 1 p.
a. M., 1 p. b., 1 p. a. M., 2 cad., sált. 1 p.,
1 p. a. M., 1 p. b., 1 p. a. M., 4 cad., sált.
3 p., 1 p. a. M., 4 cad., sált. 3 p., 3 p. b.,
2 cad., sált. 1 p., 2 p. b., 1 p. a. M., 1 p.
b.; rep. desde * hasta que queden 2 p.;
2 p. b., dele la vuelta.
H. 11: Con A, 1 cad., 1 p. b., *2 p. b.,
2 cad., sált. 1 p., 2 p. b., 1 p. a. M., 3 p.
b., [3 p. a. M., 2 cad., sált. 1 p.] 2 veces,
1 p. b., 2 cad., sált. 1 p., 1 p. a. M.,
[2 cad., sált. 1 p., 1 p. b.] 2 veces; rep.
desde * hasta que queden 2 p.; 2 p. b.,
dele la vuelta.
H. 13: Con B, 1 cad., 1 p. b., 3 cad., sált.
2 p., *1 p. a. M., 4 cad., sált. 3 p., 3 p.
b., 2 cad., sált. 1 p., 2 p. b., 1 p. a. M.,
3 p. b., 1 p. a. M., 1 p. b., 1 p. a. M.,
2 cad., sált. 1 p., 1 p. a. M., 1 p. b., 1 p.
a. M.**, 4 cad., sált. 3 p.; rep. desde
* hasta que quede 1 p., acabando la
última repetición en **; 3 cad., sált.
2 p., 1 p. b., dele la vuelta.
H. 15: Con A, 1 cad., 1 p. b., *2 p. a. M.,
2 cad., sált. 1 p., 2 p. a. M., [1 p. a. M.,
2 cad., sált. 1 p., 1 p. b., 2 cad., sált. 1 p.]
2 veces, 3 p. b., 2 cad., sált. 1 p., 2 p. b.,
1 p. a. M., 3 p. b., 1 p. a. M.; rep. desde
* hasta que queden 2 p.; 1 p. a. M.,
1 p. b., dele la vuelta.
H. 17: Con B, 1 cad., 1 p. b., *2 p. b., 1 p.
a. M., 3 p. b., 1 p. a. M., 1 p. b., 1 p. a. M.,
2 cad., sált. 1 p., 1 p. a. M., 1 p. b., [1 p.
a. M., 4 cad., sált. 3 p.] 2 veces, 3 p. b.,
2 cad., sált. 1 p.; rep. desde * hasta que
queden 2 p.; 2 p. b., dele la vuelta.

H. 19: Con A, 1 cad., 1 p. b., *[2 cad.,
sált. 1 p., 1 p. b.] 2 veces, 2 p. b., 2 cad.,
sált. 1 p., 2 p. b., 1 p. a. M., 3 p. b., [3 p.
a. M., 2 cad., sált. 1 p.] 2 veces, 1 p. b.,
2 cad., sált. 1 p., 1 p. a. M.; rep. desde *
hasta que queden 2 p.; 2 cad., sált. 1 p.,
1 p. b., dele la vuelta.
H. 21: Con B, 1 cad., 1 p. b., *1 p. a. M.,
1 p. b., [1 p. a. M., 4 cad., sált. 3 p.]
2 veces, 3 p. b., 2 cad., sált. 1 p., 2 p. b.,
1 p. a. M., 3 p. b., 1 p. a. M., 1 p. b.,
1 p. a. M., 2 cad., sált. 1 p.; rep. desde
* hasta que queden 2 p.; 1 p. a. M.,
1 p. b., dele la vuelta.
H. 23: Con A, 1 cad., 1 p. b., *3 p. b.,
[3 p. a. M., 2 cad., sált. 1 p.] 2 veces,
1 p. b., 2 cad., sált. 1 p., 1 p. a. M.,
2 cad., sált. 1 p., 1 p. b., 2 cad., sált. 1 p.,
3 p. b., 2 cad., sált. 1 p., 2 p. b., 1 p. a.
M.; rep. desde * hasta que queden
2 p.; 2 p. b., dele la vuelta.
H. 25: Con B, 1 cad., 1 p. b., *3 p. b., 2
cad., sált. 1 p., 2 p. b., 1 p. a. M., 3 p. b.,
1 p. a. M., 1 p. b., 1 p. a. M., 2 cad., sált.
1 p., 1 p. a. M., 1 p. b., [1 p. a. M., 4 cad.,
sált. 3 p.] 2 veces; rep. desde * hasta
que queden 2 p.; 2 p. b., dele la vuelta.
H. 27: Con A, 1 cad., 1 p. b., *2 cad., sált.
1 p., 1 p. b., 2 cad., sált. 1 p., 1 p. a. M.,
2 cad., sált. 1 p., 1 p. b., 2 cad., sált. 1 p.,
3 p. b., 2 cad., sált. 1 p., 2 p. b., 1 p. a.
M., 3 p. b., 3 p. a. M., 2 cad., sált. 1 p.,
3 p. a. M.; rep. desde * hasta que
queden 2 p.; 2 cad., sált. 1 p., 1 p. b.,
dele la vuelta.
H. 29: Con B, 1 cad., 1 p. b., *1 p. a. M.,
1 p. b., 1 p. a. M., 2 cad., sált. 1 p., 1 p. a.
M., 1 p. b., 1 p. a. M., 4 cad., sált. 3 p.,
1 p. a. M., 4 cad., sált. 3 p., 3 p. b.,
2 cad., sált. 1 p., 2 p. b., 1 p. a. M., 3 p.
b.; rep. desde * hasta que queden
2 p.; 1 p. a. M., 1 p. b., dele la vuelta.
H. 31: Con A, 1 cad., 1 p. b., *2 cad., sált.
1 p., 2 p. b., 1 p. a. M., 3 p. b., [3 p. a. M.,
2 cad., sált. 1 p.] 2 veces, 1 p. b., 2 cad.,
sált. 1 p., 1 p. a. M., [2 cad., sált. 1 p.,
1 p. b.] 2 veces, 2 p. b.; rep. desde *
hasta que queden 2 p.; 2 cad., sált.
1 p., 1 p. b., dele la vuelta.
H. 33: Con B, 1 cad., 1 p. b., *1 p. a. M.,
4 cad., sált. 3 p., 3 p. b., 2 cad., sált. 1 p.,
2 p. b., 1 p. a. M., 3 p. b., 1 p. a. M., 1 p.
b., 1 p. a. M., 2 cad., sált. 1 p., 1 p. a. M.,
1 p. b., 1 p. a. M., 4 cad., sált. 3 p.; rep.
desde * hasta que queden 2 p.; 1 p. a.
M., 1 p. b., dele la vuelta.
H. 35: Con A, 1 cad., 1 p. b., *2 cad., sált.
1 p., 2 p. a. M., [1 p. a. M., 2 cad., sált.
1 p., 1 p. b., 2 cad., sált. 1 p.] 2 veces, 3
p. b., 2 cad., sált. 1 p., 2 p. b., 1 p. a. M.,

3 p. b., 3 p. a. M.; rep. desde * hasta que queden 2 p.; 2 cad., sált. 1 p., 1 p. b., dele la vuelta.

H. 37: Con B, 1 cad., 1 p. b., *1 p. a. M., 3 p. b., 1 p. a. M., 1 p. b., 1 p. a. M., 2 cad., sált. 1 p., 1 p. a. M., 1 p. b., 1 p. a. M., 4 cad., sált. 3 p., 1 p. a. M., 4 cad., sált. 3 p., 3 p. b., 2 cad., sált. 1 p., 2 p. b.; rep. desde * hasta que queden 2 p.; 1 p. a. M., 1 p. b., dele la vuelta.

H. 39: Con A, 1 cad., 1 p. b., *2 cad., sált. 1 p., 3 p. b., 2 cad., sált. 1 p., 2 p. b., 1 p. a. M., 3 p. b., [3 p. a. M., 2 cad., sált. 1 p.] 2 veces, 1 p. b., 2 cad., sált. 1 p., 1 p. a. M., 2 cad., sált. 1 p., 1 p. b.; rep. desde * hasta que queden 2 p.; 2 cad., sált. 1 p., 1 p. b., dele la vuelta.

H. 41: Con B, 1 cad., 1 p. b., *[1 p. a. M., 4 cad., sált. 3 p.] 2 veces, 3 p. b., 2 cad., sált. 1 p., 2 p. b., 1 p. a. M., 3 p. b., 1 p. a. M., 1 p. b., 1 p. a. M., 2 cad., sált. 1 p., 1 p. a. M., 1 p. b.; rep. desde * hasta que queden 2 p.; 1 p. a. M., 1 p. b., dele la vuelta.

H. 43: Con A, 1 cad., 1 p. b., *[2 cad., sált. 1 p., 3 p. a. M.] 2 veces, 2 cad., sált. 1 p., 1 p. b., 2 cad., sált. 1 p., 1 p. a. M., 2 cad., sált. 1 p., 1 p. b., 2 cad., sált. 1 p., 3 p. b., 2 cad., sált. 1 p., 2 p. b., 1 p. a. M., 2 p. b.; rep. desde * hasta que queden 2 p.; 2 p. b., dele la vuelta.

H. 45: Con B, 1 cad., 1 p. b., *1 p. a. M., 2 cad., sált. 1 p., 2 p. b., 1 p. a. M., 3 p. b., 1 p. a. M., 1 p. b., 1 p. a. M., 2 cad., sált. 1 p., 1 p. a. M., 1 p. b., [1 p. a. M., 4 cad., sált. 3 p.] 2 veces, 2 p. b.; rep. desde * hasta que queden 2 p.; 2 p. b., dele la vuelta.

H. 47: Con A, 1 cad., 1 p. b., *1 p. b., 1 p. a. M., [2 cad., sált. 1 p., 1 p. b.] 2 veces, 2 p. b., 2 cad., sált. 1 p., 2 p. b., 1 p. a. M., 3 p. b., [3 p. a. M., 2 cad., sált. 1 p.] 2 veces, 1 p. b.; rep. desde * hasta que queden 2 p.; 2 cad., sált. 1 p., 1 p. b., dele la vuelta.

Rep. las H. 1-48, haciendo 1 p. a. M. en los esp. requeridos en la H. 1. Para terminar, haga las H. 49-51.

H. 49: Con B, 1 cad., 1 p. b., *3 cad., sált. 2 p., 1 p. a. M., 1 p. b., [1 p. a. M., 4 cad., sált. 3 p.] 2 veces, 3 p. b., 2 cad., sált. 1 p., 2 p. b., 1 p. a. M., 3 p. b., 1 p. a. M., 1 p. b.; rep. desde * hasta que queden 2 p.; 1 p. a. M., 1 p. b., dele la vuelta.

H. 51: Con A, 1 cad., 1 p. b., *2 p. a. M., 3 p. b., 3 p. a. M., 1 p. b., 3 p. a. M., 3 p. b., 1 p. a. M., 8 p. b.; rep. desde * hasta que queden 2 p.; 2 p. b., dele la vuelta.

PUNTO

GANCHILLO

Rombos

Este atrevido diseño es perfecto para proyectos grandes, como mantas; así el patrón lucirá al máximo. La versión de punto crea un tejido con un poco más de tensión.

Instrucciones de punto

Múltiplo de 12 p. + 3

En las H. D, deslice los p. como si fuera a tejerlos del revés con el hilo por detrás. Monte los p. con A, teja 1 H. del derecho y 1 H. del revés.

H. 1 (D): Con B, 2 d., *desl. 1, 2 d., desl. 2, 1 d., desl. 2, 2 d., desl. 1, 1 d.; rep. desde * hasta que quede 1 p.; 1 d.

H. 2 y todas las H. R: Teja del revés los d. y deslice los p. desl. como si fuera a tejerlos del revés con el hilo por delante.

H. 3: Con A, 2 d., *1 d., [desl. 1, 3 d.] 2 veces, desl. 1, 3 d.; rep. desde * hasta que quede 1 p.; 1 d.

H. 5: Con B, 1 d., desl. 1, *2 d., desl. 2, 3 d., desl. 2, 2 d., desl. 1; rep. desde * hasta que quede 1 p.; 1 d.

H. 7: Con A, 2 d., *desl. 1, 3 d., desl. 1, 1 d., desl. 1, 3 d., desl. 1, 1 d.; rep. desde * hasta que quede 1 p.; 1 d.

H. 9: Con B, 2 d., *1 d., desl. 1, 2 d., desl. 1, 2 d., desl. 2, 2 d.; * rep. desde * hasta que quede 1 p.; 1 d.

H. 11: Con A, 1 d., desl. 1, *[3 d., desl. 1] 3 veces; rep. desde * hasta que quede 1 p.; 1 d.

H. 13: Con B, 2 d., *desl. 2, 2 d., desl. 1, 1 d., desl. 1, 2 d., desl. 2, 1 d.; rep. desde * hasta que quede 1 p.; 1 d.

H. 15: Con A, 2 d., *[2 d., desl. 1] 3 veces, 3 d.; rep. desde * hasta que quede 1 p.; 1 d.

H. 17: Con B, 1 d., desl. 1, *desl. 1, 2 d., desl. 1, 3 d., desl. 1, 2 d., desl. 2; rep. desde * hasta que quede 1 p.; 1 d.

H. 19: Como la H. 15.

H. 21: Como la H. 13.

H. 23: Como la H. 11.

H. 25: Como la H. 9.

H. 27: Como la H. 7.

H. 29: Como la H. 5.

H. 31: Como la H. 3.

H. 33: Como la H. 1.

H. 35: Con A, 1 d., desl. 1, *2 d., desl. 1, 5 d., desl. 1, 2 d., desl. 1; rep. desde * hasta que quede 1 p.; 1 d.

H. 37: Con B, 2 d., *1 d., desl. 1, 2 d., desl. 3, 2 d., desl. 1, 2 d.; rep. desde * hasta que quede 1 p.; 1 d.

H. 39: Con A, 1 d., desl. 1, *2 d., desl. 1, 5 d., desl. 1, 2 d., desl. 1; rep. desde * hasta que quede 1 p.; 1 d.

H. 40: Como la H. 2.

Rep. las H. 1-40. Para terminar, haga las H. 39 y 40 tejiendo con A todos los p. de D del derecho y todos los p. de R del revés.

Instrucciones de ganchillo

Múltiplo de 12 p. + 3

Nota sobre el patrón: La repetición de las instrucciones escritas difiere del diagrama en la H. 17. Con A, teja el número deseado de p. b. sin cadeneta.

H. 1 (D): Con B, 1 cad., 2 p. b., *2 cad., sált. 1 p., 2 p. b., 3 cad., sált. 2 p., 1 p. b., 3 cad., sált. 2 p., 2 p. b., 2 cad., sált. 1 p., 1 p. b.; rep. desde * hasta que quede 1 p.; 1 p. b., dele la vuelta.

H. 2 y todas las H. R: 1 cad., 1 p. b. en los p., 1 cad. y sált. los esp. de cad., dele la vuelta.

H. 3: Con A, 1 cad., 2 p. b., *1 p. a. M., 2 cad., sált. 1 p., 1 p. b., 2 p. a. M., 2 cad., sált. 1 p., 2 p. a. M., 1 p. b., 2 cad., sált. 1 p., 1 p. a. M., 1 p. b.; rep. desde * hasta que quede 1 p.; 1 p. b., dele la vuelta.

H. 5: Con B, 1 cad., 1 p. b., 2 cad., sált. 1 p., *1 p. b., 1 p. a. M., 3 cad., sált. 2 p., 1 p. b., 1 p. a. M., 1 p. b., 3 cad., sált. 2 p., 1 p. a. M., 1 p. b., 2 cad., sált. 1 p.; rep. desde * hasta que quede 1 p.; 1 p. b., dele la vuelta.

H. 7: Con A, 1 cad., 1 p. b., 1 p. a. M., *2 cad., sált. 1 p., 1 p. b., 2 p. a. M., 2 cad., sált. 1 p., 1 p. b., 2 cad., sált. 1 p., 2 p. a. M., 1 p. b., 2 cad., sált. 1 p., 1 p. a. M.; rep. desde * hasta que quede 1 p.; 1 p. b., dele la vuelta.

H. 9: Con B, 1 cad., 2 p. b., *1 p. a. M., 3 cad., sált. 2 p., 1 p. b., 1 p. a. M., 2 cad., sált. 1 p., 1 p. a. M., 1 p. b., 3 cad., sált. 2 p., 1 p. a. M., 1 p. b.; rep. desde * hasta que quede 1 p.; 1 p. b., dele la vuelta.

H. 11: Con A, 1 cad., 1 p. b., 2 cad., sált. 1 p., *1 p. b., 2 p. a. M., 2 cad., sált. 1 p., 1 p. b., 1 p. a. M., 1 p. b., 2 cad., sált. 1 p., 2 p. a. M., 1 p. b., 2 cad., sált. 1 p.; rep. desde * hasta que quede 1 p.; 1 p. b., dele la vuelta.

H. 13: Con B, 1 cad., 1 p. b., 1 p. a. M., *3 cad., sált. 2 p., 1 p. b., 1 p. a. M., 2 cad., sált. 1 p., 1 p. b., 2 cad., sált. 1 p., 1 p. a. M., 1 p. b., 3 cad., sált. 2 p., 1 p. a. M.; rep. desde * hasta que quede 1 p.; 1 p. b., dele la vuelta.

H. 15: Con A, 1 cad., 2 p. b., *2 p. a. M., 2 cad., sált. 1 p., 1 p. b., 1 p. a. M., 2 cad., sált. 1 p., 1 p. a. M., 1 p. b., 2 cad., sált. 1 p., 2 p. a. M., 1 p. b.; rep. desde * hasta que quede 1 p.; 1 p. b., dele la vuelta.

H. 17: Con B, 1 cad., 1 p. b., 3 cad., sált. 2 p., *1 p. b., 1 p. a. M., 2 cad., sált. 1 p., 1 p. b., 1 p. a. M., 1 p. b., 2 cad., sált. 1 p., 1 p. a. M., 1 p. b.**, 4 cad., sált. 3 p.; rep. desde * hasta que quede 1 p., acabando la última repetición en **; 3 cad., sált. 2 p., 1 p. b., dele la vuelta.

DIAGRAMA DEL MOSAICO

15 14 13 12 11 10 9 8 7 6 5 4 3 2 1

40 · · · · · · · · · · · · · · · 39
38 · · · · · · · · · · · · · · · 37
36 · · · · · · · · · · · · · · · 35
34 · · · · · · · · · · · · · · · 33
32 · · · · · · · · · · · · · · · 31
30 · · · · · · · · · · · · · · · 29
28 · · · · · · · · · · · · · · · 27
26 · · · · · · · · · · · · · · · 25
24 · · · · · · · · · · · · · · · 23
22 · · · · · · · · · · · · · · · 21
20 · · · · · · · · · · · · · · · 19
18 · · · · · · · · · · · · · · · 17
16 · · · · · · · · · · · · · · · 15
14 · · · · · · · · · · · · · · · 13
12 · · · · · · · · · · · · · · · 11
10 · · · · · · · · · · · · · · · 9
8 · · · · · · · · · · · · · · · 7
6 · · · · · · · · · · · · · · · 5
4 · · · · · · · · · · · · · · · 3
2 · · · · · · · · · · · · · · · 1

☐ Hilo A = crema

■ Hilo B = rosa oscuro

12 p.

H. 19: Con A, 1 cad., 1 p. b., 1 p. a. M., *1 p. a. M., 1 p. b., 2 cad., sált. 1 p., 1 p. a. M., 1 p. b., 2 cad., sált. 1 p., 1 p. b., 1 p. a. M., 2 cad., sált. 1 p., 1 p. b., 2 p. a. M.; rep. desde * hasta que quede 1 p.; 1 p. b., dele la vuelta.

H. 21: Con B, 1 cad., 2 p. b., *3 cad., sált. 2 p., 1 p. a. M., 1 p. b., 2 cad., sált. 1 p., 1 p. a. M., 2 cad., sált. 1 p., 1 p. b., 1 p. a. M., 3 cad., sált. 2 p., 1 p. b.; rep. desde * hasta que quede 1 p.; 1 p. b., dele la vuelta.

H. 23: Con A, 1 cad., 1 p. b., 2 cad., sált. 1 p., *2 p. a. M., 1 p. b., 2 cad., sált. 1 p., 1 p. a. M., 1 p. b., 1 p. a. M., 2 cad., sált. 1 p., 1 p. b., 2 p. a. M., 2 cad., sált. 1 p.; rep. desde * hasta que quede 1 p.; 1 p. b., dele la vuelta.

H. 25: Con B, 1 cad., 1 p. b., 1 p. a. M., *1 p. b., 3 cad., sált. 2 p., 1 p. a. M., 1 p. b., 2 cad., sált. 1 p., 1 p. b., 1 p. a. M., 3 cad., sált. 2 p., 1 p. b., 1 p. a. M.; rep. desde * hasta que quede 1 p.; 1 p. b., dele la vuelta.

H. 27: Con A, 1 cad., 2 p. b., *2 cad., sált. 1 p., 2 p. a. M., 1 p. b., 2 cad., sált. 1 p., 1 p. a. M., 2 cad., sált. 1 p., 1 p. b., 2 p. a. M., 2 cad., sált. 1 p., 1 p. b.; rep. desde * hasta que quede 1 p.; 1 p. b., dele la vuelta.

H. 29: Con B, 1 cad., 1 p. b., 2 cad., sált. 1 p., *1 p. a. M., 1 p. b., 3 cad., sált. 2 p., 1 p. a. M., 1 p. b., 1 p. a. M., 3 cad., sált. 2 p., 1 p. b., 1 p. a. M., 2 cad., sált. 1 p.; rep. desde * hasta que quede 1 p.; 1 p. b., dele la vuelta.

H. 31: Con A, 1 cad., 1 p. b., 1 p. a. M., *1 p. b., 2 cad., sált. 1 p., 2 p. a. M., 1 p. b., 2 cad., sált. 1 p., 1 p. b., 2 p. a. M., 2 cad., sált. 1 p., 1 p. b., 1 p. a. M.; rep. desde * hasta que quede 1 p.; 1 p. b., dele la vuelta.

H. 33: Con B, 1 cad., 2 p. b., *2 cad., sált. 1 p., 1 p. a. M., 1 p. b., 3 cad., sált. 2 p., 1 p. a. M., 3 cad., sált. 2 p., 1 p. b., 1 p. a. M., 2 cad., sált. 1 p., 1 p. b.; rep. desde * hasta que quede 1 p.; 1 p. b., dele la vuelta.

H. 35: Con A, 1 cad., 1 p. b., 2 cad., sált. 1 p., *1 p. a. M., 1 p. b., 2 cad., sált. 1 p., 2 p. a. M., 1 p. b., 2 p. a. M., 2 cad., sált. 1 p., 1 p. b., 1 p. a. M., 2 cad., sált. 1 p.; rep. desde * hasta que quede 1 p.; 1 p. b., dele la vuelta.

H. 37: Con B, 1 cad., 1 p. b., 1 p. a. M., *1 p. b., 2 cad., sált. 1 p., 1 p. a. M., 1 p. b., 4 cad., sált. 3 p., 1 p. b., 1 p. a. M., 2 cad., sált. 1 p., 1 p. b., 1 p. a. M.; rep. desde * hasta que quede 1 p.; 1 p. b., dele la vuelta.

H. 39: Con A, 1 cad., 1 p. b., 2 cad., sált. 1 p., *1 p. b., 1 p. a. M., 2 cad., sált. 1 p., 1 p. b., 3 p. a. M., 1 p. b., 2 cad., sált. 1 p., 1 p. a. M., 1 p. b., 2 cad., sált. 1 p.; rep. desde * hasta que quede 1 p.; 1 p. b., dele la vuelta.

H. 40: Como la H. 2.
Rep. las H. 1-40, haciendo 1 p. a. M. en los esp. requeridos en la H. 1. Termine la última repetición haciendo la H. 39 como sigue: con A, 1 cad., 1 p. b. en cada p. y 1 p. a. M. en cada esp.

PUNTO

GANCHILLO

Espejismo

En la versión de punto, el fondo de franjas se trabaja a punto liso, que genera un tejido más suelto que el del motivo. Si hace el fondo a punto bobo, le quedará un poco más uniforme.

Instrucciones de punto

Múltiplo de 24 p. + 3

En las H. D, deslice los p. como si fuera a tejerlos del revés con el hilo por detrás. Monte los p. con A, teja 1 H. del derecho y 1 H. del revés.

H. 1 (D): Con B, 2 d., *6 d., desl. 1, 7 d., desl. 1, 9 d.; rep. desde * hasta que quede 1 p.; 1 d.

H. 2 y todas las H. R: Teja del revés los d. y deslice los p. desl. como si fuera a tejerlos del revés con el hilo por delante.

H. 3: Con A, 2 d., *7 d., desl. 1, 5 d., desl. 1, 10 d.; rep. desde * hasta que quede 1 p.; 1 d.

H. 5: Con B, 2 d., *2 d., desl. 1, 5 d., desl. 1, 3 d., desl. 1, 1 d., desl. 1, 9 d.; rep. desde * hasta que quede 1 p.; 1 d.

H. 7: Con A, 2 d., *3 d., desl. 1, 3 d., [desl. 1, 1 d.] 4 veces, 9 d.; rep. desde * hasta que quede 1 p.; 1 d.

H. 9: Con B, 2 d., *2 d., desl. 1, 1 d., [desl. 1, 3 d.] 2 veces, desl. 1, 1 d., desl. 1, 9 d.; rep. desde * hasta que quede 1 p.; 1 d.

H. 11: Con A, 2 d., *3 d., [desl. 1, 1 d.] 3 veces, 4 d., desl. 1, 10 d.; rep. desde * hasta que quede 1 p.; 1 d.

H. 13: Con B, 2 d., *desl. 1, 13 d., desl. 1, 9 d.; rep. desde * hasta quedar 1 p.; 1 d.

H. 15: Con A, 2 d., *1 d., desl. 1, 5 d., [desl. 1, 1 d.] 3 veces, 11 d.; rep. desde * hasta que quede 1 p.; 1 d.

H. 17: Con B, 2 d., *desl. 1, 1 d., [desl. 1, 3 d.] 3 veces, desl. 1, 7 d., desl. 1, 1 d.; rep. desde * hasta que quede 1 p.; 1 d.

H. 19: Con A, 2 d., *[1 d., desl. 1] 4 veces, 3 d., [desl. 1, 1 d.] 3 veces, 4 d., desl. 1, 2 d.; rep. desde * hasta que quede 1 p.; 1 d.

H. 21: Con A, 2 d., *desl. 1, 1 d., desl. 1, 3 d., desl. 1, 9 d., desl. 1, 3 d., [desl. 1, 1 d.] 2 veces; rep. desde * hasta que quede 1 p.; 1 d.

H. 23: Con A, 2 d., *1 d., desl. 1, 5 d., [desl. 1, 1 d.] 3 veces, 2 d., [desl. 1, 1 d.] 4 veces, 1 d.; rep. desde * hasta que quede 1 p.; 1 d.

H. 25: Con B, 2 d., *desl. 1, 7 d., [desl. 1, 3 d.] 2 veces, [desl. 1, 1 d.] 2 veces; rep. desde * hasta que quede 1 p.; 1 d.

H. 27: Con A, 2 d., *11 d., [desl. 1, 1 d.] 3 veces, 4 d., desl. 1, 2 d.; rep. desde * hasta que quede 1 p.; 1 d.

H. 29: Con B, 2 d., *8 d., desl. 1, 13 d., desl. 1, 1 d.; rep. desde * hasta que quede 1 p.; 1 d.

H. 31: Con A, 2 d., *9 d., desl. 1, 5 d., [desl. 1, 1 d.] 3 veces, 3 d.; rep. desde * hasta que quede 1 p.; 1 d.

H. 33: Con B, 2 d., *8 d., desl. 1, 1 d., [desl. 1, 3 d.] 2 veces, [desl. 1, 1 d.] 2 veces, 2 d.; rep. desde * hasta que quede 1 p.; 1 d.

H. 35: Con A, 2 d., *9 d., [desl. 1, 1 d.] 4 veces, 2 d., desl. 1, 4 d.; rep. desde * hasta que quede 1 p.; 1 d.

H. 37: Con B, 2 d., *8 d., desl. 1, 1 d., desl. 1, 3 d., desl. 1, 5 d., desl. 1, 3 d.; rep. desde * hasta que quede 1 p.; 1 d.

H. 39: Con A, 2 d., *9 d., desl. 1, 5 d., 2 veces, 3 d.; rep. desde * hasta que quede 1 p.; 1 d.

H. 41: Con B, 2 d., *8 d., [desl. 1, 7 d.] 2 veces; rep. desde * hasta que quede 1 p.; 1 d.

H. 43: Con A, teja p. del derecho.

H. 44: Como la H. 2.

Rep. las H. 1-44.

Instrucciones de ganchillo

Múltiplo de 24 p. + 3

Con A, teja el número deseado de p. b. sin cadeneta.

H. 1 (D): Con B, 1 cad., 2 p. b., *6 p. b., 2 cad., sált. 1 p., 7 p. b., 2 cad., sált. 1 p., 9 p. b.; rep. desde * hasta que quede 1 p.; 1 p. b., dele la vuelta.

H. 2 y todas las H. R: 1 cad., 1 p. b. en los p., 1 cad. y sált. los esp. de cad., dele la vuelta.

H. 3: Con A, 1 cad., 2 p. b., *6 p. b., 1 p. a. M., 2 cad., sált. 1 p., 5 p. b., 2 cad., sált. 1 p., 1 p. a. M., 9 p. b.; rep. desde * hasta quedar 1 p.; 1 p. b., dele la vuelta.

H. 5: Con B, 1 cad., 2 p. b., *2 p. b., 2 cad., sált. 1 p., 4 p. b., 1 p. a. M., 2 cad., sált. 1 p., 3 p. b., 2 cad., sált. 1 p., 1 p. a. M., 2 cad., sált. 1 p., 9 p. b.; rep. desde * hasta quedar 1 p.; 1 p. b., dele la vuelta.

H. 7: Con A, 1 cad., 2 p. b., *2 p. b., 1 p. a. M., 2 cad., sált. 1 p., 3 p. b., 2 cad., sált. 1 p., 1 p. a. M., 2 cad., sált. 1 p., 1 p. b., 2 cad., sált. 1 p., 1 p. a. M., 2 cad., sált. 1 p., 1 p. a. M., 9 p. b.; rep. desde * hasta que quede 1 p.; 1 p. b., dele la vuelta.

H. 9: Con B, 1 cad., 2 p. b., *2 p. b., 2 cad., sált. 1 p., 1 p. a. M., 2 cad., sált. 1 p., 2 p. b., 1 p. a. M., 2 cad., sált. 1 p.,

DIAGRAMA DEL MOSAICO

27 26 25 24 23 22 21 20 19 18 17 16 15 14 13 12 11 10 9 8 7 6 5 4 3 2 1

44 43 42 41 40 39 38 37 36 35 34 33 32 31 30 29 28 27 26 25 24 23 22 21 20 19 18 17 16 15 14 13 12 11 10 9 8 7 6 5 4 3 2 1

24 p.

□ Hilo A = crema

■ Hilo B = azul

PUNTO	GANCHILLO

1 p. a. M., 1 p. b., 1 p. a. M., 2 cad., sált. 1 p., 1 p. a. M., 2 cad., sált. 1 p., 9 p. b.; rep. desde * hasta que quede 1 p.; 1 p. b., dele la vuelta.

H. 11: Con A, 1 cad., 2 p. b., *2 p. b., 1 p. a. M., 2 cad., sált. 1 p., 1 p. a. M., 2 cad., sált. 1 p., 1 p. b., 2 cad., sált. 1 p., 1 p. a. M., 3 p. b., 1 p. a. M., 2 cad., sált. 1 p., 1 p. a. M., 9 p. b.; rep. desde * hasta que quede 1 p.; 1 p. b., dele la vuelta.

H. 13: Con B, 1 cad., 2 p. b., *2 cad., sált. 1 p., 2 p. b., [1 p. a. M., 1 p. b.] 3 veces, 4 p. b., 1 p. a. M., 2 cad., sált. 1 p., 9 p. b.; rep. desde * hasta que quede 1 p.; 1 p. b., dele la vuelta.

H. 15: Con A, 1 cad., 2 p. b., *1 p. a. M., 2 cad., sált. 1 p., 5 p. b., [2 cad., sált. 1 p., 1 p. b.] 3 veces, 1 p. b., 1 p. a. M., 9 p. b.; rep. desde * hasta que quede 1 p.; 1 p. b., dele la vuelta.

H. 17: Con B, 1 cad., 2 p. b., *2 cad., sált. 1 p., 1 p. a. M., 2 cad., sált. 1 p., 3 p. b., 2 cad., sált. 1 p., 1 p. b., 1 p. a. M., 2 cad., sált. 1 p., 1 p. a. M., 2 p. b., 2 cad., sált. 1 p., 7 p. b., 2 cad., sált. 1 p., 1 p. b.; rep. desde * hasta que quede 1 p.; 1 p. b., dele la vuelta.

H. 19: Con A, 1 cad., 2 p. b., *[1 p. a. M., 2 cad., sált. 1 p.] 2 veces, 1 p. b., 2 cad., sált. 1 p., 1 p. a. M., 2 cad., sált. 1 p., 2 p. b., 1 p. a. M., 2 cad., sált. 1 p., 1 p. b., 2 cad., sált. 1 p., 1 p. a. M., 2 cad., sált. 1 p., 5 p. b., 2 cad., sált. 1 p., 1 p. a. M., 1 p. b.; rep. desde * hasta que quede 1 p.; 1 p. b., dele la vuelta.

H. 21: Con B, 1 cad., 2 p. b., *[2 cad., sált. 1 p., 1 p. a. M.] 2 veces, 1 p. b.,

1 p. a. M., 2 cad., sált. 1 p., 1 p. a. M., 3 p. b., 1 p. a. M., [1 p. b., 1 p. a. M.] 2 veces, 2 cad., sált. 1 p., 3 p. b., 2 cad., sált. 1 p., 1 p. a. M., 2 cad., sált. 1 p., 1 p. b.; rep. desde * hasta que quede 1 p.; 1 p. b., dele la vuelta.

H. 23: Con A, 1 cad., 2 p. b., *1 p. a. M., 2 cad., sált. 1 p., 1 p. a. M., 3 p. b., 1 p. a. M., [2 cad., sált. 1 p., 1 p. b.] 3 veces, 2 p. b., 2 cad., sált. 1 p., 1 p. a. M., 2 cad., sált. 1 p., 1 p. b., [2 cad., sált. 1 p., 1 p. a. M.] 2 veces, 1 p. b.; rep. desde * hasta quedar 1 p.; 1 p. b., dele la vuelta.

H. 25: Con B, 1 cad., 2 p. b., *2 cad., sált. 1 p., 1 p. a. M., 5 p. b., 1 p. a. M., 2 cad., sált. 1 p., 1 p. a. M., 1 p. b., 1 p. a. M., 2 cad., sált. 1 p., 2 p. b., 1 p. a. M., 2 cad., sált. 1 p., 1 p. a. M., 1 p. b., [1 p. a. M., 2 cad., sált. 1 p.] 2 veces, 1 p. b.; rep. desde * hasta quedar 1 p.; 1 p. b., dele la vuelta.

H. 27: Con A, 1 cad., 2 p. b., *1 p. a. M., 7 p. b., 1 p. a. M., 2 p. b., 2 cad., sált. 1 p., 1 p. a. M., 2 cad., sált. 1 p., 2 cad., sált. 1 p., 1 p. a. M., 3 p. b., 1 p. a. M., 2 cad., sált. 1 p., 1 p. a. M., 1 p. b.; rep. desde * hasta que quede 1 p.; 1 p. b., dele la vuelta.

H. 29: Con B, 1 cad., 2 p. b., *8 p. b., 2 cad., sált. 1 p., 2 p. b., [1 p. a. M., 1 p. b.] 3 veces, 4 p. b., 1 p. a. M., 2 cad., sált. 1 p., 1 p. b.; rep. desde * hasta que quede 1 p.; 1 p. b., dele la vuelta.

H. 31: Con A, 1 cad., 2 p. b., *8 p. b., 1 p. a. M., 2 cad., sált. 1 p., 5 p. b., [2 cad., sált. 1 p., 1 p. b.] 3 veces, 1 p. b., 1 p. a. M., 1 p. b.; rep. desde * hasta que quede 1 p.; 1 p. b., dele la vuelta.

H. 33: Con B, 1 cad., 2 p. b., *8 p. b., 2 cad., sált. 1 p., 1 p. a. M., 2 cad., sált. 1 p., 3 p. b., 2 cad., sált. 1 p., 1 p. a. M., 2 cad., sált. 1 p., 1 p. b., 1 p. a. M., 2 cad., sált. 1 p., 1 p. a. M., 2 cad., sált. 1 p., 3 p. b.; rep. desde * hasta que quede 1 p.; 1 p. b., dele la vuelta.

H. 35: Con A, 1 cad., 2 p. b., *8 p. b., 1 p. a. M., 2 cad., sált. 1 p., 1 p. a. M., 2 cad., sált. 1 p., 1 p. b., 2 cad., sált. 1 p., 1 p. a. M., 2 cad., sált. 1 p., 2 p. b., 1 p. a. M., 2 cad., sált. 1 p., 3 p. b.; rep. desde * hasta que quede 1 p.; 1 p. b., dele la vuelta.

H. 37: Con B, 1 cad., 2 p. b., *8 p. b., [2 cad., sált. 1 p., 1 p. a. M.] 2 veces, 1 p. b., 1 p. a. M., 2 cad., sált. 1 p., 1 p. a. M., 3 p. b., 1 p. a. M., 2 cad., sált. 1 p., 3 p. b.; rep. desde * hasta que quede 1 p.; 1 p. b., dele la vuelta.

H. 39: Con A, 1 cad., 2 p. b., *8 p. b., 1 p. a. M., 2 cad., sált. 1 p., 1 p. a. M., 3 p. b., 1 p. a. M., 2 cad., sált. 1 p., 4 p. b., 1 p. a. M., 3 p. b.; rep. desde * hasta que quede 1 p.; 1 p. b., dele la vuelta.

H. 41: Con B, 1 cad., 2 p. b., *8 p. b., 2 cad., sált. 1 p., 1 p. a. M., 5 p. b., 1 p. a. M., 2 cad., sált. 1 p., 7 p. b.; rep. desde * hasta que quede 1 p.; 1 p. b., dele la vuelta.

H. 43: Con A, 1 cad., 2 p. b., *8 p. b., 1 p. a. M., 7 p. b., 1 p. a. M., 7 p. b.; rep. desde * hasta que quede 1 p.; 1 p. b., dele la vuelta.

H. 44: Como la H. 2.
Rep. las H. 1-44, acabando la última repetición con la H. 43.

Eslabones

Este moderno patrón es muy versátil. Se puede emplear en forma de paneles o de repeticiones y es ideal para bordes o grandes secciones de una manta.

Instrucciones de punto

Múltiplo de 12 p. + 3

En las H. D, deslice los p. como si fuera a tejerlos del revés con el hilo por detrás.

Monte los p. con B, teja 1 H. del derecho y 1 H. del revés.

H. 1 (D): Con A, 2 d., *4 d., desl. 3, 5 d.; rep. desde * hasta que quede 1 p.; 1 d.

H. 2 y todas las H. R: Teja del revés los d. y deslice los p. desl. como si fuera a tejerlos del revés con el hilo por delante.

H. 3: Con B, 2 d. *[3 d., desl. 1] 2 veces, 4 d.; rep. desde * hasta que quede 1 p.; 1 d.

H. 5: Con A, 1 d., desl. 1, *11 d., desl. 1; rep. desde * hasta que quede 1 p.; 1 d.

H. 7: Con B, 2 d., *desl. 1, 2 d., desl. 1, 3 d., desl. 1, 2 d., desl. 1, 1 d.; rep. desde * hasta que quede 1 p.; 1 d.

H. 9: Como la H. 5.

H. 11: Como la H. 3.

H. 13: Como la H. 1.

H. 15: Con B, teja p. del derecho.

H. 17: Con A, 1 d., desl. 1, *desl. 1, 9 d., desl. 2; rep. desde * hasta que quede 1 p.; 1 d.

H. 19: Con B, 2 d., *1 d., desl. 1, 7 d., desl. 1, 2 d.; rep. desde * hasta que quede 1 p.; 1 d.

H. 21: Con A, 2 d., *5 d., desl. 1, 6 d.; rep. desde * hasta que quede 1 p.; 1 d.

H. 23: Con B, 2 d., *[1 d., desl. 1, 2 d., desl. 1] 2 veces, 2 d.; rep. desde * hasta que quede 1 p.; 1 d.

H. 25: Como la H. 21.

H. 27: Como la H. 19.

H. 29: Como la H. 17.

H. 31: Con B, teja p. del derecho.

H. 32: Como la H. 2.

Rep. las H. 1-32.

Instrucciones de ganchillo

Múltiplo de 12 p. + 3

Nota sobre el patrón: La repetición de las instrucciones escritas difiere del diagrama en las H. 17 y 29.

Con B, teja el número deseado de p. b. sin cadeneta.

H. 1 (D): Con A, 1 cad., 2 p. b., *4 p. b., 4 cad., sált. 3 p., 5 p. b.; rep. desde * hasta que quede 1 p.; 1 p. b., dele la vuelta.

H. 2 y todas las H. R: 1 cad., 1 p. b. en los p., 1 cad. y sált. los esp. de cad., dele la vuelta.

H. 3: Con B, 1 cad., 2 p. b., *3 p. b., 2 cad., sált. 1 p., 3 p. a. M., 2 cad., sált. 1 p., 4 p. b.; rep. desde * hasta que quede 1 p.; 1 p. b., dele la vuelta.

H. 5: Con A, 1 cad., 1 p. b., 2 cad., sált. 1 p., *[3 p. b., 1 p. a. M.] 2 veces, 3 p. b., 2 cad., sált. 1 p.; rep. desde * hasta que quede 1 p.; 1 p. b., dele la vuelta.

H. 7: Con B, 1 cad., 1 p. b., 1 p. a. M., *2 cad., sált. 1 p., 2 p. b., 2 cad., sált. 1 p., 3 p. b., 2 cad., sált. 1 p., 2 p. b., 2 cad., sált. 1 p., 1 p. a. M.; rep. desde * hasta que quede 1 p.; 1 p. b., dele la vuelta.

H. 9: Con A, 1 cad., 1 p. b., 2 cad., sált. 1 p., *1 p. a. M., 2 p. b., 1 p. a. M., 3 p. b., 1 p. a. M., 2 p. b., 1 p. a. M., 2 cad., sált. 1 p.; rep. desde * hasta que quede 1 p.; 1 p. b., dele la vuelta.

H. 11: Con B, 1 cad., 1 p. b., 1 p. a. M., *[3 p. b., 2 cad., sált. 1 p.] 2 veces, 3 p. b., 1 p. a. M.; rep. desde * hasta que quede 1 p.; 1 p. b., dele la vuelta.

H. 13: Con A, 1 cad., 2 p. b., *3 p. b., 1 p. a. M., 4 cad., sált. 3 p., 1 p. a. M., 4 p. b.; rep. desde * hasta que quede 1 p.; 1 p. b., dele la vuelta.

H. 15: Con B, 1 cad., 2 p. b., *4 p. b., 3 p. a. M., 5 p. b.; rep. desde * hasta que quede 1 p.; 1 p. b., dele la vuelta.

DIAGRAMA DEL MOSAICO

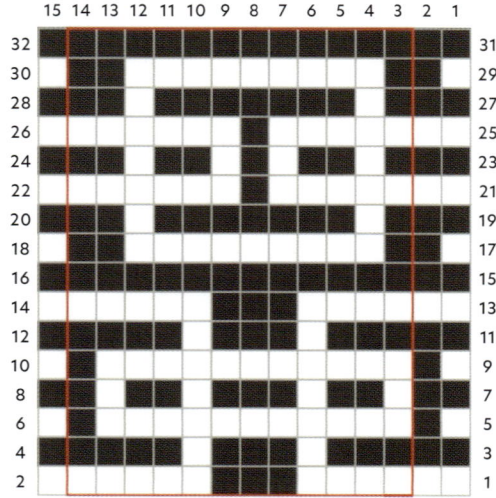

15 14 13 12 11 10 9 8 7 6 5 4 3 2 1

32 ... 31
30 ... 29
28 ... 27
26 ... 25
24 ... 23
22 ... 21
20 ... 19
18 ... 17
16 ... 15
14 ... 13
12 ... 11
10 ... 9
8 ... 7
6 ... 5
4 ... 3
2 ... 1

12 p.

☐ Hilo A = crema

■ Hilo B = lila

PUNTO

GANCHILLO

H. 17: Con A, 1 cad., 1 p. b., 3 cad., sált. 2 p., *9 p. b.**, 4 cad., sált. 3 p.; rep. desde * hasta que queden 3 p., acabando la última repetición en **; 3 cad., sált. 2 p., 1 p. b., dele la vuelta.

H. 19: Con B, 1 cad., 1 p. b., 1 p. a. M., *1 p. a. M., 2 cad., sált. 1 p., 7 p. b., 2 cad., sált. 1 p., 2 p. a. M.; rep. desde * hasta que quede 1 p.; 1 p. b., dele la vuelta.

H. 21: Con A, 1 cad., 2 p. b., *1 p. b., 1 p. a. M., 3 p. b., 2 cad., sált. 1 p., 3 p. b., 1 p. a. M., 2 p. b.; rep. desde * hasta que quede 1 p.; 1 p. b., dele la vuelta.

H. 23: Con B, 1 cad., 2 p. b., *1 p. b., 2 cad., sált. 1 p., 2 p. b., 2 cad., sált. 1 p., 1 p. a. M., [2 cad., sált. 1 p., 2 p. b.] 2 veces; rep. desde * hasta que quede 1 p.; 1 p. b., dele la vuelta.

H. 25: Con A, 1 cad., 2 p. b., *1 p. b., 1 p. a. M., 2 p. b., 1 p. a. M., 2 cad., sált. 1 p., 1 p. a. M., 2 p. b., 1 p. a. M., 2 p. b.; rep. desde * hasta que quede 1 p.; 1 p. b., dele la vuelta.

H. 27: Con B, 1 cad., 2 p. b., *1 p. b., 2 cad., sált. 1 p., 3 p. b., 1 p. a. M., 3 p. b., 2 cad., sált. 1 p., 2 p. b.; rep. desde * hasta que quede 1 p.; 1 p. b., dele la vuelta.

H. 29: Con A, 1 cad., 1 p. b., 3 cad., sált. 2 p., *1 p. a. M., 7 p. b., 1 p. a. M.**, 4 cad., sált. 3 p.; rep. desde * hasta que queden 3 p., acabando la última repetición en **; 3 cad., sált. 2 p., 1 p. b., dele la vuelta.

H. 31: Con B, 1 cad., 1 p. b., 1 p. a. M., *1 p. a. M., 9 p. b., 2 p. a. M.; rep. desde * hasta que quede 1 p.; 1 p. b., dele la vuelta.

H. 32: Como la H. 2.

Rep. las H. 1-32, haciendo 1 p. a. M. en los esp. requeridos en la H. 1. Termine la última repetición con la H. 31.

Gemas

Un patrón adorable que, al repetirse, crea rombos grandes y pequeños. Los cuadraditos de dentro de los rombos parecen corazones en la muestra de ganchillo y círculos en la punto, pero se hacen siguiendo el mismo patrón.

Instrucciones de punto

Múltiplo de 6 p. + 3
En las H. D, deslice los p. como si fuera a tejerlos del revés con el hilo por detrás.
Monte los p. con A, teja 1 H. del derecho y 1 H. del revés.

H. 1 (D): Con B, 1 d., *desl. 1, 1 d.; rep. desde * hasta que queden 2 p.; desl. 1, 1 d.

H. 2 y todas las H. R: Teja del revés los d. y deslice los p. desl. como si fuera a tejerlos del revés con el hilo por delante.

H. 3: Con A, 1 d., *3 d., desl. 1, 2 d.; rep. desde * hasta que queden 2 p.; 2 d.

H. 5: Con B, 1 d., *1 d., desl. 1, 3 d., desl. 1; rep. desde * hasta que queden 2 p.; 2 d.

H. 7: Con A, 1 d., *2 d., [desl. 1, 1 d.] 2 veces; rep. desde * hasta que queden 2 p.; 2 d.

H. 9: Con B, 1 d., *[desl. 1, 2 d.] 2 veces; rep. desde * hasta que queden 2 p.; desl. 1, 1 d.

H. 11: Con A, 1 d., *1 d., desl. 1, 3 d., desl. 1; rep. desde * hasta que queden 2 p.; 2 d.

H. 13: Con B, 1 d., *2 d., [desl. 1, 1 d.] 2 veces; rep. desde * hasta que queden 2 p.; 2 d.

H. 15: Como la H. 11.

H. 17: Como la H. 9.

H. 19: Como la H. 7.

H. 21: Como la H. 5.

H. 23: Como la H. 3.

Rep. las H. 1-24. Para terminar, haga las H. 25-28.

H. 25: Como la H. 1.

H. 27: Con A, teja p. del derecho.

H. 28: Como la H. 2.

Instrucciones de ganchillo

Múltiplo de 6 p. + 3
Nota sobre el patrón: La repetición de las instrucciones escritas difiere del diagrama en la H. 17.
Con A, teja el número deseado de p. b. sin cadeneta.

H. 1 (D): Con B, 1 cad., 1 p. b., *[2 cad., sált. 1 p., 1 p. b.] 3 veces; rep. desde * hasta que queden 2 p.; 2 cad., sált. 1 p., 1 p. b., dele la vuelta.

H. 2 y todas las H. R: 1 cad., 1 p. b. en los p., 1 cad. y sált. los esp. de cad., dele la vuelta.

H. 3: Con A, 1 cad., 1 p. b., *1 p. a. M., 1 p. b., 1 p. a. M., 2 cad., sált. 1 p., 1 p. a. M., 1 p. b.; rep. desde * hasta que queden 2 p.; 1 p. a. M., 1 p. b., dele la vuelta.

H. 5: Con B, 1 cad., 1 p. b., *1 p. b., 2 cad., sált. 1 p., 1 p. b., 1 p. a. M., 1 p. b., 2 cad., sált. 1 p.; rep. desde * hasta que queden 2 p.; 2 p. b., dele la vuelta.

H. 7: Con A, 1 cad., 1 p. b., *1 p. b., 1 p. a. M., 2 cad., sált. 1 p., 1 p. b., 2 cad., sált. 1 p., 1 p. a. M.; rep. desde * hasta que queden 2 p.; 2 p. b., dele la vuelta.

H. 9: Con B, 1 cad., 1 p. b., *2 cad., sált. 1 p., 1 p. b., 1 p. a. M., 2 cad., sált. 1 p., 1 p. a. M., 1 p. b.; rep. desde * hasta que queden 2 p.; 2 cad., sált. 1 p., 1 p. b., dele la vuelta.

H. 11: Con A, 1 cad., 1 p. b., *1 p. a. M., 2 cad., sált. 1 p., 1 p. b., 1 p. a. M., 1 p. b., 2 cad., sált. 1 p.; rep. desde * hasta que queden 2 p.; 1 p. a. M., 1 p. b., dele la vuelta.

H. 13: Con B, 1 cad., 1 p. b., *1 p. b., 1 p. a. M., 2 cad., sált. 1 p., 1 p. b., 2 cad., sált. 1 p., 1 p. a. M.; rep. desde * hasta que queden 2 p.; 2 p. b., dele la vuelta.

H. 15: Con A, 1 cad., 1 p. b., *1 p. b., 2 cad., sált. 1 p., 1 p. a. M., 1 p. b., 1 p. a. M., 2 cad., sált. 1 p.; rep. desde * hasta que queden 2 p.; 2 p. b., dele la vuelta.

H. 17: Con B, 1 cad., 1 p. b., *2 cad., sált. 1 p., 1 p. a. M., 1 p. b., 2 cad., sált. 1 p., 1 p. b., 1 p. a. M.; rep. desde * hasta que queden 2 p.; 2 cad., sált. 1 p., 1 p. b., dele la vuelta.

DIAGRAMA DEL MOSAICO

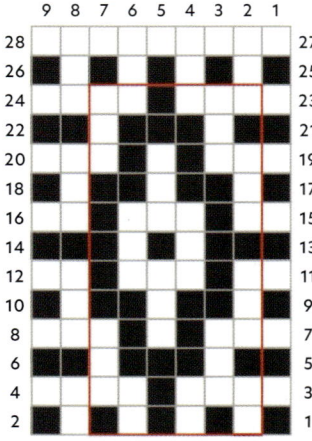

6 p.

☐ Hilo A = crema
■ Hilo B = rosa oscuro

H. 19: Con A, 1 cad., 1 p. b., *1 p. a. M., 1 p. b., 2 cad.; sált. 1 p., 1 p. a. M., 2 cad., sált. 1 p., 1 p. b.; rep. desde * hasta que queden 2 p.; 1 p. a. M., 1 p. b., dele la vuelta.

H. 21: Con B, 1 cad., 1 p. b., *1 p. b., 2 cad., sált. 1 p., 1 p. a. M., 1 p. b., 1 p. a. M., 2 cad., sált. 1 p.; rep. desde * hasta que queden 2 p.; 2 p. b., dele la vuelta.

H. 23: Con A, 1 cad., 1 p. b., *1 p. b., 1 p. a. M., 1 p. b., 2 cad., sált. 1 p., 1 p. b., 1 p. a. M.; rep. desde * hasta que queden 2 p.; 2 p. b., dele la vuelta. Rep. las H. 1-24, haciendo 1 p. a. M. en los esp. requeridos en la H. 1. Para terminar, haga las H. 25-27.

H. 25: Con B, 1 cad., 1 p. b., *2 cad., sált. 1 p., 1 p. b., 2 cad., sált. 1 p., 1 p. a. M., 2 cad., sált. 1 p., 1 p. b.; rep. desde * hasta que queden 2 p.; 2 cad., sált. 1 p., 1 p. b., dele la vuelta.

H. 27: Con A, 1 cad., 1 p. b., *[1 p. a. M., 1 p. b.] 3 veces; rep. desde * hasta que queden 2 p.; 1 p. a. M., 1 p. b., dele la vuelta.

CONSEJO: El diseño queda estupendo en una bufanda cerrada que abrigue bien. Elija una mezcla de lana que sea suave al tacto para que no irrite la piel pero sea cálida. Para crear la bufanda cerrada, puede tejer a ganchillo o con las dos agujas un panel grande y coser juntos los lados, o bien trabajar en redondo. Encontrará más información en la página 25.

PUNTO

GANCHILLO

Olas

Un patrón sencillo pero eficaz que crea olas verticales. Teja varias repeticiones para que el diseño sobresalga. Quedaría maravilloso en una manta para cochecito o en una bolsa.

Instrucciones de punto

Múltiplo de 5 p. + 4
En las H. D., deslice los p. como si fuera a tejerlos del revés con el hilo por detrás.
Monte los p. con A, teja 1 H. del derecho y 1 H. del revés.

H. 1 (D): Con B, 1 d., desl. 2, *desl. 1, 2 d., desl. 2; rep. desde * hasta que quede 1 p.; 1 d.

H. 2 y todas las H. R: Teja del revés los d. y deslice los p. desl. como si fuera a tejerlos del revés con el hilo por delante.

H. 3: Con A, 3 d., *1 d., desl. 2, 2 d.; rep. desde * hasta que quede 1 p.; 1 d.

H. 5: Con B, 1 d., desl. 2, *3 d., desl. 2; rep. desde * hasta que quede 1 p.; 1 d.

H. 7: Con A, 3 d., *desl. 2, 3 d.; rep. desde * hasta que quede 1 p.; 1 d.

H. 9: Con B, 1 d., desl. 1, 1 d., *2 d., desl. 2, 1 d.; rep. desde * hasta que quede 1 p.; 1 d.

DIAGRAMA DEL MOSAICO

9 8 7 6 5 4 3 2 1

5 p.

☐ Hilo A = crema

■ Hilo B = lila

H. 11: Con A, 2 d., desl. 1, *desl. 1, 3 d., desl. 1; rep. desde * hasta que quede 1 p.; 1 d.

H. 13: Con B, 3 d., *1 d., desl. 2, 2 d.; rep. desde * hasta que quede 1 p.; 1 d.

H. 15: Con A, 1 d., desl. 2, *3 d., desl. 2; rep. desde * hasta que quede 1 p.; 1 d.

H. 17: Con B, 3 d., *1 d., desl. 2, 2 d.; rep. desde * hasta que quede 1 p.; 1 d.

H. 19: Como la H. 11.

H. 21: Como la H. 9.

H. 23: Como la H. 7.

H. 25: Como la H. 5.

H. 27: Como la H. 3.

H. 29: Con B, 2 d., desl. 1, *desl. 1, 3 d., desl. 1; rep. desde * hasta que quede 1 p.; 1 d.

H. 31: Con A, 1 d., desl. 1, 1 d., *2 d., desl. 2, 1 d.; rep. desde * hasta que quede 1 p.; 1 d.

H. 33: Con B, 2 d., desl. 1, *desl. 1, 3 d., desl. 1; rep. desde * hasta que quede 1 p.; 1 d.

H. 35: Como la H. 3.
Rep. las H. 1-36. Para terminar, haga las H. 37-40.

H. 37: Como la H. 1.

H. 39: Con A, teja p. del derecho.

H. 40: Como la H. 2.

Instrucciones de ganchillo

Múltiplo de 5 p. + 4
Nota sobre el patrón: La repetición de las instrucciones escritas difiere del diagrama en las H. 1, 11, 19, 29 y 33. Con A, teja el número deseado de p. b. sin cadeneta.

H. 1 (D): Con B, 1 cad., 1 p. b., 4 cad., sált. 3 p., *2 p. b.**, 4 cad., sált. 3 p.;

rep. desde * hasta que queden 3 p., acabando la última repetición en **; 3 cad., sált. 2 p., 1 p. b., dele la vuelta.

H. 2 y todas las H. R: 1 cad., 1 p. b. en los p., 1 cad. y sált. los esp. de cad., dele la vuelta.

H. 3: Con A, 1 cad., 1 p. b., 2 p. a. M., *1 p. a. M., 3 cad., sált. 2 p., 2 p. a. M.; rep. desde * hasta que quede 1 p.; 1 p. b., dele la vuelta.

H. 5: Con B, 1 cad., 1 p. b., 3 cad., sált. 2 p., *1 p. b., 2 p. a. M., 3 cad., sált. 2 p.; rep. desde * hasta que quede 1 p.; 1 p. b., dele la vuelta.

H. 7: Con A, 1 cad., 1 p. b., 2 p. a. M., *3 cad., sált. 2 p., 1 p. b., 2 p. a. M.; rep. desde * hasta que quede 1 p.; 1 p. b., dele la vuelta.

H. 9: Con B, 1 cad., 1 p. b., 2 cad., sált. 1 p., 1 p. b., *2 p. a. M., 3 cad., sált. 2 p., 1 p. b.; rep. desde * hasta que quede 1 p.; 1 p. b., dele la vuelta.

H. 11: Con A, 1 cad., 1 p. b., 1 p. a. M., 3 cad., sált. 2 p., *1 p. b., 2 p. a. M.**, 3 cad. sált. 2 p.; rep. desde * hasta que queden 3 p., acabando la última repetición en **; 2 cad., sált. 1 p., 1 p. b., dele la vuelta.

H. 13: Con B, 1 cad., 2 p. b., 1 p. a. M., *1 p. a. M., 3 cad., sált. 2 p., 1 p. b., 1 p. a. M.; rep. desde * hasta que quede 1 p.; 1 p. b., dele la vuelta.

H. 15: Con A, 1 cad., 1 p. b., 3 cad., sált. 2 p., *1 p. b., 2 p. a. M., 3 cad., sált. 2 p.; rep. desde * hasta que quede 1 p.; 1 p. b., dele la vuelta.

H. 17: Con B, 1 cad., 1 p. b., 2 p. a. M., *1 p. b., 3 cad., sált. 2 p., 2 p. a. M.; rep. desde * hasta que quede 1 p.; 1 p. b., dele la vuelta.

H. 19: Con A, 1 cad., 2 p. b., 3 cad., sált. 2 p., *2 p. a. M., 1 p. b.**, 3 cad., sált. 2 p.; rep. desde * hasta que queden 2 p., acabando la última repetición en

**; 2 cad., sált. 1 p., 1 p. b., dele la vuelta.

H. 21: Con B, 1 cad., 1 p. b., 2 cad., sált. 1 p., 1 p. a. M., *1 p. a. M., 1 p. b., 3 cad., sált. 2 p., 1 p. a. M.; rep. desde * hasta que quede 1 p.; 1 p. b., dele la vuelta.

H. 23: Con A, 1 cad., 1 p. b., 1 p. a. M., 1 p. b., *3 cad., sált. 2 p., 2 p. a. M., 1 p. b.; rep. desde * hasta que quede 1 p.; 1 p. b., dele la vuelta.

H. 25: Con B, 1 cad., 1 p. b., 3 cad., sált. 2 p., *2 p. a. M., 1 p. b., 3 cad., sált. 2 p.; rep. desde * hasta que quede 1 p.; 1 p. b., dele la vuelta.

H. 27: Con A, 1 cad., 1 p. b., 2 p. a. M., *1 p. b., 3 cad., sált. 2 p., 2 p. a. M.; rep. desde * hasta que quede 1 p.; 1 p. b., dele la vuelta.

H. 29: Con B, 1 cad., 2 p. b., 3 cad., sált. 2 p., *2 p. a. M., 1 p. b.**, 3 cad., sált. 2 p.; rep. desde * hasta que queden 2 p., acabando la última repetición en **; 2 cad., sált. 1 p., 1 p. b., dele la vuelta.

H. 31: Con A, 1 cad., 1 p. b., 2 cad., sált. 1 p., 1 p. a. M., *1 p. a. M., 1 p. b., 3 cad., sált. 2 p., 1 p. a. M.; rep. desde * hasta que quede 1 p.; 1 p. b., dele la vuelta.

H. 33: Con B, 1 cad., 1 p. b., 1 p. a. M., 3 cad., sált. 2 p., *1 p. b., 2 p. a. M.**, 3 cad., sált. 2 p.; rep. desde * hasta que queden 2 p., acabando la última repetición en **; 2 cad., sált. 1 p., 1 p. b., dele la vuelta.

H. 35: Con A, 1 cad., 2 p. b., 1 p. a. M., *1 p. a. M., 3 cad., sált. 2 p., 1 p. b., 1 p. a. M.; rep. desde * hasta que quede 1 p.; 1 p. b., dele la vuelta.
Rep. las H. 1-36, haciendo 1 p. a. M. en los esp. requeridos en la H. 1. Para terminar, haga las H. 37-39.

H. 37: Con B, 1 cad., 1 p. b., 4 cad., sált. 3 p., *2 p. a. M.**, 4 cad., sált. 3 p.; rep. desde * hasta que queden 3 p., acabando la última repetición en **; 3 cad., sált. 2 p., 1 p. b., dele la vuelta.

H. 39: Con A, 1 cad., 1 p. b., 2 p. a. M., *1 p. a. M., 2 p. b., 2 p. a. M.; rep. desde * hasta que quede 1 p.; 1 p. b., dele la vuelta.

PUNTO

GANCHILLO

PUNTO

GANCHILLO

DIFICULTAD

XXX

Prodigio

Este diseño es realmente versátil: queda igual de bien en vertical que en horizontal, y en repeticiones tanto pequeñas como grandes. La versión de punto es un poco más definida.

Instrucciones de punto

Múltiplo de 6 p. + 3

En las H. D, deslice los p. como si fuera a tejerlos del revés con el hilo por detrás.

Monte los p. con A, teja 1 H. del derecho y 1 H. del revés.

H. 1 (D): Con B, 1 d., *3 d., desl. 1, 2 d.; rep. desde * hasta que queden 2 p.; 2 d.

H. 2 y todas las H. R: Teja del revés los d. y deslice los p. desl. como si fuera a tejerlos del revés con el hilo por delante.

H. 3: Con A, teja p. del derecho.

H. 5: Con B, 1 d., *2 d., [desl. 1, 1 d.] 2 veces; rep. desde * hasta que queden 2 p.; 2 d.

H. 7: Con A, teja p. del derecho.

H. 9: Con B, 1 d., *1 d., [desl. 1, 1 d.] 2 veces, desl. 1; rep. desde * hasta que queden 2 p.; 2 d.

H. 11: Con A, teja p. del derecho.

H. 13: Como la H. 5.

H. 15: Con A, teja p. del derecho.

Rep. las H. 1-16. Para terminar, haga las H. 17-20.

H. 17: Como la H. 1.

H. 19: Con A, teja p. del derecho.

H. 20: Como la H. 2.

Instrucciones de ganchillo

Múltiplo de 6 p. + 3

Con A, teja el número deseado de p. b. sin cadeneta.

H. 1 (D): Con B, 1 cad., 1 p. b., *3 p. b., 2 cad., sált. 1 p., 2 p. b.; rep. desde * hasta que queden 2 p.; 2 p. b., dele la vuelta.

H. 2 y todas las H. R: 1 cad., 1 p. b. en los p., 1 cad. y sált. los esp. de cad., dele la vuelta.

H. 3: Con A, 1 cad., 1 p. b., *3 p. b., 1 p. a. M., 2 p. b.; rep. desde * hasta que queden 2 p.; 2 p. b., dele la vuelta.

H. 5: Con B, 1 cad., 1 p. b., *2 p. b., [2 cad., sált. 1 p., 1 p. b.] 2 veces; rep.

desde * hasta que queden 2 p.; 2 p. b., dele la vuelta.

H. 7: Con A, 1 cad., 1 p. b., *2 p. b., [1 p. a. M., 1 p. b.] 2 veces; rep. desde * hasta que queden 2 p.; 2 p. b., dele la vuelta.

H. 9: Con B, 1 cad., 1 p. b., *1 p. b., [2 cad., sált. 1 p., 1 p. b.] 2 veces, 2 cad., sált. 1 p.; rep. desde * hasta que queden 2 p.; 2 p. b., dele la vuelta.

H. 11: Con A, 1 cad., 1 p. b., *1 p. b., [1 p. a. M., 1 p. b.] 2 veces, 1 p. a. M.; rep. desde * hasta que queden 2 p.; 2 p. b., dele la vuelta.

H. 13: Como la H. 5.

H. 15: Con A, 1 cad., 1 p. b., *2 p. b., [1 p. a. M., 1 p. b.] 2 veces; rep. desde * hasta que queden 2 p.; 2 p. b., dele la vuelta.

Rep. las H. 1-16. Para terminar, haga las H. 17-19.

H. 17: Con B, 1 cad., 1 p. b., *3 p. b., 2 cad., sált. 1 p., 2 p. b.; rep. desde * hasta que queden 2 p.; 2 p. b., dele la vuelta.

H. 19: Con A, 1 cad., 1 p. b., *3 p. b., 1 p. a. M., 2 p. b.; rep. desde * hasta que queden 2 p.; 2 p. b., dele la vuelta.

DIAGRAMA DEL MOSAICO

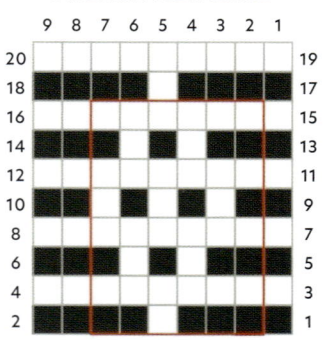

9 8 7 6 5 4 3 2 1

6 p.

☐ Hilo A = crema
■ Hilo B = rosa oscuro

PUNTO

GANCHILLO

Grueso y fino

DIFICULTAD

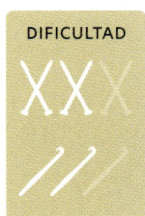

Este impresionante patrón se trabaja mejor en una sección grande con pocas repeticiones; así, la belleza del diseño se apreciará mejor. Es ideal para prendas de ropa, accesorios y objetos para decorar el hogar.

Instrucciones de punto

Múltiplo de 10 p. + 3

En las H. D, deslice los p. como si fuera a tejerlos del revés con el hilo por detrás. Monte los p. con A, teja 1 H. del derecho y 1 H. del revés.

H. 1 (D): Con B, 1 d., *[1 d., desl. 1] 2 veces, 3 d., desl. 1, 1 d., desl. 1; rep. desde * hasta que queden 2 p.; 2 d.

H. 2 y todas las H. R: Teja del revés los d. y deslice los p. desl. como si fuera a tejerlos del revés con el hilo por delante.

H. 3: Con A, 1 d., *4 d., desl. 1, 1 d., desl. 1, 3 d.; rep. desde * hasta que queden 2 p.; 2 d.

H. 5: Con B, 1 d., *[desl. 1, 1 d.] 2 veces, 4 d., desl. 1, 1 d.; rep. desde * hasta que queden 2 p.; desl. 1, 1 d.

H. 7: Con A, 1 d., *3 d., [desl. 1, 1 d.] 3 veces, 1 d.; rep. desde * hasta que queden 2 p.; 2 d.

H. 9: Con B, 1 d., *1 d., desl. 1, 7 d., desl. 1; rep. desde * hasta quedar 2 p.; 2 d.

H. 11: Con A, 1 d., *2 d., [desl. 1, 1 d.] 4 veces; rep. desde * hasta que queden 2 p.; 2 d.

H. 13: Como la H. 9.

H. 15: Como la H. 7.

H. 17: Como la H. 5.

H. 19: Como la H. 3.

Rep. las H. 1-20. Para terminar, haga las H. 21-24.

H. 21: Como la H. 1.

H. 23: Con A, teja p. del derecho.

H. 24: Como la H. 2.

Instrucciones de ganchillo

Múltiplo de 10 p. + 3

Con A, teja el número deseado de p. b. sin cadeneta.

H. 1 (D): Con B, 1 cad. 1 p. b., *[1 p. b., 2 cad., sált. 1 p.] 2 veces, 3 p. b., 2 cad., sált. 1 p., 1 p. b., 2 cad., sált. 1 p.; rep. desde * hasta que queden 2 p.; 2 p. b., dele la vuelta.

H. 2 y todas las H. R: 1 cad., 1 p. b. en los p., 1 cad. y sált. los esp. de cad., dele la vuelta.

H. 3: Con A, 1 cad., 1 p. b., *[1 p. b., 1 p. a. M.] 2 veces, 2 cad., sált. 1 p., 1 p. b., 2 cad., sált. 1 p., 1 p. a. M., 1 p. b., 1 p. a. M.; rep. desde * hasta que queden 2 p.; 2 p. b., dele la vuelta.

H. 5: Con B, 1 cad., 1 p. b., *[2 cad., sált. 1 p., 1 p. b.] 2 veces, [1 p. a. M., 1 p. b.] 2 veces, 2 cad., sált. 1 p., 1 p. b.; rep. desde * hasta que queden 2 p.; 2 cad., sált. 1 p., 1 p. b., dele la vuelta.

H. 7: Con A, 1 cad., 1 p. b., *1 p. a. M., 1 p. b., 1 p. a. M., [2 cad., sált. 1 p., 1 p. b.] 2 veces, 2 cad., sált. 1 p., 1 p. a. M., 1 p. b.; rep. desde * hasta que queden 2 p.; 1 p. a. M., 1 p. b., dele la vuelta.

H. 9: Con B, 1 cad., 1 p. b., *1 p. b., 2 cad., sált. 1 p., [1 p. b., 1 p. a. M.] 3 veces, 1 p. b., 2 cad., sált. 1 p.; rep. desde * hasta quedar 2 p.; 2 p. b., dele la vuelta.

H. 11: Con A, 1 cad., 1 p. b., *1 p. b., 1 p. a. M., [2 cad., sált. 1 p., 1 p. b.] 3 veces, 2 cad., sált. 1 p., 1 p. a. M.; rep. desde * hasta quedar 2 p.; 2 p. b., dele la vuelta.

H. 13: Con B, 1 cad., 1 p. b., *1 p. b., 2 cad., sált. 1 p., [1 p. a. M., 1 p. b.] 3 veces, 1 p. a. M., 2 cad., sált. 1 p.; rep. desde * hasta que queden 2 p.; 2 p. b., dele la vuelta.

H. 15: Con A, 1 cad., 1 p. b., *1 p. b., 1 p. a. M., 1 p. b., [2 cad., sált. 1 p., 1 p. b.] 3 veces, 1 p. a. M.; rep. desde * hasta que queden 2 p.; 2 p. b., dele la vuelta.

H. 17: Con B, 1 cad., 1 p. b., *2 cad., sált. 1 p., 1 p. b., 2 cad., sált. 1 p., [1 p. a. M., 1 p. b.] 2 veces, 1 p. a. M., 2 cad., sált. 1 p., 1 p. b.; rep. desde * hasta quedar 2 p.; 2 cad., sált. 1 p., 1 p. b., dele la vuelta.

H. 19: Con A, 1 cad., 1 p. b., *[1 p. a. M., 1 p. b.] 2 veces, [2 cad., sált. 1 p., 1 p. b.] 2 veces, 1 p. a. M., 1 p. b.; rep. desde * hasta que queden 2 p.; 1 p. a. M., 1 p. b., dele la vuelta.

Rep. las H. 1-20, haciendo 1 p. a. M. en los esp. requeridos en la H. 1. Para terminar, haga las H. 21-23.

H. 21: Con B, 1 cad., 1 p. b., *[1 p. b., 2 cad., sált. 1 p.] 2 veces, 1 p. a. M., 1 p. b., 1 p. a. M., 2 cad., sált. 1 p., 1 p. b., 2 cad., sált. 1 p.; rep. desde * hasta que queden 2 p.; 2 p. b., dele la vuelta.

H. 23: Con A, 1 cad., 1 p. b., *[1 p. b., 1 p. a. M.] 2 veces, 3 p. b., 1 p. a. M., 1 p. b., 1 p. a. M.; rep. desde * hasta que queden 2 p.; 2 p. b., dele la vuelta.

☐ Hilo A = crema

■ Hilo B = rosa pálido

DIAGRAMA DEL MOSAICO

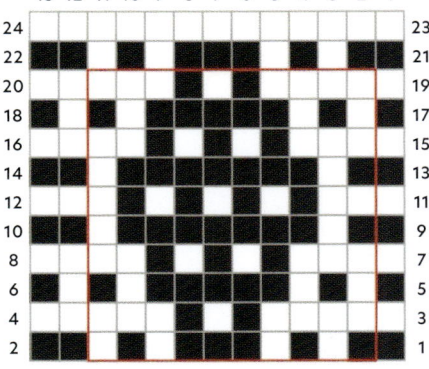

10 p.

PUNTO

GANCHILLO

Cubos

Este es uno de los patrones que mejor quedan en una sección grande con pocas repeticiones. De este modo, el diseño brillará con luz propia. Es perfecto para proyectos grandes, como chales y mantones.

Instrucciones de punto

Múltiplo de 6 p. + 3

En las H. D, deslice los p. como si fuera a tejerlos del revés con el hilo por detrás.

Monte los p. con B, teja 1 H. del derecho y 1 H. del revés.

H. 1 (D): Con A, 1 d., *[1 d., desl. 1] 2 veces, 2 d.; rep. desde * Hasta que queden 2 p.; 2 d.

H. 2 y todas las H. R: Teja del revés los d. y deslice los p. desl. como si fuera a tejerlos del revés con el hilo por delante.

H. 3: Con B, 1 d., *desl. 1, 3 d., desl. 1, 1 d.; rep. desde * hasta que queden 2 p.; desl. 1, 1 d.

H. 5: Con A, 1 d., *5 d., desl. 1; rep. desde * hasta que queden 2 p.; 2 d.

H. 7: Con B, como la H. 3.

H. 9: Con A, como la H. 1.

H. 11: Con B, 1 d., *2 d., desl. 1, 3 d.; rep. desde * hasta que queden 2 p.; 2 d.

Rep. las H. 1-12. Para terminar, haga las H. 13-16.

H. 13: Con A, como la H. 1.

H. 15: Con B, teja p. del derecho.

H. 16: Como la H. 2.

Instrucciones de ganchillo

Múltiplo de 6 p. + 3

Con B, teja el número deseado de p. b. sin cadeneta.

H. 1 (D): Con A, 1 cad., 1 p. b., *[1 p. b., 2 cad., sált. 1 p.] 2 veces, 2 p. b.; rep. desde * hasta que queden 2 p.; 2 p. b., dele la vuelta.

H. 2 y todas las H. R: 1 cad., 1 p. b. en los p., 1 cad. y sált. los esp. de cad., dele la vuelta.

H. 3: Con B, 1 cad., 1 p. b., *2 cad., sált. 1 p., 1 p. a. M., 1 p. b., 1 p. a. M., 2 cad., sált. 1 p., 1 p. b.; rep. desde * hasta que queden 2 p.; 2 cad., sált. 1 p., 1 p. b., dele la vuelta.

H. 5: Con A, 1 cad., 1 p. b., *1 p. a. M., 3 p. b., 1 p. a. M., 2 cad., sált. 1 p.; rep. desde * hasta que queden 2 p.; 1 p. a. M., 1 p. b., dele la vuelta.

H. 7: Con B, 1 cad., 1 p. b., *2 cad., sált. 1 p., 3 p. b., 2 cad., sált. 1 p., 1 p. a. M.; rep. desde * hasta que queden 2 p.; 2 cad., sált. 1 p., 1 p. b., dele la vuelta.

H. 9: Con A, 1 cad., 1 p. b., *1 p. a. M., 2 cad., sált. 1 p., 1 p. b., 2 cad., sált. 1 p., 1 p. a. M., 1 p. b.; rep. desde * hasta que queden 2 p.; 1 p. a. M., 1 p. b., dele la vuelta.

H. 11: Con B, 1 cad., 1 p. b., *1 p. b., 1 p. a. M., 2 cad., sált. 1 p., 1 p. a. M., 2 p. b.; rep. desde * hasta que queden 2 p.; 2 p. b., dele la vuelta.

Rep. las H. 1-12, haciendo 1 p. a. M. en los esp. requeridos en la H. 1. Para terminar, haga las H. 13-15.

H. 13: Con A, 1 cad., 1 p. b., *1 p. b., 2 cad., sált. 1 p., 1 p. a. M., 2 cad., sált. 1 p., 2 p. b.; rep. desde * hasta que queden 2 p.; 2 p. b., dele la vuelta.

H. 15: Con B, 1 cad., 1 p. b., *1 p. b., 1 p. a. M., 1 p. b., 1 p. a. M., 2 p. b.; rep. desde * hasta que queden 2 p.; 2 p. b., dele la vuelta.

DIAGRAMA DEL MOSAICO

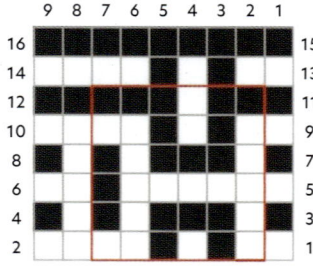

Hilo A = crema

Hilo B = lila

6 p.

PUNTO

GANCHILLO

Ondulación

DIFICULTAD

Un delicado patrón que queda igual de maravilloso en repeticiones grandes y pequeñas. Resulta muy apropiado para un jersey o una chaqueta de punto.

Instrucciones de punto

Múltiplo de 8 p. + 3

En las H. D., deslice los p. como si fuera a tejerlos del revés con el hilo por detrás.

Monte los p. con A, teja 1 H. del derecho y 1 H. del revés.

H. 1 (D): Con B, 1 d., *2 d., [desl. 1, 1 d.] 2 veces, 2 d.; rep. desde * hasta que queden 2 p.; 2 d.

H. 2 y todas las H. R: Teja del revés los d. y deslice los p. desl. como si fuera a tejerlos del revés con el hilo por delante.

H. 3: Con A, 1 d., *1 d., desl. 1, 3 d., desl. 1, 2 d.; rep. desde * hasta que queden 2 p.; 2 d.

H. 5: Con B, 1 d., *desl. 1, 5 d., desl. 1, 1 d.; rep. desde * hasta que queden 2 p.; desl. 1, 1 d.

H. 7: Con A, 1 d., *3 d., desl. 1; rep. desde * hasta que queden 2 p.; 2 d. Rep. las H. 1-8. Para terminar, haga las H. 9-12.

H. 9: Como la H. 1.

H. 11: Con A, teja p. del derecho.

H. 12: Como la H. 2.

Instrucciones de ganchillo

Múltiplo de 8 p. + 3

Con A, teja el número deseado de p. b. sin cadeneta.

H. 1 (D): Con B, 1 cad., 1 p. b., *2 p. b., [2 cad., sált. 1 p., 1 p. b.] 2 veces, 2 p. b.; rep. desde * hasta que queden 2 p.; 2 p. b., dele la vuelta.

H. 2 y todas las H. R: 1 cad., 1 p. b. en los p., 1 cad. y sált. los esp. de cad., dele la vuelta.

H. 3: Con A, 1 cad., 1 p. b., *1 p. b., 2 cad., sált. 1 p., 1 p. a. M., 1 p. b., 1 p. a. M., 2 cad., sált. 1 p., 2 p. b.; rep. desde * hasta que queden 2 p.; 2 p. b., dele la vuelta.

H. 5: Con B, 1 cad., 1 p. b., *2 cad., sált. 1 p., 1 p. a. M., 3 p. b., 1 p. a. M., 2 cad., sált. 1 p., 1 p. b.; rep. desde * hasta que queden 2 p.; 2 cad., sált. 1 p., 1 p. b., dele la vuelta.

H. 7: Con A, 1 cad., 1 p. b., *1 p. a. M., 2 p. b., 2 cad., sált. 1 p., 2 p. b., 1 p. a. M., 2 cad., sált. 1 p.; rep. desde * hasta que queden 2 p.; 1 p. a. M., 1 p. b., dele la vuelta.

Rep. las H. 1-8, haciendo 1 p. a. M. en los esp. requeridos en la H. 1. Para terminar, haga las H. 9-11.

H. 9: Con B, 1 cad., 1 p. b., *2 p. b., 2 cad., sált. 1 p., 1 p. a. M., 2 cad., sált. 1 p., 2 p. b., 1 p. a. M.; rep. desde * hasta que queden 2 p.; 2 p. b., dele la vuelta.

H. 11: Con A, 1 cad., 1 p. b., *2 p. b., 1 p. a. M., 1 p. b., 1 p. a. M., 3 p. b.; rep. desde * hasta que queden 2 p.; 2 p. b., dele la vuelta.

DIAGRAMA DEL MOSAICO

8 p.

□ Hilo A = crema

■ Hilo B = azul

Maravilla

Este impresionante patrón requiere un mínimo de dos repeticiones en horizontal o vertical. Queda precioso en cualquier proyecto, desde un vestido o jersey hasta un objeto para el hogar.

Instrucciones de punto

Múltiplo de 12 p. + 5

En las H. D., deslice los p. como si fuera a tejerlos del revés con el hilo por detrás.

Monte los p. con A, teja 1 H. del derecho y 1 H. del revés.

H. 1 (D): Con B, 2 d., *3 d., [desl. 1, 1 d.] 4 veces, 1 d.; rep. desde * hasta que queden 3 p.; 3 d.

H. 2 y todas las H. R: Teja del revés los d. y deslice los p. desl. como si fuera a tejerlos del revés con el hilo por delante.

H. 3: Con A, 2 d., *2 d., desl. 1, [3 d., desl. 1] 2 veces, 1 d.; rep. desde * hasta que queden 3 p.; 3 d.

H. 5: Con B, 1 d., desl. 1, *1 d., desl. 1, 3 d., desl. 1 d., desl. 1, 3 d., desl. 1; rep. desde * hasta que queden 3 p.; 1 d., desl. 1, 1 d.

H. 7: Con A, 2 d., *desl. 1, 3 d.; rep. desde * hasta que queden 3 p.; desl. 1, 2 d.

H. 9: Con B, 1 d., desl. 1, *[1 d., desl. 1] 2 veces, 5 d., desl. 1, 1 d., desl. 1; rep. desde * hasta que queden 3 p.; 1 d., desl. 1, 1 d.

H. 11: Con A, 2 d., *desl. 1, 5 d.; rep. desde * hasta que queden 3 p.; desl. 1, 2 d.

H. 13: Con B, 2 d., *5 d., desl. 1, 1 d., desl. 1, 4 d.; rep. desde * hasta que queden 3 p.; 3 d.

H. 15: Como la H. 11.

H. 17: Como la H. 9.

H. 19: Como la H. 7.

H. 21: Como la H. 5.

H. 23: Como la H. 3.

H. 25: Como la H. 1.

H. 27: Como la H. 11.

H. 29: Con B, 1 d., desl. 1, *1 d., desl. 1, 9 d., desl. 1; rep. desde * hasta que queden 3 p.; 1 d., desl. 1, 1 d.

H. 31: Como la H. 11.

Rep. las H. 1-32. Para terminar, haga las H. 33-36.

H. 33: Como la H. 1.

H. 35: Con A, teja p. del derecho.

H. 36: Como la H. 2.

Instrucciones de ganchillo

Múltiplo de 12 p. + 5

Con A, teja el número deseado de p. b. sin cadeneta.

H. 1 (D): Con B, 1 cad., 2 p. b., *3 p. b., [2 cad., sált. 1 p., 1 p. b.] 4 veces, 1 p. b.; rep. desde * hasta que queden 3 p.; 3 p. b., dele la vuelta.

H. 2 y todas las H. R: 1 cad., 1 p. b. en los p., 1 cad. y sált. los esp. de cad., dele la vuelta.

H. 3: Con A, 1 cad., 2 p. b., *2 p. b., [2 cad., sált. 1 p., 1 p. a. M., 1 p. b., 1 p. a. M.] 2 veces, 2 cad., sált. 1 p., 1 p. b.; rep. desde * hasta que queden 3 p.; 3 p. b., dele la vuelta.

H. 5: Con B, 1 cad., 1 p. b., 2 cad., sált. 1 p., *1 p. b., 2 cad., sált. 1 p., 1 p. a. M., 2 p. b., 2 cad., sált. 1 p., 1 p. a. M., 2 cad., sált. 1 p., 2 p. b., 1 p. a. M., 2 cad., sált. 1 p.; rep. desde * hasta que queden 3 p.; 1 p. b., 2 cad., sált. 1 p., 1 p. b., dele la vuelta.

H. 7: Con A, 1 cad., 1 p. b., 1 p. a. M., *2 cad., sált. 1 p., 1 p. a. M., 2 p. b., 2 cad., sált. 1 p., 1 p. a. M., 1 p. b., 1 p. a. M., 2 cad., sált. 1 p., 2 p. b., 1 p. a. M.; rep. desde * hasta que queden 3 p.; 2 cad., sált. 1 p., 1 p. a. M., 1 p. b., dele la vuelta.

H. 9: Con B, 1 cad., 1 p. b., 2 cad., sált. 1 p., *1 p. a. M., 2 cad., sált. 1 p., 1 p. b., 2 cad., sált. 1 p., 1 p. a. M., 3 p. b., 1 p. a. M., 2 cad., sált. 1 p., 1 p. b., 2 cad., sált. 1 p.; rep. desde * hasta que queden 3 p.; 1 p. a. M., 2 cad., sált. 1 p., 1 p. b., dele la vuelta.

H. 11: Con A, 1 cad., 1 p. b., 1 p. a. M., *2 cad., sált. 1 p., 1 p. a. M., 1 p. b., 1 p. a. M., 2 p. b., 2 cad., sált. 1 p., 2 p. b., 1 p. a. M., 1 p. b., 1 p. a. M.; rep. desde * hasta que queden 3 p.; 2 cad., sált. 1 p., 1 p. a. M., 1 p. b., dele la vuelta.

H. 13: Con B, 1 cad., 2 p. b., *1 p. a. M., 4 p. b., 2 cad., sált. 1 p., 1 p. a. M., 2 cad., sált. 1 p., 4 p. b.; rep. desde * hasta que queden 3 p.; 1 p. a. M., 2 p. b., dele la vuelta.

H. 15: Con A, 1 cad., 2 p. b., *2 cad., sált. 1 p., 4 p. b., 1 p. a. M., 2 cad., sált. 1 p., 1 p. a. M., 4 p. b.; rep. desde * hasta que queden 3 p.; 2 cad., sált. 1 p., 2 p. b., dele la vuelta.

H. 17: Con B, 1 cad., 1 p. b., 2 cad., sált. 1 p., *1 p. a. M., 2 cad., sált. 1 p., 1 p. b., 2 cad., sált. 1 p., 2 p. b., 1 p. a. M., 2 p. b.,

DIAGRAMA DEL MOSAICO

12 p.

☐ Hilo A = crema
■ Hilo B = rosa oscuro

2 cad., sált. 1 p., 1 p. b., 2 cad., sált. 1 p.; rep. desde * hasta que queden 3 p.; 1 p. a. M., 2 cad., sált. 1 p., 1 p. b., dele la vuelta.

H. 19: Con A, 1 cad., 1 p. b., 1 p. a. M., *2 cad., sált. 1 p., 1 p. a. M., 1 p. b., 1 p. a. M., 2 cad., sált. 1 p., 3 p. b., 2 cad., sált. 1 p., 1 p. a. M., 1 p. b., 1 p. a. M.; rep. desde * hasta que queden 3 p.; 2 cad., sált. 1 p., 1 p. a. M., 1 p. b., dele la vuelta.

H. 21: Con B, 1 cad., 1 p. b., 2 cad., sált. 1 p., *1 p. a. M., 2 cad., sált. 1 p., 2 p. b., 1 p. a. M., 2 cad., sált. 1 p., 1 p. b., 2 cad., sált. 1 p., 1 p. a. M., 2 p. b., 2 cad., sált. 1 p.; rep. desde * hasta que queden 3 p.; 1 p. a. M., 2 cad., sált. 1 p., 1 p. b., dele la vuelta.

H. 23: Con A, 1 cad., 1 p. b., 1 p. a. M., *1 p. b., 1 p. a. M., 2 cad., sált. 1 p., 2 p. b., 1 p. a. M., 2 cad., sált. 1 p., 1 p. a. M., 2 p. b., 2 cad., sált. 1 p., 1 p. a. M.; rep. desde * hasta que queden 3 p.; 1 p. b., 1 p. a. M., 1 p. b., dele la vuelta.

H. 25: Con B, 1 cad., 2 p. b., *2 p. b., [1 p. a. M., 2 cad., sált. 1 p., 1 p. b., 2 cad., sált. 1 p.] 2 veces, 1 p. a. M., 1 p. b.; rep. desde * hasta que queden 3 p.; 3 p. b., dele la vuelta.

H. 27: Con A, 1 cad., 2 p. b., *2 cad., sált. 1 p., 2 p. b., 1 p. a. M., 1 p. b., 1 p. a. M., 2 cad., sált. 1 p., 1 p. a. M., 1 p. b., 1 p. a. M., 2 p. b.; rep. desde * hasta que queden 3 p.; 2 cad., sált. 1 p., 2 p. b., dele la vuelta.

H. 29: Con B, 1 cad., 1 p. b., 2 cad., sált. 1 p., *1 p. a. M., 2 cad., sált. 1 p., 4 p. b., 1 p. a. M., 4 p. b., 2 cad., sált. 1 p.; rep. desde * hasta que queden 3 p.; 1 p. a. M., 2 cad., sált. 1 p., 1 p. b., dele la vuelta.

H. 31: Con A, 1 cad., 1 p. b., 1 p. a. M., *2 cad., sált. 1 p., 1 p. a. M., 4 p. b., 2 cad., sált. 1 p., 4 p. b., 1 p. a. M.; rep. desde * hasta que queden 3 p.; 2 cad., sált. 1 p., 1 p. a. M., 1 p. b., dele la vuelta. Rep. las H. 1-32, haciendo 1 p. a. M. en los esp. requeridos en la H. 1. Para terminar, haga las H. 33-35.

H. 33: Con B, 1 cad., 2 p. b., *1 p. a. M., 2 p. b., 2 cad., sált. 1 p., 1 p. b., 2 cad., sált. 1 p., 1 p. a. M., 2 cad., sált. 1 p., 1 p. b., 2 cad., sált. 1 p., 2 p. b.; rep. desde * hasta que queden 3 p.; 1 p. a. M., 2 p. b., dele la vuelta.

H. 35: Con A, 1 cad., 2 p. b., *3 p. b., [1 p. a. M., 1 p. b.] 4 veces, 1 p. b.; rep. desde * hasta que queden 3 p.; 3 p. b., dele la vuelta.

PUNTO

GANCHILLO

Rombos de rayas

Este interesante patrón es una combinación de fragmentos de franjas horizontales y verticales que crean rombos por todo el tejido. Para que se aprecie el diseño, dele suficiente espacio.

Instrucciones de punto

Múltiplo de 12 p. + 3

En las H. D, deslice los p. como si fuera a tejerlos del revés con el hilo por detrás. Monte los p. con B, teja 1 H. del derecho y 1 H. del revés.

H. 1 (D): Con A, 1 d., *[desl. 1, 1 d.] 4 veces, desl. 1, 3 d.; rep. desde * hasta que queden 2 p.; desl. 1, 1 d.

H. 2 y todas las H. R: Teja del revés los d. y deslice los p. desl. como si fuera a tejerlos del revés con el hilo por delante.

H. 3: Con B, 1 d., *1 d., desl. 1, 5 d., desl. 1, 4 d.; rep. desde * hasta que queden 2 p.; 2 d.

H. 5: Con A, 1 d., *desl. 1, 1 d., desl. 1, 3 d., [desl. 1, 1 d.] 3 veces; rep. desde * hasta que queden 2 p.; desl. 1, 1 d.

H. 7: Con B, 1 d., *7 d., [desl. 1, 1 d.] 2 veces, 1 d.; rep. desde * hasta que queden 2 p.; 2 d.

H. 9: Con A, 1 d., *desl. 1, 5 d., [desl. 1, 1 d.] 3 veces; rep. desde * hasta que queden 2 p.; desl. 1, 1 d.

H. 11: Con B, 1 d., *7 d., [desl. 1, 1 d.] 2 veces, 1 d.; rep. desde * hasta que queden 2 p.; 2 d.

H. 13: Con A, 1 d., *desl. 1, 1 d., desl. 1, 3 d., [desl. 1, 1 d.] 3 veces; rep. desde * hasta que queden 2 p.; desl. 1, 1 d.

H. 15: Con B, 1 d., *1 d., desl. 1, 5 d., desl. 1, 4 d.; rep. desde * hasta que queden 2 p.; 2 d.

H. 17: Con A, 1 d., *[desl. 1, 1 d.] 4 veces, desl. 1, 3 d.; rep. desde * hasta que queden 2 p.; desl. 1, 1 d.

H. 19: Con B, 1 d., *[1 d., desl. 1] 2 veces, 8 d.; rep. desde * hasta que queden 2 p.; 2 d.

H. 21: Con A, 1 d., *[desl. 1, 1 d.] 3 veces, desl. 1, 5 d.; rep. desde * hasta que queden 2 p.; desl. 1, 1 d.

H. 23: Con B, 1 d., *[1 d., desl. 1] 2 veces, 8 d.; rep. desde * hasta que queden 2 p.; 2 d.

Rep. las H. 1-24. Para terminar, haga las H. 25-28.

H. 25: Como la H. 1.

H. 27: Con B, teja p. del derecho.

H. 28: Como la H. 2.

Instrucciones de ganchillo

Múltiplo de 12 p. + 3

Con B, teja el número deseado de p. b. sin cadeneta.

H. 1 (D): Con A, 1 cad., 1 p. b., *[2 cad., sált. 1 p., 1 p. b.] 4 veces, 2 cad., sált. 1 p., 3 p. b.; rep. desde * hasta que queden 2 p.; 2 cad., sált. 1 p., 1 p. b., dele la vuelta.

H. 2 y todas las H. R: 1 cad., 1 p. b. en los p., 1 cad. y sált. los esp. de cad., dele la vuelta.

H. 3: Con B, 1 cad., 1 p. b., *1 p. a. M., 2 cad., sált. 1 p., [1 p. a. M., 1 p. b.] 2 veces, 1 p. a. M., 2 cad., sált. 1 p., 1 p. a. M., 3 p. b.; rep. desde * hasta que queden 2 p.; 1 p. a. M., 1 p. b., dele la vuelta.

H. 5: Con A, 1 cad., 1 p. b., *2 cad., sált. 1 p., 1 p. a. M., 2 cad., sált. 1 p., 3 p. b., 2 cad., sált. 1 p., 1 p. a. M., [2 cad., sált. 1 p., 1 p. b.] 2 veces; rep. desde * hasta que queden 2 p.; 2 cad., sált. 1 p., 1 p. b., dele la vuelta.

H. 7: Con B, 1 cad., 1 p. b., *[1 p. a. M., 1 p. b.] 2 veces, 2 p. b., [1 p. a. M., 2 cad., sált. 1 p.] 2 veces, 1 p. a. M., 1 p. b.; rep. desde * hasta que queden 2 p.; 1 p. a. M., 1 p. b., dele la vuelta.

H. 9: Con A, 1 cad., 1 p. b., *2 cad., sált. 1 p., 5 p. b., [2 cad., sált. 1 p., 1 p. a. M.]

DIAGRAMA DEL MOSAICO

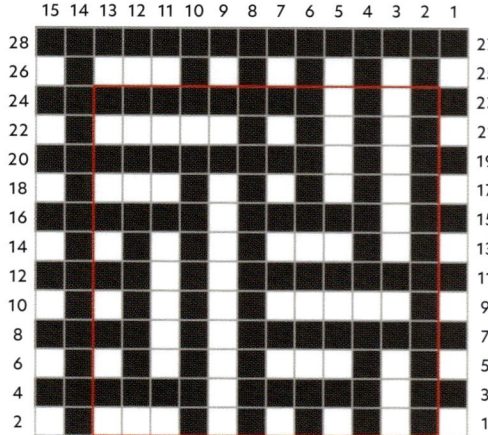

12 p.

☐ Hilo A = crema
■ Hilo B = lila

CONSEJO: Si teje el diseño a ganchillo, tenga en cuenta que los puntos son más grandes que los hechos con las dos agujas, por lo que se obtiene una labor más grande. Si la prefiere más pequeña, pruebe a convertirlo a ganchillo con puntos super-puestos (*véase* la página 24) o trabájelo en redondo, omitiendo las hileras R.

2 veces, 2 cad., sált. 1 p., 1 p. b.; rep. desde * hasta que queden 2 p.; 2 cad., sált. 1 p., 1 p. b., dele la vuelta.

H. 11: Con B, 1 cad., 1 p. b., *1 p. a. M., 5 p. b., [1 p. a. M., 2 cad., sált. 1 p.] 2 veces, 1 p. a. M., 1 p. b.; rep. desde * hasta que queden 2 p.; 1 p. a. M., 1 p. b., dele la vuelta.

H. 13: Con A, 1 cad., 1 p. b., *2 cad., sált. 1 p., 1 p. b., 2 cad., sált. 1 p., 3 p. b., [2 cad., sált. 1 p., 1 p. a. M.] 2 veces, 2 cad., sált. 1 p., 1 p. b.; rep. desde * hasta que queden 2 p.; 2 cad., sált. 1 p., 1 p. b., dele la vuelta.

H. 15: Con B, 1 cad., 1 p. b., *1 p. a. M., 2 cad., sált. 1 p., 1 p. a. M., 3 p. b., 1 p. a. M., 2 cad., sált. 1 p., [1 p. a. M., 1 p. b.] 2 veces; rep. desde * hasta que queden 2 p.; 1 p. a. M., 1 p. b., dele la vuelta.

H. 17: Con A, 1 cad., 1 p. b., *2 cad., sált. 1 p., 1 p. a. M., [2 cad., sált. 1 p., 1 p. b.] 2 veces, 2 cad., sált. 1 p., 1 p. a. M., 2 cad., sált. 1 p., 3 p. b.; rep. desde * hasta que queden 2 p.; 2 cad., sált. 1 p., 1 p. b., dele la vuelta.

H. 19: Con B, 1 cad., 1 p. b., *[1 p. a. M., 2 cad., sált. 1 p.] 2 veces, [1 p. a. M., 1 p. b.] 2 veces, 1 p. a. M., 3 p. b.; rep. desde * hasta que queden 2 p.; 1 p. a. M., 1 p. b., dele la vuelta.

H. 21: Con A, 1 cad., 1 p. b., *[2 cad., sált. 1 p., 1 p. a. M.] 2 veces, 2 cad., sált. 1 p., 1 p. b., 2 cad., sált. 1 p., 5 p. b.; rep. desde * hasta que queden 2 p.; 2 cad., sált. 1 p., 1 p. b., dele la vuelta.

H. 23: Con B, 1 cad., 1 p. b., *[1 p. a. M., 2 cad., sált. 1 p.] 2 veces, 1 p. a. M., 1 p. b., 1 p. a. M., 5 p. b.; rep. desde * hasta que queden 2 p.; 1 p. a. M., 1 p. b., dele la vuelta.

Rep. las H. 1-24, haciendo 1 p. a. M. en los esp. requeridos en la H. 1. Para terminar, haga las H. 25-27.

H. 25: Con A, 1 cad., 1 p. b., *[2 cad., sált. 1 p., 1 p. a. M.] 2 veces, [2 cad., sált. 1 p., 1 p. b.] 2 veces, 2 cad., sált. 1 p., 3 p. b.; rep. desde * hasta que queden 2 p.; 2 cad., sált. 1 p., 1 p. b., dele la vuelta.

H. 27: Con B, 1 cad., 1 p. b., *[1 p. a. M., 1 p. b.] 5 veces, 2 p. b.; rep. desde * hasta que queden 2 p.; 1 p. a. M., 1 p. b., dele la vuelta.

PUNTO

GANCHILLO

Ilusión

Un llamativo diseño que crea una ilusión óptica. Ideal para un panel, también queda precioso trabajado a modo de repeticiones verticales. Un patrón estupendo para dar un toque interesante a prendas de ropa lisas.

Instrucciones de punto

Múltiplo de 12 p. + 5

En las H. D, deslice los p. como si fuera a tejerlos del revés con el hilo por detrás.

Monte los p. con B, teja 1 H. del derecho y 1 H. del revés.

H. 1 (D): Con A, 1 d., desl. 1, 1 d., *desl. 1, 3 d., desl. 3, 3 d., desl. 1, 1 d.; rep. desde * hasta que queden 2 p.; desl. 1, 1 d.

H. 2 y todas las H. R: Teja del revés los d. y deslice los p. desl. como si fuera a tejerlos del revés con el hilo por delante.

H. 3: Con B, 3 d., *1 d., desl. 1, 7 d., desl. 1, 2 d.; rep. desde * hasta que queden 2 p.; 2 d.

H. 5: Con A, 2 d., desl. 1, *2 d., desl. 1, 5 d., desl. 1, 2 d., desl. 1; rep. desde * hasta que queden 2 p.; 2 d.

H. 7: Con B, 1 d., desl. 1, 1 d., *desl. 1, 2 d., desl. 1, 3 d., desl. 1, 2 d., desl. 1, 1 d.; rep. desde * hasta que queden 2 p.; desl. 1, 1 d.

H. 9: Con A, 3 d., *1 d., desl. 1, 2 d., desl. 1, 1 d., [desl. 1, 2 d.] 2 veces; rep. desde * hasta que queden 2 p.; 2 d.

H. 11: Con B, 2 d., desl. 1, *[2 d., desl. 1] 4 veces; rep. desde * hasta que queden 2 p.; 2 d.

H. 13: Con A, 1 d., desl. 1, 1 d., *[desl. 1, 2 d.] 2 veces, 1 d., desl. 1, 2 d., desl. 1, 1 d.; rep. desde * hasta que queden 2 p.; desl. 1, 1 d.

H. 15: Con B, 2 d., desl. 1, *1 d., desl. 1, 2 d., desl. 1, 1 d., desl. 1, 2 d., desl. 1, 1 d., desl. 1; rep. desde * hasta que queden 2 p.; 2 d.

H. 17: Con A, 1 d., desl. 1, 1 d., *[desl. 1, 1 d.] 2 veces, desl. 1, 2 d., [desl. 1, 1 d.] 2 veces; rep. desde * hasta que queden 2 p.; desl. 1, 1 d.

H. 19: Con B, 2 d., desl. 1, *[1 d., desl. 1] 2 veces, 3 d., [desl. 1, 1 d.] 2 veces, desl. 1; rep. desde * hasta que queden 2 p.; 2 d.

H. 21: Con A, 1 d., desl. 1, 1 d., *desl. 1, 1 d.; rep. desde * hasta que queden 2 p.; desl. 1, 1 d.

H. 23: Con B, 2 d., desl. 1, *1 d., desl. 1; rep. desde * hasta que queden 2 p.; 2 d.

H. 25: Como la H. 21.

H. 27: Como la H. 19.

H. 29: Como la H. 17.

H. 31: Como la H. 15.

H. 33: Como la H. 13.

H. 35: Como la H. 11.

H. 37: Como la H. 9.

H. 39: Como la H. 7.

H. 41: Como la H. 5.

H. 43: Como la H. 3.

Rep. las H. 1-44. Para terminar, haga las H. 45-48.

H. 45: Como la H. 1.

H. 47: Con B, teja p. del derecho.

H. 48: Como la H. 2.

Instrucciones de ganchillo

Múltiplo de 12 p. + 5

Con B, teja el número deseado de p. b. sin cadeneta.

H. 1 (D): Con A, 1 cad., 1 p. b., 2 cad., sált. 1 p., 1 p. b., *2 cad., sált. 1 p., 3 p. b., 4 cad., sált. 3 p., 3 p. b., 2 cad., sált. 1 p., 1 p. b.; rep. desde * hasta que queden 2 p.; 2 cad., sált. 1 p., 1 p. b., dele la vuelta.

H. 2 y todas las H. R: 1 cad., 1 p. b. en los p., 1 cad. y sált. los esp. de cad., dele la vuelta.

H. 3: Con B, 1 cad., 1 p. b., 1 p. a. M., 1 p. b., *1 p. a. M., 2 cad., sált. 1 p., 2 p. b., 3 p. a. M., 2 p. b., 2 cad., sált. 1 p., 1 p. a. M., 1 p. b.; rep. desde * hasta que queden 2 p.; 1 p. a. M., 1 p. b., dele la vuelta.

H. 5: Con A, 1 cad., 2 p. b., 2 cad., sált. 1 p., *1 p. b., 1 p. a. M., 2 cad., sált. 1 p., 5 p. b., 2 cad., sált. 1 p., 1 p. a. M., 1 p. b., 2 cad., sált. 1 p.; rep. desde * hasta que queden 2 p.; 2 p. b., dele la vuelta.

H. 7: Con B, 1 cad., 1 p. b., 2 cad., sált. 1 p., 1 p. a. M., *2 cad., sált. 1 p., 1 p. b., 1 p. a. M., 2 cad., sált. 1 p., 3 p. b., 2 cad., sált. 1 p., 1 p. a. M., 1 p. b., 2 cad., sált. 1 p., 1 p. a. M.; rep. desde * hasta que queden 2 p.; 2 cad., sált. 1 p., 1 p. b., dele la vuelta.

H. 9: Con A, 1 cad., 1 p. b., 1 p. a. M., 1 p. b., *1 p. a. M., 2 cad., sált. 1 p., 1 p. b., 1 p. a. M., 2 cad., sált. 1 p., 1 p. b., [2 cad., sált. 1 p., 1 p. a. M., 1 p. b.] 2 veces; rep. desde * hasta que queden 2 p.; 1 p. a. M., 1 p. b., dele la vuelta.

DIAGRAMA DEL MOSAICO

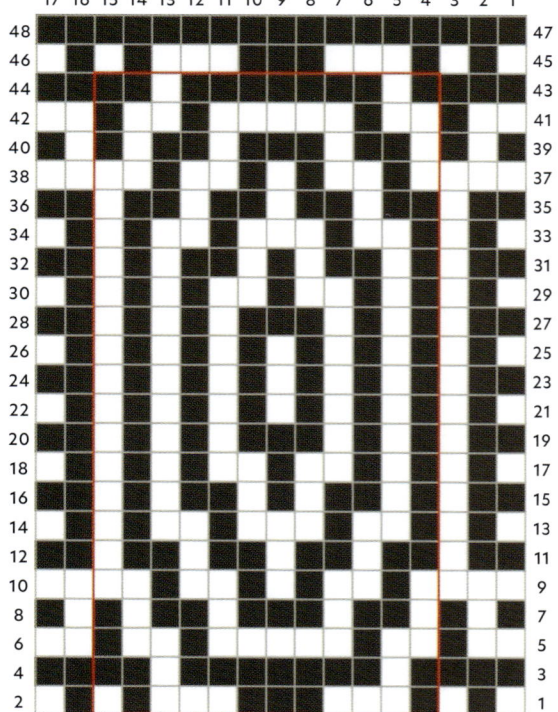

17 16 15 14 13 12 11 10 9 8 7 6 5 4 3 2 1

12 p.

☐ Hilo A = crema

■ Hilo B = rosa oscuro

PUNTO	GANCHILLO

H. 11: Con B, 1 cad., 2 p. b., 2 cad., sált. 1 p., *[1 p. b., 1 p. a. M., 2 cad., sált. 1 p.] 2 veces, [1 p. a. M., 1 p. b., 2 cad., sált. 1 p.] 2 veces; rep. desde * hasta que queden 2 p.; 2 p. b., dele la vuelta.

H. 13: Con A, 1 cad., 1 p. b., 2 cad., sált. 1 p., 1 p. a. M., *[2 cad., sált. 1 p., 1 p. b., 1 p. a. M.] 2 veces, [1 p. b., 2 cad., sált. 1 p., 1 p. a. M.] 2 veces; rep. desde * hasta que queden 2 p.; 2 cad., sált. 1 p., 1 p. b., dele la vuelta.

H. 15: Con B, 1 cad., 1 p. b., 1 p. a. M., 2 cad., sált. 1 p., *1 p. a. M., 2 cad., sált. 1 p., 1 p. b., 1 p. a. M., 2 cad., sált. 1 p., 1 p. b., 2 cad., sált. 1 p., 1 p. a. M., 1 p. b., 2 cad., sált. 1 p., 1 p. a. M., 2 cad., sált. 1 p.; rep. desde * hasta que queden 2 p.; 1 p. a. M., 1 p. b., dele la vuelta.

H. 17: Con A, 1 cad., 1 p. b., 2 cad., sált. 1 p., 1 p. a. M., *2 cad., sált. 1 p., 1 p. a. M., 2 cad., sált. 1 p., 1 p. a. M., 2 cad., sált. 1 p., 1 p. a. M., 1 p. b., [2 cad., sált. 1 p., 1 p. a. M.] 2 veces; rep. desde * hasta que queden 2 p.; 2 cad., sált. 1 p., 1 p. b., dele la vuelta.

H. 19: Con B, 1 cad., 1 p. b., 1 p. a. M., 2 cad., sált. 1 p., *[1 p. a. M., 2 cad., sált. 1 p.] 2 veces, 1 p. b., 1 p. a. M., 1 p. b., [2 cad., sált. 1 p., 1 p. a. M.] 2 veces, 2 cad., sált. 1 p.; rep. desde * hasta que queden 2 p.; 1 p. a. M., 1 p. b., dele la vuelta.

H. 21: Con A, 1 cad., 1 p. b., 2 cad., sált. 1 p., 1 p. a. M., *[2 cad., sált. 1 p., 1 p. a. M.] 2 veces, 2 cad., sált. 1 p., 1 p. b., [2 cad., sált. 1 p., 1 p. a. M.] 3 veces; rep. desde * hasta que queden 2 p.; 2 cad., sált. 1 p., 1 p. b., dele la vuelta.

H. 23: Con B, 1 cad., 1 p. b., 1 p. a. M., 2 cad., sált. 1 p., *[1 p. a. M., 2 cad., sált. 1 p.] 6 veces; rep. desde * hasta quedar 2 p.; 1 p. a. M., 1 p. b., dele la vuelta.

H. 25: Con A, 1 cad., 1 p. b., 2 cad., sált. 1 p., 1 p. a. M., *[2 cad., sált. 1 p., 1 p. a. M.] 6 veces; rep. desde * hasta que queden 2 p.; 2 cad., sált. 1 p., 1 p. b., dele la vuelta.

H. 27: Con B, 1 cad., 1 p. b., 1 p. a. M., 2 cad., sált. 1 p., *[1 p. a. M., 2 cad., sált. 1 p.] 2 veces, 1 p. b., 1 p. a. M., [2 cad., sált. 1 p., 1 p. a. M.] 2 veces, 2 cad., sált. 1 p.; rep. desde * hasta que queden 2 p.; 1 p. a. M., 1 p. b., dele la vuelta.

H. 29: Con A, 1 cad., 1 p. b., 2 cad., sált. 1 p., 1 p. a. M., *[2 cad., sált. 1 p., 1 p. a. M.] 2 veces, 1 p. b., 2 cad., sált. 1 p., 1 p. b., 1 p. a. M., [2 cad., sált. 1 p., 1 p. a. M.] 2 veces; rep. desde * hasta que queden 2 p.; 2 cad., sált. 1 p., 1 p. b., dele la vuelta.

H. 31: Con B, 1 cad., 1 p. b., 1 p. a. M., 2 cad., sált. 1 p., *1 p. a. M., 2 cad., sált. 1 p., 1 p. a. M., 1 p. b., 2 cad., sált. 1 p., 1 p. a. M., 2 cad., sált. 1 p., 1 p. b., [1 p. a. M., 2 cad., sált. 1 p.] 2 veces; rep. desde * hasta que queden 2 p.; 1 p. a. M., 1 p. b., dele la vuelta.

H. 33: Con A, 1 cad., 1 p. b., 2 cad., sált. 1 p., 1 p. a. M., *[2 cad., sált. 1 p., 1 p. a. M., 1 p. b.] 2 veces, 1 p. a. M., 2 cad., sált. 1 p., 1 p. b., 1 p. a. M., 2 cad., sált. 1 p., 1 p. a. M.; rep. desde * hasta que queden 2 p.; 1 p. b., dele la vuelta.

H. 35: Con B, 1 cad., 1 p. b., 1 p. a. M., 2 cad., sált. 1 p., *[1 p. a. M., 1 p. b., 2 cad., sált. 1 p.] 2 veces, [1 p. b., 1 p. a. M., 2 cad., sált. 1 p.] 2 veces; rep.

desde * hasta que queden 2 p.; 1 p. a. M., 1 p. b., dele la vuelta.

H. 37: Con A, 1 cad., 2 p. b., 1 p. a. M., *1 p. b., 2 cad., sált. 1 p., 1 p. a. M., 1 p. b., 2 cad., sált. 1 p., 1 p. a. M., [2 cad., sált. 1 p., 1 p. b., 1 p. a. M.] 2 veces; rep. desde * hasta que queden 2 p.; 2 p. b., dele la vuelta.

H. 39: Con B, 1 cad., 1 p. b., 2 cad., sált. 1 p., 1 p. b., *[2 cad., sált. 1 p., 1 p. a. M., 1 p. b.] 2 veces, [1 p. a. M., 2 cad., sált. 1 p., 1 p. b.] 2 veces; rep. desde * hasta que queden 2 p.; 2 cad., sólt. 1 p., 1 p. b., dele la vuelta.

H. 41: Con A, 1 cad., 1 p. b., 1 p. a. M., 2 cad., sált. 1 p., *1 p. a. M., 1 p. b., 2 cad., sált. 1 p., 1 p. a. M., 3 p. b., 1 p. a. M., 2 cad., sált. 1 p., 1 p. b., 1 p. a. M., 2 cad., sált. 1 p.; rep. desde * hasta que queden 2 p.; 1 p. a. M., 1 p. b., dele la vuelta.

H. 43: Con B, 1 cad., 2 p. b., 1 p. a. M., *1 p. b., 2 cad., sált. 1 p., 1 p. b., 5 p. a. M., 2 cad., sált. 1 p., 1 p. b., 1 p. a. M.; rep. desde * hasta que queden 2 p.; 2 p. b., dele la vuelta. Rep. las H. 1-44, haciendo 1 p. a. M. en los esp. requeridos en la H. 1. Para terminar, haga las H. 45-47.

H. 45: Con A, 1 cad., 1 p. b., 2 cad., sált. 1 p., 1 p. b., *2 cad., sált. 1 p., 1 p. a. M., 2 p. b., 4 cad., sált. 3 p., 2 p. b., 1 p. a. M., 2 cad., sált. 1 p., 1 p. b.; rep. desde * hasta que queden 2 p.; 2 cad., sált. 1 p., 1 p. b., dele la vuelta.

H. 47: Con B, 1 cad., 1 p. b., 1 p. a. M., 1 p. b., *1 p. a. M., 3 p. b., 3 p. a. M., 3 p. b., 1 p. a. M., 1 p. b.; rep. desde * hasta que queden 2 p.; 1 p. a. M., 1 p. b., dele la vuelta.

Encanto

Un increíble patrón que requiere un mínimo de dos repeticiones en horizontal o vertical. Es apropiado para una gran variedad de proyectos, en especial prendas de ropa lo suficientemente grandes como para que pueda apreciarse bien.

Instrucciones de punto

Múltiplo de 16 p. + 5

En las H. D, deslice los p. como si fuera a tejerlos del revés con el hilo por detrás.

Monte los p. con A, teja 1 H. del derecho y 1 H. del revés.

H. 1 (D): Con B, 1 d., desl. 1, *desl. 1, 15 d.; rep. desde * hasta que queden 3 p.; desl. 2, 1 d.

H. 2 y todas las H. R: Teja del revés los d. y deslice los p. desl. como si fuera a tejerlos del revés con el hilo por delante.

H. 3: Con A, 2 d., *3 d., [desl. 1, 1 d.] 6 veces, 1 d.; rep. desde * hasta que queden 3 p.; 3 d.

H. 5: Con B, 2 d., *2 d., desl. 1, 11 d., desl. 1, 1 d.; rep. desde * hasta que queden 3 p.; 3 d.

H. 7: Con A, 1 d., desl. 1, *1 d., desl. 1, 3 d., [desl. 1, 1 d.] 4 veces, 2 d., desl. 1; rep. desde * hasta que queden 3 p.; 1 d., desl. 1, 1 d.

H. 9: Con B, 2 d., *4 d., desl. 1, 7 d., desl. 1, 3 d.; rep. desde * hasta que queden 3 p.; 3 d.

H. 11: Con A, 1 d., desl. 1, *[1 d., desl. 1] 2 veces, 3 d., [desl. 1, 1 d.] 2 veces, desl. 1, 1 d., desl. 1; rep. desde * hasta que queden 3 p.; 1 d., desl. 1, 1 d.

H. 13: Con B, 2 d., *6 d., desl. 1, 3 d., desl. 1, 5 d.; rep. desde * hasta que queden 3 p.; 3 d.

H. 15: Con A, 1 d., desl. 1, *[1 d., desl. 1] 3 veces, 5 d., [desl. 1, 1 d.] 2 veces, desl. 1; rep. desde * hasta que queden 3 p.; 1 d., desl. 1, 1 d.

H. 17: Con B, 2 d., *8 d., desl. 1, 7 d.; rep. desde * hasta que queden 3 p.; 3 d.

H. 19: Como la H. 15.

H. 21: Como la H. 13.

H. 23: Como la H. 11.

H. 25: Como la H. 9.

H. 27: Como la H. 7.

H. 29: Como la H. 5.

H. 31: Como la H. 3.

Rep. las H. 1-32. Para terminar, haga las H. 33-36.

H. 33: Como la H. 1.

H. 35: Con A, teja p. del derecho.

H. 36: Como la H. 2.

Instrucciones de ganchillo

Múltiplo de 16 p. + 5

Nota sobre el patrón: La repetición de las instrucciones escritas difiere del diagrama en las H. 1 y 33.

Con A, teja el número deseado de p. b. sin cadeneta.

H. 1 (D): Con B, 1 cad., 1 p. b., 3 cad., sált. 2 p., *15 p. b.**, 2 cad., sált. 1 p.; rep. desde * hasta que quede 1 p., acabando la última repetición en **; 3 cad., sált. 2 p., 1 p. b., dele la vuelta.

H. 2 y todas las H. R: 1 cad., 1 p. b. en los p., 1 cad. y sált. los esp. de cad., dele la vuelta.

H. 3: Con A, 1 cad., 1 p. b., 1 p. a. M., *1 p. a. M., 2 p. b., [2 cad., sált. 1 p., 1 p. b.] 6 veces, 1 p. b.; rep. desde * hasta que queden 3 p.; 2 p. a. M., 1 p. b., dele la vuelta.

H. 5: Con B, 1 cad., 2 p. b., *2 p. b., 2 cad., sált. 1 p., [1 p. a. M., 1 p. b.] 5 veces, 1 p. a. M., 2 cad., sált. 1 p., 1 p. b.; rep. desde * hasta que queden 3 p.; 3 p. b., dele la vuelta.

H. 7: Con A, 1 cad., 1 p. b., 2 cad., sált. 1 p., *1 p. b., 2 cad., sált. 1 p., 1 p. a. M., 2 p. b., [2 cad., sált. 1 p., 1 p. b.] 4 veces, 1 p. b., 1 p. a. M., 2 cad., sált. 1 p.; rep. desde * hasta que queden 3 p.; 1 p. b., 2 cad., sált. 1 p., 1 p. b., dele la vuelta.

H. 9: Con B, 1 cad., 1 p. b., 1 p. a. M., *1 p. b., 1 p. a. M., 2 p. b., 2 cad., sált. 1 p., [1 p. a. M., 1 p. b.] 3 veces, 1 p. a. M., 2 cad., sált. 1 p., 2 p. b., 1 p. a. M.; rep. desde * hasta que queden 3 p.; 1 p. b., 1 p. a. M., 1 p. b., dele la vuelta.

H. 11: Con A, 1 cad., 1 p. b., 2 cad., sált. 1 p., *[1 p. b., 2 cad., sált. 1 p.] 2 veces, 1 p. a. M., 2 p. b., [2 cad., sált. 1 p., 1 p. b.] 2 veces, 1 p. b., 1 p. a. M., 2 cad., sált. 1 p., 1 p. b., 2 cad., sált. 1 p.; rep. desde * hasta que queden 3 p.; 1 p. b., 2 cad., sált. 1 p., 1 p. b., dele la vuelta.

H. 13: Con B, 1 cad., 1 p. b., 1 p. a. M., *[1 p. b., 1 p. a. M.] 2 veces, 2 p. b., 2 cad., sált. 1 p., 1 p. a. M., 1 p. b.,

DIAGRAMA DEL MOSAICO

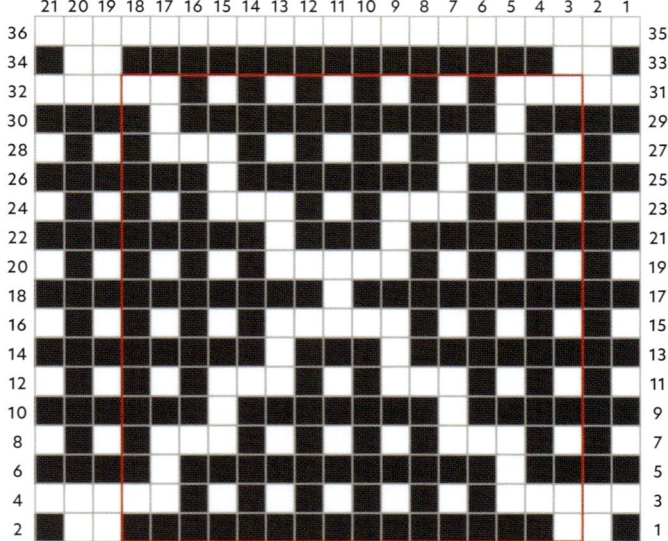

Hilo A = crema

Hilo B = rosa pálido

16 p.

GEOMÉTRICOS

1 p. a. M., 2 cad., sált. 1 p., 2 p. b., 1 p. a. M., 1 p. b., 1 p. a. M.; rep. desde * hasta que queden 3 p.; 1 p. b., 1 p. a. M., 1 p. b., dele la vuelta.

H. 15: Con A, 1 cad., 1 p. b., 2 cad., sált. 1 p., *[1 p. b., 2 cad., sált. 1 p.] 3 veces, 1 p. a. M., 3 p. b., 1 p. a. M., [2 cad., sált. 1 p., 1 p. b.] 2 veces, 2 cad., sált. 1 p.; rep. desde * hasta que queden 3 p.; 1 p. b., 2 cad., sált. 1 p., 1 p. b., dele la vuelta.

H. 17: Con B, 1 cad., 1 p. b., 1 p. a. M., *[1 p. b., 1 p. a. M.] 3 veces, 2 p. b., 2 cad., sált. 1 p., 2 p. b., [1 p. a. M., 1 p. b.] 2 veces, 1 p. a. M.; rep. desde * hasta que queden 3 p.; 1 p. b., 1 p. a. M., 1 p. b., dele la vuelta.

H. 19: Con A, 1 cad., 1 p. b., 2 cad., sált. 1 p., *[1 p. b., 2 cad., sált. 1 p.] 3 veces, 2 p. b., 1 p. a. M., 2 p. b., [2 cad., sált. 1 p., 1 p. b.] 2 veces, 2 cad., sált. 1 p.; rep. desde * hasta que queden 3 p.; 1 p. b., 2 cad., sált. 1 p., 1 p. b., dele la vuelta.

H. 21: Con B, 1 cad., 1 p. b., 1 p. a. M., *[1 p. b., 1 p. a. M.] 3 veces, 2 cad., sált. 1 p., 3 p. b., 2 cad., sált. 1 p., [1 p. a. M., 1 p. b.] 2 veces, 1 p. a. M.; rep. desde * hasta que queden 3 p.; 1 p. b., 1 p. a. M., 1 p. b., dele la vuelta.

H. 23: Con A, 1 cad., 1 p. b., 2 cad., sált. 1 p., *[1 p. b., 2 cad., sált. 1 p.] 2 veces, 2 p. b., 1 p. a. M., 2 cad., sált. 1 p., 1 p. b., 2 cad., sált. 1 p., 1 p. a. M., 2 p. b., 2 cad., sált. 1 p., 1 p. b., 2 cad., sált. 1 p.; rep. desde * hasta que queden 3 p.; 1 p. b., 2 cad., sált. 1 p., 1 p. b., dele la vuelta.

H. 25: Con B, 1 cad., 1 p. b., 1 p. a. M., *[1 p. b., 1 p. a. M.] 2 veces, 2 cad., sált. 1 p., 2 p. b., 1 p. a. M., 1 p. b., 1 p. a. M., 2 p. b., 2 cad., sált. 1 p., 1 p. a. M., 1 p. b., 1 p. a. M.; rep. des desde * hasta que queden 3 p.; 1 p. b., 1 p. a. M., 1 p. b., dele la vuelta.

H. 27: Con A, 1 cad., 1 p. b., 2 cad., sált. 1 p., *1 p. b., 2 cad., sált. 1 p., 2 p. b., 1 p. a. M., [2 cad., sált. 1 p., 1 p. b.] 3 veces, 2 cad., sált. 1 p., 1 p. a. M., 2 p. b., 2 cad., sált. 1 p.; rep. desde * hasta que queden 3 p.; 1 p. b., 2 cad., sált. 1 p., 1 p. b., dele la vuelta.

PUNTO

GANCHILLO

H. 29: Con B, 1 cad., 1 p. b., 1 p. a. M., *1 p. b., 1 p. a. M., 2 cad., sált. 1 p., 2 p. b., [1 p. a. M., 1 p. b.] 4 veces, 1 p. b., 2 cad., sált. 1 p., 1 p. a. M.; rep. desde * hasta que queden 3 p.; 1 p. b., 1 p. a. M., 1 p. b., dele la vuelta.

H. 31: Con A, 1 cad., 2 p. b., *2 p. b., 1 p. a. M., [2 cad., sált. 1 p., 1 p. b.] 5 veces, 2 cad., sált. 1 p., 1 p. a. M., 1 p. b.; rep. desde * hasta que queden 3 p.; 3 p. b., dele la vuelta.

Rep. las H. 1-32, haciendo 1 p. a. M.

en los esp. requeridos en la H. 1. Para terminar, haga las H. 33-35.

H. 33: Con B, 1 cad., 1 p. b., 3 cad., sált. 2 p., *2 p. b., [1 p. a. M., 1 p. b.] 6 veces, 1 p. b.**, 2 cad., sált. 1 p.; rep. desde * hasta que queden 3 p., acabando la última repetición en **; 3 cad., sált. 2 p., 1 p. b., dele la vuelta.

H. 35: Con A, 1 cad., 1 p. b., 1 p. a. M., *1 p. a. M., 15 p. b.; rep. desde * hasta que queden 3 p.; 2 p. a. M., 1 p. b., dele la vuelta.

PUNTO

GANCHILLO

Espinas

Este diseño sencillo y eficaz es perfecto para un complemento pequeño como un gorro, pero también en una superficie grande como una manta. También quedaría estupendo en un cojín; usted elige.

Instrucciones de punto

Múltiplo de 2 p. + 3

En las H. D, deslice los p. como si fuera a tejerlos del revés con el hilo por detrás.

Monte los p. con A, teja 1 H. del derecho y 1 H. del revés.

H. 1 (D): Con B, 1 d., *1 d., desl. 1; rep. desde * hasta que queden 2 p.; 2 d.

H. 2 y todas las H. R: Teja del revés los d. y deslice los p. desl. como si fuera a tejerlos del revés con el hilo por delante.

H. 3: Con A, 1 d., *desl. 1, 1 d.; rep. desde * hasta que queden 2 p.; desl. 1, 1 d.

H. 5: Con B, teja p. del derecho.

H. 7: Como la H. 3.

H. 9: Con B, teja p. del derecho.

H. 11: Como la H. 3.

H. 13: Como la H. 1.

Rep. las H. 3-14. Para terminar, haga las H. 15 y 16.

H. 15: Con A, teja p. del derecho.

H. 16: Como la H. 2.

Instrucciones de ganchillo

Múltiplo de 2 p. + 3

Con A, teja el número deseado de p. b. sin cadeneta.

H. 1 (D): Con B, 1 cad., 1 p. b., *1 p. b., 2 cad., sált. 1 p.; rep. desde * hasta que queden 2 p.; 2 p. b., dele la vuelta.

H. 2 y todas las H. R: 1 cad., 1 p. b. en los p., 1 cad. y sált. los esp. de cad., dele la vuelta.

H. 3: Con A, 1 cad., 1 p. b., *2 cad., sált. 1 p., 1 p. a. M.; rep. desde * hasta que queden 2 p.; 2 cad., sált. 1 p., 1 p. b., dele la vuelta.

H. 5: Con B, 1 cad., 1 p. b., *1 p. a. M., 1 p. b.; rep. desde * hasta que queden 2 p.; 1 p. a. M., 1 p. b., dele la vuelta.

H. 7: Con A, 1 cad., 1 p. b., *2 cad., sált. 1 p., 1 p. b.; rep. desde * hasta que queden 2 p.; 2 cad., sált. 1 p., 1 p. b., dele la vuelta.

H. 9: Con B, 1 cad., 1 p. b., *1 p. a. M., 1 p. b.; rep. desde * hasta que queden 2 p.; 1 p. a. M., 1 p. b., dele la vuelta.

H. 11: Con A, 1 cad., 1 p. b., *2 cad., sált. 1 p., 1 p. b.; rep. desde * hasta que queden 2 p.; 2 cad., sált. 1 p., 1 p. b., dele la vuelta.

H. 13: Con B, 1 cad., 1 p. b., *1 p. a. M., 2 cad., sált. 1 p.; rep. desde * hasta que queden 2 p.; 1 p. a. M., 1 p. b., dele la vuelta.

Rep. las H. 3-14. Para terminar, haga la H. 15.

H. 15: Con A, 1 cad., 1 p. b., *1 p. b., 1 p. a. M.; rep. desde * hasta que queden 2 p.; 2 p. b., dele la vuelta.

DIAGRAMA DEL MOSAICO

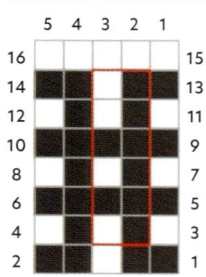

Hilo A = crema

Hilo B = azul

2 p.

PUNTO

GANCHILLO

Líneas

Otro patrón muy versátil que puede aplicarse a un vestido a un complemento para el hogar. Puede trabajarse en repeticiones tanto grandes como pequeñas.

Instrucciones de punto

Múltiplo de 4 p. + 3

En las H. D, deslice los p. como si fuera a tejerlos del revés con el hilo por detrás.

Monte los p. con A, teja 1 H. del derecho y 1 H. del revés.

H. 1 (D): Con B, 1 d., desl. 1, *3 d., desl. 1; rep. desde * hasta que quede 1 p.; 1 d.

H. 2 y todas las H. R: Teja del revés los d. y deslice los p. desl. como si fuera a tejerlos del revés con el hilo por delante.

H. 3: Con A, 2 d., *1 d., desl. 1, 2 d.; rep. desde * hasta que quede 1 p.; 1 d.

H. 5: Con B, 1 d., desl. 1, *3 d., desl. 1; rep. desde * hasta que quede 1 p.; 1 d.

H. 7: Con A, 2 d., *1 d., desl. 1, 2 d.; rep. desde * hasta que quede 1 p.; 1 d.

H. 8: Como la H. 2.

Rep. las H. 1-8. Para terminar, utilice A para tejer todos los p. de la H. 7 del derecho y todos los p. de la H. 8 del revés.

Instrucciones de ganchillo

Múltiplo de 4 p. + 3

Con A, teja el número deseado de p. b. sin cadeneta.

H. 1 (D): Con B, 1 cad., 1 p. b., 2 cad., sált. 1 p., *3 p. b., 2 cad., sált. 1 p.; rep. desde * hasta que quede 1 p.; 1 p. b., dele la vuelta.

H. 2 y todas las H. R: 1 cad., 1 p. b. en los p., 1 cad. y sált. los esp. de cad., dele la vuelta.

H. 3: Con A, 1 cad., 1 p. b., 1 p. a. M., *1 p. b., 2 cad., sált. 1 p., 1 p. b., 1 p. a. M.; rep. desde * hasta que quede 1 p.; 1 p. b., dele la vuelta.

H. 5: Con B, 1 cad., 1 p. b., 2 cad., sált. 1 p., *1 p. b., 1 p. a. M., 1 p. b., 2 cad., sált. 1 p.; rep. desde * hasta que quede 1 p.; 1 p. b., dele la vuelta.

H. 7: Con A, 1 cad., 1 p. b., 1 p. a. M., *1 p. b., 2 cad., sált. 1 p., 1 p. b., 1 p. a. M.; rep. desde * hasta que quede 1 p.; 1 p. b., dele la vuelta.

H. 8: Como la H. 2.

Rep. las H. 1-8, haciendo 1 p. a. M. en los esp. requeridos en la H. 1. Termine la última repetición haciendo la H. 7 como sigue: con A, 1 p. b. en cada p. y 1 p. a. M. en cada esp. de cad.

DIAGRAMA DEL MOSAICO

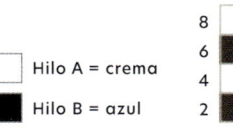

☐ Hilo A = crema

■ Hilo B = azul

Aztecas

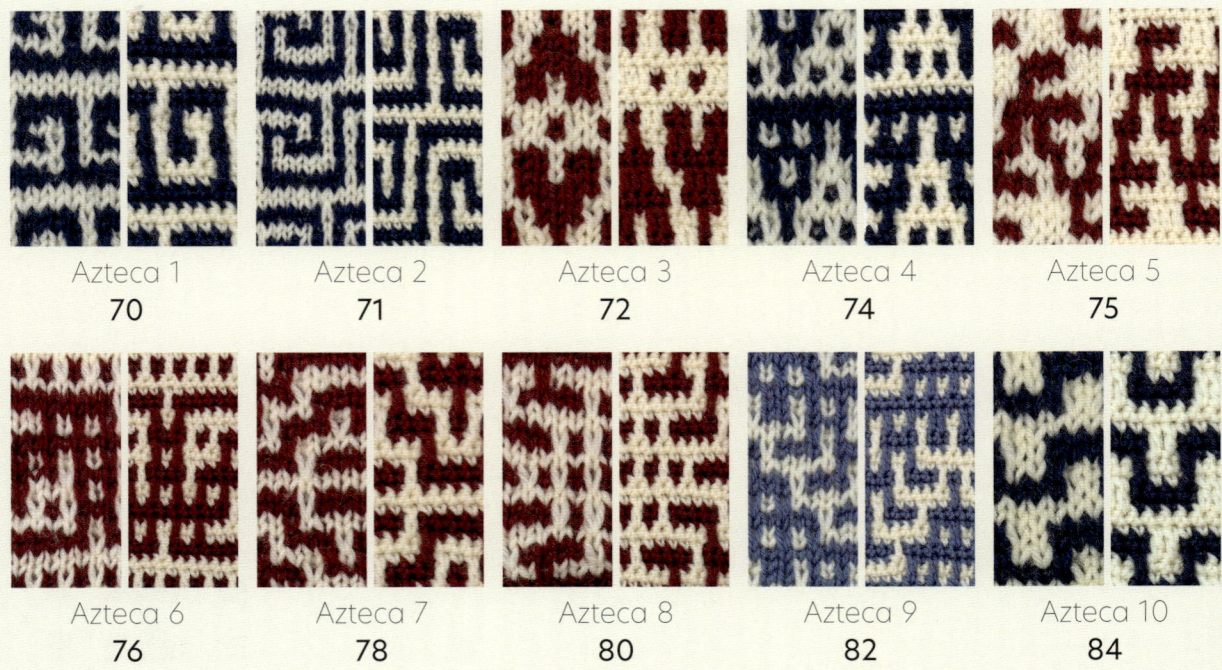

Azteca 1
70

Azteca 2
71

Azteca 3
72

Azteca 4
74

Azteca 5
75

Azteca 6
76

Azteca 7
78

Azteca 8
80

Azteca 9
82

Azteca 10
84

Azteca 11
85

Azteca 12
86

Azteca 13
88

Azteca 14
90

Azteca 15
91

PUNTO

GANCHILLO

DIFICULTAD

XXX

Azteca 1

Los diseños aztecas de este capítulo están pensados para apilarse unos encima de otros. Puede tejer una manta combinando esta espiral con una selección de otros patrones del capítulo.

Instrucciones de punto

Múltiplo de 5 p. + 3

En las H. D, deslice los p. como si fuera a tejerlos del revés con el hilo por detrás.

Monte los p. con A, teja 1 H. del derecho y 1 H. del revés.

H. 1 (D): Con B, teja p. del derecho.

H. 2 y todas las H. R: Teja del revés los d. y deslice los p. desl. como si fuera a tejerlos del revés con el hilo por delante.

H. 3: Con A, 2 d., *desl. 1, 4 d.; rep. desde * hasta que quede 1 p.; 1 d.

H. 5: Con B, 1 d., desl. 1, *1 d., desl. 1, 2 d., desl. 1; rep. desde * hasta que quede 1 p.; 1 d.

H. 7: Con A, 2 d., *desl. 1, 2 d., desl. 1, 1 d.; rep. desde * hasta que quede 1 p.; 1 d.

H. 9: Con B, 1 d., desl. 1, *4 d., desl. 1; rep. desde * hasta que quede 1 p.; 1 d.

H. 11: Con A, teja p. del derecho.

H. 12: Como la H. 2.

Rep. las H. 1-12.

Instrucciones de ganchillo

Múltiplo de 5 p. + 3

Con A, teja el número deseado de p. b. sin cadeneta.

H. 1 (D): Con B, 1 cad., 1 p. b. en cada p. hasta el final, dele la vuelta.

H. 2 y todas las H. R: 1 cad., 1 p. b. en los p., 1 cad. y sált. los esp. de cad., dele la vuelta.

H. 3: Con A, 1 cad., 2 p. b., *2 cad., sált. 1 p., 4 p. b.; rep. desde * hasta que quede 1 p.; 1 p. b., dele la vuelta.

H. 5: Con B, 1 cad., 1 p. b., 2 cad., sált. 1 p., *1 p. a. M., 2 cad., sált. 1 p., 2 p. b., 2 cad., sált. 1 p.; rep. desde * hasta que quede 1 p.; 1 p. b., dele la vuelta.

H. 7: Con A, 1 cad., 1 p. b., 1 p. a. M., *2 cad., sált. 1 p., 1 p. a. M., 1 p. b., 2 cad., sált. 1 p., 1 p. a. M.; rep. desde * hasta que quede 1 p.; 1 p. b., dele la vuelta.

H. 9: Con B, 1 cad., 1 p. b., 2 cad., sált. 1 p., *1 p. a. M., 2 p. b., 1 p. a. M., 2 cad., sált. 1 p.; rep. desde * hasta que quede 1 p.; 1 p. b., dele la vuelta.

H. 11: Con A, 1 cad., 1 p. b., 1 p. a. M., *4 p. b., 1 p. a. M.; rep. desde * hasta que quede 1 p.; 1 p. b., dele la vuelta.

H. 12: Como la H. 2.

Rep. las H. 1-12, acabando la última repetición con la H. 11.

DIAGRAMA DEL MOSAICO

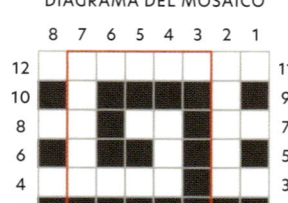

5 p.

☐ Hilo A = crema

■ Hilo B = azul marino

PUNTO

GANCHILLO

Azteca 2

Los diseños aztecas típicos suelen ser formas geométricas compuestas de largas líneas simétricas. Además de ser apilables, sirven para crear bordes decorativos. Esta espiral es ideal para el borde de una manta.

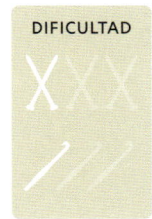
Instrucciones de punto

Múltiplo de 8 p. + 3

En las H. D, deslice los p. como si fuera a tejerlos del revés con el hilo por detrás. Monte los p. con A, teja 1 H. del derecho y 1 H. del revés.

H. 1 (D): Con B, 2 d., *6 d., desl. 1, 1 d.; rep. desde * hasta que quede 1 p.; 1 d.

H. 2 y todas las H. R: Teja del revés los d. y deslice los p. desl. como si fuera a tejerlos del revés con el hilo por delante.

H. 3: Con A, 1 d., desl. 1, *5 d., desl. 1, 1 d., desl. 1; rep. desde * hasta que quede 1 p.; 1 d.

H. 5: Con B, 2 d., *desl. 1, 3 d., [desl. 1, 1 d.] 2 veces; rep. desde * hasta que quede 1 p.; 1 d., 3 r., 3 d., 3 r., 7 d.

H. 7: Con A, 1 d., desl. 1, *1 d., desl. 1; rep. desde * hasta que quede 1 p.; 1 d.

H. 9: Con B, 2 d., *[desl. 1, 1 d.] 2 veces, 2 d., desl. 1, 1 d.; rep. desde * hasta que quede 1 p.; 1 d.

H. 11: Con A, 1 d., desl. 1, *1 d., desl. 1, 5 d., desl. 1; rep. desde * hasta que quede 1 p.; 1 d.

H. 13: Con B, 2 d., *desl. 1, 7 d.; rep. desde * hasta que quede 1 p.; 1 d.

H. 15: Con A, teja p. del derecho.

H. 16: Como la H. 2.

Rep. las H. 1-16.

Instrucciones de ganchillo

Múltiplo de 8 p. + 3

Con A, teja el número deseado de p. b. sin cadeneta.

H. 1 (D): Con B, 1 cad., 2 p. b., *6 p. b., 2 cad., sált. 1 p., 1 p. b.; rep. desde * hasta que quede 1 p.; 1 p. b., dele la vuelta.

H. 2 y todas las H. R: 1 cad., 1 p. b. en los p., 1 cad. y sált. los esp. de cad., dele la vuelta.

H. 3: Con A, 1 cad., 1 p. b., 2 cad., sált. 1 p., *5 p. b., 2 cad., sált. 1 p., 1 p. a. M., 2 cad., sált. 1 p.; rep. desde * hasta que quede 1 p.; 1 p. b., dele la vuelta.

H. 5: Con B, 1 cad., 1 p. b., 1 p. a. M., *2 cad., sált. 1 p., 3 p. b., [2 cad., sált. 1 p., 1 p. a. M.] 2 veces; rep. desde * hasta que quede 1 p.; 1 p. b., dele la vuelta.

H. 7: Con A, 1 cad., 1 p. b., 2 cad., sált. 1 p., *1 p. a. M., 2 cad., sált. 1 p., 1 p. b., [2 cad., sált. 1 p., 1 p. a. M.] 2 veces, 2 cad., sált. 1 p.; rep. desde * hasta que quede 1 p.; 1 p. b., dele la vuelta.

H. 9: Con B, 1 cad., 1 p. b., 1 p. a. M., *[2 cad., sált. 1 p., 1 p. a. M.] 2 veces, 1 p. b., 1 p. a. M., 2 cad., sált. 1 p., 1 p. a. M.; rep. desde * hasta que quede 1 p.; 1 p. b., dele la vuelta.

H. 11: Con A, 1 cad., 1 p. b., 2 cad., sált. 1 p., *1 p. a. M., 2 cad., sált. 1 p., 1 p. a. M., 3 p. b., 1 p. a. M., 2 cad., sált. 1 p.; rep. desde * hasta que quede 1 p.; 1 p. b., dele la vuelta.

H. 13: Con B, 1 cad., 1 p. b., 1 p. a. M., *2 cad., sált. 1 p., 1 p. a. M., 5 p. b., 1 p. a. M.; rep. desde * hasta que quede 1 p.; 1 p. b., dele la vuelta.

H. 15: Con A, 1 cad., 2 p. b., *1 p. a. M., 7 p. b.; rep. desde * hasta que quede 1 p.; 1 p. b., dele la vuelta.

H. 16: Como la H. 2.

Rep. las H. 1-16, acabando la última repetición con la H. 15.

DIAGRAMA DEL MOSAICO

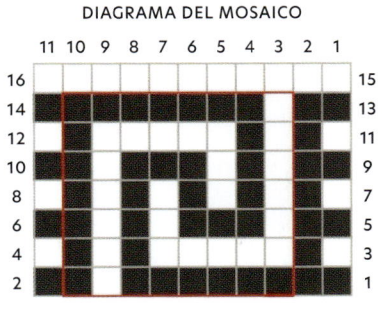

Hilo A = crema

Hilo B = azul marino

8 p.

Azteca 3

La versión de punto de este patrón es menos alargada que la de ganchillo, pero ambas combinan bellamente con los patrones con espirales (el Azteca 1 y el 2).

Instrucciones de punto

Múltiplo de 10 p. + 2

En las H. D, deslice los p. como si fuera a tejerlos del revés con el hilo por detrás. Monte los p. con A, teja 1 H. del derecho y 1 H. del revés.

H. 1 (D): Con B, 1 d., *2 d., desl. 1, 2 d., desl. 2, 1 d., desl. 2; rep. desde * hasta que quede 1 p.; 1 d.

H. 2 y todas las H. R: Teja del revés los d. y deslice los p. desl. como si fuera a tejerlos del revés con el hilo por delante.

H. 3: Con A, 1 d., *desl. 2, 1 d., desl. 2, 2 d., desl. 1, 2 d.; rep. desde * hasta que quede 1 p.; 1 d.

H. 5: Con B, 1 d., *5 d., desl. 1, 3 d., desl. 1; rep. desde * hasta que quede 1 p.; 1 d.

H. 7: Con A, 1 d., *1 d., desl. 3, 2 d., desl. 3, 1 d.; rep. desde * hasta que quede 1 p.; 1 d.

H. 9: Con B, 1 d., *desl. 1, 3 d., desl. 1, 5 d.; rep. desde * hasta que quede 1 p.; 1 d.

H. 11: Con A, 1 d., *2 d., desl. 1, 2 d., desl. 2, 1 d., desl. 2; rep. desde * hasta que quede 1 p.; 1 d.

H. 13: Con B, 1 d., *desl. 2, 1 d., desl. 2, 2 d., desl. 1, 2 d.; rep. desde * hasta que quede 1 p.; 1 d.

H. 15: Con A, teja p. del derecho.

H. 17: Con B, 1 d., *1 d., desl. 3, 1 d., desl. 2, 1 d., desl. 2; rep. desde * hasta que quede 1 p.; 1 d.

H. 19: Como la H. 15.

H. 21: Como la H. 13.

H. 23: Como la H. 11.

H. 25: Como la H. 9.

H. 27: Como la H. 7.

H. 29: Como la H. 5.

H. 31: Como la H. 3.

H. 33: Como la H. 1.

H. 35: Con A, teja p. del derecho.

H. 36: Como la H. 2.

Rep. las H. 1-36.

Instrucciones de ganchillo

Múltiplo de 10 p. + 2

Con A, teja el número deseado de p. b. sin cadeneta.

H. 1 (D): Con B, 1 cad., 1 p. b., *2 p. b., 2 cad., sált. 1 p., 2 p. b., 3 cad., sált. 2 p., 1 p. b., 3 cad., sált. 2 p.; rep. desde * hasta que quede 1 p.; 1 p. b., dele la vuelta.

H. 2 y todas las H. R: 1 cad., 1 p. b. en los p., 1 cad. y sált. los esp. de cad., dele la vuelta.

H. 3: Con A, 1 cad., 1 p. b., *3 cad., sált. 2 p., 1 p. a. M., 3 cad., sált. 2 p., 2 p. a. M., 2 cad., sált. 1 p., 2 p. a. M.; rep. desde * hasta que quede 1 p.; 1 p. b., dele la vuelta.

H. 5: Con B, 1 cad., 1 p. b., *2 p. a. M., 1 p. b., 2 p. a. M., 2 cad., sált. 1 p., 1 p. b., 1 p. a. M., 1 p. b., 2 cad., sált. 1 p.; rep. desde * hasta que quede 1 p.; 1 p. b., dele la vuelta.

H. 7: Con A, 1 cad., 1 p. b., *1 p. b., 4 cad., sált. 3 p., 1 p. b., 1 p. a. M., 4 cad., sált. 3 p., 1 p. a. M.; rep. desde * hasta que quede 1 p.; 1 p. b., dele la vuelta.

H. 9: Con B, 1 cad., 1 p. b., *2 cad., sált. 1 p., 3 p. a. M., 2 cad., sált. 1 p., 1 p. b., 3 p. a. M., 1 p. b.; rep. desde * hasta que quede 1 p.; 1 p. b., dele la vuelta.

H. 11: Con A, 1 cad., 1 p. b., *1 p. a. M., 1 p. b., 2 cad., sált. 1 p., 1 p. b., 1 p. a. M., 3 cad., sált. 2 p., 1 p. b., 3 cad., sált. 2 p.; rep. desde * hasta que quede 1 p.; 1 p. b., dele la vuelta.

H. 13: Con B, 1 cad., 1 p. b., *3 cad., sált. 2 p., 1 p. a. M., 3 cad., sált. 2 p., 2 p. a. M., 2 cad., sált. 1 p., 2 p. a. M.; rep. desde * hasta que quede 1 p.; 1 p. b., dele la vuelta.

H. 15: Con A, 1 cad., 1 p. b., *2 p. a. M., 1 p. b., 2 p. a. M., 2 p. b., 1 p. a. M., 2 p. b.; rep. desde * hasta que quede 1 p.; 1 p. b., dele la vuelta.

H. 17: Con B, 1 cad., 1 p. b., *1 p. b., 4 cad., sált. 3 p., 1 p. b., 3 cad., sált. 2 p., 1 p. b., 3 cad., sált. 2 p.; rep. desde * hasta que quede 1 p.; 1 p. b., dele la vuelta.

DIAGRAMA DEL MOSAICO

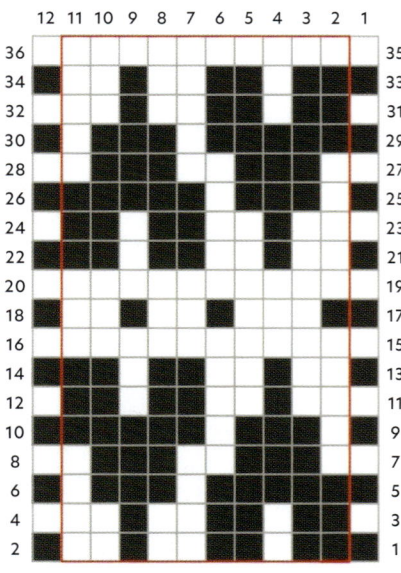

10 p.

☐ Hilo A = crema

■ Hilo B = burdeos

H. 19: Con A, 1 cad., 1 p. b., *1 p. b., 3 p. a. M., 1 p. b., 2 p. a. M., 1 p. b., 2 p. a. M.; rep. desde * hasta que quede 1 p.; 1 p. b., dele la vuelta.

H. 21: Con B, 1 cad., 1 p. b., *3 cad., sált. 2 p., 1 p. b., 3 cad., sált. 2 p., 2 p. b., 2 cad., sált. 1 p., 2 p. b.; rep. desde * hasta que quede 1 p.; 1 p. b., dele la vuelta.

H. 23: Con A, 1 cad., 1 p. b., *2 p. a. M., 2 cad., sált. 1 p., 2 p. a. M., 3 cad., sált. 2 p., 1 p. a. M., 3 cad., sált. 2 p.; rep. desde * hasta que quede 1 p.; 1 p. b., dele la vuelta.

H. 25: Con B, 1 cad., 1 p. b., *2 cad., sált. 1 p., 1 p. b., 1 p. a. M., 1 p. b., 2 cad., sált. 1 p., 2 p. a. M., 1 p. b., 2 p. a. M.; rep. desde * hasta que quede 1 p.; 1 p. b., dele la vuelta.

H. 27: Con A, 1 cad., 1 p. b., *1 p. a. M., 4 cad., sált. 3 p., 1 p. a. M., 1 p. b., 4 cad., sált. 3 p., 1 p. b.; rep. desde * hasta que quede 1 p.; 1 p. b., dele la vuelta.

H. 29: Con B, 1 cad., 1 p. b., *1 p. b., 3 p. a. M., 1 p. b., 2 cad., sált. 1 p., 3 p. a. M., 2 cad., sált. 1 p.; rep. desde * hasta que quede 1 p.; 1 p. b., dele la vuelta.

H. 31: Con A, 1 cad., 1 p. b., *3 cad., sált. 2 p., 1 p. b., 3 cad., sált. 2 p., 1 p. a. M., 1 p. b., 2 cad., sált. 1 p., 1 p. b., 1 p. a. M.; rep. desde * hasta que quede 1 p.; 1 p. b., dele la vuelta.

H. 33: Con B, 1 cad., 1 p. b., *2 p. a. M., 2 cad., sált. 1 p., 2 p. a. M., 3 cad., sált. 2 p., 1 p. a. M., 3 cad., sált. 2 p.; rep. desde * hasta que quede 1 p.; 1 p. b., dele la vuelta.

H. 35: Con A, 1 cad., 1 p. b., *2 p. b., 1 p. a. M., 2 p. b., 2 p. a. M., 1 p. b., 2 p. a. M.; rep. desde * hasta que quede 1 p.; 1 p. b., dele la vuelta.

H. 36: Como la H. 2.

Rep. las H. 1-36, acabando la última repetición con la H. 35.

PUNTO

GANCHILLO

PUNTO

GANCHILLO

Azteca 4

La versión de ganchillo de este patrón crea torres más alargadas y algo más definidas. Combine este diseño con otros motivos aztecas formando paneles horizontales.

Instrucciones de punto

Múltiplo de 6 p. + 3

En las H. D, deslice los p. como si fuera a tejerlos del revés con el hilo por detrás.

Monte los p. con B, teja 1 H. del derecho y 1 H. del revés.

H. 1 (D): Con A, teja p. del derecho.

H. 2 y todas las H. R: Teja del revés los d. y deslice los p. desl. como si fuera a tejerlos del revés con el hilo por delante.

H. 3: Con B, 2 d., *desl. 1, 1 d.; rep. desde * hasta que quede 1 p.; 1 d.

H. 5: Con A, 1 d., desl. 1, *5 d., desl. 1; rep. desde * hasta que quede 1 p.; 1 d.

H. 7: Con B, 2 d. *[1 d., desl. 1] 2 veces, 2 d.; rep. desde * hasta que quede 1 p.; 1 d.

H. 9: Con A, 2 d., *desl. 1, 3 d., desl. 1, 1 d.; rep. desde * hasta que quede 1 p.; 1 d.

H. 11: Con B, 2 d., *2 d., desl. 1, 3 d.; rep. desde * hasta que quede 1 p.; 1 d.

H. 13: Con A, 1 d., desl. 1, *1 d., desl. 1; rep. desde * hasta que quede 1 p.; 1 d.

H. 15: Con B, teja p. del derecho.

H. 16: Como la H. 2.

Rep. las H. 1-16.

Instrucciones de ganchillo

Múltiplo de 6 p. + 3

Con B, teja el número deseado de p. b. sin cadeneta.

H. 1 (D): Con A, 1 cad., 1 p. b. en cada p. hasta el final, dele la vuelta.

H. 2 y todas las H. R: 1 cad., 1 p. b. en los p., 1 cad. y sált. los esp. de cad., dele la vuelta.

H. 3: Con B, 1 cad., 2 p. b., *[2 cad., sált. 1 p., 1 p. b.] 3 veces; rep. desde * hasta que quede 1 p.; 1 p. b., dele la vuelta.

H. 5: Con A, 1 cad., 1 p. b., 2 cad., sált. 1 p., *[1 p. a. M., 1 p. b.] 2 veces, 1 p. a. M., 2 cad., sált. 1 p.; rep. desde * hasta que quede 1 p.; 1 p. b., dele la vuelta.

H. 7: Con B, 1 cad., 1 p. b., 1 p. a. M., *[1 p. b., 2 cad., sált. 1 p.] 2 veces, 1 p. b., 1 p. a. M.; rep. desde * hasta que quede 1 p.; 1 p. b., dele la vuelta.

H. 9: Con A, 1 cad., 2 p. b., *2 cad., sált. 1 p., 1 p. a. M., 1 p. b., 1 p. a. M., 2 cad., sált. 1 p., 1 p. b.; rep. desde * hasta que quede 1 p.; 1 p. b., dele la vuelta.

H. 11: Con B, 1 cad., 2 p. b., *1 p. a. M., 1 p. b., 2 cad., sált. 1 p., 1 p. b., 1 p. a. M., 1 p. b.; rep. desde * hasta que quede 1 p.; 1 p. b., dele la vuelta.

H. 13: Con A, 1 cad., 1 p. b., 2 cad., sált. 1 p., *1 p. b., 2 cad., sált. 1 p., 1 p. a. M., 2 cad., sált. 1 p., 1 p. b., 2 cad., sált. 1 p.; rep. desde * hasta que quede 1 p.; 1 p. b., dele la vuelta.

H. 15: Con B, 1 cad., 1 p. b., 1 p. a. M., *[1 p. b., 1 p. a. M.] 3 veces; rep. desde * hasta que quede 1 p.; 1 p. b., dele la vuelta.

H. 16: Como la H. 2.

Rep. las H. 1-16, acabando la última repetición con la H. 15.

DIAGRAMA DEL MOSAICO

9 8 7 6 5 4 3 2 1

16 — 15
14 — 13
12 — 11
10 — 9
8 — 7
6 — 5
4 — 3
2 — 1

6 p.

☐ Hilo A = crema

■ Hilo B = azul marino

PUNTO

GANCHILLO

Azteca 5

Perfecto para utilizar en paneles o hileras, este sencillo pero llamativo patrón queda magnífico en cojines, bolsas o cualquier otro accesorio para el hogar.

Instrucciones de punto

Múltiplo de 6 p. + 3

En las H. D, deslice los p. como si fuera a tejerlos del revés con el hilo por detrás.

Monte los p. con A, teja 1 H. del derecho y 1 H. del revés.

H. 1 (D): Con B, 2 d., *desl. 3, 3 d.; rep. desde * hasta que quede 1 p.; 1 d.

H. 2 y todas las H. R: Teja del revés los d. y deslice los p. desl. como si fuera a tejerlos del revés con el hilo por delante.

H. 3: Con A, 1 d., desl. 1, *5 d., desl. 1; rep. desde * hasta que quede 1 p.; 1 d.

H. 5: Con B, 2 d., *1 d., desl. 1, 4 d.; rep. desde * hasta que quede 1 p.; 1 d.

H. 7: Con A, 2 d., *desl. 1, 3 d., desl. 1, 1 d.; rep. desde * hasta que quede 1 p.; 1 d.

H. 9: Con B, 1 d., desl. 1, *2 d., desl. 1; rep. desde * hasta que quede 1 p.; 1 d.

H. 11: Con A, 2 d., *[1 d., desl. 1] 2 veces, 2 d.; rep. desde * hasta que quede 1 p.; 1 d.

H. 13: Con B, 2 d., *4 d., desl. 1, 1 d.; rep. desde * hasta que quede 1 p.; 1 d.

H. 15: Con A, 2 d., *2 d., desl. 1, 3 d.; rep. desde * hasta que quede 1 p.; 1 d.

H. 17: Con B, 1 d., desl. 1, *3 d., desl. 3; rep. desde * hasta que quede 1 p.; 1 d.

H. 19: Con A, teja p. del derecho.

H. 20: Como la H. 2.

Rep. las H. 1-20.

Instrucciones de ganchillo

Múltiplo de 6 p. + 3

Con A, teja el número deseado de p. b. sin cadeneta.

H. 1 (D): Con B, 1 cad., 2 p. b., *4 cad., sált. 3 p., 3 p. b.; rep. desde * hasta que quede 1 p.; 1 p. b., dele la vuelta.

H. 2 y todas las H. R: 1 cad., 1 p. b. en los p., 1 cad. y sált. los esp. de cad., dele la vuelta.

H. 3: Con A, 1 cad., 1 p. b., 2 cad., sált. 1 p., *3 p. a. M., 2 p. b., 2 cad., sált. 1 p.; rep. desde * hasta que quede 1 p.; 1 p. b., dele la vuelta.

H. 5: Con B, 1 cad., 1 p. b., 1 p. a. M., *1 p. b., 2 cad., sált. 1 p., 3 p. b., 1 p. a. M.; rep. desde * hasta que quede 1 p.; 1 p. b., dele la vuelta.

H. 7: Con A, 1 cad., 2 p. b., *2 cad., sált. 1 p., 1 p. a. M., 2 p. b., 2 cad., sált. 1 p., 1 p. b.; rep. desde * hasta que quede 1 p.; 1 p. b., dele la vuelta.

H. 9: Con B, 1 cad., 1 p. b., 2 cad., sált. 1 p., *1 p. a. M., 1 p. b., 2 cad., sált. 1 p., 1 p. b., 1 p. a. M., 2 cad., sált. 1 p.; rep. desde * hasta que quede 1 p.; 1 p. b., dele la vuelta.

H. 11: Con A, 1 cad., 1 p. b., 1 p. a. M., *1 p. b., 2 cad., sált. 1 p., 1 p. a. M., 2 cad., sált. 1 p., 1 p. b., 1 p. a. M.; rep. desde * hasta que quede 1 p.; 1 p. b., dele la vuelta.

H. 13: Con B, 1 cad., 2 p. b., *[1 p. b., 1 p. a. M.] 2 veces, 2 cad., sált. 1 p., 1 p. b.; rep. desde * hasta que quede 1 p.; 1 p. b., dele la vuelta.

H. 15: Con A, 1 cad., 2 p. b., *2 p. b., 2 cad., sált. 1 p., 1 p. b., 1 p. a. M., 1 p. b.; rep. desde * hasta que quede 1 p.; 1 p. b., dele la vuelta.

H. 17: Con B, 1 cad., 1 p. b., 2 cad., sált. 1 p., *2 p. b., 1 p. a. M., 4 cad., sált. 3 p.; rep. desde * hasta que quede 1 p.; 1 p. b., dele la vuelta.

H. 19: Con A, 1 cad., 1 p. b., 1 p. a. M., *3 p. b., 3 p. a. M.; rep. desde * hasta que quede 1 p.; 1 p. b., dele la vuelta.

H. 20: Como la H. 2.

Rep. las H. 1-20, acabando la última repetición con la H. 19.

☐ Hilo A = crema   ■ Hilo B = burdeos

DIAGRAMA DEL MOSAICO

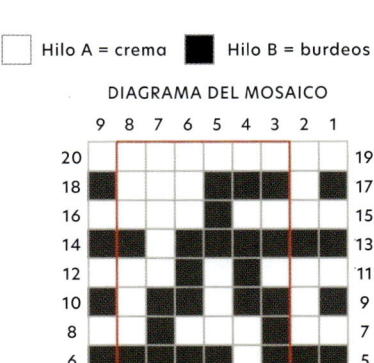

6 p.

Azteca 6

Esta llamativa repetición es más larga y compleja que otras. Funciona tanto a modo de motivo único como en repeticiones para formar un panel o una sección grande en un chal o una bufanda ancha.

Instrucciones de punto

Múltiplo de 20 p. + 3

En las H. D, deslice los p. como si fuera a tejerlos del revés con el hilo por detrás.

Monte los p. con A, teja 1 H. del derecho y 1 H. del revés.

H. 1 (D): Con B, 1 d., *desl. 1, 1 d.; rep. desde * hasta que queden 2 p.; desl. 1, 1 d.

H. 2 y todas las H. R: Teja del revés los d. y deslice los p. desl. como si fuera a tejerlos del revés con el hilo por delante.

H. 3: Con A, teja p. del derecho.

H. 5: Con B, 1 d., *desl. 1, 9 d.; rep. desde * hasta que queden 2 p.; desl. 1, 1 d.

H. 7: Con A, 1 d., *[1 d., desl.] 2 veces, 5 d., [desl. 1, 1 d.] 2 veces, 4 d., desl. 1, 1 d., desl. 1; rep. desde * hasta que queden 2 p.; 2 d.

H. 9: Con B, 1 d., *6 d., [desl. 1, 1 d.] 2 veces, 2 d., [desl. 1, 1 d.] 2 veces, 4 d.; rep. desde * hasta que queden 2 p.; 2 d.

H. 11: Con A, 1 d., *[1 d., desl.] 3 veces, 3 d., [desl. 1, 1 d.] 2 veces, 1 d., [1 d., desl.] 3 veces; rep. desde * hasta que queden 2 p.; 2 d.

H. 13: Con B, 1 d., *2 d., desl. 1, 5 d., desl. 1, 3 d., desl. 1, 5 d., desl. 1, 1 d.; rep. desde * hasta que queden 2 p.; 2 d.

H. 15: Con A, 1 d., *1 d., desl. 1, 3 d., [desl. 1, 1 d.] 6 veces, 2 d., desl. 1; rep. desde * hasta que queden 2 p.; 2 d.

H. 17: Con B, 1 d., *2 d., desl. 1, 1 d., desl. 1, 11 d., desl. 1, 1 d., desl. 1, 1 d.; rep. desde * hasta que queden 2 p.; 2 d.

H. 19: Con A, 1 d., *1 d., desl. 1, 5 d., [desl. 1, 1 d.] 4 veces, 4 d., desl. 1; rep. desde * hasta que queden 2 p.; 2 d.

H. 21: Como la H. 5.

H. 23: Como la H. 3.

H. 25: Como la H. 1.

H. 27: Con A, teja p. del derecho.

H. 28: Como la H. 2.

Rep. las H. 5-28.

Instrucciones de ganchillo

Múltiplo de 20 p. + 3

Con A, teja el número deseado de p. b. sin cadeneta.

H. 1 (D): Con B, 1 cad., 1 p. b., *[2 cad., sált. 1 p., 1 p. b.] 10 veces; rep. desde * hasta que queden 2 p.; 2 cad., sált. 1 p., 1 p. b., dele la vuelta.

H. 2 y todas las H. R: 1 cad., 1 p. b. en los p., 1 cad. y sált. los esp. de cad., dele la vuelta.

H. 3: Con A, 1 cad., 1 p. b., *[1 p. a. M., 1 p. b.] 10 veces; rep. desde * hasta que queden 2 p.; 1 p. a. M., 1 p. b., dele la vuelta.

H. 5: Con B, 1 cad., 1 p. b., *[2 cad., sált. 1 p., 9 p. b.] 2 veces; rep. desde * hasta que queden 2 p.; 2 cad., sált. 1 p., 1 p. b., dele la vuelta.

H. 7: Con A, 1 cad., 1 p. b., *1 p. a. M., [2 cad., sált. 1 p., 1 p. b.] 2 veces, 4 p. b., 2 cad., sált. 1 p., 1 p. a. M., 2 cad., sált. 1 p., 4 p. b., [1 p. b., 2 cad., sált. 1 p.] 2 veces; rep. desde * hasta que queden 2 p.; 1 p. a. M., 1 p. b., dele la vuelta.

H. 9: Con B, 1 cad., 1 p. b., *[1 p. b., 1 p. a. M.] 2 veces, 1 p. b., [1 p. b., 2 cad., sált. 1 p.] 2 veces, 1 p. a. M., 1 p. b., 1 p. a. M., [2 cad., sált. 1 p., 1 p. b.] 2 veces, [1 p. b., 1 p. a. M.] 2 veces; rep. desde * hasta que queden 2 p.; 2 p. b., dele la vuelta.

H. 11: Con A, 1 cad., 1 p. b., *[1 p. b., 2 cad., sált. 1 p.] 3 veces, 1 p. a. M., 1 p. b., 1 p. a. M., 2 cad., sált. 1 p., 1 p. b., 2 cad., sált. 1 p., 1 p. a. M., 1 p. b., 1 p. a. M., [2 cad., sált. 1 p., 1 p. b.] 2 veces, 2 cad., sált. 1 p.; rep. desde * hasta que queden 2 p.; 2 p. b., dele la vuelta.

H. 13: Con B, 1 cad., 1 p. b., *1 p. b., 1 p. a. M., 2 cad., sált. 1 p., [1 p. a. M., 1 p. b.] 2 veces, 1 p. b., 2 cad., sált. 1 p.,

DIAGRAMA DEL MOSAICO

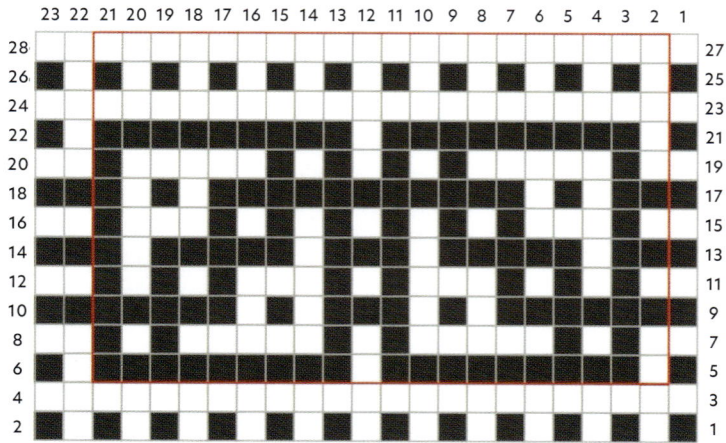

20 p.

Hilo A = crema

Hilo B = burdeos

1 p. a. M., 1 p. b., 1 p. a. M., 2 cad., sált. 1 p., 1 p. b., [1 p. b., 1 p. a. M.] 2 veces, 2 cad., sált. 1 p., 1 p. a. M.; rep. desde * hasta que queden 2 p.; 2 p. b., dele la vuelta.

H. 15: Con A, 1 cad., 1 p. b., *1 p. b., 2 cad., sált. 1 p., 1 p. a. M., 1 p. b., [1 p. b., 2 cad., sált. 1 p.] 2 veces, 1 p. a. M., 2 cad., sált. 1 p., 1 p. b., 2 cad., sált. 1 p., 1 p. a. M., [2 cad., sált. 1 p., 1 p. b.] 2 veces, 1 p. b., 1 p. a. M., 2 cad., sált. 1 p.; rep. desde * hasta que queden 2 p.; 2 p. b., dele la vuelta.

H. 17: Con B, 1 cad., 1 p. b., *1 p. b., 1 p. a. M., 2 cad., sált. 1 p., 1 p. b., 2 cad., sált. 1 p., [1 p. a. M., 1 p. b.] 5 veces, 1 p. a. M., 2 cad., sált. 1 p., 1 p. b., 2 cad., sált. 1 p., 1 p. a. M.; rep. desde * hasta que queden 2 p.; 2 p. b., dele la vuelta.

H. 19: Con A, 1 cad., 1 p. b., *1 p. b., 2 cad., sált. 1 p., 1 p. a. M., 1 p. b., 1 p. a. M., 2 p. b., [2 cad., sált. 1 p., 1 p. b.] 4 veces, [1 p. b., 1 p. a. M.] 2 veces, 2 cad., sált. 1 p.; rep. desde * hasta que queden 2 p.; 2 p. b., dele la vuelta.

H. 21: Con B, 1 cad., 1 p. b., *2 cad., sált. 1 p., 1 p. a. M., 4 p. b., [1 p. b., 1 p. a. M.] 2 veces, 2 cad., sált. 1 p., [1 p. a. M., 1 p. b.] 2 veces, 4 p. b., 1 p. a. M.; rep. desde * hasta que queden 2 p.; 2 cad., sált. 1 p., 1 p. b., dele la vuelta.

H. 23: Con A, 1 cad., 1 p. b., *[1 p. a. M., 9 p. b.] 2 veces; rep. desde * hasta que queden 2 p.; 1 p. a. M., 1 p. b., dele la vuelta.

H. 25: Como la H. 1.

H. 27: Como la H. 3.

H. 28: Como la H. 2.

Rep. las H. 1-28, acabando la última repetición con la H. 27.

PUNTO

GANCHILLO

Azteca 7

Este diseño geométrico tan definido queda mejor si se repite varias veces, tal vez en un camino de mesa u otro accesorio para el hogar.

Instrucciones de punto

Múltiplo de 10 p. + 5

En las H. D., deslice los p. como si fuera a tejerlos del revés con el hilo por detrás.

Monte los p. con A, teja 1 H. del derecho y 1 H. del revés.

H. 1 (D): Con B, 1 d., desl. 1, 1 d., *desl. 1, 7 d., desl. 1, 1 d.; rep. desde * hasta que queden 2 p.; desl. 1, 1 d.

H. 2 y todas las H. R: Teja del revés los d. y deslice los p. desl. como si fuera a tejerlos del revés con el hilo por delante.

H. 3: Con A, 2 d., desl. 1, *1 d., desl. 1, 5 d., desl. 1, 1 d., desl. 1; rep. desde * hasta que queden 2 p.; 2 d.

H. 5: Con B, 3 d., *2 d., desl. 1, 3 d., desl. 1, 3 d.; rep. desde * hasta que queden 2 p.; 2 d.

H. 7: Con A, 2 d., desl. 1, *3 d., desl. 1, 1 d., desl. 1, 3 d., desl. 1; rep. desde * hasta que queden 2 p.; 2 d.

H. 9: Con B, 1 d., desl. 1, 1 d., *[desl. 1, 3 d.] 2 veces, desl. 1, 1 d.; rep. desde * hasta que queden 2 p.; desl. 1, 1 d.

H. 11: Con A, 3 d., *1 d., desl. 1, 5 d., desl. 1, 2 d.; rep. desde * hasta que queden 2 p.; 2 d.

H. 13: Con B, 3 d., *2 d., [desl. 1, 3 d.] 2 veces; rep. desde * hasta que queden 2 p.; 2 d.

H. 15: Con A, teja p. del derecho.

H. 17: Como la H. 13.

H. 19: Como la H. 11.

H. 21: Como la H. 9.

H. 23: Como la H. 7.

H. 25: Como la H. 5.

H. 27: Como la H. 3.

H. 29: Como la H. 1.

H. 31: Con A, teja p. del derecho.

H. 32: Como la H. 2.

Rep. las H. 1-32.

Instrucciones de ganchillo

Múltiplo de 10 p. + 5

Con A, teja el número deseado de p. b. sin cadeneta.

H. 1 (D): Con B, 1 cad., 1 p. b., 2 cad., sált. 1 p., 1 p. b., *2 cad., sált. 1 p., 7 p. b., 2 cad., sált. 1 p., 1 p. b.; rep. desde * hasta que queden 2 p.; 2 cad., sált. 1 p., 1 p. b., dele la vuelta.

H. 2 y todas las H. R: 1 cad., 1 p. b. en los p., 1 cad. y sált. los esp. de cad., dele la vuelta.

H. 3: Con A, 1 cad., 1 p. b., 1 p. a. M., 2 cad., sált. 1 p., *1 p. a. M., 2 cad., sált. 1 p., 5 p. b., 2 cad., sált. 1 p., 1 p. a. M., 2 cad., sált. 1 p.; rep. desde * hasta que queden 2 p.; 1 p. a. M., 1 p. b., dele la vuelta.

H. 5: Con B, 1 cad., 2 p. b., 1 p. a. M., *1 p. b., 1 p. a. M., 2 cad., sált. 1 p., 3 p. b., 2 cad., sált. 1 p., 1 p. a. M., 1 p. b., 1 p. a. M.; rep. desde * hasta que queden 2 p.; 2 p. b., dele la vuelta.

H. 7: Con A, 1 cad., 2 p. b., 2 cad., sált. 1 p., *2 p. b., 1 p. a. M., 2 cad., sált. 1 p., 1 p. b., 2 cad., sált. 1 p., 1 p. a. M., 2 p. b., 2 cad., sált. 1 p.; rep. desde * hasta que queden 2 p.; 2 p. b., dele la vuelta.

H. 9: Con B, 1 cad., 1 p. b., 2 cad., sált. 1 p., 1 p. a. M., *2 cad., sált. 1 p., 2 p. b., 1 p. a. M., 2 cad., sált. 1 p., 1 p. a. M., 2 p. b., 2 cad., sált. 1 p., 1 p. a. M.; rep. desde * hasta que queden 2 p.; 2 cad., sált. 1 p., 1 p. b., dele la vuelta.

H. 11: Con A, 1 cad., 1 p. b., 1 p. a. M., 1 p. b. *1 p. a. M., 2 cad., sált. 1 p., 2 p. b., 1 p. a. M., 2 p. b., 2 cad., sált. 1 p., 1 p. a. M., 1 p. b.; rep. desde * hasta que queden 2 p.; 1 p. a. M., 1 p. b., dele la vuelta.

H. 13: Con B, 1 cad., 3 p. b., *1 p. b., 1 p. a. M., 2 cad., sált. 1 p., 3 p. b., 2 cad., sált. 1 p., 1 p. a. M., 2 p. b.; rep. desde * hasta que queden 2 p.; 2 p. b., dele la vuelta.

H. 15: Con A, 1 cad., 3 p. b., *2 p. b., [1 p. a. M., 3 p. b.] 2 veces; rep. desde * hasta que queden 2 p.; 2 p. b., dele la vuelta.

H. 17: Con B, 1 cad., 3 p. b., *2 p. b., [2 cad., sált. 1 p., 3 p. b.] 2 veces; rep.

AZTECAS

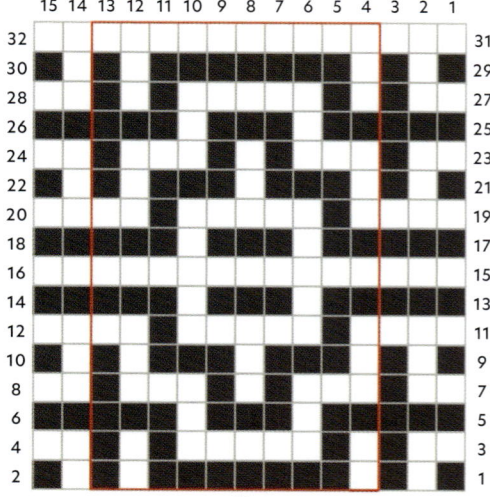

DIAGRAMA DEL MOSAICO

15 14 13 12 11 10 9 8 7 6 5 4 3 2 1

32   30   28   26   24   22   20   18   16   14   12   10   8   6   4   2

31   29   27   25   23   21   19   17   15   13   11   9   7   5   3   1

10 p.

☐ Hilo A = crema
■ Hilo B = burdeos

desde * hasta que queden 2 p.; 2 p. b., dele la vuelta.

H. 19: Con A, 1 cad., 3 p. b., *1 p. b., 2 cad., sált. 1 p., 1 p. a. M., 3 p. b., 1 p. a. M., 2 cad., sált. 1 p., 2 p. b.; rep. desde * hasta que queden 2 p.; 2 p. b., dele la vuelta.

H. 21: Con B, 1 cad., 1 p. b., 2 cad., sált. 1 p., 1 p. b., *2 cad., sált. 1 p., 1 p. a. M., 2 p. b., 2 cad., sált. 1 p., 2 p. b., 1 p. a. M., 2 cad., sált. 1 p., 1 p. b.; rep. desde * hasta que queden 2 p.; 2 cad., sált. 1 p., 1 p. b., dele la vuelta.

H. 23: Con A, 1 cad., 1 p. b., 1 p. a. M., 2 cad., sált. 1 p., *1 p. a. M., 2 p. b., 2 cad., sált. 1 p., 1 p. a. M., 2 cad., sált. 1 p., 2 p. b., 1 p. a. M., 2 cad., sált. 1 p.; rep. desde * hasta que queden 2 p.; 1 p. a. M., 1 p. b., dele la vuelta.

H. 25: Con B, 1 cad., 2 p. b., 1 p. a. M., *2 p. b., 2 cad., sált. 1 p., 1 p. a. M., 1 p. b., 1 p. a. M., 2 cad., sált. 1 p., 2 p. b., 1 p. a. M.; rep. desde * hasta que queden 2 p.; 2 p. b., dele la vuelta.

H. 27: Con A, 1 cad., 2 p. b., 2 cad., sált. 1 p., *1 p. b., 2 cad., sált. 1 p., 1 p. a. M., 3 p. b., 1 p. a. M., 2 cad., sált. 1 p., 1 p. b., 2 cad., sált. 1 p.; rep. desde * hasta que queden 2 p.; 2 p. b., dele la vuelta.

H. 29: Con B, 1 cad., 1 p. b., 2 cad., sált. 1 p., 1 p. a. M., *2 cad., sált. 1 p., 1 p. a. M., 5 p. b., 1 p. a. M., 2 cad., sált. 1 p., 1 p. a. M.; rep. desde * hasta que queden 2 p.; 2 cad., sált. 1 p., 1 p. b., dele la vuelta.

H. 31: Con A, 1 cad., 1 p. a. M., 1 p. b., *1 p. a. M., 7 p. b., 1 p. a. M., 1 p. b.; rep. desde * hasta que queden 2 p.; 1 p. a. M., 1 p. b., dele la vuelta.

H. 32: Como la H. 2.

Rep. las H. 1-32, acabando la última repetición con la H. 31.

PUNTO

GANCHILLO

Azteca 8

Este patrón requiere concentrarse, pero, si sigue las instrucciones al pie de la letra, obtendrá un resultado espectacular. Es ideal para confeccionar un panel para un jersey o tal vez un chal.

Instrucciones de punto

Múltiplo de 24 p. + 3

En las H. D., deslice los p. como si fuera a tejerlos del revés con el hilo por detrás.

Monte los p. con B, teja 1 H. del derecho y 1 H. del revés.

H. 1 (D): Con A, 1 d., desl. 1, *1 d., desl. 2, 1 d., desl. 1, 2 d., desl. 1, 7 d., desl. 1, 2 d., desl. 1, 1 d., desl. 2, 1 d., desl. 1; rep. desde * hasta que quede 1 p.; 1 d.

H. 2 y todas las H. R: Teja del revés los d. y deslice los p. desl. como si fuera a tejerlos del revés con el hilo por delante.

H. 3: Con B, 2 d., *5 d., desl. 1, 4 d., [desl. 1, 1 d.] 2 veces, 3 d., desl. 1, 6 d.; rep. desde * hasta que quede 1 p.; 1 d.

H. 5: Con A, 1 d., desl. 1, *4 d., desl. 1, 13 d., desl. 1, 4 d., desl. 1; rep. desde * hasta que quede 1 p.; 1 d.

H. 7: Con B, 2 d., *desl. 1, 2 d., desl. 1, 4 d., [desl. 1, 1 d.] 4 veces, 3 d., desl. 1, 2 d., desl. 1, 1 d.; rep. desde * hasta que quede 1 p.; 1 d.

H. 9: Con A, 1 d., desl. 1, *2 d., desl. 1, 17 d., desl. 1, 2 d., desl. 1; rep. desde * hasta que quede 1 p.; 1 d.

H. 11: Con B, 2 d., *6 d., [desl. 1, 1 d.] 6 veces, 6 d.; rep. desde * hasta que quede 1 p.; 1 d.

H. 13: Como la H. 9.
H. 15: Como la H. 7.
H. 17: Como la H. 5.
H. 19: Como la H. 3.
H. 21: Como la H. 1.
H. 23: Con B, teja p. del derecho.
H. 24: Como la H. 2.
Rep. las H. 1-24.

Instrucciones de ganchillo

Múltiplo de 24 p. + 3

Con B, teja el número deseado de p. b. sin cadeneta.

H. 1 (D): Con A, 1 cad., 1 p. b., 2 cad., sált. 1 p., *1 p. b., 3 cad., sált. 2 p., 1 p. b., 2 cad., sált. 2 p., 2 cad., sált. 1 p., 7 p. b., 2 cad., sált. 1 p., 2 p. b., 2 cad., sált. 1 p., 1 p. b., 3 cad., sált. 2 p., 1 p. b., 2 cad., sált. 1 p.; rep. desde * hasta que quede 1 p.; 1 p. b., dele la vuelta.

H. 2 y todas las H. R: 1 cad., 1 p. b. en los p., 1 cad. y sált. los esp. de cad., dele la vuelta.

H. 3: Con B, 1 cad., 1 p. b., 1 p. a. M., *1 p. b., 2 p. a. M., 1 p. b., 1 p. a. M., 2 cad., sált. 1 p., 1 p. b., 1 p. a. M., 2 p. b., [2 cad., sált. 1 p., 1 p. b.] 2 veces, 1 p. b., 1 p. a. M., 1 p. b., 2 cad., sált.

1 p., 1 p. a. M., 1 p. b., 2 p. a. M., 1 p. b., 1 p. a. M.; rep. desde * hasta que quede 1 p.; 1 p. b., dele la vuelta.

H. 5: Con A, 1 cad., 1 p. b., 2 cad., sált. 1 p., *4 p. b., 2 cad., sált. 1 p., 1 p. a. M., 4 p. b., [1 p. a. M., 1 p. b.] 2 veces, 3 p. b., 1 p. a. M., 2 cad., sált. 1 p., 4 p. b., 2 cad., sált. 1 p.; rep. desde * hasta que quede 1 p.; 1 p. b., dele la vuelta.

H. 7: Con B, 1 cad., 1 p. b., 1 p. a. M., *2 cad., sált. 1 p., 2 p. b., 2 cad., sált. 1 p., 1 p. a. M., 3 p. b., [2 cad., sált. 1 p., 1 p. b.] 4 veces, 2 p. b., 1 p. a. M., 2 cad., sált. 1 p., 2 p. b., 2 cad., sált. 1 p., 1 p. a. M.; rep. desde * hasta que quede 1 p.; 1 p. b., dele la vuelta.

H. 9: Con A, 1 cad., 1 p. b., 2 cad., sált. 1 p., *1 p. a. M., 1 p. b., 2 cad., sált. 1 p., 1 p. a. M., 4 p. b., [1 p. a. M., 1 p. b.] 4 veces, 3 p. b., 1 p. a. M., 2 cad., sált. 1 p., 1 p. b., 1 p. a. M., 2 cad., sált. 1 p.; rep. desde * hasta que quede 1 p.; 1 p. b., dele la vuelta.

H. 11: Con B, 1 cad., 1 p. b., 1 p. a. M., *2 p. b., 1 p. a. M., 3 p. b., [2 cad., sált. 1 p., 1 p. b.] 6 veces, 2 p. b., 1 p. a. M., 2 p. b., 1 p. a. M.; rep. desde * hasta que quede 1 p.; 1 p. b., dele la vuelta.

H. 13: Con A, 1 cad., 1 p. b., 2 cad., sált. 1 p., *2 p. b., 2 cad., sált. 1 p., 3 p. b.,

DIAGRAMA DEL MOSAICO

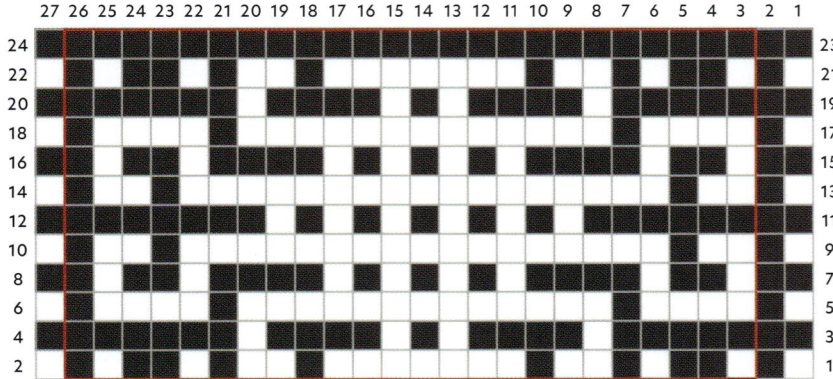

24 p.

Hilo A = crema

Hilo B = burdeos

[1 p. a. M., 1 p. b.] 6 veces, 2 p. b.,
2 cad., sált. 1 p., 2 p. b., 2 cad., sált.
1 p.; rep. desde * hasta que quede 1 p.;
1 p. b., dele la vuelta.

H. 15: Con B, 1 cad., 1 p. b., 1 p. a. M.,
*2 cad., sált. 1 p., 1 p. b., 1 p. a. M.,
2 cad., sált. 1 p., 4 p. b., [2 cad., sált.
1 p., 1 p. b.] 4 veces, 3 p. b., 2 cad., sált.
1 p., 1 p. a. M., 1 p. b., 2 cad., sált. 1 p.,
1 p. a. M.; rep. desde * hasta que
quede 1 p.; 1 p. b., dele la vuelta.

H. 17: Con A, 1 cad., 1 p. b., 2 cad., sált.
1 p., *1 p. a. M., 2 p. b., 1 p. a. M., 2
cad., sált. 1 p., 3 p. b., [1 p. a. M., 1 p. b.]
4 veces, 2 p. b., 2 cad., sált. 1 p., 1 p. a.
M., 2 p. b., 1 p. a. M., 2 cad., sált. 1 p.;
rep. desde * hasta que quede 1 p.;
1 p. b., dele la vuelta.

H. 19: Con B, 1 cad., 1 p. b., 1 p. a. M.,
*4 p. b., 1 p. a. M., 2 cad., sált. 1 p.,
4 p. b., [2 cad., sált. 1 p., 1 p. b.] 2 veces,
3 p. b., 2 cad., sált. 1 p., 1 p. a. M., 4 p.
b., 1 p. a. M.; rep. desde * hasta que
quede 1 p.; 1 p. b., dele la vuelta.

H. 21: Con A, 1 cad., 1 p. b., 2 cad.,
sált. 1 p., *1 p. b., 3 cad., sált. 2 p., 1 p. b.,
2 cad., sált. 1 p., 1 p. a. M., 1 p. b., 2 cad.,
sált. 1 p., 2 p. b., [1 p. a. M., 1 p. b.] 2 veces, 1 p. b., 2 cad., sált. 1 p., 1 p. b., 1 p.
a. M., 2 cad., sált. 1 p., 1 p. b., 3 cad.,
sált. 2 p., 1 p. b., 2 cad., sált. 1 p.; rep.
desde * hasta que quede 1 p.; 1 p. b.,
dele la vuelta.

H. 23: Con B, 1 cad., 1 p. b., 1 p. a. M.,
*1 p. b., 2 p. a. M., 1 p. b., 1 p. a. M.,
2 p. b., 1 p. a. M., 7 p. b., 1 p. a. M., 2 p. b.,
1 p. a. M., 1 p. b., 2 p. a. M., 1 p. b., 1 p.
a. M.; rep. desde * hasta que quede
1 p.; 1 p. b., dele la vuelta.

H. 24: Como la H. 2.
Rep. las H. 1-24, acabando la última
repetición con la H. 23.

PUNTO

GANCHILLO

Azteca 9

Este es otro diseño que se presta a ser utilizado como panel en un proyecto grande, para que así destaque.

Instrucciones de punto

Múltiplo de 20 p. + 3

En las H. D., deslice los p. como si fuera a tejerlos del revés con el hilo por detrás.

Monte los p. con B, teja 1 H. del derecho y 1 H. del revés.

H. 1 (D): Con A, 1 d., desl. 1, *5 d., [desl. 1, 1 d.] 4 veces, desl. 1, 5 d., desl. 1; rep. desde * hasta que quede 1 p.; 1 d.

H. 2 y todas las H. R: Teja del revés los d. y deslice los p. desl. como si fuera a tejerlos del revés con el hilo por delante.

H. 3: Con B, 2 d., *desl. 1, 3 d., desl. 1, 9 d., desl. 1, 3 d., desl. 1, 1 d.; rep. desde * hasta que quede 1 p.; 1 d.

H. 5: Con A, 1 d., desl. 1, *1 d., desl. 1, 5 d., [desl. 1, 1 d.] 3 veces, 4 d., desl. 1, 1 d., desl. 1; rep. desde * hasta que quede 1 p.; 1 d.

H. 7: Con B, 2 d., *2 d., desl. 1, 3 d., desl. 1, 5 d., [desl. 1, 3 d.] 2 veces; rep. desde * hasta que quede 1 p.; 1 d.

H. 9: Con A, 1 d., desl. 1, *[1 d., desl. 1] 2 veces, [5 d., desl. 1] 2 veces, [1 d., desl. 1] 2 veces; rep. desde * hasta que quede 1 p.; 1 d.

H. 11: Con B, 2 d., *[desl. 1, 3 d.] 2 veces, desl. 1, 1 d., [desl. 1, 3 d.] 2 veces, desl. 1, 1 d.; rep. desde * hasta que quede 1 p.; 1 d.

H. 13: Con A, 1 d., desl. 1, *[1 d., desl. 1] 3 veces, 7 d., desl. 1, [1 d., desl. 1] 3 veces; rep. desde * hasta que quede 1 p.; 1 d.

H. 15: Con B, 2 d., *[desl. 1, 1 d.] 2 veces, [2 d., desl. 1] 3 veces, 3 d., [desl. 1, 1 d.] 2 veces; rep. desde * hasta que quede 1 p.; 1 d.

H. 17: Con A, 1 d., desl. 1, *[1 d., desl. 1] 3 veces, [1 d., desl. 2] 2 veces, [1 d., desl. 1] 4 veces; rep. desde * hasta que quede 1 p.; 1 d.

H. 19: Con B, teja p. del derecho.

H. 20: Como la H. 2.

Rep. las H. 1-20.

Instrucciones de ganchillo

Múltiplo de 20 p. + 3

Con B, teja el número deseado de p. b. sin cadeneta.

H. 1 (D): Con A, 1 cad., 1 p. b., 2 cad., sált. 1 p., *5 p. b., [2 cad., sált. 1 p., 1 p. b.] 5 veces, 4 p. b., 2 cad., sált. 1 p.; rep. desde * hasta que quede 1 p.; 1 p. b., dele la vuelta.

H. 2 y todas las H. R: 1 cad., 1 p. b. en los p., 1 cad. y sált. los esp. de cad., dele la vuelta.

H. 3: Con B, 1 cad., 1 p. b., 1 p. a. M., *2 cad., sált. 1 p., 3 p. b., 2 cad., sált. 1 p., [1 p. a. M., 1 p. b.] 4 veces, 1 p. a. M., 2 cad., sált. 1 p., 3 p. b., 2 cad., sált. 1 p., 1 p. a. M.; rep. desde * hasta que quede 1 p.; 1 p. b., dele la vuelta.

H. 5: Con A, 1 cad., 1 p. b., 2 cad., sált. 1 p., *1 p. a. M., 2 cad., sált. 1 p., 2 p. b., 1 p. a. M., 2 p. b., [2 cad., sált. 1 p., 1 p. b.] 3 veces, 1 p. b., 1 p. a. M., 2 p. b., 2 cad., sált. 1 p., 1 p. a. M., 2 cad., sált. 1 p.; rep. desde * hasta que quede 1 p.; 1 p. b., dele la vuelta.

H. 7: Con B, 1 cad., 1 p. b., 1 p. a. M., *1 p. b., 1 p. a. M., 2 cad., sált. 1 p., 3 p. b., 2 cad., sált. 1 p., [1 p. a. M., 1 p. b.] 2 veces, 1 p. a. M., 2 cad., sált. 1 p., 3 p. b., 2 cad., sált. 1 p., 1 p. a. M., 1 p. b., 1 p. a. M.; rep. desde * hasta que quede 1 p.; 1 p. b., dele la vuelta.

H. 9: Con A, 1 cad., 1 p. b., 2 cad., sált. 1 p., *1 p. b., 2 cad., sált. 1 p., 1 p. a. M., 2 cad., sált. 1 p., 2 p. b., 1 p. a. M., 2 p. b., 2 cad., sált. 1 p., 2 p. b., 1 p. a. M., 2 p. b., 2 cad., sált. 1 p., 1 p. a. M., 2 cad., sált. 1 p., 1 p. b., 2 cad., sált. 1 p.; rep. desde * hasta que quede 1 p.; 1 p. b., dele la vuelta.

H. 11: Con B, 1 cad., 1 p. b., 1 p. a. M., *2 cad., sált. 1 p., 1 p. a. M., 1 p. b., 1 p. a. M., 2 cad., sált. 1 p., 3 p. b., 2 cad., sált. 1 p., 1 p. a. M., 2 cad., sált. 1 p., 3 p. b., 2 cad., sált. 1 p., 1 p. a. M., 1 p. b., 1 p. a. M., 2 cad., sált. 1 p., 1 p. a. M.; rep. desde * hasta que quede 1 p.; 1 p. b., dele la vuelta.

DIAGRAMA DEL MOSAICO

23 22 21 20 19 18 17 16 15 14 13 12 11 10 9 8 7 6 5 4 3 2 1

20 p.

☐ Hilo A = crema
■ Hilo B = azul

H. 13: Con A, 1 cad., 1 p. b., 2 cad., sált. 1 p., *1 p. a. M., 2 cad., sált. 1 p., 1 p. b., 2 cad., sált. 1 p., 1 p. a. M., 2 cad., sált. 1 p., 2 p. b., 1 p. a. M., 1 p. b., 1 p. a. M., 2 p. b., 2 cad., sált. 1 p., 1 p. a. M., 2 cad., sált. 1 p., 1 p. b., 2 cad., sált. 1 p., 1 p. a. M., 2 cad., sált. 1 p.; rep. desde * hasta que quede 1 p.; 1 p. b., dele la vuelta.

H. 15: Con B, 1 cad., 1 p. b., 1 p. a. M., *[2 cad., sált. 1 p., 1 p. a. M.] 2 veces, 1 p. b., 1 p. a. M., [2 cad., sált. 1 p., 2 p. b.] 2 veces, 2 cad., sált. 1 p., 1 p. a. M., 1 p. b., [1 p. a. M., 2 cad., sált. 1 p.] 2 veces, 1 p. a. M.; rep. desde * hasta que quede 1 p.; 1 p. b., dele la vuelta.

H. 17: Con A, 1 cad., 1 p. b., 2 cad., sált. 1 p., *[1 p. a. M., 2 cad., sált. 1 p.] 2 veces, 1 p. b., 2 cad., sált. 1 p., [1 p. a. M., 3 cad., sált. 2 p.] 2 veces, 1 p. a. M., 2 cad., sált. 1 p., 1 p. b., [2 cad., sált. 1 p., 1 p. a. M.] 2 veces, 2 cad., sált. 1 p.; rep. desde * hasta que quede 1 p.; 1 p. b., dele la vuelta.

H. 19: Con B, 1 cad., 1 p. b., 1 p. a. M., *[1 p. b., 1 p. a. M.] 3 veces, [1 p. b., 2 p. a. M.] 2 veces, [1 p. b., 1 p. a. M.] 4 veces; rep. desde * hasta que quede 1 p.; 1 p. b., dele la vuelta.

H. 20: Como la H. 2.
Rep. las H. 1-20, acabando la última repetición con la H. 19.

PUNTO

GANCHILLO

PUNTO

GANCHILLO

DIFICULTAD

Azteca 10

Este sencillo patrón se trabaja rápidamente y crea un caminito con socavones. Combine este diseño con el Azteca 4 de la página 74 y el Azteca 12 de la página 86. Tenga en cuenta que cada dos repeticiones del Azteca 10 solo necesitará una repetición del Azteca 12.

Instrucciones de punto

Múltiplo de 6 p. + 4

En las H. D, deslice los p. como si fuera a tejerlos del revés con el hilo por detrás. Monte los p. con A, teja 1 H. del derecho y 1 H. del revés.

H. 1 (D): Con B, 1 d., *3 d., desl. 2, 1 d.; rep. desde * hasta que queden 3 p.; 3 d.

H. 2 y todas las H. R: Teja del revés los d. y deslice los p. desl. como si fuera a tejerlos del revés con el hilo por delante.

H. 3: Con A, 1 d., *2 d., desl. 1, 2 d., desl. 1; rep. desde * hasta que queden 3 p.; 3 d.

H. 5: Con B, 1 d., *desl. 2, 4 d.; rep. desde * hasta que queden 3 p.; desl. 2, 1 d.

H. 7: Con A, teja p. del derecho.

H. 8: Como la H. 2.

Rep. las H. 1-8.

Instrucciones de ganchillo

Múltiplo de 6 p. + 4

Con A, teja el número deseado de p. b. sin cadeneta.

H. 1 (D): Con B, 1 cad., 1 p. b., *3 p. b., 3 cad., sált. 2 p., 1 p. b.; rep. desde * hasta que queden 3 p.; 3 p. b., dele la vuelta.

H. 2 y todas las H. R: 1 cad., 1 p. b. en los p., 1 cad. y sált. los esp. de cad., dele la vuelta.

H. 3: Con A, 1 cad., 1 p. b., *2 p. b., 2 cad., sált. 1 p., 2 p. a. M., 2 cad., sált. 1 p.; rep. desde * hasta que queden 3 p.; 3 p. b., dele la vuelta.

H. 5: Con B, 1 cad., 1 p. b., *3 cad., sált. 2 p., 1 p. a. M., 2 p. b., 1 p. a. M.; rep. desde * hasta que queden 3 p.; 3 cad., sált. 2 p., 1 p. b., dele la vuelta.

H. 7: Con A, 1 cad., 1 p. b., *2 p. a. M., 4 p. b.; rep. desde * hasta que queden 3 p.; 2 p. a. M., 1 p. b., dele la vuelta.

H. 8: Como la H. 2.

Rep. las H. 1-8, acabando la última repetición con la H. 7.

DIAGRAMA DEL MOSAICO

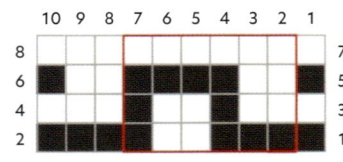

6 p.

☐ Hilo A = crema

■ Hilo B = azul marino

PUNTO

GANCHILLO

Azteca 11

La forma triangular de este patrón se asemeja a una montaña en un valle. Apílelo con el Azteca 4 o el 5 en hileras alternas.

Instrucciones de punto

Múltiplo de 6 p. + 3

En las H. D., deslice los p. como si fuera a tejerlos del revés con el hilo por detrás.

Monte los p. con B, teja 1 H. del derecho y 1 H. del revés.

H. 1 (D): Con A, 1 d., desl. 1, *5 d., desl. 1; rep. desde * hasta que quede 1 p.; 1 d.

H. 2 y todas las H. R: Teja del revés los d. y deslice los p. desl. como si fuera a tejerlos del revés con el hilo por delante.

H. 3: Con B, 2 d., *1 d., desl. 3, 2 d.; rep. desde * hasta que quede 1 p.; 1 d.

H. 5: Con A, 1 d., desl. 1, *desl. 1, 3 d., desl. 2; rep. desde * hasta que quede 1 p.; 1 d.

H. 7: Con B, 2 d., *2 d., desl. 1, 3 d.; rep. desde * hasta que quede 1 p.; 1 d.

H. 9: Con A, 2 d., *desl. 2, 1 d.; rep. desde * hasta que quede 1 p.; 1 d.

H. 11: Con B, teja p. del derecho.

H. 12: Como la H. 2.

Rep. las H. 1-12.

Instrucciones de ganchillo

Múltiplo de 6 p. + 3

Nota sobre el patrón: La repetición de las instrucciones escritas difiere del diagrama en la H. 5.

Con B, teja el número deseado de p. b. sin cadeneta.

H. 1 (D): Con A, 1 cad., 1 p. b., 2 cad., sált. 1 p., *5 p. b., 2 cad., sált. 1 p.; rep. desde * hasta que quede 1 p.; 1 p. b., dele la vuelta.

H. 2 y todas las H. R: 1 cad., 1 p. b. en los p., 1 cad. y sált. los esp. de cad., dele la vuelta.

H. 3: Con B, 1 cad., 1 p. b., 1 p. a. M., *1 p. b., 4 cad., sált. 3 p., 1 p. b., 1 p. a. M.; rep. desde * hasta que quede 1 p.; 1 p. b., dele la vuelta.

H. 5: Con A, 1 cad., 1 p. b., 3 cad., sált. 2 p., *3 p. a. M.**, 4 cad., sált. 3 p.; rep. desde * hasta que queden 3 p., acabando la última repetición en **; 3 cad., sált. 2 p., 1 p. b., dele la vuelta.

H. 7: Con B, 1 cad., 1 p. b., 1 p. a. M., *1 p. a. M., 1 p. b., 2 cad., sált. 1 p., 1 p. b., 2 p. a. M.; rep. desde * hasta que quede 1 p.; 1 p. b., dele la vuelta.

H. 9: Con A, 1 cad., 2 p. b., *3 cad., sált. 2 p., 1 p. a. M., 3 cad., sált. 2 p., 1 p. b.; rep. desde * hasta que quede 1 p.; 1 p. b., dele la vuelta.

H. 11: Con B, 1 cad., 2 p. b., *[2 p. a. M., 1 p. b.] 2 veces; rep. desde * hasta que quede 1 p.; 1 p. b., dele la vuelta.

H. 12: Como la H. 2.

Rep. las H. 1-12, acabando la última repetición con la H. 11.

DIAGRAMA DEL MOSAICO

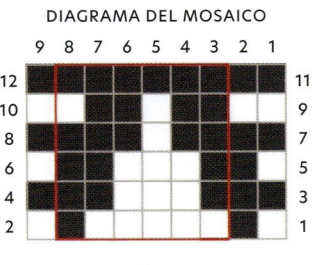

□ Hilo A = crema

■ Hilo B = azul marino

6 p.

Azteca 12

Este diseño tiene un aspecto bien definido tanto en la versión de punto como en la de ganchillo. Como mejor queda es trabajado a modo de panel para crear el borde de un complemento o la parte inferior o superior de una manta.

Instrucciones de punto

Múltiplo de 12 p. + 3

En las H. D, deslice los p. como si fuera a tejerlos del revés con el hilo por detrás.

Monte los p. con A, teja 1 H. del derecho y 1 H. del revés.

H. 1 (D): Con B, 2 d., *1 d., desl. 2, 5 d., desl. 2, 2 d.; rep. desde * hasta que quede 1 p.; 1 d.

H. 2 y todas las H. R: Teja del revés los d. y deslice los p. desl. como si fuera a tejerlos del revés con el hilo por delante.

H. 3: Con A, 2 d., *desl. 1, 2 d., desl. 1, 3 d., desl. 1, 2 d., desl. 1, 1 d.; rep. desde * hasta que quede 1 p.; 1 d.

H. 5: Con B, 1 d., desl. 1, *2 d., desl. 1; rep. desde * hasta que quede 1 p.; 1 d.

H. 7: Con A, 2 d., *1 d., desl. 1, 2 d., desl. 1, 1 d., [desl. 1, 2 d.] 2 veces; rep. desde * hasta que quede 1 p.; 1 d.

H. 9: Con B, 2 d. *[3 d., desl. 1] 2 veces, 4 d.; rep. desde * hasta que quede 1 p.; 1 d.

H. 11: Con A, 2 d., *[2 d., desl. 1] 3 veces, 3 d.; rep. desde * hasta que quede 1 p.; 1 d.

H. 13: Con B, teja p. del derecho.

H. 15: Como la H. 11.

H. 17: Como la H. 9.

H. 19: Como la H. 7.

H. 21: Como la H. 5.

H. 23: Como la H. 3.

H. 25: Como la H. 1.

H. 27: Con A, teja p. del derecho.

H. 28: Como la H. 2.

Rep. las H. 1-28.

Instrucciones de ganchillo

Múltiplo de 12 p. + 3

Con A, teja el número deseado de p. b. sin cadeneta.

H. 1 (D): Con B, 1 cad., 2 p. b., *1 p. b., 3 cad., sált. 2 p., 5 p. b., 3 cad., sált. 2 p., 2 p. b.; rep. desde * hasta que quede 1 p.; 1 p. b., dele la vuelta.

H. 2 y todas las H. R: 1 cad., 1 p. b. en los p., 1 cad. y sált. los esp. de cad., dele la vuelta.

H. 3: Con A, 1 cad., 2 p. b., *2 cad., sált. 1 p., 2 p. a. M., 2 cad., sált. 1 p., 3 p. b., 2 cad., sált. 1 p., 2 p. a. M., 2 cad., sált. 1 p., 1 p. b.; rep. desde * hasta que quede 1 p.; 1 p. b., dele la vuelta.

H. 5: Con B, 1 cad., 1 p. b., 2 cad., sált. 1 p., *1 p. a. M., 1 p. b., 2 cad., sált. 1 p., 1 p. a. M., 1 p. b., [2 cad., sált. 1 p., 1 p. b., 1 p. a. M.] 2 veces, 2 cad., sált. 1 p.; rep. desde * hasta que quede 1 p.; 1 p. b., dele la vuelta.

H. 7: Con A, 1 cad., 1 p. b., 1 p. a. M., *1 p. b., 2 cad., sált. 1 p., 1 p. a. M., 1 p. b., 2 cad., sált. 1 p., 1 p. a. M., [2 cad., sált. 1 p., 1 p. b., 1 p. a. M.] 2 veces; rep. desde * hasta que quede 1 p.; 1 p. b., dele la vuelta.

H. 9: Con B, 1 cad., 2 p. b., *1 p. b., 1 p. a. M., 1 p. b., 2 cad., sált. 1 p., 1 p. a. M., 1 p. b., 1 p. a. M., 2 cad., sált. 1 p., 1 p. b., 1 p. a. M., 2 p. b.; rep. desde * hasta que quede 1 p.; 1 p. b., dele la vuelta.

H. 11: Con A, 1 cad., 2 p. b., *2 p. b., 2 cad., sált. 1 p., 1 p. a. M., 1 p. b., 2 cad., sált. 1 p., 1 p. b., 1 p. a. M., 2 cad., sált. 1 p., 3 p. b.; rep. desde * hasta que quede 1 p.; 1 p. b., dele la vuelta.

H. 13: Con B, 1 cad., 2 p. b., *[2 p. b., 1 p. a. M.] 3 veces, 3 p. b.; rep. desde * hasta que quede 1 p.; 1 p. b., dele la vuelta.

H. 15: Con A, 1 cad., 2 p. b., *[2 p. b., 2 cad., sált. 1 p.] 3 veces, 3 p. b.; rep. desde * hasta que quede 1 p.; 1 p. b., dele la vuelta.

DIAGRAMA DEL MOSAICO

12 p.

Hilo A = crema

Hilo B = azul

H. 17: Con B, 1 cad., 2 p. b., *2 p. b., 1 p. a. M., 2 cad., sált. 1 p., 1 p. b., 1 p. a. M., 1 p. b., 2 cad., sált. 1 p., 1 p. a. M., 3 p. b.; rep. desde * hasta que quede 1 p.; 1 p. b., dele la vuelta.

H. 19: Con A, 1 cad., 2 p. b., *1 p. b., 2 cad., sált. 1 p., 1 p. b., 1 p. a. M., 2 cad., sált. 1 p., 1 p. b., 2 cad., sált. 1 p., 1 p. a. M., 1 p. b., 2 cad., sált. 1 p., 2 p. b.; rep. desde * hasta que quede 1 p.; 1 p. b., dele la vuelta.

H. 21: Con B, 1 cad., 1 p. b., 2 cad., sált. 1 p., *[1 p. b., 1 p. a. M., 2 cad., sált. 1 p.] 2 veces, [1 p. a. M., 1 p. b., 2 cad., sált. 1 p.] 2 veces; rep. desde * hasta que quede 1 p.; 1 p. b., dele la vuelta.

H. 23: Con A, 1 cad., 1 p. b., 1 p. a. M., *[2 cad., sált. 1 p., 1 p. b., 1 p. a. M.] 2 veces, 1 p. b., 2 cad., sált. 1 p., 1 p. a. M., 1 p. b., 2 cad., sált. 1 p., 1 p. a. M.; rep. desde * hasta que quede 1 p.; 1 p. b., dele la vuelta.

H. 25: Con B, 1 cad., 2 p. b., *1 p. a. M., 3 cad., sált. 2 p., 1 p. a. M., 3 p. b., 1 p. a. M., 3 cad., sált. 2 p., 1 p. a. M., 1 p. b.; rep. desde * hasta que quede 1 p.; 1 p. b., dele la vuelta.

H. 27: Con A, 1 cad., 2 p. b., *1 p. b., 2 p. a. M., 5 p. b., 2 p. a. M., 2 p. b.; rep. desde * hasta que quede 1 p.; 1 p. b., dele la vuelta.

H. 28: Como la H. 2.

Rep. las H. 1-28, acabando la última repetición con la H. 27.

PUNTO

GANCHILLO

Azteca 13

Para que este panel tan vistoso y espectacular destaque, utilícelo como diseño único o como panel vertical u horizontal, idealmente en una bolsa o en la parte trasera de un jersey o de una chaqueta de punto.

Instrucciones de punto

Múltiplo de 16 p. + 3

En las H. D, deslice los p. como si fuera a tejerlos del revés con el hilo por detrás.

Monte los p. con A, teja 1 H. del derecho y 1 H. del revés.

H. 1 (D): Con B, teja p. del derecho.

H. 2 y todas las H. R: Teja del revés los d. y deslice los p. desl. como si fuera a tejerlos del revés con el hilo por delante.

H. 3: Con A, 1 d., *desl. 1, [3 d., desl. 3] 2 veces, 3 d.; rep. desde * hasta que queden 2 p.; desl. 1, 1 d.

H. 5: Con B, 1 d., *1 d., desl. 1, 5 d., desl. 1, 1 d., desl. 1, 5 d., desl. 1; rep. desde * hasta que queden 2 p.; 2 d.

H. 7: Con A, 1 d., *2 d., desl. 2, 4 d., desl. 1, 4 d., desl. 2, 1 d.; rep. desde * hasta que queden 2 p.; 2 d.

H. 9: Con B, 1 d., *desl. 1, 3 d., [desl. 1, 1 d., desl. 1, 3 d.] 2 veces, 3 d.; rep. des-de * hasta que queden 2 p.; desl. 1, 1 d.

H. 11: Con A, 1 d., *1 d., desl. 1, 3 d., [desl. 1, 1 d.] 4 veces, 2 d., desl. 1; rep. desde * hasta que queden 2 p.; 2 d.

H. 13: Con B, 1 d., *2 d., desl. 1, 1 d., [desl. 1, 3 d.] 2 veces; [desl. 1, 1 d.] 2 veces; rep. desde * hasta que queden 2 p.; 2 d.

H. 15: Con A, 1 d., *3 d., [desl. 1, 1 d.] 2 veces, 4 d., [desl. 1, 1 d.] 2 veces, 1 d.; rep. desde * hasta que queden 2 p.; 2 d.

H. 17: Con B, 1 d., *desl. 1, 1 d., [desl. 1, 3 d.] 3 veces, desl. 1, 1 d.; rep. desde * hasta que queden 2 p.; desl. 1, 1 d.

H. 19: Con A, 1 d., *1 d., [desl. 1, 1 d., desl. 1, 3 d.] 2 veces, desl. 1, 1 d., desl. 1; rep. desde * hasta que queden 2 p.; 2 d.

H. 21: Con B, 1 d., *4 d., desl. 1, 7 d., desl. 1, 3 d.; rep. desde * hasta que queden 2 p.; 2 d.

H. 23: Como la H. 19.

H. 25: Como la H. 17.

H. 27: Como la H. 15.

H. 29: Como la H. 13.

H. 31: Como la H. 11.

H. 33: Como la H. 9.

H. 35: Como la H. 7.

H. 37: Como la H. 5.

H. 39: Como la H. 3.

H. 41: Como la H. 1.

H. 42: Como la H. 2.

H. 43: Con A, teja p. del derecho.

H. 44: Como la H. 2.

Rep. las H. 1-44.

Instrucciones de ganchillo

Múltiplo de 16 p. + 3

Con A, teja el número deseado de p. b. sin cadeneta.

H. 1 (D): Con B, 1 cad., 1 p. b. en cada p., dele la vuelta.

H. 2 y todas las H. R: 1 cad., 1 p. b. en los p., 1 cad. y sált. los esp. de cad., dele la vuelta.

H. 3: Con A, 1 cad., 1 p. b., *2 cad., sált. 1 p., [3 p. b., 4 cad., sált. 3 p.] 2 veces, 3 p. b.; rep. desde * hasta quedar 2 p.; 2 cad., sált. 1 p., 1 p. b., dele la vuelta.

H. 5: Con B, 1 cad., 1 p. b., *1 p. a. M., 2 cad., sált. 1 p., 2 p. b., 3 p. a. M., 2 cad., sált. 1 p., 1 p. b., 2 cad., sált. 1 p., 3 p. a. M., 2 p. b., 2 cad., sált. 1 p.; rep. desde * hasta que queden 2 p.; 1 p. a. M., 1 p. b., dele la vuelta.

H. 7: Con A, 1 cad., 1 p. b., *1 p. b., 1 p. a. M., 3 cad., sált. 2 p., 3 p. b., 1 p. a. M., 2 cad., sált. 1 p., 1 p. a. M., 3 p. b., 3 cad., sált. 2 p., 1 p. a. M.; rep. desde * hasta que queden 2 p.; 2 p. b., dele la vuelta.

H. 9: Con B, 1 cad., 1 p. b., *2 cad., sált. 1 p., 1 p. b., 2 p. a. M., [2 cad., sált. 1 p., 1 p. b.] 2 veces, 1 p. a. M., [1 p. b., 2 cad., sált. 1 p.] 2 veces, 2 p. a. M., 1 p. b.; rep. desde * hasta que queden 2 p.; 2 cad., sált. 1 p., 1 p. b., dele la vuelta.

H. 11: Con A, 1 cad., 1 p. b., *1 p. a. M., 2 cad., sált. 1 p., 2 p. b., 1 p. a. M., 2 cad., sált. 1 p., 1 p. a. M., 2 cad., sált. 1 p., 1 p. b., [2 cad., sált. 1 p., 1 p. a. M.] 2 veces, 2 p. b., 2 cad., sált. 1 p.; rep. desde * hasta que queden 2 p.; 1 p. a. M., 1 p. b., dele la vuelta.

H. 13: Con B, 1 cad., 1 p. b., *1 p. b., 1 p. a. M., 2 cad., sált. 1 p., 1 p. b., [2 cad., sált. 1 p., 1 p. a. M., 1 p. b., 1 p. a. M.]

DIAGRAMA DEL MOSAICO

19 18 17 16 15 14 13 12 11 10 9 8 7 6 5 4 3 2 1

16 p.

☐ Hilo A = crema

■ Hilo B = azul

PUNTO   GANCHILLO

2 veces, 2 cad., sált. 1 p., 1 p. b., 2 cad., sált. 1 p., 1 p. a. M.; rep. desde * hasta que queden 2 p.; 2 p. b., dele la vuelta.
H. 15: Con A, 1 cad., 1 p. b., *2 p. b., [1 p. a. M., 2 cad., sált. 1 p.] 2 veces, 2 p. b., 1 p. a. M., 2 p. b., [2 cad., sált. 1 p., 1 p. a. M.] 2 veces, 1 p. b.; rep. desde * hasta que queden 2 p.; 2 p. b., dele la vuelta.
H. 17: Con B, 1 cad., 1 p. b., *2 cad., sált. 1 p., 1 p. b., 2 cad., sált. 1 p., 1 p. a. M., 1 p. b., 1 p. a. M., 2 cad., sált. 1 p., 3 p. b., 2 cad., sált. 1 p., 1 p. a. M., 1 p. b., 1 p. a. M., 2 cad., sált. 1 p., 1 p. b.; rep. desde * hasta que queden 2 p.; 2 cad., sált. 1 p., 1 p. b., dele la vuelta.
H. 19: Con A, 1 cad., 1 p. b., *[1 p. a. M., 2 cad., sált. 1 p.] 2 veces, 2 p. b., 1 p. a. M., 2 cad., sált. 1 p., 1 p. b., 2 cad., sált. 1 p., 1 p. a. M., 2 p. b., 2 cad., sált. 1 p., 1 p. a. M., 2 cad., sált. 1 p.; rep. desde * hasta que queden 2 p.; 1 p. a. M., 1 p. b., dele la vuelta.
H. 21: Con B, 1 cad., 1 p. b., *[1 p. b., 1 p. a. M.] 2 veces, 2 cad., sált. 1 p., 2 p. b., 1 p. a. M., 1 p. b., 1 p. a. M., 2 cad., sált. 1 p., 1 p. a. M., 1 p. b., 1 p. a. M.; rep. desde * hasta que queden 2 p.; 2 p. b., dele la vuelta.
H. 23: Con A, 1 cad., 1 p. b., *[1 p. b., 2 cad., sált. 1 p.] 2 veces, 1 p. a. M., 2 p. b., 2 cad., sált. 1 p., 1 p. b., 2 cad., sált. 1 p.,

2 p. b., 1 p. a. M., 2 cad., sált. 1 p., 1 p. b., 2 cad., sált. 1 p.; rep. desde * hasta que queden 2 p.; 2 p. b., dele la vuelta.
H. 25: Con B, 1 cad., 1 p. b., *[2 cad., sált. 1 p., 1 p. a. M.] 2 veces, 2 p. b., 2 cad., sált. 1 p., 1 p. a. M., 1 p. b., 1 p. a. M., 2 cad., sált. 1 p., 2 p. b., 1 p. a. M., 2 cad., sált. 1 p., 1 p. a. M.; rep. desde * hasta que queden 2 p.; 2 cad., sált. 1 p., 1 p. b., dele la vuelta.
H. 27: Con A, 1 cad., 1 p. b., *1 p. a. M., 1 p. b., 1 p. a. M., 2 cad., sált. 1 p., 1 p. b., 2 cad., sált. 1 p., 1 p. a. M., 3 p. b., 1 p. a. M., 2 cad., sált. 1 p., 1 p. b., 2 cad., sált. 1 p., 1 p. a. M., 1 p. b.; rep. desde * hasta que queden 2 p.; 1 p. a. M., 1 p. b., dele la vuelta.
H. 29: Con B, 1 cad., 1 p. b., *2 p. b., [2 cad., sált. 1 p., 1 p. a. M.] 2 veces, 2 p. b., 2 cad., sált. 1 p., 1 p. a. M., [1 p. a. M., 2 cad., sált. 1 p.] 2 veces, 1 p. b.; rep. desde * hasta que queden 2 p.; 2 p. b., dele la vuelta.
H. 31: Con A, 1 cad., 1 p. b., *1 p. b., 2 cad., sált. 1 p., 1 p. a. M., 1 p. b., [1 p. a. M., 2 cad., sált. 1 p., 1 p. b., 2 cad., sált. 1 p.] 2 veces, 1 p. a. M., 1 p. b., 1 p. a. M., 2 cad., sált. 1 p.; rep. desde * hasta que queden 2 p.; 2 p. b., dele la vuelta.
H. 33: Con B, 1 cad., 1 p. b., *2 cad., sált. 1 p., 1 p. a. M., 2 p. b., [2 cad., sált. 1 p.,

1 p. a. M.] 2 veces, 1 p. b., [1 p. a. M., 2 cad., sált. 1 p.] 2 veces, 2 p. b., 1 p. a. M.; rep. desde * hasta que queden 2 p.; 2 cad., sált. 1 p., 1 p. b., dele la vuelta.
H. 35: Con A, 1 cad., 1 p. b., *1 p. a. M., 1 p. b., 3 cad., sált. 2 p., [1 p. a. M., 1 p. b.] 2 veces, 2 cad., sált. 1 p., [1 p. b., 1 p. a. M.] 2 veces, 3 cad., sált. 2 p., 1 p. b.; rep. desde * hasta que queden 2 p.; 1 p. a. M., 1 p. b., dele la vuelta.
H. 37: Con B, 1 cad., 1 p. b., *1 p. b., 2 cad., sált. 1 p., 2 p. a. M., 3 p. b., 2 cad., sált. 1 p., 1 p. a. M., 2 cad., sált. 1 p., 3 p. b., 2 p. a. M., 2 cad., sált. 1 p.; rep. desde * hasta que queden 2 p.; 2 p. b., dele la vuelta.
H. 39: Con A, 1 cad., 1 p. b., *2 cad., sált. 1 p., 1 p. a. M., 2 p. b., 4 cad., sált. 3 p., 1 p. a. M., 1 p. b., 1 p. a. M., 4 cad., sált. 3 p., 2 p. b., 1 p. a. M.; rep. desde * hasta que queden 2 p.; 2 cad., sált. 1 p., 1 p. b., dele la vuelta.
H. 41: Con B, 1 cad., 1 p. b., *1 p. a. M., [3 p. b., 3 p. a. M.] 2 veces, 3 p. b.; rep. desde * hasta que queden 2 p.; 1 p. a. M., 1 p. b., dele la vuelta.
H. 43: Con A, 1 cad., 1 p. b. en cada p., dele la vuelta.
H. 44: Como la H. 2.
Rep. las H. 1-44, acabando la última repetición con la H. 43.

PUNTO · GANCHILLO

DIFICULTAD

Azteca 14

Un diseño fácil de tejer que ofrece un resultado impresionante. Queda estupendo si se combina con espirales (Azteca 1 y 2, en las páginas 70 y 71) o algo más atrevido, como el Azteca 11 (página 85).

Instrucciones de punto

Múltiplo de 12 p. + 3

En las H. D, deslice los p. como si fuera a tejerlos del revés con el hilo por detrás.

Monte los p. con A, teja 1 H. del derecho y 1 H. del revés.

H. 1 (D): Con B, 1 d., *desl. 1, 5 d., [desl. 1, 1 d.] 3 veces; rep. desde * hasta que queden 2 p.; desl. 1, 1 d.

H. 2 y todas las H. R: Teja del revés los d. y deslice los p. desl. como si fuera a tejerlos del revés con el hilo por delante.

H. 3: Con A, 1 d., *7 d., [desl. 1, 1 d.] 2 veces, desl. 1; rep. desde * hasta que queden 2 p.; 2 d.

H. 5-8: Como las H. 1-4.

H. 9 y 10: Como las H. 1 y 2.

H. 11: Con A, teja p. del derecho.

H. 12: Como la H. 2.

Rep. las H. 1-12.

Instrucciones de ganchillo

Múltiplo de 12 p. + 3

Con A, teja el número deseado de p. b. sin cadeneta.

H. 1 (D): Con B, 1 cad., 1 p. b., *2 cad., sált. 1 p., 5 p. b., [2 cad., sált. 1 p., 1 p. b.] 3 veces; rep. desde * hasta que queden 2 p.; 2 cad., sált. 1 p., 1 p. b., dele la vuelta.

H. 2 y todas las H. R: 1 cad., 1 p. b. en los p., 1 cad. y sált. los esp. de cad., dele la vuelta.

H. 3: Con A, 1 cad., 1 p. b., *1 p. a. M., 5 p. b., [1 p. a. M., 2 cad., sált. 1 p.] 3 veces; rep. desde * hasta que queden 2 p.; 1 p. a. M., 1 p. b., dele la vuelta.

H. 5: Con B, 1 cad., 1 p. b., *2 cad., sált. 1 p., 5 p. b., [2 cad., sált. 1 p., 1 p. a. M.] 3 veces; rep. desde * hasta que queden 2 p.; 2 cad., sált. 1 p., 1 p. b., dele la vuelta.

H. 7-10: Como las H. 3-6.

H. 11: Con A, 1 cad., 1 p. b., *1 p. a. M., 5 p. b., [1 p. a. M., 1 p. b.] 3 veces; rep. desde * hasta que queden 2 p.; 1 p. a. M., 1 p. b., dele la vuelta.

H. 12: Como la H. 2.

Rep. las H. 1-12, acabando la última repetición con la H. 11.

DIAGRAMA DEL MOSAICO

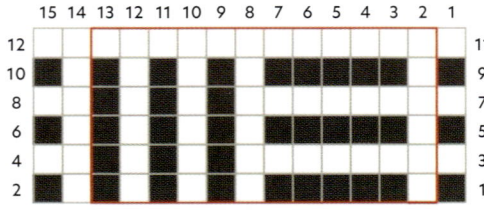

15 14 13 12 11 10 9 8 7 6 5 4 3 2 1

12 — 11
10 — 9
8 — 7
6 — 5
4 — 3
2 — 1

12 p.

☐ Hilo A = crema
■ Hilo B = azul

PUNTO

GANCHILLO

Azteca 15

Este diseño ligeramente más complejo es apropiado para trabajarse en un panel que forme el borde de una prenda de ropa o la parte inferior y superior de una manta.

DIFICULTAD

Instrucciones de punto

Múltiplo de 8 p. + 3
En las H. D, deslice los p. como si fuera a tejerlos del revés con el hilo por detrás.
Monte los p. con A, teja 1 H. del derecho y 1 H. del revés.

H. 1 (D): Con B, 1 d., *desl. 1, 7 d.; rep. desde * hasta que queden 2 p.; desl. 1, 1 d.

H. 2 y todas las H. R: Teja del revés los d. y deslice los p. desl. como si fuera a tejerlos del revés con el hilo por delante.

H. 3: Con A, 1 d., *2 d., desl. 1, 3 d., desl. 1, 1 d.; rep. desde * hasta que queden 2 p.; 2 d.

H. 5: Con B, teja p. del derecho.

H. 7: Con A, 1 d., *desl. 1, 1 d.; rep. desde * hasta que queden 2 p.; desl. 1, 1 d.

H. 9: Como la H. 5.

H. 11: Como la H. 3.

H. 13: Como la H. 1.

H. 15: Con A, teja p. del derecho.

H. 16: Como la H. 2.

Rep. las H. 1-16.

Instrucciones de ganchillo

Múltiplo de 8 p. + 3
Con A, teja el número deseado de p. b. sin cadeneta.

H. 1 (D): Con B, 1 cad., 1 p. b., *2 cad., sált. 1 p., 7 p. b.; rep. desde * hasta que queden 2 p.; 2 cad., sált. 1 p., 1 p. b., dele la vuelta.

H. 2 y todas las H. R: 1 cad., 1 p. b. en los p., 1 cad. y sált. los esp. de cad., dele la vuelta.

H. 3: Con A, 1 cad., 1 p. b., *1 p. a. M., 1 p. b., 2 cad., sált. 1 p., 3 p. b., 2 cad., sált. 1 p., 1 p. b.; rep. desde * hasta que queden 2 p.; 1 p. a. M., 1 p. b., dele la vuelta.

H. 5: Con B, 1 cad., 1 p. b., *2 p. b., 1 p. a. M., 3 p. b., 1 p. a. M., 1 p. b.; rep. desde * hasta que queden 2 p.; 2 p. b., dele la vuelta.

H. 7: Con A, 1 cad., 1 p. b., *[2 cad., sált. 1 p., 1 p. b.] 4 veces; rep. desde * hasta que queden 2 p.; 2 cad., sált. 1 p., 1 p. b., dele la vuelta.

H. 9: Con B, 1 cad., 1 p. b., *[1 p. a. M., 1 p. b.] 4 veces; rep. desde * hasta que queden 2 p.; 1 p. a. M., 1 p. b., dele la vuelta.

H. 11: Con A, 1 cad., 1 p. b., *2 p. b., 2 cad., sált. 1 p., 3 p. b., 2 cad., sált. 1 p., 1 p. b.; rep. desde * hasta que queden 2 p.; 2 p. b., dele la vuelta.

H. 13: Con B, 1 cad., 1 p. b., *2 cad., sált. 1 p., 1 p. b., 1 p. a. M., 3 p. b., 1 p. a. M., 1 p. b.; rep. desde * hasta que queden 2 p.; 2 cad., sált. 1 p., 1 p. b., dele la vuelta.

H. 15: Con A, 1 cad., 1 p. b., *1 p. a. M., 7 p. b.; rep. desde * hasta que queden 2 p.; 1 p. a. M., 1 p. b., dele la vuelta.

H. 16: Como la H. 2.

Rep. las H. 1-16, acabando la última repetición con la H. 15.

DIAGRAMA DEL MOSAICO

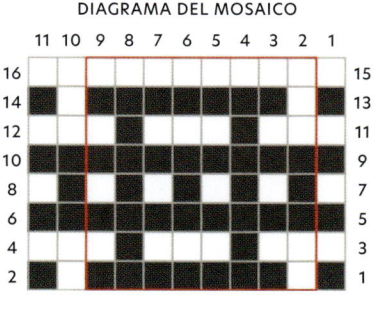

☐ Hilo A = crema

■ Hilo B = azul

8 p.

Generales

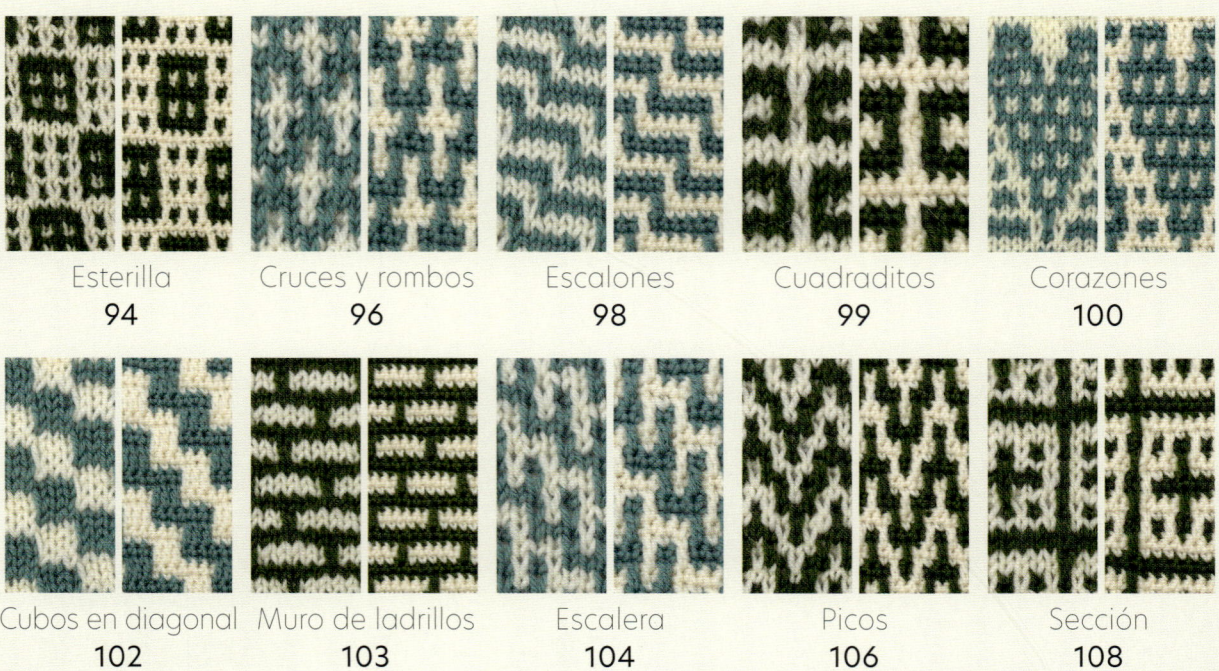

Esterilla

Esta repetición es sencilla de memorizar y divertida de trabajar.
Úsela en una labor grande para que pueda apreciarse bien el diseño.

Instrucciones de punto

Múltiplo de 10 p. + 4

En las H. D, deslice los p. como si fuera a tejerlos del revés con el hilo por detrás.

Monte los p. con A, teja 1 H. del derecho y 1 H. del revés.

H. 1 (D): Con B, 1 d., desl. 1, *[desl. 1, 1 d.] 2 veces, desl. 1, 5 d.; rep. desde * hasta que queden 2 p.; desl. 1, 1 d.

H. 2 y todas las H. R: Teja del revés los d. y deslice los p. desl. como si fuera a tejerlos del revés con el hilo por delante.

H. 3: Con A, 2 d., *5 d., [desl. 1, 1 d.] 2 veces, desl. 1; rep. desde * hasta que queden 2 p.; 2 d.

H. 5-8: Como las H. 1-4.

H. 9 y 10: Como las H. 1 y 2.

H. 11: Con A, teja p. del derecho.

H. 13: Con B, 1 d., desl. 1, *5 d., [desl. 1, 1 d.] 2 veces, desl. 1; rep. desde * hasta que queden 2 p.; desl. 1, 1 d.

H. 15: Con A, 2 d., *[desl. 1, 1 d.] 2 veces, desl. 1, 5 d.; rep. desde * hasta que queden 2 p.; 2 d.

H. 17-20: Como las H. 13-16.

H. 21 y 22: Como las H. 13 y 14.

H. 23: Con A, teja p. del derecho.

H. 24: Como la H. 2.

Rep. las H. 1-24.

Instrucciones de ganchillo

Múltiplo de 10 p. + 4

Nota sobre el patrón: La repetición de las instrucciones escritas difiere del diagrama en las H. 1, 5, 13 y 17. Con A, teja el número deseado de p. b. sin cadeneta.

H. 1 (D): Con B, 1 cad., 1 p. b., 3 cad., sált. 2 p., *[1 p. b., 2 cad., sált. 1 p.] 2 veces, 5 p. b., 2 cad., sált. 1 p.; rep. desde * hasta que quede 1 p.; 1 p. b., dele la vuelta.

H. 2 y todas las H. R: 1 cad., 1 p. b. en los p., 1 cad. y sált. los esp. de cad., dele la vuelta.

H. 3: Con A, 1 cad., 1 p. b., 1 p. a. M., *1 p. a. M., [1 p. b., 1 p. a. M.] 2 veces, [2 cad., sált. 1 p., 1 p. b.] 2 veces, 2 cad., sált. 1 p.; rep. desde * hasta que queden 2 p.; 1 p. a. M., 1 p. b., dele la vuelta.

H. 5: Con B, 1 cad., 1 p. b., 3 cad., sált. 2 p., *[1 p. b., 2 cad., sált. 1 p.] 2 veces, [1 p. a. M., 1 p. b.] 2 veces, 1 p. a. M., 2 cad., sált. 1 p.; rep. desde * hasta que quede 1 p.; 1 p. b., dele la vuelta.

H. 7-10: Como las H. 3-6.

H. 11: Con A, 1 cad., 1 p. b., 1 p. a. M., *1 p. a. M., [1 p. b., 1 p. a. M.] 2 veces, 5 p. b.; rep. desde * hasta que queden 2 p.; 1 p. a. M., 1 p. b., dele la vuelta.

H. 13: Con B, 1 cad., 1 p. b., 2 cad., sált. 1 p., *5 p. b., [2 cad., sált. 1 p., 1 p. b.] 2 veces**, 2 cad., sált. 1 p.; rep. desde * hasta que queden 3 p., acabando la última repetición en **; 3 cad., sált. 2 p., 1 p. b., dele la vuelta.

H. 15: Con A, 1 cad., 1 p. b., 1 p. a. M., *[2 cad., sált. 1 p., 1 p. b.] 2 veces, 2 cad., sált. 1 p., [1 p. a. M., 1 p. b.]

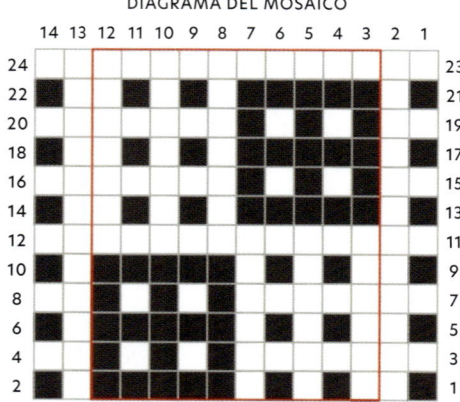

DIAGRAMA DEL MOSAICO

□ Hilo A = crema
■ Hilo B = verde oscuro

10 p.

2 veces, 1 p. a. M.; rep. desde * hasta que queden 2 p.; 1 p. a. M., 1 p. b., dele la vuelta.

H. 17: Con B, 1 cad., 1 p. b., 2 cad., sált. 1 p., *[1 p. a. M., 1 p. b.] 2 veces, 1 p. a. M., [2 cad., sált. 1 p., 1 p. b.] 2 veces**, 2 cad., sált. 1 p.; rep. desde * hasta que queden 3 p., acabando la última repetición en **; 3 cad., sált. 2 p., 1 p. b., dele la vuelta.

H. 19-22: Como las H. 15-18.

H. 23: Con A, 1 cad., 1 p. b., 1 p. a. M., *5 p. b., [1 p. a. M., 1 p. b.] 2 veces, 1 p. a. M.; rep. desde * hasta que queden 2 p.; 1 p. a. M., 1 p. b., dele la vuelta.

H. 24: Como la H. 2.

Rep. las H. 1-24, acabando la última repetición con la H. 23.

CONSEJO: Si teje el diseño con las dos agujas, pruebe a deslizar el primer punto del inicio de cada hilera para que los bordes queden más firmes.

PUNTO

GANCHILLO

Cruces y rombos

En la versión hecha a ganchillo de este patrón, las cruces son más alargadas. Combínelo con otros motivos para obtener diseños únicos.

Instrucciones de punto

Múltiplo de 4 p. + 7

En las H. D, deslice los p. como si fuera a tejerlos del revés con el hilo por detrás.

Monte los p. con B, teja 1 H. del derecho y 1 H. del revés.

H. 1 (D): Con A, 1 d., desl. 2, 1 d., *desl. 1, 1 d.; rep. desde * hasta que queden 3 p.; desl. 2, 1 d.

H. 2 y todas las H. R: Teja del revés los d. y deslice los p. desl. como si fuera a tejerlos del revés con el hilo por delante.

H. 3: Con B, 4 d., *1 d., desl. 1, 2 d.; rep. desde * hasta que queden 3 p.; 3 d.

H. 5: Con A, [1 d., desl. 1] 2 veces, *3 d., desl. 1; rep. desde * hasta que queden 3 p.; 1 d., desl. 1, 1 d.

H. 7: Con B, 4 d., *1 d., desl. 1, 2 d.; rep. desde * hasta que queden 3 p.; 3 d.

H. 9: Con A, 1 d., desl. 2, 1 d., *desl. 1, 1 d.; rep. desde * hasta que queden 3 p.; desl. 2, 1 d.

H. 11: Con B, 3 d., desl. 1, *3 d., desl. 1; rep. desde * hasta que queden 3 p.; 3 d.

H. 13: Con A, 1 d., desl. 1, 2 d., *1 d., desl. 1, 2 d.; rep. desde * hasta que queden 3 p.; 1 d., desl. 1, 1 d.

H. 15: Con B, como la H. 11.

Rep. las H. 1-16. Para terminar, haga las H. 17-20.

H. 17: Como la H. 9.

H. 19: Con B, teja p. del derecho.

H. 20: Como la H. 2.

Instrucciones de ganchillo

Múltiplo de 4 p. + 7

Con B, teja el número deseado de p. b. sin cadeneta.

H. 1 (D): Con A, 1 cad., 1 p. b., 3 cad., sált. 2 p., 1 p. b., *[2 cad., sált. 1 p., 1 p. b.] 2 veces; rep. desde * hasta que queden 3 p.; 3 cad., sált. 2 p., 1 p. b., dele la vuelta.

H. 2 y todas las H. R: 1 cad., 1 p. b. en los p., 1 cad. y sált. los esp. de cad., dele la vuelta.

H. 3: Con B, 1 cad., 1 p. b., 2 p. a. M., 1 p. b., *1 p. a. M., 2 cad., sált. 1 p., 1 p. a. M., 1 p. b.; rep. desde * hasta que queden 3 p.; 2 p. a. M., 1 p. b., dele la vuelta.

H. 5: Con A, 1 cad., [1 p. b., 2 cad., sált. 1 p.] 2 veces, *1 p. b., 1 p. a. M., 1 p. b., 2 cad., sált. 1 p.; rep. desde * hasta que queden 3 p.; 1 p. b., 2 cad., sált. 1 p., 1 p. b., dele la vuelta.

H. 7: Con B, 1 cad., [1 p. b., 1 p. a. M.] 2 veces, *1 p. b., 2 cad., sált. 1 p., 1 p. b., 1 p. a. M.; rep. desde * hasta que

DIAGRAMA DEL MOSAICO

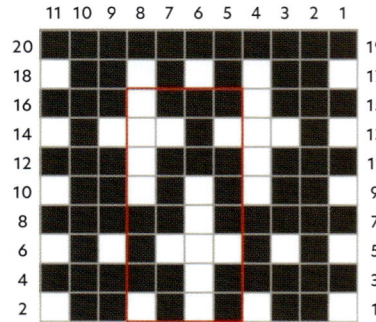

☐ Hilo A = crema

■ Hilo B = azul cerceta

4 p.

queden 3 p.; 1 p. b., 1 p. a. M., 1 p. b., dele la vuelta.

H. 9: Con A, 1 cad., 1 p. b., 3 cad., sált. 2 p., 1 p. b., *2 cad., sált. 1 p., 1 p. a. M., 2 cad., sált. 1 p., 1 p. b.; rep. desde * hasta que queden 3 p.; 3 cad., sált. 2 p., 1 p. b., dele la vuelta.

H. 11: Con B, 1 cad., 1 p. b., 2 p. a. M., 2 cad., sált. 1 p., *1 p. a. M., 1 p. b., 1 p. a. M., 2 cad., sált. 1 p.; rep. desde * hasta que queden 3 p.; 2 p. a. M., 1 p. b., dele la vuelta.

H. 13: Con A, 1 cad., 1 p. b., 2 cad., sált. 1 p., 1 p. b., 1 p. a. M., *1 p. b., 2 cad., sált. 1 p., 1 p. b., 1 p. a. M.; rep. desde * hasta que queden 3 p.; 1 p. b., 2 cad., sált. 1 p., 1 p. b., dele la vuelta.

H. 15: Con B, 1 cad., 1 p. b., 1 p. a. M., 1 p. b., 2 cad., sált. 1 p., *1 p. b., 1 p. a. M., 1 p. b., 2 cad., sált. 1 p.; rep. desde * hasta que queden 3 p.; 1 p. b., 1 p. a. M., 1 p. b., dele la vuelta.

Rep. las H. 1-16, haciendo 1 p. a. M. en los esp. requeridos en la H. 1. Para terminar, haga las H. 17-19.

H. 17: Con A, 1 cad., 1 p. b., 3 cad., sált. 2 p., 1 p. a. M., *2 cad., sált. 1 p., 1 p. b., 2 cad., sált. 1 p., 1 p. a. M.; rep. desde * hasta que queden 3 p.; 3 cad., sált. 2 p., 1 p. b., dele la vuelta.

H. 19: Con B, 1 cad., 1 p. b. en cada p. y 1 p. a. M. en cada esp.

PUNTO

GANCHILLO

PUNTO

GANCHILLO

DIFICULTAD

Escalones

La mayoría de los diseños de esta sección son perfectos para principiantes, incluido este patrón con escalones. Si nunca ha tejido en la técnica mosaico, sea a ganchillo o punto, este es un buen punto de partida.

Instrucciones de punto

Múltiplo de 6 p. + 5

En las H. D, deslice los p. como si fuera a tejerlos del revés con el hilo por detrás.

Monte los p. con A, teja 1 H. del derecho y 1 H. del revés.

H. 1 (D): Con B, 1 d., desl. 1, *5 d., desl. 1; rep. desde * hasta que queden 3 p.; 1 d., desl. 1, 1 d.

H. 2 y todas las H. R: Teja del revés los d. y deslice los p. desl. como si fuera a tejerlos del revés con el hilo por delante.

H. 3: Con A, 2 d., *4 d., desl. 1, 1 d.; rep. desde * hasta que queden 3 p.; 3 d.

H. 5: Con B, 1 d., desl. 1, *3 d., desl. 1, 2 d.; rep. desde * hasta que queden 3 p.; 1 d., desl. 1, 1 d.

H. 7: Con A, 2 d., *2 d., desl. 1, 3 d.; rep. desde * hasta que queden 3 p.; 3 d.

H. 9: Con B, 1 d., desl. 1, *1 d., desl. 1, 4 d.; rep. desde * hasta que queden 3 p.; 1 d., desl. 1, 1 d.

H. 11: Con A, 2 d., *desl. 1, 5 d.; rep. desde * hasta que queden 3 p.; desl. 1, 2 d.

Rep. las H. 1-12. Para terminar, haga las H. 13-16.

H. 13: Con B, 1 d., desl. 1, *5 d., desl. 1; rep. desde * hasta que queden 3 p.; 1 d., desl. 1, 1 d.

H. 15: Con A, teja p. del derecho.

H. 16: Como la H. 2.

Instrucciones de ganchillo

Múltiplo de 6 p. + 5

Con A, teja el número deseado de p. b. sin cadeneta.

H. 1 (D): Con B, 1 cad., 1 p. b., 2 cad., sált. 1 p., *5 p. b., 2 cad., sált. 1 p.; rep. desde * hasta que queden 3 p.; 1 p. b., 2 cad., sált. 1 p., 1 p. b., dele la vuelta.

H. 2 y todas las H. R: 1 cad., 1 p. b. en los p., 1 cad. y sált. los esp. de cad., dele la vuelta.

H. 3: Con A, 1 cad., 1 p. b., 1 p. a. M., *4 p. b., 2 cad., sált. 1 p., 1 p. a. M.; rep. desde * hasta que queden 3 p.; 1 p. b., 1 p. a. M., 1 p. b., dele la vuelta.

H. 5: Con B, 1 cad., 1 p. b., 2 cad., sált. 1 p., *3 p. b., 2 cad., sált. 1 p., 1 p. a. M., 1 p. b.; rep. desde * hasta que queden 3 p.; 1 p. b., 2 cad., sált. 1 p., 1 p. b., dele la vuelta.

H. 7: Con A, 1 cad., 1 p. b., 1 p. a. M., *2 p. b., 2 cad., sált. 1 p., 1 p. a. M., 2 p. b.; rep. desde * hasta que queden 3 p.; 1 p. b., 1 p. a. M., 1 p. b., dele la vuelta.

H. 9: Con B, 1 cad., 1 p. b., 2 cad., sált. 1 p., *1 p. b., 2 cad., sált. 1 p., 1 p. a. M., 3 p. b.; rep. desde * hasta que queden 3 p.; 1 p. b., 2 cad., sált. 1 p., 1 p. b., dele la vuelta.

H. 11: Con A, 1 cad., 1 p. b., 1 p. a. M., *2 cad., sált. 1 p., 1 p. a. M., 4 p. b.; rep. desde * hasta que queden 3 p.; 2 cad., sált. 1 p., 1 p. a. M., 1 p. b., dele la vuelta.

Rep. las H. 1-12, haciendo 1 p. a. M. en los esp. requeridos en la H. 1. Para terminar, haga las H. 13-15.

H. 13: Con B, 1 cad., 1 p. b., 2 cad., sált. 1 p., *1 p. a. M., 4 p. b., 2 cad., sált. 1 p.; rep. desde * hasta que queden 3 p.; 1 p. a. M., 2 cad., sált. 1 p., 1 p. b., dele la vuelta.

H. 15: Con A, 1 cad., 1 p. b., 1 p. a. M., *5 p. b., 1 p. a. M.; rep. desde * hasta que queden 3 p.; 1 p. b., 1 p. a. M., 1 p. b., dele la vuelta.

DIAGRAMA DEL MOSAICO

11 10 9 8 7 6 5 4 3 2 1

6 p.

☐ Hilo A = crema

■ Hilo B = azul cerceta

PUNTO

GANCHILLO

Cuadraditos

DIFICULTAD

La versión de ganchillo de este patrón es más definida que la de punto porque los puntos deslizados distorsionan ligeramente las líneas, pero ambos diseños quedan igual de preciosos.

Instrucciones de punto

Múltiplo de 5 p. + 3

En las H. D, deslice los p. como si fuera a tejerlos del revés con el hilo por detrás.

Monte los p. con A, teja 1 H. del derecho y 1 H. del revés.

H. 1 (D): Con B, 1 d., desl. 1, *4 d., desl. 1; rep. desde * hasta que quede 1 p.; 1 d.

H. 2 y todas las H. R: Teja del revés los d. y deslice los p. desl. como si fuera a tejerlos del revés con el hilo por delante.

H. 3: Con A, 2 d., *desl. 1, 2 d., desl. 1, 1 d.; rep. desde * hasta que quede 1 p.; 1 d.

H. 5: Con B, 1 d., desl. 1, *4 d., desl. 1; rep. desde * hasta que quede 1 p.; 1 d.

H. 7: Con A, teja p. del derecho.

H. 8: Como la H. 2.

Rep. las H. 1-8.

Instrucciones de ganchillo

Múltiplo de 5 p. + 3

Con A, teja el número deseado de p. b. sin cadeneta.

H. 1 (D): Con B, 1 cad., 1 p. b., 2 cad., sált. 1 p., *4 p. b., 2 cad., sált. 1 p.; rep. desde * hasta que quede 1 p.; 1 p. b., dele la vuelta.

H. 2 y todas las H. R: 1 cad., 1 p. b. en los p., 1 cad. y sált. los esp. de cad., dele la vuelta.

H. 3: Con A, 1 cad., 1 p. b., 1 p. a. M., *2 cad., sált. 1 p., 2 p. b., 2 cad., sált. 1 p., 1 p. a. M.; rep. desde * hasta que quede 1 p.; 1 p. b., dele la vuelta.

H. 5: Con B, 1 cad., 1 p. b., 2 cad., sált. 1 p., *1 p. a. M., 2 p. b., 1 p. a. M., 2 cad., sált. 1 p.; rep. desde * hasta que quede 1 p.; 1 p. b., dele la vuelta.

H. 7: Con A, 1 cad., 1 p. b., 1 p. a. M., *4 p. b., 1 p. a. M.; rep. desde * hasta que quede 1 p.; 1 p. b., dele la vuelta.

H. 8: Como la H. 2.

Rep. las H. 1-8, acabando la última repetición con la H. 7.

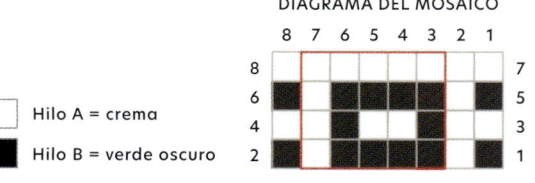

DIAGRAMA DEL MOSAICO

| Hilo A = crema |
| Hilo B = verde oscuro |

5 p.

Corazones

Esta bonita repetición horizontal es ideal para dar un toque adorable a cualquier proyecto, especialmente manteles individuales o cualquier otro accesorio para el hogar.

Instrucciones de punto

Múltiplo de 22 p. + 3

En las H. D, deslice los p. como si fuera a tejerlos del revés con el hilo por detrás. Monte los p. con A, teja 1 H. del derecho y 1 H. del revés.

H. 1 (D): Con B, teja p. del derecho.

H. 2 y todas las H. R: Teja del revés los d. y deslice los p. desl. como si fuera a tejerlos del revés con el hilo por delante.

H. 3: Con A, teja p. del derecho.

H. 5: Con B, 2 d., *desl. 1, 4 d., desl. 1, 3 d., desl. 3, 3 d., desl. 1, 4 d., desl. 1, 1 d.; rep. desde * hasta que quede 1 p.; 1 d.

H. 7: Con A, 1 d., *6 d., desl. 1, 1 d., desl. 1, 3 d., desl. 1, 1 d., desl. 1, 6 d., desl. 1; rep. desde * hasta que quede 1 p.; 1 d.

H. 9: Con B, 2 d., *1 d., desl. 1, 2 d., desl. 1, 5 d., desl. 1, 5 d., desl. 1, 2 d., desl. 1, 2 d.; rep. desde * hasta que quede 1 p.; 1 d.

H. 11: Con A, 2 d., *desl. 1, 4 d., [desl. 1, 1 d.] 6 veces, 3 d., desl. 1, 1 d.; rep.

desde * hasta que quede 1 p.; 1 d.

H. 13: Con B, 2 d., *2 d., desl. 1, 1 d., desl. 1, 11 d., desl. 1, 1 d., desl. 1, 3 d.; rep. desde * hasta que quede 1 p.; 1 d.

H. 15: Con A, 1 d., desl. 1, *1 d., desl. 1, 4 d., [desl. 1, 1 d.] 5 veces, 3 d., desl. 1, 1 d., desl. 1; rep. desde * hasta que quede 1 p.; 1 d.

H. 17: Con B, 2 d., *3 d., desl. 1, 1 d., desl. 1, 9 d., desl. 1, 1 d., desl. 1, 4 d.; rep. desde * hasta que quede 1 p.; 1 d.

H. 19: Con A, 2 d., *desl. 1, 1 d., desl. 1, 4 d., [desl. 1, 1 d.] 4 veces, 3 d., [desl. 1, 1 d.] 2 veces; rep. desde * hasta que quede 1 p.; 1 d.

H. 21: Con B, 2 d., *4 d., desl. 1, 1 d., desl. 1, 7 d., desl. 1, 1 d., desl. 1, 5 d.; rep. desde * hasta que quede 1 p.; 1 d.

H. 23: Con A, 1 d., desl. 1, *[1 d., desl. 1] 2 veces, 4 d., [desl. 1, 1 d.] 3 veces, 3 d., [desl. 1, 1 d.] 2 veces, desl. 1; rep. desde * hasta que quede 1 p.; 1 d.

H. 25: Con B, 2 d., *5 d., desl. 1, 1 d., desl. 1, 5 d., desl. 1, 1 d., desl. 1, 6 d.; rep. desde * hasta que quede 1 p.; 1 d.

H. 27: Con A, 2 d., *desl. 1, [1 d., desl. 1] 2 veces, 4 d., [desl. 1, 1 d.] 2 veces, 3 d., [desl. 1, 1 d.] 3 veces; rep. desde * hasta que quede 1 p.; 1 d.

H. 29: Con B, 1 d., desl. 1, *5 d., desl. 1, 2 d., desl. 1, 3 d., desl. 1, 2 d., desl. 1, 5 d., desl. 1; rep. desde * hasta que quede 1 p.; 1 d.

H. 31: Con A, 2 d., *[1 d., desl. 1] 2 veces, 6 d., desl. 1, 6 d., [desl. 1, 1 d.] 2 veces, 1 d.; rep. desde * hasta que quede 1 p.; 1 d.

H. 33: Con B, 1 d., desl. 1, *desl. 1, 3 d., desl. 1, 4 d., desl. 1, 1 d., desl. 1, 4 d., desl. 1, 3 d., desl. 1, 2; rep. desde * hasta que quede 1 p.; 1 d.

H. 35: Con A, teja p. del derecho.

H. 37: Con B, teja p. del derecho.

H. 39: Con A, teja p. del derecho.

H. 40: Como la H. 2.

Instrucciones de ganchillo

Múltiplo de 22 p. + 3

Nota sobre el patrón: La repetición de las instrucciones escritas difiere del diagrama en la H. 33.

Con A, teja el número deseado de p. b. sin cadeneta.

H. 1 (D): Con B, 1 cad., 1 p. b. en cada p., dele la vuelta.

H. 2 y todas las H. R: 1 cad., 1 p. b. en los p., 1 cad. y sált. los esp. de cad., dele la vuelta.

H. 3: Con A, 1 cad., 1 p. b. en cada p., dele la vuelta.

H. 5: Con B, 1 cad., 2 p. b., *2 cad., sált. 1 p., 4 p. b., 2 cad., sált. 1 p., 3 p. b., 4 cad., sált. 3 p., 3 p. b., 2 cad., sált. 1 p., 4 p. b., 2 cad., sált. 1 p., 1 p. b.; rep. desde * hasta que quede 1 p.; 1 p. b., dele la vuelta.

H. 7: Con A, 1 cad., 1 p. b., 2 cad., sált. 1 p., *1 p. a. M., 4 p. b., 1 p. a. M., 2 cad., sált. 1 p., 1 p. b., 2 cad., sált. 1 p., 3 p. a. M., 2 cad., sált. 1 p., 1 p. b., 2 cad., sált. 1 p., 1 p. a. M., 4 p. b., 1 p. a. M., 2 cad., sált. 1 p.; rep. desde * hasta que quede 1 p.; 1 p. b., dele la vuelta.

H. 9: Con B, 1 cad., 1 p. b., 1 p. a. M., *1 p. b., 2 cad., sált. 1 p., 2 p. b., 2 cad., sált. 1 p., [1 p. b., 1 p. a. M.] 2 veces, 1 p. b., 2 cad., sált. 1 p. [1 p. b., 1 p. a. M.] 2 veces, 1 p. b., 2 cad., sált. 1 p., 2 p. b., 2 cad., sált. 1 p., 1 p. b., 1 p. a. M.; rep. desde * hasta que quede 1 p.; 1 p. b., dele la vuelta.

▢ Hilo A = crema

◼ Hilo B = azul cerceta

DIAGRAMA DEL MOSAICO

25 24 23 22 21 20 19 18 17 16 15 14 13 12 11 10 9 8 7 6 5 4 3 2 1

22 p.

GENERALES

PUNTO

GANCHILLO

H. 11: Con A, 1 cad., 2 p. b., *2 cad., sált. 1 p., 1 p. a. M., 2 p. b., 1 p. a. M., [2 cad., sált. 1 p., 1 p. b.] 2 veces, 2 cad., sált. 1 p., 1 p. a. M., [2 cad., sált. 1 p., 1 p. b.] 2 veces, 2 cad., sált. 1 p., 1 p. a. M., 2 p. b., 1 p. a. M., 2 cad., sált. 1 p., 1 p. b.; rep. desde * hasta que quede 1 p.; 1 p. b., dele la vuelta.

H. 13: Con B, 1 cad., 2 p. b., *1 p. a. M., 1 p. b., 2 cad., sált. 1 p., 1 p. b., 2 cad., sált. 1 p., [1 p. a. M., 1 p. b.] 5 veces, 1 p. a. M., 2 cad., sált. 1 p., 1 p. b., 2 cad., sált. 1 p., 1 p. b., 1 p. a. M., 1 p. b.; rep. desde * hasta que quede 1 p.; 1 p. b., dele la vuelta.

H. 15: Con A, 1 cad., 1 p. b., 2 cad., sált. 1 p., *1 p. b., 2 cad., sált. 1 p., [1 p. a. M., 1 p. b.] 2 veces, [2 cad., sált. 1 p., 1 p. b.] 5 veces, 1 p. a. M., 1 p. b., 1 p. a. M., 2 cad., sált. 1 p., 1 p. b., 2 cad., sált. 1 p.; rep. desde * hasta que quede 1 p.; dele la vuelta.

H. 17: Con B, 1 cad., 1 p. b., 1 p. a. M., *1 p. b., 1 p. a. M., 1 p. b., 2 cad., sált. 1 p., 1 p. b., 2 cad., sált. 1 p., [1 p. a. M., 1 p. b.] 4 veces, 1 p. a. M., 2 cad., sált. 1 p., 1 p. b., 2 cad., sált. 1 p., [1 p. b., 1 p. a. M.] 2 veces; rep. desde * hasta que quede 1 p.; 1 p. b., dele la vuelta.

H. 19: Con A, 1 cad., 2 p. b., *2 cad., sált. 1 p., 1 p. b., 2 cad., sált. 1 p., [1 p. a. M., 1 p. b.] 2 veces, [2 cad., sált. 1 p., 1 p. b.] 4 veces, 1 p. a. M., 1 p. b., 1 p. a. M., [2 cad., sált. 1 p., 1 p. b.] 2 veces;

rep. desde * hasta que quede 1 p.; 1 p. b., dele la vuelta.

H. 21: Con B, 1 cad., 2 p. b., *[1 p. a. M., 1 p. b.] 2 veces, 2 cad., sált. 1 p., 1 p. b., 2 cad., sált. 1 p., [1 p. a. M., 1 p. b.] 3 veces, 1 p. a. M., 2 cad., sált. 1 p., 1 p. b., 2 cad., sált. 1 p., [1 p. b., 1 p. a. M.] 2 veces, 1 p. b.; rep. desde * hasta que quede 1 p.; 1 p. b., dele la vuelta.

H. 23: Con A, 1 cad., 1 p. b., 2 cad., sált. 1 p., *[1 p. b., 1 p. a. M., 2 cad., sált. 1 p.] 2 veces, [2 cad., sált. 1 p., 1 p. b.] 2 veces, 2 cad., sált. 1 p., [1 p. b., 1 p. a. M.] 2 veces, [2 cad., sált. 1 p., 1 p. b.] 2 veces, 2 cad., sált. 1 p.; rep. desde * hasta que quede 1 p.; 1 p. b., dele la vuelta.

H. 25: Con B, 1 cad., 1 p. b., 1 p. a. M., *[1 p. b., 1 p. a. M.] 2 veces, 1 p. b., 2 cad., sált. 1 p., 1 p. b., 2 cad., sált. 1 p., [1 p. a. M., 1 p. b.] 2 veces, 1 p. a. M., 2 cad., sált. 1 p., 1 p. b., 2 cad., sált. 1 p., [1 p. b., 1 p. a. M.] 3 veces; rep. desde * hasta que quede 1 p.; 1 p. b., dele la vuelta.

H. 27: Con A, 1 cad., 2 p. b., *[2 cad., sált. 1 p., 1 p. b.] 2 veces, 2 cad., sált. 1 p., [1 p. a. M., 1 p. b.] 2 veces, [2 cad., sált. 1 p., 1 p. b.] 2 veces, 1 p. a. M., 1 p. b., 1 p. a. M., [2 cad., sált. 1 p., 1 p. b.] 3 veces; rep. desde * hasta que quede 1 p.; 1 p. b., dele la vuelta.

H. 29: Con B, 1 cad., 1 p. b., 2 cad., sált. 1 p., *[1 p. a. M., 1 p. b.] 2 veces,

1 p. a. M., 2 cad., sált. 1 p., 2 p. b., 2 cad., sált. 1 p., 1 p. a. M., 1 p. b., 1 p. a. M., 2 cad., sált. 1 p., 2 p. b., 2 cad., sált. 1 p., [1 p. a. M., 1 p. b.] 2 veces, 1 p. a. M., 2 cad., sált. 1 p.; rep. desde * hasta que quede 1 p.; 1 p. b., dele la vuelta.

H. 31: Con A, 1 cad., 1 p. b., 1 p. a. M., *[1 p. b., 2 cad., sált. 1 p.] 2 veces, 1 p. b., 1 p. a. M., 2 p. b., 1 p. a. M., 1 p. b., 2 cad., sált. 1 p., 1 p. b., 1 p. a. M., 2 p. b., 1 p. a. M., 1 p. b., [2 cad., sált. 1 p., 1 p. b.] 2 veces, 1 p. a. M.; rep. desde * hasta que quede 1 p.; 1 p. a. M., dele la vuelta.

H. 33: Con B, 1 cad., 1 p. b., 3 cad., sált. 2 p., *1 p. a. M., 1 p. b., 1 p. a. M., 2 cad., sált. 1 p., 4 p. b., 2 cad., sált. 1 p., 1 p. a. M., 2 cad., sált. 1 p., 4 p. b., 2 cad., sált. 1 p., 1 p. a. M., 1 p. b., 1 p. a. M.**, 4 cad., sált. 3 p.; rep. desde * hasta que queden 3 p., acabando la última repetición en **; 3 cad., sált. 2 p., 1 p. b., dele la vuelta.

H. 35: Con A, 1 cad., 1 p. b., 1 p. a. M., *1 p. a. M., 3 p. b., 1 p. a. M., 4 p. b., 1 p. a. M., 1 p. b., 1 p. a. M., 4 p. b., 1 p. a. M., 3 p. b., 2 p. a. M.; rep. desde * hasta que quede 1 p.; 1 p. b., dele la vuelta.

H. 37: Con B, 1 cad., 1 p. b. en cada p., dele la vuelta.

Para terminar, haga las H. 39.

H. 39: Con A, 1 cad., 1 p. b. en cada p.

PUNTO

GANCHILLO

Cubos en diagonal

Este es otro de los diseños fáciles de tejer que ganan al trabajarse en una sección grande. De este modo, se saca el máximo partido al efecto visual de la repetición.

Instrucciones de punto

Múltiplo de 9 p. + 5

En las H. D, deslice los p. como si fuera a tejerlos del revés con el hilo por detrás.

Monte los p. con A, teja 1 H. del derecho y 1 H. del revés.

H. 1 (D): Con B, 1 d., *3 d., desl. 3, 3 d.; rep. desde * hasta que queden 4 p.; 4 d.

H. 2 y todas las H. R: Teja del revés los d. y deslice los p. desl. como si fuera a tejerlos del revés con el hilo por delante.

H. 3: Con A, 1 d., *desl. 3, 6 d.; rep. desde * hasta que queden 4 p.; desl. 3, 1 d.

H. 5: Con B, 1 d., *6 d., desl. 3; rep. desde * hasta que queden 4 p.; 4 d.

H. 7: Con A, 1 d., *3 d., desl. 3, 3 d.; rep. desde * hasta que queden 4 p.; 4 d.

H. 9: Con B, 1 d., *desl. 3, 6 d.; rep. desde * hasta que queden 4 p.; desl. 3, 1 d.

H. 11: Con A, 1 d., *6 d., desl. 3; rep. desde * hasta que queden 4 p.; 4 d.

H. 12: Como la H. 2.

Rep. las H. 1-12. Para terminar, teja todos los p. de la H. 11 del derecho y todos los p. de la H. 12 del revés.

Instrucciones de ganchillo

Múltiplo de 9 p. + 5

Con A, teja el número deseado de p. b. sin cadeneta.

H. 1 (D): Con B, 1 cad., 1 p. b., *3 p. b., 4 cad., sált. 3 p., 3 p. b.; rep. desde * hasta que queden 4 p.; 4 p. b., dele la vuelta.

H. 2 y todas las H. R: 1 cad., 1 p. b. en los p., 1 cad. y sált. los esp. de cad., dele la vuelta.

H. 3: Con A, 1 cad., 1 p. b., *4 cad., sált. 3 p., 3 p. a. M., 3 p. b.; rep. desde * hasta que queden 4 p.; 4 cad., sált. 3 p., 1 p. b., dele la vuelta.

H. 5: Con B, 1 cad., 1 p. b., *3 p. a. M., 3 p. b., 4 cad., sált. 3 p.; rep. desde * hasta que queden 4 p.; 3 p. a. M., 1 p. b., dele la vuelta.

H. 7: Con A, 1 cad., 1 p. b., *3 p. b., 4 cad., sált. 3 p., 3 p. a. M.; rep. desde * hasta que queden 4 p.; 4 p. b., dele la vuelta.

H. 9: Con B, 1 cad., 1 p. b., *4 cad., sált. 3 p., 3 p. a. M., 3 p. b.; rep. desde * hasta que queden 4 p.; 4 cad., sált. 3 p., 1 p. b., dele la vuelta.

H. 11: Con A, 1 cad., 1 p. b., *3 p. a. M., 3 p. b., 4 cad., sált. 3 p.; rep. desde * hasta que queden 4 p.; 3 p. a. M., 1 p. b., dele la vuelta.

H. 12: Como la H. 2.

Rep. las H. 1-12, haciendo 1 p. a. M. en los esp. requeridos en la H. 1. Termine la última repetición haciendo la H. 11 como sigue: con A, 1 p. b. en cada p. y 1 p. a. M. en cada esp.

DIAGRAMA DEL MOSAICO

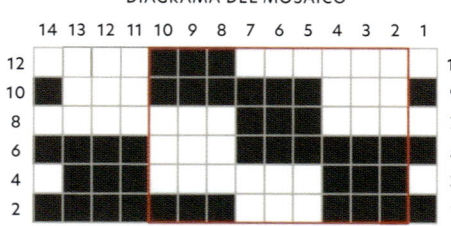

9 p.

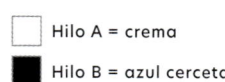

Hilo A = crema

Hilo B = azul cerceta

PUNTO

GANCHILLO

Muro de ladrillos

La simplicidad de la repetición de este patrón solo quiere decir una cosa: que no tardará en pillarle el tranquillo. Se trata de un diseño relajante y agradable de trabajar.

Instrucciones de punto

Múltiplo de 6 p. + 5

En las H. D, deslice los p. como si fuera a tejerlos del revés con el hilo por detrás.

Monte los p. con A, teja 1 H. del derecho y 1 H. del revés.

H. 1 (D): Con B, teja p. del derecho.

H. 2 y todas las H. R: Teja del revés los d. y deslice los p. desl. como si fuera a tejerlos del revés con el hilo por delante.

H. 3: Con A, 2 d., *desl. 1, 5 d.; rep. desde * hasta que queden 3 p.; desl. 1, 2 d.

H. 5: Con B, teja p. del derecho.

H. 7: Con A, 2 d., *3 d., desl. 1, 2 d.; rep. desde * hasta que queden 3 p.; 3 d.

H. 9: Con B, teja p. del derecho.

H. 11: Con A, como la H. 3.

H. 12: Como la H. 4.

Rep. las H. 5-12. Para terminar, teja todos los p. de la H. 11 del derecho y todos los p. de la H. 12 del revés.

Instrucciones de ganchillo

Múltiplo de 6 p. + 5

Con A, teja el número deseado de p. b. sin cadeneta.

H. 1 (D): Con B, 1 cad., 1 p. b. en cada p. hasta el final, dele la vuelta.

H. 2 y todas las H. R: 1 cad., 1 p. b. en los p., 1 cad. y sált. los esp. de cad., dele la vuelta.

H. 3: Con A, 1 cad., 2 p. b., *2 cad., sált. 1 p., 5 p. b.; rep. desde * hasta que queden 3 p.; 2 cad., sált. 1 p., 2 p. b., dele la vuelta.

H. 5: Con B, 1 cad., 2 p. b., *1 p. a. M., 5 p. b.; rep. desde * hasta que queden 3 p.; 1 p. a. M., 2 p. b., dele la vuelta.

H. 7: Con A, 1 cad., 2 p. b., *3 p. b., 2 cad., sált. 1 p., 2 p. b.; rep. desde * hasta que queden 3 p.; 3 p. b., dele la vuelta.

H. 9: Con B, 1 cad., 2 p. b., *3 p. b., 1 p. a. M., 2 p. b.; rep. desde * hasta que queden 3 p.; 3 p. b., dele la vuelta.

H. 11: Con A, como la H. 3.

H. 12: Con A, como la H. 2.

Rep. las H. 5-12, acabando la última repetición con la H. 11 como sigue: con A, 1 p. b. en cada p. y 1 p. a. M. en cada esp.

DIAGRAMA DEL MOSAICO

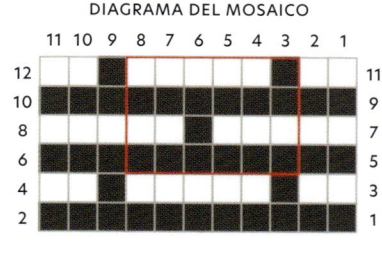

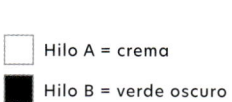
Hilo A = crema

Hilo B = verde oscuro

6 p.

103

Escalera

Perfecto para proyectos grandes como cojines, mantas, bufandas y caminos de mesa, este patrón crea un bonito efecto de rayas diagonales.

Instrucciones de punto

Múltiplo de 6 p. + 5

En las H. D, deslice los p. como si fuera a tejerlos del revés con el hilo por detrás.

Monte los p. con A, teja 1 H. del derecho y 1 H. del revés.

H. 1 (D): Con B, 1 d., desl. 1, *1 d., desl. 3, 1 d., desl. 1; rep. desde * hasta que queden 3 p.; 1 d., desl. 1, 1 d.

H. 2 y todas las H. R: Teja del revés los d. y deslice los p. desl. como si fuera a tejerlos del revés con el hilo por delante.

H. 3: Con A, 2 d., *desl. 1, 3 d., desl. 1, 1 d.; rep. desde * hasta que queden 3 p.; desl. 1, 2 d.

H. 5: Con B, 1 d., desl. 1, *3 d., desl. 1, 1 d., desl. 1; rep. desde * hasta que queden 3 p.; 1 d., desl. 1, 1 d.

H. 7: Con A, 2 d., *[desl. 1, 1 d.] 2 veces, 2 d.; rep. desde * hasta que queden 3 p.; desl. 1, 2 d.

H. 9: Con B, 1 d., desl. 1, *1 d., desl. 3 d., desl. 1; rep. desde * hasta que queden 3 p.; 1 d., desl. 1, 1 d.

H. 11: Con A, 2 d., *2 d., [desl. 1, 1 d.] 2 veces; rep. desde * hasta que queden 3 p.; 3 d.

H. 13: Con B, 1 d., desl. 1, *[1 d., desl. 1] 2 veces, 2 d.; rep. desde * hasta que queden 3 p.; 1 d., desl. 1, 1 d.

H. 15: Con A, 2 d., *desl. 1, 3 d., desl. 1, 1 d.; rep. desde * hasta que queden 3 p.; desl. 1, 2 d.

H. 16: Como la H. 2.

Rep. las H. 5-16. Para terminar, teja todos los p. de la H. 15 del derecho y todos los p. de la H. 16 del revés.

Instrucciones de ganchillo

Múltiplo de 6 p. + 5

Con A, teja el número deseado de p. b. sin cadeneta.

H. 1 (D): Con B, 1 cad., 1 p. b., 2 cad., sált. 1 p., *1 p. b., 4 cad., sált. 3 p., 1 p. b., 2 cad., sált. 1 p.; rep. desde * hasta que queden 3 p.; 1 p. b., 2 cad., sált. 1 p., 1 p. b., dele la vuelta.

H. 2 y todas las H. R: 1 cad., 1 p. b. en los p., 1 cad. y sált. los esp. de cad., dele la vuelta.

H. 3: Con A, 1 cad., 1 p. b., 1 p. a. M., *2 cad., sált. 1 p., 3 p. a. M., 2 cad., sált. 1 p., 1 p. a. M.; rep. desde * hasta que queden 3 p.; 2 cad., sált. 1 p., 1 p. a. M., 1 p. b., dele la vuelta.

H. 5: Con B, 1 cad., 1 p. b., 2 cad., sált. 1 p., *1 p. a. M., 2 p. b., 2 cad., sált. 1 p., 1 p. a. M., 2 cad., sált. 1 p.; rep. desde * hasta que queden 3 p.; 1 p. a. M., 2 cad., sált. 1 p., 1 p. b., dele la vuelta.

H. 7: Con A, 1 cad., 1 p. b., 1 p. a. M., *2 cad., sált. 1 p., 1 p. b., 2 cad., sált. 1 p., 1 p. a. M., 1 p. b., 1 p. a. M.; rep. desde * hasta que queden 3 p.; 2 cad., sált.

1 p., 1 p. a. M., 1 p. b., dele la vuelta.

H. 9: Con B, 1 cad., 1 p. b., 2 cad., sált. 1 p., *1 p. a. M., 2 cad., sált. 1 p., 1 p. a. M., 2 p. b., 2 cad., sált. 1 p.; rep. desde * hasta que queden 3 p.; 1 p. a. M., 2 cad., sált. 1 p., 1 p. b., dele la vuelta.

H. 11: Con A, 1 cad., 1 p. b., 1 p. a. M., *1 p. b., 1 p. a. M., 2 cad., sált. 1 p., 1 p. b., 2 cad., sált. 1 p., 1 p. a. M.; rep. desde * hasta que queden 3 p.; 1 p. b., 1 p. a. M., 1 p. b., dele la vuelta.

DIAGRAMA DEL MOSAICO

6 p.

Hilo A = crema

Hilo B = azul cerceta

H. 13: Con B, 1 cad., 1 p. b., 2 cad., sált. 1 p., *1 p. b., 2 cad., sált. 1 p., 1 p. a. M., 2 cad., sált. 1 p., 1 p. a. M., 1 p. b.; rep. desde * hasta que queden 3 p.; 1 p. b., 2 cad., sált. 1 p., 1 p. b., dele la vuelta.

H. 15: Con A, 1 cad., 1 p. b., 1 p. a. M., *2 cad., sált. 1 p., 1 p. a. M., 1 p. b., 1 p. a. M., 2 cad., sált. 1 p., 1 p. b.; rep. desde * hasta que queden 3 p.; 2 cad., sált. 1 p., 1 p. a. M., 1 p. b., dele la vuelta.

H. 16: Como la H. 2.

Rep. las H. 1-16, haciendo 1 p. a. M. en los esp. requeridos en la H. 1. Termine la última repetición haciendo la H. 15 como sigue: con A, 1 p. b. en cada p. y 1 p. a. M. en cada esp.

PUNTO

GANCHILLO

Picos

Esta sencilla repetición dará lugar a un impresionante tejido si se trabaja en una zona amplia, pero también puede funcionar a escala más pequeña, como en un bolsillo de parche o un gorro.

Instrucciones de punto

Múltiplo de 6 p. + 3

En las H. D, deslice los p. como si fuera a tejerlos del revés con el hilo por detrás.

Monte los p. con A, teja 1 H. del derecho y 1 H. del revés.

H. 1 (D): Con B, 2 d., *1 d., desl. 1, 1 d., desl. 1, 2 d.; rep. desde * hasta que quede 1 p.; 1 d.

H. 2 y todas las H. R: Teja del revés los d. y deslice los p. desl. como si fuera a tejerlos del revés con el hilo por delante.

H. 3: Con A, 1 d., desl. 1, *2 d., desl. 1, 2 d., desl. 1; rep. desde * hasta que quede 1 p.; 1 d.

H. 5: Con B, 2 d., *desl. 1, 3 d., desl. 1, 1 d.; rep. desde * hasta que quede 1 p.; 1 d.

H. 7: Con A, 2 d., *1 d., desl. 1, 1 d., desl. 1, 2 d.; rep. desde * hasta que quede 1 p.; 1 d.

H. 9: Con B, 1 d., desl. 1, *2 d., desl. 1, 2 d., desl. 1; rep. desde * hasta que quede 1 p.; 1 d.

H. 11: Con A, 2 d., *desl. 1, 3 d., desl. 1, 1 d.; rep. desde * hasta que quede 1 p.; 1 d.

Rep. las H. 1-12. Para terminar, haga las H. 13-20.

H. 13: Con B, 2 d., *1 d., desl. 1, 1 d., desl. 1, 2 d.; rep. desde * hasta que quede 1 p.; 1 d.

H. 15: Con A, 1 d., desl. 1, *2 d., desl. 1, 2 d., desl. 1; rep. desde * hasta que quede 1 p.; 1 d.

H. 17: Con B, 2 d., *desl. 1, 3 d., desl. 1, 1 d.; rep. desde * hasta que quede 1 p.; 1 d.

H. 19: Con A, teja p. del derecho.

H. 20: Como la H. 19.

Instrucciones de ganchillo

Múltiplo de 6 p. + 3

Con A, teja el número deseado de p. b. sin cadeneta.

H. 1 (D): Con B, 1 cad., 2 p. b., *1 p. b., 2 cad., sált. 1 p., 1 p. b., 2 cad., sált. 1 p., 2 p. b.; rep. desde * hasta que quede 1 p.; 1 p. b., dele la vuelta.

H. 2 y todas las H. R: 1 cad., 1 p. b. en los p., 1 cad. y sált. los esp. de cad., dele la vuelta. **H. 3:** Con A, 1 cad., 1 p. b., 2 cad., sált. 1 p., *1 p. b., 1 p. a. M., 2 cad., sált. 1 p., 1 p. a. M., 1 p. b., 2 cad., sált. 1 p.; rep. desde * hasta que quede 1 p.; 1 p. b., dele la vuelta.

H. 5: Con B, 1 cad., 1 p. b., 1 p. a. M., *2 cad., sált. 1 p., 1 p. b., 1 p. a. M., 1 p. b., 2 cad., sált. 1 p., 1 p. a. M.; rep. desde * hasta que quede 1 p.; 1 p. b., dele la vuelta.

H. 7: Con A, 1 cad., 2 p. b., *1 p. a. M., 2 cad., sált. 1 p., 1 p. b., 2 cad., sált. 1 p., 1 p. a. M., 1 p. b.; rep. desde * hasta que quede 1 p.; 1 p. b., dele la vuelta.

DIAGRAMA DEL MOSAICO

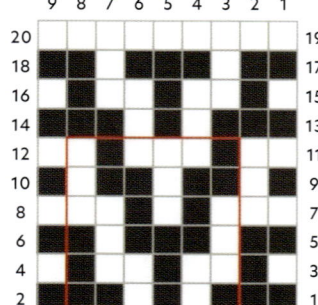

Hilo A = crema

Hilo B = verde oscuro

6 p.

H. 9: Con B, 1 cad., 1 p. b., 2 cad., sált. 1 p., *1 p. b., 1 p. a. M., 2 cad., sált. 1 p., 1 p. a. M., 1 p. b., 2 cad., sált. 1 p.; rep. desde * hasta que quede 1 p.; 1 p. b., dele la vuelta.

H. 11: Con A, 1 cad., 1 p. b., 1 p. a. M., *2 cad., sált. 1 p., 1 p. b., 1 p. a. M., 1 p. b., 2 cad., sált. 1 p., 1 p. a. M.; rep. desde * hasta que quede 1 p.; 1 p. b., dele la vuelta.

Rep. las H. 1-12, haciendo 1 p. a. M. en los esp. requeridos en la H. 1. Para terminar, haga las H. 13-19.

H. 13: Con B, 1 cad., 2 p. b., *1 p. a. M., 2 cad., sált. 1 p., 1 p. b., 2 cad., sált. 1 p., 1 p. a. M., 1 p. b.; rep. desde * hasta que quede 1 p.; 1 p. b., dele la vuelta.

H. 15: Con A, 1 cad., 1 p. b., 2 cad., sált. 1 p., *1 p. b., 1 p. a. M., 2 cad., sált. 1 p., 1 p. a. M., 1 p. b., 2 cad., sált. 1 p.; rep. desde * hasta que quede 1 p.; 1 p. b., dele la vuelta.

H. 17: Con B, 1 cad., 1 p. b., 1 p. a. M., *2 cad., sált. 1 p., 1 p. b., 1 p. a. M., 1 p. b., 2 cad., sált. 1 p., 1 p. a. M.; rep. desde * hasta que quede 1 p.; 1 p. b., dele la vuelta.

H. 19: Con A, 1 cad., 2 p. b., *1 p. a. M., 3 p. b., 1 p. a. M., 1 p. b.; rep. desde * hasta que quede 1 p.; 1 p. b.

PUNTO

GANCHILLO

Sección

Las líneas de la versión de ganchillo de este patrón son mucho más definidas, pero el diseño de punto genera una forma más cuadrada. Eso sí: ambos quedan preciosos.

Instrucciones de punto

Múltiplo de 8 p. + 3

En las H. D, deslice los p. como si fuera a tejerlos del revés con el hilo por detrás.

Monte los p. con A, teja 1 H. del derecho y 1 H. del revés.

H. 1 (D): Con B, 2 d., *2 d., [desl. 1, 1 d.] 2 veces, 2 d.; rep. desde * hasta que quede 1 p.; 1 d.

H. 2 y todas las H. R: Teja del revés los d. y deslice los p. desl. como si fuera a tejerlos del revés con el hilo por delante.

H. 3: Con A, 1 d., desl. 1, *[3 d., desl. 1] 2 veces; rep. desde * hasta que quede 1 p.; 1 d.

H. 5: Con B, 2 d., *desl. 1, 1 d.; rep. desde * hasta que quede 1 p.; 1 d.

H. 7: Con A, 2 d., *3 d., desl. 1, 4 d.; rep. desde * hasta que quede 1 p.; 1 d.

H. 9: Con B, teja p. del derecho.

H. 11: Con A, como la H. 7.

H. 13: Con B, como la H. 5.

H. 15: Con A, como la H. 3.

Rep. las H. 1-16. Para terminar, haga las H. 17-20.

H. 17: Con B, como la H. 1.

H. 19: Con A, 2 d., *3 d., desl. 1, 4 d.; rep. desde * hasta que quede 1 p.; 1 d.

H. 20: Como la H. 2.

Instrucciones de ganchillo

Múltiplo de 8 p. + 3

Con A, teja el número deseado de p. b. sin cadeneta.

H. 1 (D): Con B, 1 cad., 2 p. b., *2 p. b., [2 cad., sált. 1 p., 1 p. b.] 2 veces, 2 p. b.; rep. desde * hasta que quede 1 p.; 1 p. b., dele la vuelta.

H. 2 y todas las H. R: 1 cad., 1 p. b. en los p., 1 cad. y sált. los esp. de cad., dele la vuelta.

H. 3: Con A, 1 cad., 1 p. b., 2 cad., sált. 1 p., *2 p. b., 1 p. a. M., 2 cad., sált. 1 p., 1 p. a. M., 2 p. b., 2 cad., sált. 1 p.; rep. desde * hasta que quede 1 p.; 1 p. b., dele la vuelta.

H. 5: Con B, 1 cad., 1 p. b., 1 p. a. M., *[2 cad., sált. 1 p., 1 p. b., 2 cad., sált. 1 p., 1 p. a. M.] 2 veces; rep. desde * hasta que quede 1 p.; 1 p. b., dele la vuelta.

H. 7: Con A, 1 cad., 2 p. b., *1 p. a. M., 1 p. b., 1 p. a. M., 2 cad., sált. 1 p., [1 p. a. M., 1 p. b.] 2 veces; rep. desde * hasta que quede 1 p.; 1 p. b., dele la vuelta.

H. 9: Con B, 1 cad., 2 p. b., *3 p. b., 1 p. a. M., 4 p. b.; rep. desde * hasta que quede 1 p.; 1 p. b., dele la vuelta.

H. 11: Con A, 1 cad., 2 p. b., *3 p. b., 2 cad., sált. 1 p., 4 p. b.; rep. desde * hasta que quede 1 p.; 1 p. b., dele la vuelta.

DIAGRAMA DEL MOSAICO

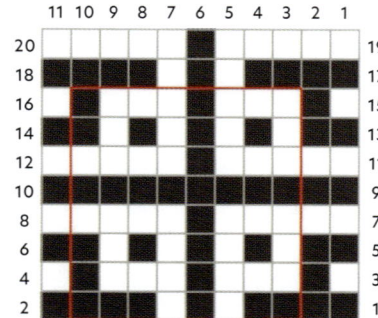

8 p.

Hilo A = crema
Hilo B = verde oscuro

H. 13: Con B, 1 cad., 2 p. b., *2 cad., sált. 1 p., 1 p. b., 2 cad., sált. 1 p., 1 p. a. M., 2 cad., sált. 1 p., 1 p. b., 2 cad., sált. 1 p., 1 p. b.; rep. desde * hasta que quede 1 p.; 1 p. b., dele la vuelta.

H. 15: Con A, 1 cad., 1 p. b., 2 cad., sált. 1 p., *1 p. a. M., 1 p. b., 1 p. a. M., 2 cad., sált. 1 p., 1 p. a. M., 1 p. b., 1 p. a. M., 2 cad., sált. 1 p.; rep. desde * hasta que quede 1 p.; 1 p. b., dele la vuelta. Rep. las H. 1-16, haciendo 1 p. a. M. en los esp. requeridos en la H. 1. Para terminar, haga las H. 17-19.

H. 17: Con B, 1 cad., 1 p. b., 1 p. a. M., *2 p. b., 2 cad., sált. 1 p., 1 p. a. M., 2 cad., sált. 1 p., 2 p. b., 1 p. a. M.; rep. desde * hasta que quede 1 p.; 1 p. b., dele la vuelta.

H. 19: Con A, 1 cad., 1 p. b. en cada p. y 1 p. a. M. en cada esp.

PUNTO

GANCHILLO

Noche estrellada

Inspirado en las estrellas que relucen en el cielo nocturno, este patrón también quedaría precioso con un fondo azul marino. Es ideal para bolsas y accesorios.

Instrucciones de punto

Múltiplo de 8 p. + 5

En las H. D, deslice los p. como si fuera a tejerlos del revés con el hilo por detrás.

Monte los p. con B, teja 1 H. del derecho y 1 H. del revés.

H. 1 (D): Con A, 1 d., desl. 1, *1 d., desl. 1; rep. desde * hasta que queden 3 p.; 1 d., desl. 1, 1 d.

H. 2 y todas las H. R: Teja del revés los d. y deslice los p. desl. como si fuera a tejerlos del revés con el hilo por delante.

H. 3: Con B, 2 d., *desl. 1, 7 d.; rep. desde * hasta que queden 3 p.; desl. 1, 2 d.

H. 5: Con A, 1 d., desl. 1, *3 d., [desl. 1, 1 d.] 2 veces, 1 d.; rep. desde * hasta que queden 3 p.; 1 d., desl. 1, 1 d.

H. 7: Como la H. 3.

H. 9: Como la H. 1.

H. 11: Con B, 2 d., *4 d., desl. 1, 3 d.; rep. desde * hasta que queden 3 p.; 3 d.

H. 13: Con A, 1 d., desl. 1, *1 d., desl. 1, 5 d., desl. 1; rep. desde * hasta que queden 3 p.; 1 d., desl. 1, 1 d.

H. 15: Como la H. 11.

Rep. las H. 1-16. Para terminar, haga las H. 17-20.

H. 17: Como la H. 1.

H. 19: Con B, teja p. del derecho.

H. 20: Como la H. 2.

Instrucciones de ganchillo

Múltiplo de 8 p. + 5

Con B, teja el número deseado de p. b. sin cadeneta.

H. 1 (D): Con A, 1 cad., 1 p. b., 2 cad., sált. 1 p., *[1 p. b., 2 cad., sált. 1 p.] 4 veces; rep. desde * hasta que queden 3 p.; 1 p. b., 2 cad., sált. 1 p., 1 p. b., dele la vuelta.

H. 2 y todas las H. R: 1 cad., 1 p. b. en los p., 1 cad. y sált. los esp. de cad., dele la vuelta.

H. 3: Con B, 1 cad., 1 p. b., 1 p. a. M., *2 cad., sált. 1 p., [1 p. a. M., 1 p. b.] 3 veces, 1 p. a. M.; rep. desde * hasta que queden 3 p.; 2 cad., sált. 1 p., 1 p. a. M., 1 p. b., dele la vuelta.

H. 5: Con A, 1 cad., 1 p. b., 2 cad., sált. 1 p., *1 p. a. M., 2 p. b., [2 cad., sált. 1 p., 1 p. b.] 2 veces, 1 p. b.; rep. desde * hasta que queden 3 p.; 1 p. a. M., 2 cad., sált. 1 p., 1 p. b., dele la vuelta.

H. 7: Con B, 1 cad., 1 p. b., 1 p. a. M., *2 cad., sált. 1 p., 2 p. b., [1 p. a. M., 1 p. b.] 2 veces, 1 p. b.; rep. desde * hasta que queden 3 p.; 2 cad., sált. 1 p., 1 p. a. M., 1 p. b., dele la vuelta.

H. 9: Con A, 1 cad., 1 p. b., 2 cad., sált. 1 p., *1 p. a. M., [2 cad., sált. 1 p., 1 p. b.] 3 veces, 2 cad., sált. 1 p.; rep. desde * hasta que queden 3 p.; 1 p. a. M., 2 cad., sált. 1 p., 1 p. b., dele la vuelta.

H. 11: Con B, 1 cad., 1 p. b., 1 p. a. M., *[1 p. b., 1 p. a. M.] 2 veces, 2 cad., sált. 1 p., 1 p. a. M., 1 p. b., 1 p. a. M.; rep. desde * hasta que queden 3 p.; 1 p. b., 1 p. a. M., 1 p. b., dele la vuelta.

H. 13: Con A, 1 cad., 1 p. b., 2 cad., sált. 1 p., *1 p. b., 2 cad., sált. 1 p., 2 p. b.,

DIAGRAMA DEL MOSAICO

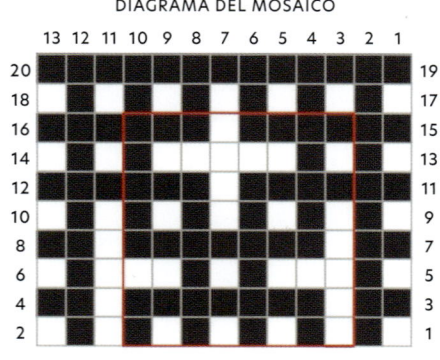

Hilo A = crema

Hilo B = azul cerceta

8 p.

1 p. a. M., 2 p. b., 2 cad., sált. 1 p.; rep. desde * hasta que queden 3 p.; 1 p. b., 2 cad., sált. 1 p., 1 p. b., dele la vuelta.

H. 15: Con B, 1 cad., 1 p. b., 1 p. a. M., *1 p. b., 1 p. a. M., 2 p. b., 2 cad., sált. 1 p., 2 p. b., 1 p. a. M.; rep. desde * hasta que queden 3 p.; 1 p. b., 1 p. a. M., 1 p. b., dele la vuelta.

Rep. las H. 1-16, haciendo 1 p. a. M. en los esp. requeridos en la H. 1. Para terminar, haga las H. 17-19.

H. 17: Con A, 1 cad., 1 p. b., 2 cad., sált. 1 p., *[1 p. b., 2 cad., sált. 1 p.] 2 veces, 1 p. a. M., 2 cad., sált. 1 p., 1 p. b., 2 cad., sált. 1 p.; rep. desde * hasta que queden 3 p.; 1 p. b., 2 cad., sált. 1 p., 1 p. b., dele la vuelta.

H. 19: Con B, 1 cad., 1 p. b., 1 p. a. M., *[1 p. b., 1 p. a. M.] 4 veces; rep. desde * hasta que queden 3 p.; 1 p. b., 1 p. a. M., 1 p. b., dele la vuelta.

PUNTO

GANCHILLO

Cuadrado en un cuadrado

Un diseño fantástico que puede combinarse con otros de este capítulo. Si quiere conseguir un efecto único, trabaje algunas hileras de cada patrón.

Instrucciones de punto

Múltiplo de 10 p. + 3

En las H. D, deslice los p. como si fuera a tejerlos del revés con el hilo por detrás.

Monte los p. con A, teja 1 H. del derecho y 1 H. del revés.

H. 1 (D): Con B, 1 d., *desl. 1, 9 d.; rep. desde * hasta que queden 2 p.; desl. 1, 1 d.

H. 2 y todas las H. R: Teja del revés los d. y deslice los p. desl. como si fuera a tejerlos del revés con el hilo por delante.

H. 3: Con A, 1 d., *1 d., desl. 1, 7 d., desl. 1; rep. desde * hasta que queden 2 p.; 2 d.

H. 5: Con B, 1 d., *[desl. 1, 1 d.] 2 veces, 4 d., desl. 1, 1 d.; rep. desde * hasta que queden 2 p.; desl. 1, 1 d.

H. 7: Con A, 1 d., *[1 d., desl. 1] 2 veces, 3 d., desl. 1, 1 d., desl. 1; rep. desde * hasta que queden 2 p.; 2 d.

H. 9: Con B, 1 d., *desl. 1, 1 d.; rep. desde * hasta que queden 2 p.; desl. 1, 1 d.

H. 11: Con A, como la H. 7.

H. 13: Con B, como la H. 5.

H. 15: Con A, como la H. 3.

H. 17: Con B, como la H. 1.

H. 19: Con A, teja p. del derecho.

H. 20: Como la H. 2.

Rep. las H. 1-20.

Instrucciones de ganchillo

Múltiplo de 10 p. + 3

Con A, teja el número deseado de p. b. sin cadeneta.

H. 1 (D): Con B, 1 cad., 1 p. b., *2 cad., sált. 1 p., 9 p. b.; rep. desde * hasta que queden 2 p.; 2 cad., sált. 1 p., 1 p. b., dele la vuelta.

H. 2 y todas las H. R: 1 cad., 1 p. b. en los p., 1 cad. y sált. los esp. de cad., dele la vuelta. **H. 3:** Con A, 1 cad.,

1 p. b., *1 p. a. M., 2 cad., sált. 1 p., 7 p. b., 2 cad., sált. 1 p.; rep. desde * hasta que queden 2 p.; 1 p. a. M., 1 p. b., dele la vuelta.

H. 5: Con B, 1 cad., 1 p. b., *2 cad., sált. 1 p., 1 p. a. M., 2 cad., sált. 1 p., 5 p. b., 2 cad., sált. 1 p., 1 p. a. M.; rep. desde * hasta que queden 2 p.; 2 cad., sált. 1 p., 1 p. b., dele la vuelta.

H. 7: Con A, 1 cad., 1 p. b., *[1 p. a. M., 2 cad., sált. 1 p.] 2 veces, 3 p. b., 2 cad., sált. 1 p., 1 p. a. M., 2 cad., sált. 1 p.; rep. desde * hasta que queden 2 p.; 1 p. a. M., 1 p. b., dele la vuelta.

H. 9: Con B, 1 cad., 1 p. b., *[2 cad., sált. 1 p., 1 p. a. M.] 2 veces, 2 cad., sált. 1 p., 1 p. b., [2 cad., sált. 1 p., 1 p. a. M.] 2 veces; rep. desde * hasta que queden 2 p.; 2 cad., sált. 1 p., 1 p. b., dele la vuelta.

H. 11: Con A, 1 cad., 1 p. b., *[1 p. a. M., 2 cad., sált. 1 p.] 2 veces, 1 p. a. M., 1 p. b., [1 p. a. M., 2 cad., sált. 1 p.] 2 veces;

DIAGRAMA DEL MOSAICO

Hilo A = crema

Hilo B = verde oscuro

10 p.

rep. desde * hasta que queden 2 p.;
1 p. a. M., 1 p. b., dele la vuelta.

H. 13: Con B, 1 cad., 1 p. b., *[2 cad.,
sált. 1 p., 1 p. a. M.] 2 veces, 3 p. b., 1 p.
a. M., 2 cad., sált. 1 p., 1 p. a. M.; rep.
desde * hasta que queden 2 p.; 2 cad.,
sált. 1 p., 1 p. b., dele la vuelta.

H. 15: Con A, 1 cad., 1 p. b., *1 p. a. M.,
2 cad., sált. 1 p., 1 p. a. M., 5 p. b., 1 p.
a. M., 2 cad., sált. 1 p.; rep. desde *
hasta que queden 2 p.; 1 p. a. M.,
1 p. b., dele la vuelta.

H. 17: Con B, 1 cad., 1 p. b., *2 cad.,
sált. 1 p., 1 p. a. M., 7 p. b., 1 p. a. M.;
rep. desde * hasta que queden 2 p.;
2 cad., sált. 1 p., 1 p. b., dele la vuelta.

H. 19: Con A, 1 cad., 1 p. b., *1 p. a. M.,
9 p. b.; rep. desde * hasta que queden
2 p.; 1 p. a. M., 1 p. b., dele la vuelta.

H. 20: Como la H. 2.

Rep. las H. 1-20, acabando la última
repetición con la H. 19.

PUNTO

GANCHILLO

Triángulos

Para que el patrón realmente luzca, hay que tejer varias repeticiones. Los triángulos no destacan individualmente, pero el diseño queda excelente aplicado en una sección grande.

Instrucciones de punto

Múltiplo de 12 p. + 3

En las H. D, deslice los p. como si fuera a tejerlos del revés con el hilo por detrás.

Monte los p. con A, teja 1 H. del derecho y 1 H. del revés.

H. 1 (D): Con B, 1 d., *5 d., desl. 1, 1 d., desl. 1, 4 d.; rep. desde * hasta que queden 2 p.; 2 d.

H. 2 y todas las H. R: Teja del revés los d. y deslice los p. desl. como si fuera a tejerlos del revés con el hilo por delante.

H. 3: Con A, 1 d., *3 d., [desl. 1, 2 d.] 3 veces; rep. desde * hasta que queden 2 p.; 2 d.

H. 5: Con B, 1 d., *desl. 2, 2 d., desl. 1, 3 d., desl. 1, 2 d., desl. 1; rep. desde * hasta que queden 2 p.; desl. 1, 1 d.

H. 7: Con A, 1 d., *[2 d., desl. 1] 2 veces, 1 d., desl. 1, 2 d., desl. 1, 1 d.; rep. desde * hasta que queden 2 p.; 2 d.

H. 9: Con B, 1 d., *desl. 1, 2 d.; rep. desde * hasta que queden 2 p.; desl. 1, 1 d.

H. 11: Con A, 1 d., *1 d., desl. 1, 2 d., desl. 1, 3 d., desl. 1, 2 d., desl. 1; rep. desde * hasta que queden 2 p.; 2 d.

H. 13: Con B, 1 d., *[2 d., desl. 1] 2 veces, desl. 2, 2 d., desl. 1, 1 d.; rep. desde * hasta que queden 2 p.; 2 d.

H. 15: Con A, 1 d., *desl. 1, 2 d., desl. 1, 5 d., desl. 1, 2 d.; rep. desde * hasta que queden 2 p.; desl. 1, 1 d.

H. 17: Con B, 1 d., *1 d., desl. 1, 9 d., desl. 1; rep. desde * hasta que queden 2 p.; 2 d.

H. 19: Con A, teja p. del derecho.

H. 20: Como la H. 2.

Rep. las H. 1-20.

Instrucciones de ganchillo

Múltiplo de 12 p. + 3

Nota sobre el patrón: La repetición de las instrucciones escritas difiere del diagrama en la H. 5.

Con A, teja el número deseado de p. b. sin cadeneta.

H. 1 (D): Con B, 1 cad., 1 p. b., *5 p. b., [2 cad., sált. 1 p., 1 p. b.] 2 veces, 3 p. b.; rep. desde * hasta que queden 2 p.; 2 p. b., dele la vuelta.

H. 2 y todas las H. R: 1 cad., 1 p. b. en los p., 1 cad. y sált. los esp. de cad., dele la vuelta. **H. 3:** Con A, 1 cad., 1 p. b., *3 p. b., 2 cad., sált. 1 p., 1 p. b., 1 p. a. M., 2 cad., sált. 1 p., 1 p. a. M., 1 p. b., 2 cad., sált. 1 p., 2 p. b.; rep. desde * hasta que queden 2 p.; 2 p. b., dele la vuelta.

H. 5: Con B, 1 cad., 1 p. b., 3 cad., sált. 2 p., *1 p. b., 1 p. a. M., 2 cad., sált. 1 p., 1 p. b., 1 p. a. M., 1 p. b., 2 cad., sált. 1 p., 1 p. a. M., 1 p. b.**, 4 cad., sált. 3 p.; rep. desde * hasta que queden 3 p., acabando la última repetición en **; 3 cad., sált. 2 p., 1 p. b., dele la vuelta.

H. 7: Con A, 1 cad., 1 p. b., *2 p. a. M., 2 cad., sált. 1 p., 1 p. b., 1 p. a. M., 2 cad., sált. 1 p., 1 p. b., 2 cad., sált. 1 p., 1 p. a. M., 1 p. b., 2 cad., sált. 1 p., 1 p. a. M.; rep. desde * hasta que queden 2 p.; 1 p. a. M., 1 p. b., dele la vuelta.

H. 9: Con B, 1 cad., 1 p. b., *[2 cad., sált. 1 p., 1 p. b., 1 p. a. M.] 2 veces, [2 cad., sált. 1 p., 1 p. a. M., 1 p. b.] 2 veces; rep. desde * hasta que queden 2 p.; 2 cad., sált. 1 p., 1 p. b., dele la vuelta.

H. 11: Con A, 1 cad., 1 p. b., *1 p. a. M., 2 cad., sált. 1 p., 1 p. b., 1 p. a. M., 2 cad., sált. 1 p., 1 p. b., 1 p. a. M., 1 p. b., 2 cad., sált. 1 p., 1 p. a. M., 1 p. b., 2 cad., sált. 1 p.; rep. desde * hasta que queden 2 p.; 1 p. a. M., 1 p. b., dele la vuelta.

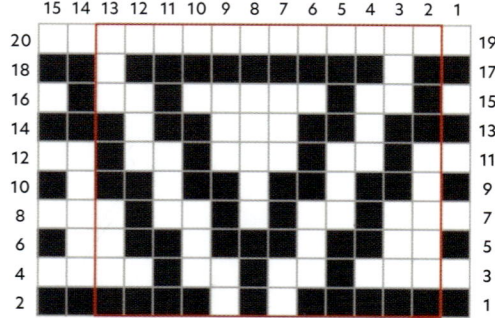

DIAGRAMA DEL MOSAICO

12 p.

Hilo A = crema

Hilo B = azul cerceta

H. 13: Con B, 1 cad., 1 p. b., *1 p. b., 1 p. a. M., 2 cad., sált. 1 p., 1 p. b., 1 p. a. M., 4 cad., sált. 3 p., 1 p. a. M., 1 p. b., 2 cad., sált. 1 p., 1 p. a. M.; rep. desde * hasta que queden 2 p.; 2 p. b., dele la vuelta.

H. 15: Con A, 1 cad., 1 p. b., *[2 cad., sált. 1 p., 1 p. b., 1 p. a. M.] 2 veces, 2 p. a. M., 1 p. b., 2 cad., sált. 1 p., 1 p. a. M., 1 p. b.; rep. desde * hasta que queden 2 p.; 2 cad., sált. 1 p., 1 p. b., dele la vuelta.

H. 17: Con B, 1 cad., 1 p. b., *1 p. a. M., 2 cad., sált. 1 p., 1 p. b., 1 p. a. M., 5 p. b., 1 p. a. M., 1 p. b., 2 cad., sált. 1 p.; rep. desde * hasta que queden 2 p.; 1 p. a. M., 1 p. b., dele la vuelta.

H. 19: Con A, 1 cad., 1 p. b., *1 p. b., 1 p. a. M., 9 p. b., 1 p. a. M.; rep. desde * hasta que queden 2 p.; 2 p. b., dele la vuelta.

H. 20: Como la H. 2.
Rep. las H. 1-20, acabando la última repetición con la H. 19.

CONSEJO: Si teje el diseño con las dos agujas, tenga en cuenta que los puntos deslizados están muy juntos, por lo que pueden alargarse y hundir los puntos adyacentes. Para evitar que ocurra esto y conseguir un resultado más pulcro, trabaje a punto bobo: teja del derecho cuando trabaje en las hileras del revés de la labor y deslice los puntos con el hilo por delante.

PUNTO

GANCHILLO

PUNTO

GANCHILLO

Maíz dulce

Este patrón funciona perfectamente a modo de repetición única trabajada en horizontal, pero también queda magnífico en vertical. La versión de punto crea un tejido con un poco más de tensión.

Instrucciones de punto

Múltiplo de 8 p. + 5

En las H. D., deslice los p. como si fuera a tejerlos del revés con el hilo por detrás. Monte los p. con B, teja 1 H. del derecho y 1 H. del revés.

H. 1 (D): Con A, 1 d., desl. 1, *3 d., desl. 3, 2 d.; rep. desde * hasta que queden 3 p.; 1 d., desl. 1, 1 d.

H. 2 y todas las H. R: Teja del revés los d. y deslice los p. desl. como si fuera a tejerlos del revés con el hilo por delante.

H. 3: Con B, teja p. del derecho.

H. 5: Con A, 1 d., desl. 1, *2 d., [desl. 2, 1 d.] 2 veces; rep. desde * hasta que queden 3 p.; 1 d., desl. 1, 1 d.

H. 7: Con B, teja p. del derecho.

H. 9: Con A, 1 d., desl. 1, *1 d., desl. 2, 3 d., desl. 2; rep. desde * hasta que queden 3 p.; 1 d., desl. 1, 1 d.

H. 11: Con B, teja p. del derecho.

H. 13: Con A, 1 d., desl. 1, *desl. 2, 5 d., desl. 1; rep. desde * hasta que queden 3 p.; desl. 2, 1 d.

H. 15: Con B, teja p. del derecho.

H. 16: Como la H. 2.

Rep. las H. 1-16.

Instrucciones de ganchillo

Múltiplo de 8 p. + 5

Nota sobre el patrón: La repetición de las instrucciones escritas difiere del diagrama en la H. 13.

Con B, teja el número deseado de p. b. sin cadeneta.

H. 1 (D): Con A, 1 cad., 1 p. b., 2 cad., sált. 1 p., *3 p. b., 4 cad., sált. 3 p., 2 p. b.; rep. desde * hasta que queden 3 p.; 1 p. b., 2 cad., sált. 1 p., 1 p. b., dele la vuelta.

H. 2 y todas las H. R: 1 cad., 1 p. b. en los p., 1 cad. y sált. los esp. de cad., dele la vuelta.

H. 3: Con B, 1 cad., 1 p. b., 1 p. a. M., *3 p. b., 3 p. a. M., 2 p. b.; rep. desde * hasta que queden 3 p.; 1 p. b., 1 p. a. M., 1 p. b., dele la vuelta.

H. 5: Con A, 1 cad., 1 p. b., 2 cad., sált. 1 p., *2 p. b., [3 cad., sált. 2 p., 1 p. b.] 2 veces; rep. desde * hasta que queden 3 p.; 1 p. b., 2 cad., sált. 1 p., 1 p. b., dele la vuelta.

H. 7: Con B, 1 cad., 1 p. b., 1 p. a. M., *2 p. b., [2 p. a. M., 1 p. b.] 2 veces; rep. desde * hasta que queden 3 p.; 1 p. b., 1 p. a. M., 1 p. b., dele la vuelta.

H. 9: Con A, 1 cad., 1 p. b., 2 cad., sált. 1 p., *1 p. b., 3 cad., sált. 2 p., 3 p. b., 3 cad., sált. 2 p.; rep. desde * hasta que queden 3 p.; 1 p. b., 2 cad., sált. 1 p., 1 p. b., dele la vuelta.

H. 11: Con B, 1 cad., 1 p. b., 1 p. a. M., *1 p. b., 2 p. a. M., 3 p. b., 2 p. a. M.; rep. desde * hasta que queden 3 p.; 1 p. b., 1 p. a. M., 1 p. b., dele la vuelta.

H. 13: Con A, 1 cad., 1 p. b., *4 cad., sált. 3 p., 5 p. b.; rep. desde * hasta que queden 4 p.; 4 cad., sált. 3 p., 1 p. b., dele la vuelta.

H. 15: Con B, 1 cad., 1 p. b., 1 p. a. M., *2 p. a. M., 5 p. b., 1 p. a. M.; rep. desde * hasta que queden 3 p.; 2 p. a. M., 1 p. b., dele la vuelta.

H. 16: Como la H. 2.

Rep. las H. 1-16, acabando la última repetición con la H. 15.

DIAGRAMA DEL MOSAICO

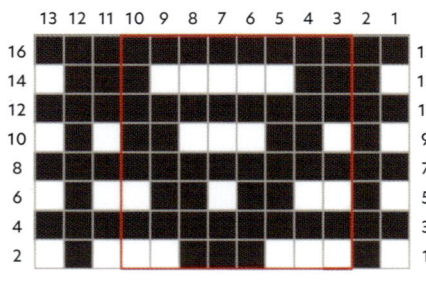

8 p.

☐ Hilo A = crema

■ Hilo B = azul cerceta

PUNTO

GANCHILLO

Cadenas

DIFICULTAD
X X X

Este diseño agradece que se trabaje en varias repeticiones, ya que así se realza al máximo la belleza del patrón.

Instrucciones de punto

Múltiplo de 6 p. + 7
En las H. D, deslice los p. como si fuera a tejerlos del revés con el hilo por detrás.
Monte los p. con B, teja 1 H. del derecho y 1 H. del revés.

H. 1 (D): Con A, 1 d., desl. 1, 2 d., *1 d., desl. 1, 4 d.; rep. desde * hasta que queden 3 p.; 1 d., desl. 1, 1 d.

H. 2 y todas las H. R: Teja del revés los d. y deslice los p. desl. como si fuera a tejerlos del revés con el hilo por delante.

H. 3: Con B, 2 d., desl. 1, 1 d., *2 d., [desl. 1, 1 d.] 2 veces; rep. desde * hasta que queden 3 p.; 3 d.

H. 5: Con A, [1 d., desl. 1] 2 veces, *5 d., desl. 1; rep. desde * hasta que queden 3 p.; 1 d., desl. 1, 1 d.

H. 7: Con B, 4 d., *[desl. 1, 1 d.] 2 veces, 2 d.; rep. desde * hasta que queden 3 p.; desl. 1, 2 d.

H. 9: Con A, 1 d., desl. 1, 2 d., *3 d., desl. 1, 2 d.; rep. desde * hasta que queden 3 p.; 1 d., desl. 1, 1 d.

H. 11: Con B, 2 d., desl. 1, 1 d., *desl. 1, 3 d., desl. 1, 1 d.; rep. desde * hasta que queden 3 p.; desl. 1, 2 d.

H. 12: Como la H. 2.
Rep. las H. 1-12. Para terminar, teja todos los p. de la H. 11 del derecho y todos los p. de la H. 12 del revés.

Instrucciones de ganchillo

Múltiplo de 6 p. + 7
Con B, teja el número deseado de p. b. sin cadeneta.

H. 1 (D): Con A, 1 cad., 1 p. b., 2 cad., sált. 1 p., 2 p. b., *1 p. b., 2 cad., sált. 1 p., 4 p. b.; rep. desde * hasta que queden 3 p.; 1 p. b., 2 cad., sált. 1 p., 1 p. b., dele la vuelta.

H. 2 y todas las H. R: 1 cad., 1 p. b. en los p., 1 cad. y sált. los esp. de cad., dele la vuelta.

H. 3: Con B, 1 cad., 1 p. b., 1 p. a. M., 2 cad., sált. 1 p., 1 p. b., *1 p. b., 1 p. a. M., [2 cad., sált. 1 p., 1 p. b.] 2 veces; rep. desde * hasta que queden 3 p.; 1 p. b., 1 p. a. M., 1 p. b., dele la vuelta.

H. 5: Con A, 1 cad., 1 p. b., 2 cad., sált. 1 p., 1 p. a. M., 2 cad., sált. 1 p., *2 p. b., 1 p. a. M., 1 p. b., 1 p. a. M., 2 cad., sált. 1 p.; rep. desde * hasta que queden 3 p.; 1 p. b., 2 cad., sált. 1 p., 1 p. b., dele la vuelta.

H. 7: Con B, 1 cad., [1 p. b., 1 p. a. M.] 2 veces, *[2 cad., sált. 1 p., 1 p. b.] 2 veces, 1 p. b., 1 p. a. M.; rep. desde * hasta que queden 3 p.; 2 cad., sált. 1 p., 1 p., 1 p. a. M., 1 p. b., dele la vuelta.

H. 9: Con A, 1 cad., 1 p. b., 2 cad., sált. 1 p., 2 p. b., *1 p. a. M., 1 p. b., 1 p. a. M., 2 cad., sált. 1 p., 2 p. b.; rep. desde * hasta que queden 3 p.; 1 p. a. M., 2 cad., sált. 1 p., 1 p. b., dele la vuelta.

H. 11: Con B, 1 cad., 1 p. b., 1 p. a. M., 2 cad., sált. 1 p., 1 p. b., *2 cad., sált. 1 p., 2 p. b., 1 p. a. M., 2 cad., sált. 1 p., 1 p. b.; rep. desde * hasta que queden 3 p.; 2 cad., sált. 1 p., 1 p. a. M., 1 p. b., dele la vuelta.

H. 12: Como la H. 2.
Rep. las H. 1-12, haciendo 1 p. a. M. en los esp. requeridos en la H. 1. Termine la última repetición haciendo la H. 11 como sigue: con A, 1 p. b. en cada p. y 1 p. a. M. en cada esp.

DIAGRAMA DEL MOSAICO

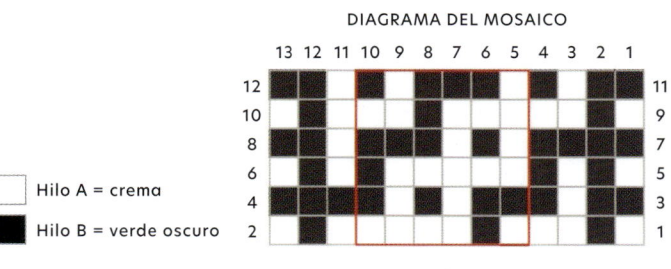

☐ Hilo A = crema

■ Hilo B = verde oscuro

6 p.

De la naturaleza

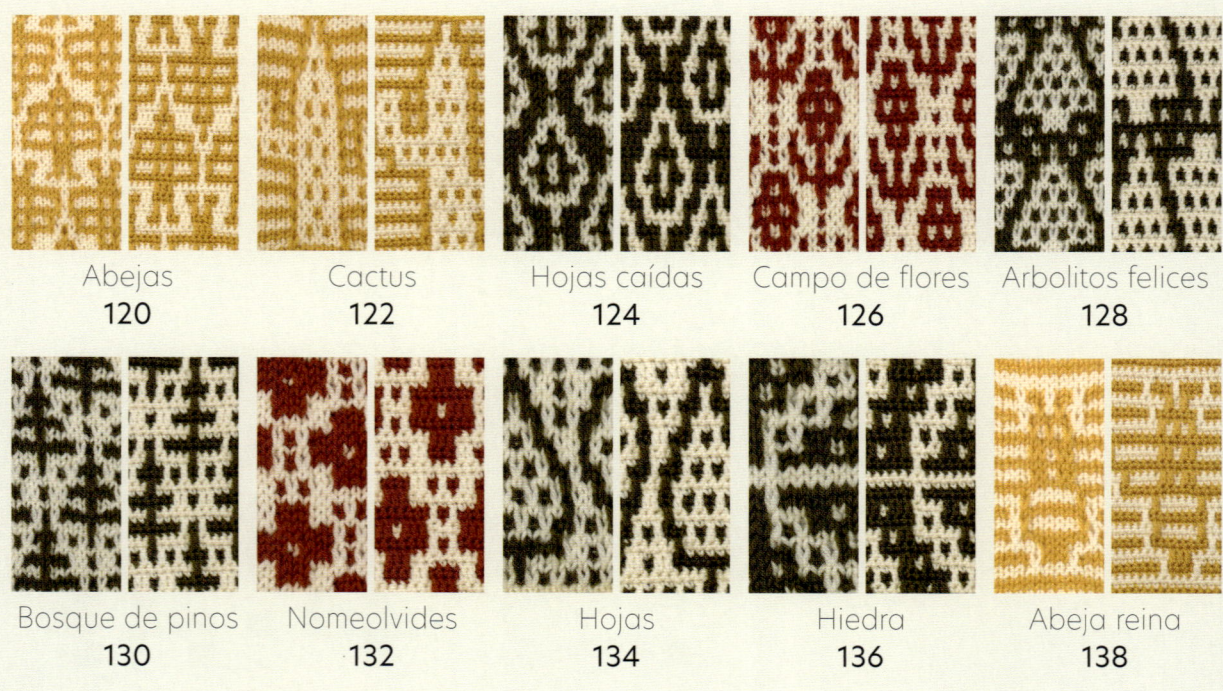

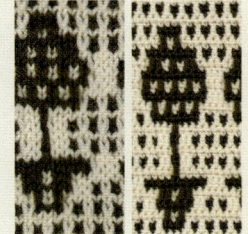

Topiaria
140

Celosía
142

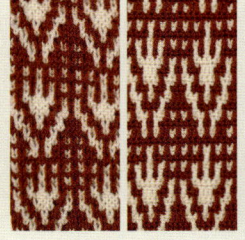

Tulipán
144

Flor
146

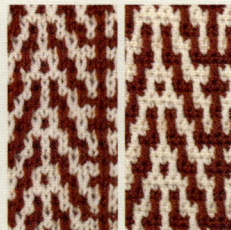

Enredadera
148

Abejas

En este libro no podían faltar los seres más trabajadores de la naturaleza. Este diseño con abejas quedará maravilloso en una manta, una chaqueta de punto o un chal, donde se apreciará bien la repetición del patrón.

Instrucciones de punto

Múltiplo de 12 p. + 5

En las H. D, deslice los p. como si fuera a tejerlos del revés con el hilo por detrás. Monte los p. con A, teja 1 H. del derecho y 1 H. del revés.

H. 1 (D): Con B, 1 d., desl. 1, 1 d., *desl. 1, 9 d., desl. 1, 1 d.; rep. desde * hasta que queden 2 p.; desl. 1, 1 d.

H. 2 y todas las H. R: Teja del revés los d. y deslice los p. desl. como si fuera a tejerlos del revés con el hilo por delante.

H. 3: Con A, 2 d., desl. 1, *4 d., desl. 1, 1 d., desl. 1, 4 d., desl. 1; rep. desde * hasta que queden 2 p.; 2 d.

H. 5: Con B, 3 d., *1 d., desl. 3, 3 d., desl. 3, 2 d.; rep. desde * hasta que queden 2 p.; 2 d.

H. 7: Con A, 1 d., desl. 1, 1 d., *desl. 1, 4 d., desl. 1, 4 d., desl. 1, 1 d.; rep. desde * hasta que queden 2 p.; desl. 1, 1 d.

H. 9: Con B, 3 d., *4 d., desl. 1, 1 d., desl. 1, 5 d.; rep. desde * hasta que queden 2 p.; 2 d.

H. 11: Con A, 1 d., desl. 1, 1 d., *desl. 1, 2 d., desl. 1, 3 d., desl. 1, 2 d., desl. 1, 1 d.;

rep. desde * hasta que queden 2 p.; desl. 1, 1 d.

H. 13: Con B, 3 d., *5 d., desl. 1, 6 d.; rep. desde * hasta que queden 2 p.; 2 d.

H. 15: Con A, 1 d., desl. 1, 1 d., *desl. 1, 3 d., desl. 1, 1 d., desl. 1, 3 d., desl. 1, 1 d.; rep. desde * hasta que queden 2 p.; desl. 1, 1 d.

H. 17: Con B, 3 d., *5 d., desl. 1, 6 d.; rep. desde * hasta que queden 2 p.; 2 d.

H. 19: Con A, 1 d., desl. 2, *desl. 1, 9 d., desl. 2; rep. desde * hasta que queden 2 p.; 1 d.

H. 21: Con B, 3 d., *1 d., desl. 2, 2 d., desl. 1, 2 d., desl. 2, 2 d.; rep. desde * hasta que queden 2 p.; 2 d.

H. 23: Con A, 1 d., desl. 1, 1 d., *desl. 1, 3 d., desl. 1, 1 d., desl. 1, 3 d., desl. 1, 1 d.; rep. desde * hasta que queden 2 p.; desl. 1, 1 d.

H. 25: Con B, 2 d., desl. 1, *2 d., desl. 2, 3 d., desl. 2, 2 d., desl. 1; rep. desde * hasta que queden 2 p.; 2 d.

H. 27: Con A, 3 d., *4 d., desl. 3, 5 d.; rep. desde * hasta que queden 2 p.; 2 d.

H. 29: Con B, 2 d., desl. 1, *11 d., desl. 1; rep. desde * hasta que queden 2 p.; 2 d.

H. 31: Con A, 1 d., desl. 1, 1 d., *desl. 1, 3 d., desl. 1, 1 d., desl. 1, 3 d., desl. 1, 1 d.; rep. desde * hasta que queden 2 p.; desl. 1, 1 d.

H. 33: Con B, 2 d., desl. 1, *11 d., desl. 1; rep. desde * hasta que queden 2 p.; 2 d.

H. 35: Con A, 3 d., *1 d., desl. 1, 2 d., desl. 1, 1 d., desl. 1, 2 d., desl. 1, 2 d.; rep. desde * hasta que queden 2 p.; 2 d.

Rep. las H. 1-36. Para terminar, haga las H. 37-40.

H. 37: Con A, 1 d., desl. 1, 1 d., *desl. 1, 9 d., desl. 1, 1 d.; rep. desde * hasta que queden 2 p.; desl. 1, 1 d.

H. 39: Con A, teja p. del derecho.

H. 40: Como la H. 2.

Instrucciones de ganchillo

Múltiplo de 12 p. + 5

Con A, teja el número deseado de p. b. sin cadeneta.

H. 1 (D): Con B, 1 cad., 1 p. b., 2 cad., sált. 1 p., 1 p. b., *2 cad., sált. 1 p., 9 p. b., 2 cad., sált. 1 p., 1 p. b.; rep. desde * hasta que queden 2 p.; 2 cad., sált. 1 p., 1 p. b., dele la vuelta.

H. 2 y todas las H. R: 1 cad., 1 p. b. en los p., 1 cad. y sált. los esp. de cad., dele la vuelta.

H. 3: Con A, 1 cad., 1 p. b., 1 p. a. M., 2 cad., sált. 1 p., *1 p. a. M., 3 p. b., 2 cad., sált. 1 p., 1 p. b., 2 cad., sált. 1 p., 3 p. b., 1 p. a. M., 2 cad., sált. 1 p.; rep. desde * hasta que queden 2 p.; 1 p. a. M., 1 p. b., dele la vuelta.

H. 5: Con B, 1 cad., 2 p. b., 1 p. a. M., *1 p. b., 4 cad., sált. 3 p., 1 p. a. M., 1 p. b., 1 p. a. M., 4 cad., sált. 3 p., 1 p. b., 1 p. a. M.; rep. desde * hasta que queden 2 p.; 2 p. b., dele la vuelta.

H. 7: Con A, 1 cad., 1 p. b., 2 cad., sált. 1 p., 1 p. b., *2 cad., sált. 1 p., 3 p. a. M., 1 p. b., 2 cad., sált. 1 p., 1 p. b., 3 p. a. M., 2 cad., sált. 1 p., 1 p. b.; rep. desde * hasta que queden 2 p.; 2 cad., sált. 1 p., 1 p. b., dele la vuelta.

H. 9: Con B, 1 cad., 1 p. b., 1 p. a. M., 1 p. b., *1 p. a. M., 3 p. b., 2 cad., sált. 1 p., 1 p. a. M., 2 cad., sált. 1 p., 3 p. b., 1 p. a. M., 1 p. b.; rep. desde * hasta que queden 2 p.; 1 p. a. M., 1 p. b., dele la vuelta.

DIAGRAMA DEL MOSAICO

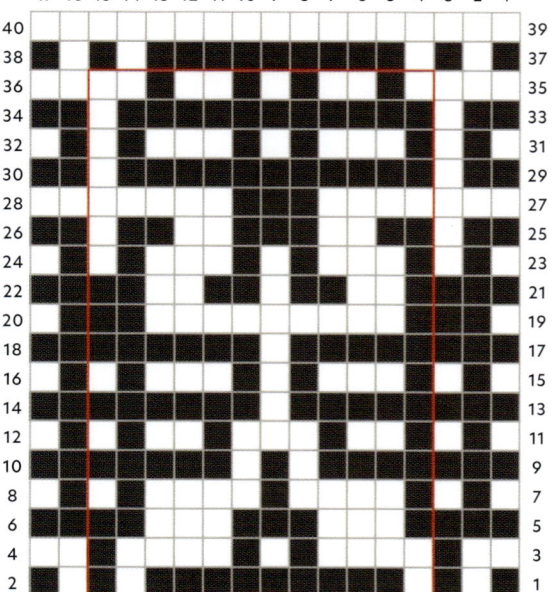

17 16 15 14 13 12 11 10 9 8 7 6 5 4 3 2 1

40 / 39
38 / 37
36 / 35
34 / 33
32 / 31
30 / 29
28 / 27
26 / 25
24 / 23
22 / 21
20 / 19
18 / 17
16 / 15
14 / 13
12 / 11
10 / 9
8 / 7
6 / 5
4 / 3
2 / 1

☐ Hilo A = crema

■ Hilo B = amarillo

12 p.

PUNTO

GANCHILLO

H. 11: Con A, 1 cad., 1 p. b., 2 cad., sált. 1 p., 1 p. b., *2 cad., sált. 1 p., 2 p. b., 2 cad., sált. 1 p., 1 p. a. M., 1 p. b., 1 p. a. M., 2 cad., sált. 1 p., 2 p. b., 2 cad., sált. 1 p., 1 p. b.; rep. desde * hasta que queden 2 p.; 2 cad., sált. 1 p., 1 p. b., dele la vuelta.

H. 13: Con B, 1 cad., 1 p. b., 1 p. a. M., 1 p. b., *1 p. a. M., 2 p. b., 1 p. a. M., 1 p. b., 2 cad., sált. 1 p., 1 p. b., 1 p. a. M., 2 p. b., 1 p. a. M., 1 p. b.; rep. desde * hasta que queden 2 p.; 1 p. a. M., 1 p. b., dele la vuelta.

H. 15: Con A, 1 cad., 1 p. b., 2 cad., sált. 1 p., 1 p. b., *2 cad., sált. 1 p., 3 p. b., 2 cad., sált. 1 p., 1 p. a. M., 2 cad., sált. 1 p., 3 p. b., 2 cad., sált. 1 p., 1 p. b.; rep. desde * hasta que queden 2 p.; 2 cad., sált. 1 p., 1 p. b., dele la vuelta.

H. 17: Con B, 1 cad., 1 p. b., 1 p. a. M., 1 p. b., *1 p. a. M., 3 p. b., 1 p. a. M., 2 cad., sált. 1 p., 1 p. a. M., 3 p. b., 1 p. a. M., 1 p. b.; rep. desde * hasta que queden 2 p.; 1 p. a. M., 1 p. b., dele la vuelta.

H. 19: Con A, 1 cad., 1 p. b., 4 cad., sált. 3 p., *4 p. b., 1 p. a. M., 4 p. b., 4 cad., sált. 3 p.; rep. desde * hasta que quede 1 p.; 1 p. b., dele la vuelta.

H. 21: Con B, 1 cad., 1 p. b., 2 p. a. M., *1 p. a. M., 3 cad., sált. 2 p., 2 p. b., 2 cad., sált. 1 p., 2 p. b., 3 cad., sált. 2 p., 2 p. a. M.; rep. desde * hasta que queden 2 p.; 1 p. a. M., 1 p. b., dele la vuelta.

H. 23: Con A, 1 cad., 1 p. b., 2 cad., sált. 1 p., 1 p. b., *2 cad., sált. 1 p., 2 p. a. M., 1 p. b., 2 cad., sált. 1 p., 1 p. a. M., 2 cad., sált. 1 p., 1 p. b., 2 p. a. M., 2 cad., sált. 1 p., 1 p. b.; rep. desde * hasta que queden 2 p.; 2 cad., sált. 1 p., 1 p. b., dele la vuelta.

H. 25: Con B, 1 cad., 1 p. b., 1 p. a. M., 2 cad., sált. 1 p., *1 p. a. M., 1 p. b., 3 cad., sált. 2 p., 1 p. a. M., 1 p. b., 1 p. a. M., 3 cad., sált. 2 p., 1 p. b., 1 p. a. M., 2 cad., sált. 1 p.; rep. desde * hasta que queden 2 p.; 1 p. a. M., 1 p. b., dele la vuelta.

H. 27: Con A, 1 cad., 2 p. b., 1 p. a. M., *2 p. b., 2 p. a. M., 4 cad., sált. 3 p., 2 p. a. M., 2 p. b., 1 p. a. M.; rep. desde * hasta que queden 2 p.; 2 p. b., dele la vuelta.

H. 29: Con B, 1 cad., 2 p. b., 2 cad., sált. 1 p., *4 p. b., 3 p. a. M., 4 p. b., 2 cad., sált. 1 p.; rep. desde * hasta que queden 2 p.; 2 p. b., dele la vuelta.

H. 31: Con A, 1 cad., 1 p. b., 2 cad., sált. 1 p., 1 p. a. M., *2 cad., sált. 1 p., 3 p. b., 2 cad., sált. 1 p., 1 p. b., 2 cad., sált. 1 p., 3 p. b., 2 cad., sált. 1 p., 1 p. a. M.; rep. desde * hasta que queden 2 p.; 2 cad., sált. 1 p., 1 p. b., dele la vuelta.

H. 33: Con B, 1 cad., 1 p. b., 1 p. a. M., 2 cad., sált. 1 p., *1 p. a. M., 3 p. b., 1 p. a. M., 1 p. b., 1 p. a. M., 3 p. b., 1 p. a. M., 2 cad., sált. 1 p.; rep. desde * hasta que queden 2 p.; 1 p. a. M., 1 p. b., dele la vuelta.

H. 35: Con A, 1 cad., 2 p. b., 1 p. a. M., *1 p. b., 2 cad., sált. 1 p., 2 p. b., 2 cad., sált. 1 p., 1 p. b., 2 cad., sált. 1 p., 2 p. b., 2 cad., sált. 1 p., 1 p. b., 1 p. a. M.; rep. desde * hasta que queden 2 p.; 2 p. b., dele la vuelta.

Rep. las H. 1-36, haciendo 1 p. a. M. en los esp. requeridos en la H. 1. Para terminar, haga las H. 37-39.

H. 37: Con B, 1 cad., 1 p. b., 2 cad., sált. 1 p., 1 p. b., *2 cad., sált. 1 p., 1 p. a. M., 2 p. b., 1 p. a. M., 1 p. b., 1 p. a. M., 2 p. b., 1 p. a. M., 2 cad., sált. 1 p., 1 p. b.; rep. desde * hasta que queden 2 p.; 2 cad., sált. 1 p., 1 p. b., dele la vuelta.

H. 39: Con A, 1 cad., 1 p. b. en cada p. y 1 p. a. M. en cada esp.

Cactus

Queda precioso tanto como diseño único como en forma de paneles o hileras. En la versión de punto, el fondo de rayas se trabaja a punto liso, que crea un tejido más suelto que el del motivo en sí. Haga las repeticiones bastante juntas para equilibrar la labor o teja el fondo a punto bobo.

Instrucciones de punto

Múltiplo de 20 p. + 3
En las H. D, deslice los p. como si fuera a tejerlos del revés con el hilo por detrás.
Monte los p. con B, teja 1 H. del derecho y 1 H. del revés.
H. 1 (D): Con A, 1 d., *7 d., desl. 1, 5 d., desl. 1, 6 d.; rep. desde * hasta que queden 2 p.; 2 d.
H. 2 y todas las H. R: Teja del revés los d. y deslice los p. desl. como si fuera a tejerlos del revés con el hilo por delante.
H. 3: Con B, 1 d., *8 d., [desl. 1, 1 d.] 2 veces, desl. 1, 7 d.; rep. desde * hasta que queden 2 p.; 2 d.
H. 5: Con A, 1 d., *7 d., desl. 1, 5 d., desl. 1, 6 d.; rep. desde * hasta que queden 2 p.; 2 d.
H. 7: Con B, 1 d., *8 d., desl. 2, 1 d., desl. 2, 7 d.; rep. desde * hasta que queden 2 p.; 2 d.
H. 9: Con A, 1 d., *3 d., desl. 1, 9 d., desl. 1, 6 d.; rep. desde * hasta que queden 2 p.; 2 d.

H. 11: Con B, 1 d., *4 d., [desl. 1, 1 d.] 4 veces, desl. 1, 7 d.; rep. desde * hasta que queden 2 p.; 2 d.
H. 13: Con A, 1 d., *1 d., desl. 1, 11 d., desl. 1, 6 d.; rep. desde * hasta que queden 2 p.; 2 d.
H. 15: Con B, 1 d., *2 d., [desl. 1, 1 d.] 2 veces, 2 d., desl. 2, 1 d., desl. 2, 7 d.; rep. desde * hasta que queden 2 p.; 2 d.
H. 17: Con A, 1 d., *1 d., desl. 1, 1 d., desl. 1, 9 d., desl. 1, 2 d.; rep. desde * hasta que queden 2 p.; 2 d.
H. 19: Con B, 1 d., *2 d., [desl. 1, 1 d.] 2 veces, 2 d., [desl. 1, 1 d.] 5 veces, 2 d.; rep. desde * hasta que queden 2 p.; 2 d.
H. 21: Con A, 1 d., *1 d., desl. 1, 3 d., desl. 1, 1 d., desl. 1, 11 d., desl. 1; rep. desde * hasta que queden 2 p.; 2 d.
H. 23: Con B, 1 d., *2 d., [desl. 1, 1 d.] 2 veces, 2 d., [desl. 2, 1 d.] 2 veces, 2 d., desl. 1, 1 d., desl. 1, 2 d.; rep. desde * hasta que queden 2 p.; 2 d.
H. 25: Con A, 1 d., *1 d., desl. 1, 3 d., desl. 1, 1 d., desl. 1, 5 d., desl. 1, 1 d., desl. 1, 3 d., desl. 1; rep. desde * hasta que queden 2 p.; 2 d.

H. 27: Con B, 1 d., *8 d., [desl. 1, 1 d.] 3 veces, 2 d., [desl. 1, 1 d.] 2 veces; rep. desde * hasta que queden 2 p.; 2 d.
H. 29: Con A, 1 d., *7 d., desl. 1, 5 d., desl. 1, 1 d., desl. 1, 3 d., desl. 1; rep. desde * hasta que queden 2 p.; 2 d.
H. 31: Con B, 1 d., *8 d., [desl. 2, 1 d.] 2 veces, 6 d.; rep. desde * hasta que queden 2 p.; 2 d.
H. 33: Con A, 1 d., *7 d., desl. 1, 5 d., desl. 1, 6 d.; rep. desde * hasta que queden 2 p.; 2 d.
H. 35: Con B, 1 d., *9 d., [desl. 1, 1 d.] 2 veces, 7 d.; rep. desde * hasta que queden 2 p.; 2 d.
H. 37: Con A, 1 d., *8 d., desl. 1, 3 d., desl. 1, 7 d.; rep. desde * hasta que queden 2 p.; 2 d.
H. 39: Con B, 1 d., *10 d., desl. 1, 9 d.; rep. desde * hasta que queden 2 p.; 2 d.
H. 41: Con A, 1 d., *9 d., desl. 1, 1 d., desl. 1, 8 d.; rep. desde * hasta que queden 2 p.; 2 d.
H. 43: Con B, teja p. del derecho.
H. 44: Como la H. 2.

Instrucciones de ganchillo

Múltiplo de 20 p. + 3
Con B, teja el número deseado de p. b. sin cadeneta.
H. 1 (D): Con A, 1 cad., 1 p. b., *7 p. b., 2 cad., sált. 1 p., 5 p. b., 2 cad., sált. 1 p., 6 p. b.; rep. desde * hasta que queden 2 p.; 2 p. b., dele la vuelta.
H. 2 y todas las H. R: 1 cad., 1 p. b. en los p., 1 cad. y sált. los esp. de cad., dele la vuelta.
H. 3: Con B, 1 cad., 1 p. b., *7 p. b., 1 p. a. M., [2 cad., sált. 1 p., 1 p. b.] 2 veces, 2 cad., sált. 1 p., 1 p. a. M., 6 p. b.; rep. desde * hasta que queden 2 p.; 2 p. b., dele la vuelta.
H. 5: Con A, 1 cad., 1 p. b., *7 p. b., 2 cad., sált. 1 p., [1 p. a. M., 1 p. b.] 2 veces, 1 p. a. M., 2 cad., sált. 1 p., 6 p. b.; rep. desde * hasta que queden 2 p.; 2 p. b., dele la vuelta.

DIAGRAMA DEL MOSAICO

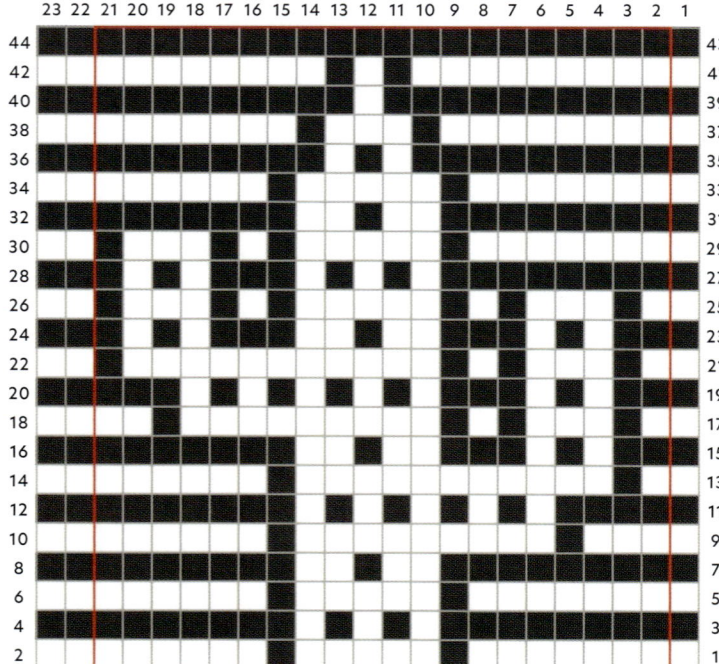

20 p.

☐ Hilo A = crema
■ Hilo B = amarillo

DE LA NATURALEZA

H. 7: Con B, 1 cad., 1 p. b., *7 p. b., 1 p. a. M., 3 cad., sált. 2 p., 1 p. b., 3 cad., sált. 2 p., 1 p. a. M., 6 p. b.; rep. desde * hasta que queden 2 p.; 2 p. b., dele la vuelta.

H. 9: Con A, 1 cad., 1 p. b., *3 p. b., 2 cad., sált. 1 p., 4 p. b., 2 p. a. M., 1 p. b., 2 p. a. M., 2 cad., sált. 1 p., 6 p. b.; rep. desde * hasta que queden 2 p.; 2 p. b., dele la vuelta.

H. 11: Con B, 1 cad., 1 p. b., *3 p. b., 1 p. a. M., [2 cad., sált. 1 p., 1 p. b.] 4 veces, 2 cad., sált. 1 p., 1 p. a. M., 6 p. b.; rep. desde * hasta que queden 2 p.; 2 p. b., dele la vuelta.

H. 13: Con A, 1 cad., 1 p. b., *1 p. b., 2 cad., sált. 1 p., 2 p. b., [1 p. a. M., 1 p. b.] 4 veces, 1 p. a. M., 2 cad., sált. 1 p., 6 p. b.; rep. desde * hasta que queden 2 p.; 2 p. b., dele la vuelta.

H. 15: Con B, 1 cad., 1 p. b., *1 p. b., 1 p. a. M., [2 cad., sált. 1 p., 1 p. b.] 2 veces, 2 p. b., 3 cad., sált. 2 p., 1 p. b., 3 cad., sált. 2 p., 1 p. a. M., 6 p. b.; rep. desde * hasta que queden 2 p.; 2 p. b., dele la vuelta.

H. 17: Con A, 1 cad., 1 p. b., *1 p. b., 2 cad., sált. 1 p., 1 p. a. M., 1 p. b., 1 p. a. M., 2 cad., sált. 1 p., 1 p. b., 2 cad., sált. 1 p., 2 p. a. M., 1 p. b., 2 p. a. M., 4 p. b., 2 cad., sált. 1 p., 2 p. b.; rep. desde * hasta que queden 2 p.; 2 p. b., dele la vuelta.

H. 19: Con B, 1 cad., 1 p. b., *1 p. b., 1 p. a. M., 2 cad., sált. 1 p., 1 p. b., 2 cad., sált. 1 p., 1 p. a. M., 1 p. b., 1 p. a. M.,

[2 cad., sált. 1 p., 1 p. b.] 4 veces, 2 cad., sált. 1 p., 1 p. a. M., 2 p. b.; rep. desde * hasta que queden 2 p.; 2 p. b., dele la vuelta.

H. 21: Con A, 1 cad., 1 p. b., *1 p. b., 2 cad., sált. 1 p., 1 p. a. M., 1 p. b., 1 p. a. M., 2 cad., sált. 1 p., 1 p. b., 2 cad., sált. 1 p., [1 p. a. M., 1 p. b.] 4 veces, 1 p. a. M., 2 p. b., 2 cad., sált. 1 p.; rep. desde * hasta que queden 2 p.; 2 p. b., dele la vuelta.

H. 23: Con B, 1 cad., 1 p. b., *1 p. b., 1 p. a. M., 2 cad., sált. 1 p., 1 p. b., 2 cad., sált. 1 p., 1 p. a. M., 1 p. b., 1 p. a. M., [3 cad., sált. 2 p., 1 p. b.] 2 veces, 2 p. b., 2 cad., sált. 1 p., 1 p. b., 2 cad., sált. 1 p., 1 p. a. M.; rep. desde * hasta que queden 2 p.; 2 p. b., dele la vuelta.

H. 25: Con A, 1 cad., 1 p. b., *1 p. b., 2 cad., sált. 1 p., 1 p. a. M., 1 p. b., 1 p. a. M., 2 cad., sált. 1 p., 1 p. b., 2 cad., sált. 1 p., 2 p. a. M., 1 p. b., 2 p. a. M., 2 cad., sált. 1 p., 1 p. b., 2 cad., sált. 1 p., 1 p. a. M., 1 p. b., 1 p. a. M., 2 cad., sált. 1 p.; rep. desde * hasta que queden 2 p.; 2 p. b., dele la vuelta.

H. 27: Con B, 1 cad., 1 p. b., *1 p. b., 1 p. a. M., 3 p. b., 1 p. a. M., 1 p. b., 1 p. a. M., [2 cad., sált. 1 p., 1 p. b.] 2 veces, 2 cad., sált. 1 p., 1 p. a. M., 1 p. b., 1 p. a. M., 2 cad., sált. 1 p., 1 p. b., 2 cad., sált. 1 p., 1 p. a. M.; rep. desde * hasta que queden 2 p.; 2 p. b., dele la vuelta.

H. 29: Con A, 1 cad., 1 p. b., *7 p. b., 2 cad., sált. 1 p., [1 p. a. M., 1 p. b.] 2 veces, 1 p. a. M., 2 cad., sált. 1 p., 1 p. b.,

2 cad., sált. 1 p., 1 p. a. M., 1 p. b., 1 p. a. M., 2 cad., sált. 1 p.; rep. desde * hasta que queden 2 p.; 2 p. b., dele la vuelta.

H. 31: Con B, 1 cad., 1 p. b., *7 p. b., 1 p. a. M., 3 cad., sált. 2 p., 1 p. b., 3 cad., sált. 2 p., 1 p. a. M., 1 p. b., 1 p. a. M., 3 p. b., 1 p. a. M.; rep. desde * hasta que queden 2 p.; 2 p. b., dele la vuelta.

H. 33: Con A, 1 cad., 1 p. b., *7 p. b., 2 cad., sált. 1 p., 2 p. a. M., 1 p. b., 2 p. a. M., 2 cad., sált. 1 p., 6 p. b.; rep. desde * hasta que queden 2 p.; 2 p. b., dele la vuelta.

H. 35: Con B, 1 cad., 1 p. b., *7 p. b., 1 p. a. M., 1 p. b., 2 cad., sált. 1 p., 1 p. b., 2 cad., sált. 1 p., 1 p. b., 1 p. a. M., 6 p. b.; rep. desde * hasta que queden 2 p.; 2 p. b., dele la vuelta.

H. 37: Con A, 1 cad., 1 p. b., *8 p. b., 2 cad., sált. 1 p., 1 p. a. M., 1 p. b., 1 p. a. M., 2 cad., sált. 1 p., 7 p. b.; rep. desde * hasta que queden 2 p.; 2 p. b., dele la vuelta.

H. 39: Con B, 1 cad., 1 p. b., *8 p. b., 1 p. a. M., 1 p. b., 2 cad., sált. 1 p., 1 p. b., 1 p. a. M., 7 p. b.; rep. desde * hasta que queden 2 p.; 2 p. b., dele la vuelta.

H. 41: Con A, 1 cad., 1 p. b., *9 p. b., 2 cad., sált. 1 p., 1 p. a. M., 2 cad., sált. 1 p., 8 p. b.; rep. desde * hasta que queden 2 p.; 2 p. b., dele la vuelta.

H. 43: Con B, 1 cad., 1 p. b. en cada p. y 1 p. a. M. en cada esp.

H. 44: Como la H. 2.

Hojas caídas

Este patrón debe repetirse al menos una vez para que el motivo y el patrón se aprecien bien. Resulta ideal para un gorro de pescador o uno de invierno.

Instrucciones de punto

Múltiplo de 12 p. + 3
En las H. D, deslice los p. como si fuera a tejerlos del revés con el hilo por detrás.
Monte los p. con B, teja 1 H. del derecho y 1 H. del revés.

H. 1 (D): Con A, 1 d., *1 d., desl. 3, 2 d., desl. 1, 2 d., desl. 3; rep. desde * hasta que queden 2 p.; 2 d.

H. 2 y todas las H. R: Teja del revés los d. y deslice los p. desl. como si fuera a tejerlos del revés con el hilo por delante.

H. 3: Con B, 1 d., *desl. 1, 4 d., desl. 1, 1 d., desl. 1, 4 d.; rep. desde * hasta que queden 2 p.; desl. 1, 1 d.

H. 5: Con A, 1 d., *3 d., desl. 2, 3 d., desl. 2, 2 d.; rep. desde * hasta que queden 2 p.; 2 d.

H. 7: Con B, 1 d., *2 d., desl. 1, 3 d., desl. 1, 3 d., desl. 1, 1 d.; rep. desde * hasta que queden 2 p.; 2 d.

H. 9: Con A, 1 d., *1 d., desl. 1, 2 d., desl. 2, 1 d., desl. 2, 2 d., desl. 1; rep. desde * hasta que queden 2 p.; 2 d.

H. 11: Con B, 1 d., *desl. 1, 2 d., desl. 1, 5 d., desl. 1, 2 d.; rep. desde * hasta que queden 2 p.; desl. 1, 1 d.

H. 13: Con A, 1 d., *1 d., desl. 1, 2 d., desl. 2, 1 d., desl. 2, 2 d., desl. 1; rep. desde * hasta que queden 2 p.; 2 d.

H. 15: Con B, 1 d., *2 d., desl. 1, 3 d., desl. 1, 3 d., desl. 1, 1 d.; rep. desde * hasta que queden 2 p.; 2 d.

H. 17: Con A, 1 d., *desl. 1, 2 d., desl. 1, 5 d., desl. 1, 2 d.; rep. desde * hasta que queden 2 p.; desl. 1, 1 d.

H. 19: Con B, 1 d., *1 d., desl. 1, 2 d., desl. 1, 3 d., desl. 1, 2 d., desl. 1; rep. desde * hasta que queden 2 p.; 2 d.

H. 21: Con A, 1 d., *2 d., desl. 1, 2 d., desl. 1, 1 d., desl. 1, 2 d., desl. 1, 1 d.; rep. desde * hasta que queden 2 p.; 2 d.

H. 23: Con B, 1 d., *desl. 1, 2 d., desl. 1, 2 d., desl. 1, 2 d., desl. 1, 2 d.; rep. desde * hasta que queden 2 p.; desl. 1, 1 d.

H. 25: Con A, 1 d., *1 d., desl. 2, 2 d., desl. 1, 1 d., desl. 1, 2 d., desl. 2; rep. desde * hasta que queden 2 p.; 2 d.

H. 27: Con B, 1 d., *4 d., desl. 1, 3 d., desl. 1, 3 d.; rep. desde * hasta que queden 2 p.; 2 d.

H. 28: Con B, como la H. 2.
Rep. las H. 1-27. Para terminar, utilice B para tejer todos los p. de la H. 27 del derecho y todos los p. de la H. 28 del revés.

Instrucciones de ganchillo

Múltiplo de 12 p. + 3
Con B, teja el número deseado de p. b. sin cadeneta.

H. 1 (D): Con A, 1 cad., 1 p. b., *1 p. b., 4 cad., sált. 3 p., 2 p. b., 2 cad., sált. 1 p., 2 p. b., 4 cad., sált. 3 p.; rep. desde * hasta que queden 2 p.; 2 p. b., dele la vuelta.

H. 2 y todas las H. R: 1 cad., 1 p. b. en los p., 1 cad. y sált. los esp. de cad., dele la vuelta.

H. 3: Con B, 1 cad., 1 p. b., *2 cad., sált. 1 p., 3 p. a. M., 1 p. b., 2 cad., sált. 1 p., 1 p. a. M., 2 cad., sált. 1 p., 1 p. b., 3 p. a. M.; rep. desde * hasta que queden 2 p.; 2 cad., sált. 1 p., 1 p. b., dele la vuelta.

H. 5: Con A, 1 cad., 1 p. b., *1 p. a. M., 2 p. b., 3 cad., sált. 2 p., 1 p. a. M., 1 p. b., 1 p. a. M., 3 cad., sált. 2 p., 2 p. b.; rep. desde * hasta que queden 2 p.; 1 p. a. M., 1 p. b., dele la vuelta.

H. 7: Con B, 1 cad., 1 p. b., *2 p. b., 2 cad., sált. 1 p., 2 p. a. M., 1 p. b., 2 cad., sált. 1 p., 1 p. b., 2 p. a. M., 2 cad., sált. 1 p., 1 p. b.; rep. desde * hasta que queden 2 p.; 2 p. b., dele la vuelta.

H. 9: Con A, 1 cad., 1 p. b., *1 p. b., 2 cad., sált. 1 p., 1 p. a. M., 1 p. b., 3 cad., sált. 2 p., 1 p. a. M., 3 cad., sált. 2 p., 1 p. b., 1 p. a. M., 2 cad., sált. 1 p.; rep. desde * hasta que queden 2 p.; 2 p. b., dele la vuelta.

H. 11: Con B, 1 cad., 1 p. b., *2 cad., sált. 1 p., 1 p. a. M., 1 p. b., 2 cad., sált. 1 p., 2 p. a. M., 1 p. b., 2 p. a. M., 2 cad., sált. 1 p., 1 p. b., 1 p. a. M.; rep. desde * hasta que queden 2 p.; 2 cad., sált. 1 p., 1 p. b., dele la vuelta.

H. 13: Con A, 1 cad., 1 p. b., *1 p. a. M., 2 cad., sált. 1 p., 1 p. b., 1 p. a. M., 3 cad., sált. 2 p., 1 p. b., 3 cad., sált. 2 p., 1 p. a. M., 1 p. b., 2 cad., sált. 1 p.; rep. desde * hasta que queden 2 p.; 1 p. a. M., 1 p. b., dele la vuelta.

DIAGRAMA DEL MOSAICO

15 14 13 12 11 10 9 8 7 6 5 4 3 2 1

28 27
26 25
24 23
22 21
20 19
18 17
16 15
14 13
12 11
10 9
8 7
6 5
4 3
2 1

12 p.

□ Hilo A = crema
■ Hilo B = verde

DE LA NATURALEZA

H. 15: Con B, 1 cad., 1 p. b., *1 p. b., 1 p. a. M., 2 cad., sált. 1 p., 1 p. b., 2 p. a. M., 2 cad., sált. 1 p., 2 p. a. M., 1 p. b., 2 cad., sált. 1 p., 1 p. a. M.; rep. desde * hasta que queden 2 p.; 2 p. b., dele la vuelta.

H. 17: Con A, 1 cad., 1 p. b., *2 cad., sált. 1 p., 1 p. b., 1 p. a. M., 2 cad., sált. 1 p., 2 p. b., 1 p. a. M., 2 p. b., 2 cad., sált. 1 p., 1 p. a. M., 1 p. b.; rep. desde * hasta que queden 2 p.; 2 cad., sált. 1 p., 1 p. b., dele la vuelta.

H. 19: Con B, 1 cad., 1 p. b., *1 p. a. M., 2 cad., sált. 1 p., 1 p. b., 1 p. a. M., 2 cad., sált. 1 p., 3 p. b., 2 cad., sált. 1 p., 1 p. a. M., 1 p. b., 2 cad., sált. 1 p.; rep. desde * hasta que queden 2 p.; 1 p. a. M., 1 p. b., dele la vuelta.

H. 21: Con A, 1 cad., 1 p. b., *1 p. b., 1 p. a. M., 2 cad., sált. 1 p., 1 p. b., 1 p. a. M., 2 cad., sált. 1 p., 1 p. b., 2 cad., sált. 1 p., 1 p. a. M., 1 p. b., 2 cad., sált. 1 p., 1 p. a. M.; rep. desde * hasta que queden 2 p.; 2 p. b., dele la vuelta.

H. 23: Con B, 1 cad., 1 p. b., *2 cad., sált. 1 p., 1 p. b., 1 p. a. M., 2 cad., sált. 1 p., 1 p. b., 1 p. a. M., 2 cad., sált. 1 p., 1 p. a. M., 1 p. b., 2 cad., sált. 1 p., 1 p. a. M., 1 p. b.; rep. desde * hasta que queden 2 p.; 2 cad., sált. 1 p., 1 p. b., dele la vuelta.

H. 25: Con A, 1 cad., 1 p. a. M., 3 cad., sált. 2 p., 1 p. a. M., 1 p. b., 2 cad., sált. 1 p., 1 p. a. M., 2 cad., sált. 1 p., 1 p. b., 1 p. a. M., 3 cad., sált. 2 p.; rep. desde * hasta que queden 2 p.; 1 p. a. M., 1 p. b., dele la vuelta.

H. 27: Con B, 1 cad., 1 p. b., *1 p. b., 2 p. a. M., 1 p. b., 2 cad., sált. 1 p., 1 p. a. M., 1 p. b., 1 p. a. M., 2 cad., sált. 1 p., 1 p. b., 2 p. a. M.; rep. desde * hasta que queden 2 p.; 2 p. b., dele la vuelta.

H. 28: Como la H. 2.

Rep. las H. 1-28, haciendo 1 p. a. M. en los esp. requeridos en la H. 1. Para terminar, utilice B para tejer la H. 27 como sigue: 1 cad., 1 p. b. en cada p. y 1 p. a. M. en cada esp.

PUNTO

GANCHILLO

DIFICULTAD

XXX

Campo de flores

Trabaje este patrón haciendo repeticiones en secciones grandes, especialmente de chaquetas, vestidos o chales. Elija hilo de algodón para prendas veraniegas y una lana suave para ropa de invierno.

Instrucciones de punto

Múltiplo de 10 p. + 5
En las H. D, deslice los p. como si fuera a tejerlos del revés con el hilo por detrás.
Monte los p. con A, teja 1 H. del derecho y 1 H. del revés.

H. 1 (D): Con B, 1 d., desl. 1, *1 d., desl. 2, 5 d., desl. 2; rep. desde * hasta que queden 3 p.; 1 d., desl. 1, 1 d.

H. 2 y todas las H. R: Teja del revés los d. y deslice los p. desl. como si fuera a tejerlos del revés con el hilo por delante.

H. 3: Con A, 2 d., *desl. 1, 3 d., [desl. 1, 1 d.] 2 veces 2 d.; rep. desde * hasta que queden 3 p.; desl. 1, 2 d.

H. 5: Con B, 1 d., desl. 1, *3 d., desl. 1, 3 d., desl. 1, 2 d.; rep. desde * hasta que queden 3 p.; 1 d., desl. 1, 1 d.

H. 7: Con A, 2 d., *desl. 1, 1 d., desl. 1, 5 d., desl. 1, 1 d.; rep. desde * hasta que queden 3 p.; desl. 1, 2 d.

H. 9: Con B, 1 d., desl. 1, *1 d., desl. 1, 2 d., desl. 1, 1 d., desl. 1, 2 d., desl. 1; rep. desde * hasta que queden 3 p.; 1 d., desl. 1, 1 d.

H. 11: Con A, 2 d., *desl. 1, 2 d., desl. 1, 3 d., desl. 1, 2 d.; rep. desde * hasta que queden 3 p.; desl. 1, 2 d.

H. 13: Con B, 1 d., desl. 1, *2 d., [desl. 1, 1 d.] 4 veces; rep. desde * hasta que queden 3 p.; 1 d., desl. 1, 1 d.

H. 15: Con A, 2 d., *1 d., desl. 1, 7 d., desl. 1; rep. desde * hasta que queden 3 p.; 3 d.

H. 17: Con B, 1 d., desl. 1, *3 d., [desl. 2, 1 d.] 2 veces, 1 d.; rep. desde * hasta que queden 3 p.; 1 d., desl. 1, 1 d.

H. 19: Con A, 2 d., *desl. 1, 1 d., desl. 1, 5 d., desl. 1, 1 d.; rep. desde * hasta que queden 3 p.; desl. 1, 2 d.

H. 21: Con B, 1 d., desl. 1, *3 d., desl. 2, 1 d., desl. 2, 2 d.; rep. desde * hasta que queden 3 p.; 1 d., desl. 1, 1 d.

H. 23: Con A, 2 d., *1 d., desl. 1, [3 d., desl. 1] 2 veces; rep. desde * hasta que queden 3 p.; 3 d.

H. 25: Con B, 1 d., desl. 1, *2 d., desl. 1, 5 d., desl. 1, 1 d.; rep. desde * hasta que queden 3 p.; 1 d., desl. 1, 1 d.

H. 27: Con A, 2 d., *3 d., [desl. 1, 1 d.] 3 veces, 1 d.; rep. desde * hasta que queden 3 p.; 3 d.

H. 29: Con B, 1 d., desl. 1, *1 d., desl. 1, 2 d., desl. 1, 1 d., desl. 1, 2 d., desl. 1; rep. desde * hasta que queden 3 p.; 1 d., desl. 1, 1 d.

H. 31: Con A, 2 d., *2 d., [desl. 1, 2 d.] 2 veces, desl. 1, 1 d.; rep. desde * hasta que queden 3 p.; 3 d.

H. 33: Con B, 1 d., desl. 1, *[1 d., desl. 1] 2 veces, 3 d., desl. 1, 1 d., desl. 1; rep. desde * hasta que queden 3 p.; 1 d., desl. 1, 1 d.

H. 35: Con A, 2 d., *4 d., desl. 1, 1 d., desl. 1, 3 d.; rep. desde * hasta que queden 3 p.; 3 d.

H. 37: Con B, 1 d., desl. 1, *1 d., desl. 2, 5 d., desl. 2; rep. desde * hasta que queden 3 p.; 1 d., desl. 1, 1 d.

H. 39: Con A, 2 d., *3 d., [desl. 1, 1 d.] 3 veces, 1 d.; rep. desde * hasta que queden 3 p.; 3 d.

Rep. las H. 1-40. Para terminar, haga las H. 41-44.

H. 41: Con B, 1 d., desl. 1, *1 d., desl. 2, 5 d., desl. 2; rep. desde * hasta que queden 3 p.; 1 d., desl. 1, 1 d.

H. 43: Con A, teja p. del derecho.

H. 44: Como la H. 2.

Instrucciones de ganchillo

Múltiplo de 10 p. + 5
Con A, teja el número deseado de p. b. sin cadeneta.

H. 1 (D): Con B, 1 cad., 1 p. b., 2 cad., sált. 1 p., *1 p. b., 3 cad., sált. 2 p., 5 p. b., 3 cad., sált. 2 p.; rep. desde * hasta que queden 3 p.; 1 p. b., 2 cad., sált. 1 p., 1 p. b., dele la vuelta.

H. 2 y todas las H. R: 1 cad., 1 p. b. en los p., 1 cad. y sált. los esp. de cad., dele la vuelta.

H. 3: Con A, 1 cad., 1 p. b., 1 p. a. M., *2 cad., sált. 1 p., 2 p. a. M., [1 p. b., 2 cad., sált. 1 p.] 2 veces, 1 p. b., 2 p. a. M.; rep. desde * hasta que queden 3 p.; 2 cad., sált. 1 p., 1 p. a. M., 1 p. b., dele la vuelta.

H. 5: Con B, 1 cad., 1 p. b., 2 cad., sált. 1 p., *1 p. a. M., 2 p. b., 2 cad., sált. 1 p., 1 p. a. M., 1 p. b., 1 p. a. M., 2 cad., sált. 1 p., 2 p. b.; rep. desde * hasta que queden 3 p.; 1 p. a. M., 2 cad., sált. 1 p., 1 p. b., dele la vuelta.

H. 7: Con A, 1 cad., 1 p. b., 1 p. a. M., *2 cad., sált. 1 p., 1 p. b., 2 cad., sált. 1 p., 1 p. b., 3 p. b., 1 p. a. M., 2 cad., sált. 1 p.; rep. desde * hasta

DIAGRAMA DEL MOSAICO

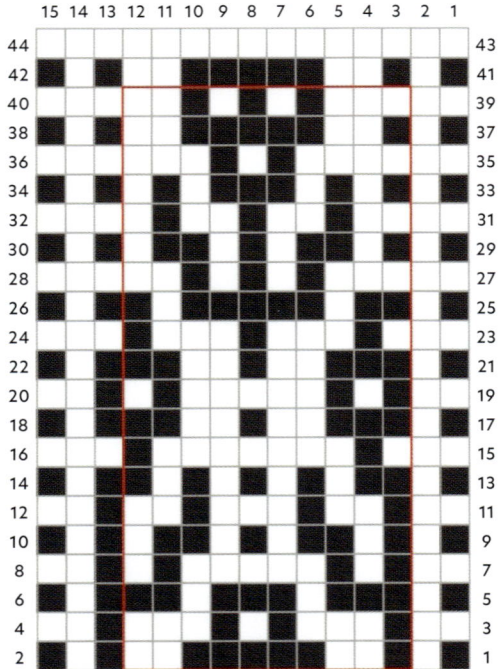

Hilo A = crema
Hilo B = rojo

10 p.

DE LA NATURALEZA

PUNTO

GANCHILLO

que queden 3 p.; 2 cad., sált. 1 p., 1 p. a. M., 1 p. b., dele la vuelta.

H. 9: Con B, 1 cad., 1 p. b., 2 cad., sált. 1 p., *1 p. a. M., 2 cad., sált. 1 p., 1 p. a. M., 1 p. b., [2 cad., sált. 1 p., 1 p. b.] 2 veces, 1 p. a. M., 2 cad., sált. 1 p.; rep. desde * hasta que queden 3 p.; 1 p. a. M., 2 cad., sált. 1 p., 1 p. b., dele la vuelta.

H. 11: Con A, 1 cad., 1 p. b., 1 p. a. M., *2 cad., sált. 1 p., 1 p. a. M., 1 p. b., 2 cad., sált. 1 p., 1 p. a. M., 1 p. b., 1 p. a. M., 2 cad., sált. 1 p., 1 p. b., 1 p. a. M.; rep. desde * hasta que queden 3 p.; 2 cad., sált. 1 p., 1 p. a. M., 1 p. b., dele la vuelta.

H. 13: Con B, 1 cad., 1 p. b., 2 cad., sált. 1 p., *1 p. a. M., 1 p. b., 2 cad., sált. 1 p., 1 p. a. M., 2 cad., sált. 1 p., 1 p. b., 2 cad., sált. 1 p., 1 p. a. M., 2 cad., sált. 1 p., 1 p. b.; rep. desde * hasta que queden 3 p.; 1 p. a. M., 2 cad., sált. 1 p., 1 p. b., dele la vuelta.

H. 15: Con A, 1 cad., 1 p. b., 1 p. a. M., *1 p. b., 2 cad., sált. 1 p., [1 p. a. M., 1 p. b.] 3 veces, 1 p. a. M., 2 cad., sált. 1 p.; rep. desde * hasta que queden 3 p.; 1 p. b., 1 p. a. M., 1 p. b., dele la vuelta.

H. 17: Con B, 1 cad., 1 p. b., 2 cad., sált. 1 p., *1 p. b., 1 p. a. M., [1 p. b., 3 cad., sált. 2 p.] 2 veces, 1 p. a. M., 1 p. b.; rep. desde * hasta que queden 3 p.; 1 p. b., 2 cad., sált. 1 p., 1 p. b., dele la vuelta.

H. 19: Con A, 1 cad., 1 p. b., 1 p. a. M., *2 cad., sált. 1 p., 1 p. b., 2 cad., sált. 1 p., 2 p. a. M., 1 p. b., 2 p. a. M., 2 cad., sált. 1 p., 1 p. b.; rep. desde * hasta

que queden 3 p.; 2 cad., sált. 1 p., 1 p. a. M., 1 p. b., dele la vuelta.

H. 21: Con B, 1 cad., 1 p. b., 2 cad., sált. 1 p., *1 p. a. M., 1 p. b., 1 p. a. M., 3 cad., sált. 2 p., 1 p. b., 3 cad., sált. 2 p., 1 p. a. M., 1 p. b.; rep. desde * hasta que queden 3 p.; 1 p. a. M., 2 cad., sált. 1 p., 1 p. b., dele la vuelta.

H. 23: Con A, 1 cad., 1 p. b., 1 p. a. M., *1 p. b., 2 cad., sált. 1 p., 1 p. b., 2 p. a. M., 2 cad., sált. 1 p., 2 p. a. M., 1 p. b., 2 cad., sált. 1 p.; rep. desde * hasta que queden 3 p.; 1 p. b., 1 p. a. M., 1 p. b., dele la vuelta.

H. 25: Con B, 1 cad., 1 p. b., 2 cad., sált. 1 p., *1 p. b., 1 p. a. M., 2 cad., sált. 1 p., 2 p. b., 1 p. a. M., 2 p. b., 2 cad., sált. 1 p., 1 p. a. M.; rep. desde * hasta que queden 3 p.; 1 p. b., 2 cad., sált. 1 p., 1 p. b., dele la vuelta.

H. 27: Con A, 1 cad., 1 p. b., 1 p. a. M., *2 p. b., 1 p. a. M., [2 cad., sált. 1 p., 1 p. b.] 2 veces, 2 cad., sált. 1 p., 1 p. a. M., 1 p. b.; rep. desde * hasta que queden 3 p.; 1 p. b., 1 p. a. M., 1 p. b., dele la vuelta.

H. 29: Con B, 1 cad., 1 p. b., 2 cad., sált. 1 p., *1 p. b., 2 cad., sált. 1 p., 1 p. b., [1 p. a. M., 2 cad., sált. 1 p.] 2 veces, 1 p. a. M., 1 p. b., 2 cad., sált. 1 p.; rep. desde * hasta que queden 3 p.; 1 p. b., 2 cad., sált. 1 p., 1 p. b., dele la vuelta.

H. 31: Con A, 1 cad., 1 p. b., 1 p. a. M., *1 p. b., 1 p. a. M., 2 cad., sált. 1 p., 1 p. b., 1 p. a. M., 2 cad., sált. 1 p., 1 p. a. M., 1 p. b., 2 cad., sált. 1 p., 1 p. a. M.; rep. desde * hasta que queden 3 p.;

1 p. b., 1 p. a. M., 1 p. b., dele la vuelta.

H. 33: Con B, 1 cad., 1 p. b., 2 cad., sált. 1 p., *1 p. b., 2 cad., sált. 1 p., 1 p. a. M., 2 cad., sált. 1 p., 1 p. b. 1 p. a. M., 1 p. b., 2 cad., sált. 1 p., 1 p. a. M., 2 cad., sált. 1 p.; rep. desde * hasta que queden 3 p.; 1 p. b., 2 cad., sált. 1 p., 1 p. b., dele la vuelta.

H. 35: Con A, 1 cad., 1 p. b., 1 p. a. M., *[1 p. b., 1 p. a. M.] 2 veces, 2 cad., sált. 1 p., 1 p. b., 2 cad., sált. 1 p., 1 p. a. M., 1 p. b., 1 p. a. M.; rep. desde * hasta que queden 3 p.; 1 p. b., 1 p. a. M., 1 p. b., dele la vuelta.

H. 37: Con B, 1 cad., 1 p. b., 2 cad., sált. 1 p., *1 p. b., 3 cad., sált. 2 p., [1 p. b., 1 p. a. M.] 2 veces, 1 p. b., 3 cad., sált. 2 p.; rep. desde * hasta que queden 3 p.; 1 p. b., 2 cad., sált. 1 p., 1 p. b., dele la vuelta.

H. 39: Con A, 1 cad., 1 p. b., 1 p. a. M., *1 p. b., 2 p. a. M., [2 cad., sált. 1 p., 1 p. b.] 2 veces, 2 cad., sált. 1 p., 2 p. a. M.; rep. desde * hasta que queden 3 p.; 1 p. b., 1 p. a. M., 1 p. b., dele la vuelta. Rep. las H. 1-40, haciendo 1 p. a. M. en los esp. requeridos en la H. 1. Para terminar, haga las H. 41-43.

H. 41: Con B, 1 cad., 1 p. b., 2 cad., sált. 1 p., *1 p. b., 3 cad., sált. 2 p., [1 p. a. M., 1 p. b.] 2 veces, 1 p. b., 3 cad., sált. 2 p.; rep. desde * hasta que queden 3 p.; 1 p. b., 2 cad., sált. 1 p., 1 p. b., dele la vuelta.

H. 43: Con A, 1 cad., 1 p. b. en cada p. y 1 p. a. M. en cada esp.

Arbolitos felices

Este diseño se inspira en el otoño y el invierno. Es perfecto para un agradable jersey o un mantón, e incluso para objetos decorativos del hogar.

Instrucciones de punto

Múltiplo de 16 p. + 5

En las H. D, deslice los p. como si fuera a tejerlos del revés con el hilo por detrás.

Monte los p. con B, teja 1 H. del derecho y 1 H. del revés.

H. 1 (D): Con A, 1 d., desl. 2, *[desl. 1, 1 d.] 3 veces, desl. 2, 1 d., desl. 1, 3 d., desl. 1, 1 d., desl. 1; rep. desde * hasta que queden 2 p.; desl. 1, 1 d.

H. 2 y todas las H. R: Teja del revés los d. y deslice los p. desl. como si fuera a tejerlos del revés con el hilo por delante.

H. 3: Con B, 3 d., *3 d., desl. 1, 6 d., desl. 3, 3 d.; rep. desde * hasta que queden 2 p.; 2 d.

H. 5: Con A, 1 d., desl. 1, 1 d., *desl. 2, 3 d., desl. 2, 9 d.; rep. desde * hasta que queden 2 p.; desl. 1, 1 d.

H. 7: Con B, 2 d., desl. 1, *2 d., desl. 1, 1 d., desl. 1, 2 d., [desl. 1, 1 d.] 4 veces, desl. 1; rep. desde * hasta que queden 2 p.; 2 d.

H. 9: Con A, 1 d., desl. 1, 1 d., *desl. 1, 5 d., desl. 1, 9 d.; rep. desde * hasta que queden 2 p.; desl. 1, 1 d.

H. 11: Con B, 3 d., *1 d., [desl. 1, 1 d.] 2 veces, desl. 1, 2 d., [desl. 1, 1 d.] 4 veces; rep. desde * hasta que queden 2 p.; 2 d.

H. 13: Con A, 1 d., desl. 2, *[7 d., desl. 1] 2 veces; rep. desde * hasta que queden 2 p.; desl. 1, 1 d.

H. 15: Con B, 3 d., *[desl. 1, 1 d.] 4 veces, [1 d., desl. 1] 3 veces, 2 d.; rep. desde * hasta que queden 2 p.; 2 d.

H. 17: Con A, 1 d., desl. 1, 1 d., *8 d., desl. 1, 5 d., desl. 1, 1 d.; rep. desde * hasta que queden 2 p.; desl. 1, 1 d.

H. 19: Con B, 2 d., desl. 1, *[1 d., desl. 1] 4 veces, 1 d., [1 d., desl. 1] 2 veces, 2 d., desl. 1; rep. desde * hasta que queden 2 p.; 2 d.

H. 21: Con A, 1 d., desl. 1, 1 d., *8 d., desl. 2, 3 d., desl. 2, 1 d.; rep. desde * hasta que queden 2 p.; desl. 1, 1 d.

H. 23: Con B, 3 d., *2 d., desl. 3, 6 d., desl. 1, 4 d.; rep. desde * hasta que queden 2 p.; 2 d.

H. 25: Con A, 1 d., desl. 2, *1 d., desl. 1, 3 d., desl. 1, 1 d., desl. 2, [1 d., desl. 1] 3 veces, desl. 1; rep. desde * hasta que queden 2 p.; desl. 1, 1 d.

H. 27: Con B, teja p. del derecho.

H. 28: Como la H. 2.

Rep. las H. 1-28. Para terminar, utilice B para tejer todos los p. de la H. 27 del derecho y todos los p. de la H. 28 del revés.

Instrucciones de ganchillo

Múltiplo de 16 p. + 5

Nota sobre el patrón: La repetición de las instrucciones escritas difiere del diagrama en las H. 1, 13 y 25.

Con B, teja el número deseado de p. b. sin cadeneta.

H. 1 (D): Con A, 1 cad., 1 p. b., 4 cad., sált. 3 p., *[1 p. b., 2 cad., sált. 1 p.,] 2 veces, 1 p. b., 3 cad., sált. 2 p., 1 p. b., 2 cad., sált. 1 p., 3 p. b., 2 cad., sált. 1 p., 1 p. b., 3 cad., sált. 2 p.; rep. desde * hasta que quede 1 p.; 1 p. b., dele la vuelta.

H. 2 y todas las H. R: 1 cad., 1 p. b. en los p., 1 cad. y sált. los esp. de cad., dele la vuelta.

H. 3: Con B, 1 cad., 1 p. b., 2 p. a. M., *1 p. a. M., 1 p. b., 1 p. a. M., 2 cad., sált. 1 p., [1 p. a. M., 1 p. b., 1 p. a. M.] 2 veces, 4 cad., sált. 3 p., 1 p. a. M., 1 p. b., 1 p. a. M.; rep. desde * hasta que queden 2 p.; 1 p. a. M., 1 p. b., dele la vuelta.

H. 5: Con A, 1 cad., 1 p. b., 2 cad., sált. 1 p., 1 p. b., *3 cad., sált. 2 p., 1 p. b., 1 p. a. M., 1 p. b., 3 cad., sált. 2 p., 3 p. b., 3 p. a. M., 3 p. b.; rep. desde * hasta que queden 2 p.; 2 cad., sált. 1 p., 1 p. b., dele la vuelta.

H. 7: Con B, 1 cad., 1 p. b., 1 p. a. M., 2 cad., sált. 1 p., *2 p. a. M., 2 cad., sált. 1 p., 1 p. b., 2 cad., sált. 1 p., 2 p. a. M., [2 cad., sált. 1 p., 1 p. b.] 4 veces, 2 cad., sált. 1 p.; rep. desde * hasta que queden 2 p.; 1 p. a. M., 1 p. b., dele la vuelta.

H. 9: Con A, 1 cad., 1 p. b., 2 cad., sált. 1 p., 1 p. a. M., *2 cad., sált. 1 p., [1 p. b., 1 p. a. M.] 2 veces, 1 p. b., 2 cad., sált. 1 p., [1 p. a. M., 1 p. b.] 4 veces, 1 p. a. M.; rep. desde * hasta que queden 2 p.; 2 cad., sált. 1 p., 1 p. b., dele la vuelta.

DIAGRAMA DEL MOSAICO

16 p.

Hilo A = crema
Hilo B = verde

H. 11: Con B, 1 cad., 1 p. b., 1 p. a. M., 1 p. b., *1 p. a. M., [2 cad., sált. 1 p., 1 p. b.] 2 veces, 2 cad., sált. 1 p., 1 p. a. M., [1 p. b., 2 cad., sált. 1 p.] 4 veces, 1 p. b.; rep. desde * hasta que queden 2 p.; 1 p. a. M., 1 p. b., dele la vuelta.

H. 13: Con A, 1 cad., 1 p. b., 3 cad., sált. 2 p., *[1 p. b., 1 p. a. M.] 3 veces, 1 p. b., 2 cad., sált. 1 p., [1 p. a. M., 1 p. b.] 3 veces, 1 p. a. M.**, 2 cad., sált. 1 p.; rep. desde * hasta que queden 3 p., acabando la última repetición en **; 3 cad., sált. 2 p., 1 p. b., dele la vuelta.

H. 15: Con B, 1 cad., 1 p. b., 2 p. a. M., *[2 cad., sált. 1 p., 1 p. b.] 3 veces, 2 cad., sált. 1 p., 1 p. a. M., [1 p. b., 2 cad., sált. 1 p.] 3 veces, 1 p. b., 1 p. a. M.; rep. desde * hasta que queden 2 p.; 1 p. a. M., 1 p. b., dele la vuelta.

H. 17: Con A, 1 cad., 1 p. b., 2 cad., sált. 1 p., 1 p. b., *[1 p. a. M., 1 p. b.] 4 veces, 2 cad., sált. 1 p., [1 p. a. M., 1 p. b.] 2 veces, 1 p. a. M., 2 cad., sált. 1 p., 1 p. b.; rep. desde * hasta que queden 2 p.; 2 cad., sált. 1 p., 1 p. b., dele la vuelta.

H. 19: Con B, 1 cad., 1 p. b., 1 p. a. M., 2 cad., sált. 1 p., *[1 p. b., 2 cad., sált. 1 p.] 4 veces, 1 p. a. M., [1 p. b., 2 cad., sált. 1 p.] 2 veces, 1 p. b., 1 p. a. M., 2 cad., sált. 1 p.; rep. desde * hasta que queden 2 p.; 1 p. a. M., 1 p. b., dele la vuelta.

H. 21: Con A, 1 cad., 1 p. b., 2 cad., sált. 1 p., 1 p. a. M., *[1 p. b., 1 p. a. M.] 4 veces, 3 cad., sált. 2 p., 1 p. a. M., 1 p. b., 1 p. a. M., 3 cad., sált. 2 p., 1 p. a. M.; rep. desde * hasta que queden 2 p.; 2 cad., sált. 1 p., 1 p. b., dele la vuelta.

H. 23: Con B, 1 cad., 1 p. b., 1 p. a. M., 1 p. b., *2 p. b., 4 cad., sált. 3 p., 3 p. b., 2 p. a. M., 1 p. b., 2 cad., sált. 1 p., 1 p. b., 2 p. a. M., 1 p. b.; rep. desde * hasta que queden 2 p.; 1 p. a. M., 1 p. b., dele la vuelta.

H. 25: Con A, 1 cad., 1 p. b., 3 cad., sált. 2 p., *1 p. b., 2 cad., sált. 1 p., 3 p. a. M., 2 cad., sált. 1 p., 1 p. b., 3 cad., sált. 2 p., 1 p. b., 2 cad., sált. 1 p., 1 p. a. M., 2 cad., sált. 1 p., 1 p. b.**, 3 cad., sált. 2 p.; rep. desde * hasta que queden 4 p., acabando la última repetición en **; 4 cad., sált. 3 p., 1 p. b., dele la vuelta.

H. 27: Con B, 1 cad., 1 p. b. en cada p. y 1 p. a. M. en cada esp.

H. 28: Como la H. 2.

Rep. las H. 1-28, acabando la última repetición con la H. 27.

PUNTO

GANCHILLO

Bosque de pinos

Este diseño es ideal para proyectos grandes que requieran muchas repeticiones. Utilícelo en una manta o un chal.

Instrucciones de punto

Múltiplo de 10 p. + 3

En las H. D, deslice los p. como si fuera a tejerlos del revés con el hilo por detrás.

Monte los p. con A, teja 1 H. del derecho y 1 H. del revés.

H. 1 (D): Con B, 1 d., *2 d., [desl. 1, 1 d.] 4 veces; rep. desde * hasta que queden 2 p.; 2 d.

H. 2 y todas las H. R: Teja del revés los d. y deslice los p. desl. como si fuera a tejerlos del revés con el hilo por delante.

H. 3: Con A, 1 d., *[desl. 1, 4 d.] 2 veces; rep. desde * hasta que queden 2 p.; desl. 1, 1 d.

H. 5: Con B, 1 d., *1 d., desl. 1, 7 d., desl. 1; rep. desde * hasta que queden 2 p.; 2 d.

H. 7: Con A, 1 d., *5 d., desl. 1, 4 d.; rep. desde * hasta que queden 2 p.; 2 d.

H. 9: Con B, 1 d., *1 d., desl. 2, 5 d., desl. 2; rep. desde * hasta que queden 2 p.; 2 d.

H. 11: Con A, 1 d., *5 d., desl. 1, 4 d.; rep. desde * hasta que queden 2 p.; 2 d.

H. 13: Con B, 1 d., *[1 d., desl. 1] 2 veces, 3 d., desl. 1, 1 d., desl. 1; rep. desde * hasta que queden 2 p.; 2 d.

H. 15: Con A, 1 d., *desl. 1, 4 d., desl. 1, 4 d.; rep. desde * hasta que queden 2 p.; desl. 1, 1 d.

H. 17: Con B, 1 d., *4 d., desl. 1, 1 d., desl. 1, 3 d.; rep. desde * hasta que queden 2 p.; 2 d.

H. 19: Con A, 1 d., *desl. 1, 9 d.; rep. desde * hasta que queden 2 p.; desl. 1, 1 d.

H. 21: Con B, 1 d., *3 d., desl. 2, 1 d., desl. 2, 2 d.; rep. desde * hasta que queden 2 p.; 2 d.

H. 23: Con A, 1 d., *desl. 1, 9 d.; rep. desde * hasta que queden 2 p.; desl. 1, 1 d.

H. 24: Con A, como la H. 2.

Rep. las H. 1-24.

Instrucciones de ganchillo

Múltiplo de 10 p. + 3

Con A, teja el número deseado de p. b. sin cadeneta.

H. 1 (D): Con B, 1 cad., 1 p. b., *2 p. b., [2 cad., sált. 1 p., 1 p. b.] 4 veces; rep. desde * hasta que queden 2 p.; 2 p. b., dele la vuelta.

H. 2 y todas las H. R: 1 cad., 1 p. b. en los p., 1 cad. y sált. los esp. de cad., dele la vuelta.

H. 3: Con A, 1 cad., 1 p. b., *2 cad., sált. 1 p., [1 p. b., 1 p. a. M.] 2 veces, 2 cad., sált. 1 p., [1 p. a. M., 1 p. b.] 2 veces; rep. desde * hasta que queden 2 p.; 2 cad., sált. 1 p., 1 p. b., dele la vuelta.

H. 5: Con B, 1 cad., 1 p. b., *1 p. a. M., 2 cad., sált. 1 p., 3 p. b., 1 p. a. M., 3 p. b., 2 cad., sált. 1 p.; rep. desde * hasta que queden 2 p.; 1 p. a. M., 1 p. b., dele la vuelta.

H. 7: Con A, 1 cad., 1 p. b., *1 p. b., 1 p. a. M., 3 p. b., 2 cad., sált. 1 p., 3 p. b., 1 p. a. M.; rep. desde * hasta que queden 2 p.; 2 p. b., dele la vuelta.

H. 9: Con B, 1 cad., 1 p. b., *1 p. b., 3 cad., sált. 2 p., 2 p. b., 1 p. a. M., 2 p. b., 3 cad., sált. 2 p.; rep. desde * hasta que queden 2 p.; 2 p. b., dele la vuelta.

H. 11: Con A, 1 cad., 1 p. b., *1 p. b., 2 p. a. M., 2 p. b., 2 cad., sált. 1 p., 2 p. b., 2 p. a. M.; rep. desde * hasta que queden 2 p.; 2 p. b., dele la vuelta.

H. 13: Con B, 1 cad., 1 p. b., *[1 p. b., 2 cad., sált. 1 p.] 2 veces, 1 p. b., 1 p. a. M., [1 p. b., 2 cad., sált. 1 p.] 2 veces; rep. desde * hasta que queden 2 p.; 2 p. b., dele la vuelta.

H. 15: Con A, 1 cad., 1 p. b., *2 cad., sált. 1 p., [1 p. a. M., 1 p. b.] 2 veces, 2 cad., sált. 1 p., [1 p. b., 1 p. a. M.] 2 veces; rep. desde * hasta que queden 2 p.; 2 cad., sált. 1 p., 1 p. b., dele la vuelta.

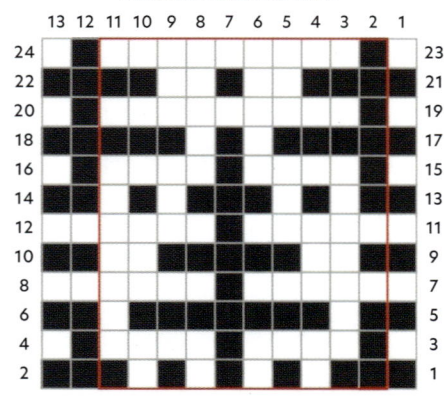

DIAGRAMA DEL MOSAICO

13 12 11 10 9 8 7 6 5 4 3 2 1

☐ Hilo A = crema

■ Hilo B = verde

10 p.

DE LA NATURALEZA

H. 17: Con B, 1 cad., 1 p. b., *1 p. a. M., 3 p. b., 2 cad., sált. 1 p., 1 p. a. M., 2 cad., sált. 1 p., 3 p. b.; rep. desde * hasta que queden 2 p.; 1 p. a. M., 1 p. b., dele la vuelta.

H. 19: Con A, 1 cad., 1 p. b., *2 cad., sált. 1 p., 3 p. b., 1 p. a. M., 1 p. b., 1 p. a. M., 3 p. b.; rep. desde * hasta que queden 2 p.; 2 cad., sált. 1 p., 1 p. b., dele la vuelta.

H. 21: Con B, 1 cad., 1 p. b., *1 p. a. M., 2 p. b., 3 cad., sált. 2 p., 1 p. b., 3 cad., sált. 2 p., 2 p. b.; rep. desde * hasta que queden 2 p.; 1 p. a. M., 1 p. b., dele la vuelta.

H. 23: Con A, 1 cad., 1 p. b., *2 cad., sált. 1 p., 2 p. b., 2 p. a. M., 1 p. b., 2 p. a. M., 2 p. b.; rep. desde * hasta que queden 2 p.; 2 cad., sált. 1 p., 1 p. b., dele la vuelta.

H. 24: Como la H. 2.

Rep. las H. 1-24, haciendo 1 p. a. M. en los esp. requeridos en la H. 1. Para terminar, utilice B para tejer la H. 23 como sigue: 1 cad., 1 p. b. en cada p. y 1 p. a. M. en cada esp.

CONSEJO: Si teje el diseño a ganchillo y quiere que los árboles queden más bajos y con una apariencia parecida a los de la muestra de punto, convierta el diagrama para tejerlo a ganchillo con puntos superpuestos (*véase* la página 24).

PUNTO

GANCHILLO

Nomeolvides

Utilice este diseño floral en una sección grande con repeticiones de una chaqueta veraniega, un vestido o un chal. Para que el tejido quede ligero, trabaje con hilo de algodón.

Instrucciones de punto

Múltiplo de 10 p. + 2

En las H. D, deslice los p. como si fuera a tejerlos del revés con el hilo por detrás.

Monte los p. con A, teja 1 H. del derecho y 1 H. del revés.

H. 1 (D): Con B, 1 d., *desl. 2, 3 d., desl. 2, 1 d., desl. 1, 1 d.; rep. desde * hasta que quede 1 p.; 1 d.

H. 2 y todas las H. R: Teja del revés los d. y deslice los p. desl. como si fuera a tejerlos del revés con el hilo por delante.

H. 3: Con A, 1 d., *2 d., desl. 3, 5 d.; rep. desde * hasta que quede 1 p.; 1 d.

H. 5: Con B, 1 d., *7 d., desl. 1, 1 d., desl. 1; rep. desde * hasta que quede 1 p.; 1 d.

H. 7: Con A, 1 d., *desl. 3, 1 d., desl. 3, 3 d.; rep. desde * hasta que quede 1 p.; 1 d.

H. 9: Con B, 1 d., *7 d., desl. 1, 1 d., desl. 1; rep. desde * hasta que quede 1 p.; 1 d.

H. 11: Con A, 1 d., *2 d., desl. 3, 5 d.; rep. desde * hasta que quede 1 p.; 1 d.

H. 13: Con B, 1 d., *[desl. 2, 3 d.] 2 veces; rep. desde * hasta que quede 1 p.; 1 d.

H. 15: Con A, 1 d., *7 d., desl. 3; rep. desde * hasta que quede 1 p.; 1 d.

H. 17: Con B, 1 d., *2 d., desl. 1, 1 d., desl. 1, 5 d.; rep. desde * hasta que quede 1 p.; 1 d.

H. 19: Con A, 1 d., *desl. 2, 3 d., desl. 3, 1 d., desl. 1; rep. desde * hasta que quede 1 p.; 1 d.

H. 21: Con B, 1 d., *2 d., desl. 1, 1 d., desl. 1, 5 d.; rep. desde * hasta que quede 1 p.; 1 d.

H. 23: Con A, 1 d., *7 d., desl. 3; rep. desde * hasta que quede 1 p.; 1 d.

H. 25: Con B, 1 d., *desl. 2, 1 d., desl. 1, 1 d., desl. 2, 3 d.; rep. desde * hasta que quede 1 p.; 1 d.

H. 27: Con A, teja p. del derecho.

H. 28: Como la H. 2.

Rep. las H. 1-28.

Instrucciones de ganchillo

Múltiplo de 10 p. + 2

Nota sobre el patrón: La repetición de las instrucciones escritas difiere del diagrama en la H. 19.

Con A, teja el número deseado de p. b. sin cadeneta.

H. 1 (D): Con B, 1 cad., 1 p. b., *3 cad., sált. 2 p., 3 p. b., 3 cad., sált. 2 p., 1 p. b., 2 cad., sált. 1 p., 1 p. b.; rep. desde * hasta que quede 1 p.; 1 p. b., dele la vuelta.

H. 2 y todas las H. R: 1 cad., 1 p. b. en los p., 1 cad. y sált. los esp. de cad., dele la vuelta.

H. 3: Con A, 1 cad., 1 p. b., *2 p. a. M., 4 cad., sált. 3 p., 2 p. a. M., 1 p. b., 1 p. a. M., 1 p. b.; rep. desde * hasta que quede 1 p.; 1 p. b., dele la vuelta.

H. 5: Con B, 1 cad., 1 p. b., *2 p. b., 3 p. a. M., 2 p. b., 2 cad., sált. 1 p., 1 p. b., 2 cad., sált. 1 p.; rep. desde * hasta que quede 1 p.; 1 p. b., dele la vuelta.

H. 7: Con A, 1 cad., 1 p. b., *4 cad., sált. 3 p., 1 p. b., 4 cad., sált. 3 p., 1 p. a. M., 1 p. b., 1 p. a. M.; rep. desde * hasta que quede 1 p.; 1 p. b., dele la vuelta.

H. 9: Con B, 1 cad., 1 p. b., *3 p. a. M., 1 p. b., 3 p. a. M., 2 cad., sált. 1 p., 1 p. b., 2 cad., sált. 1 p.; rep. desde * hasta que quede 1 p.; 1 p. b., dele la vuelta.

H. 11: Con A, 1 cad., 1 p. b., *2 p. b., 4 cad., sált. 3 p., 2 p. b., 1 p. a. M., 1 p. b., 1 p. a. M.; rep. desde * hasta que quede 1 p.; 1 p. b., dele la vuelta.

H. 13: Con B, 1 cad., 1 p. b., *3 cad., sált. 2 p., 3 p. a. M., 3 cad., sált. 2 p., 3 p. b.; rep. desde * hasta que quede 1 p.; 1 p. b., dele la vuelta.

H. 15: Con A, 1 cad., 1 p. b., *2 p. a. M., 3 p. b., 2 p. a. M., 4 cad., sált. 3 p.; rep. desde * hasta que quede 1 p.; 1 p. b., dele la vuelta.

H. 17: Con B, 1 cad., 1 p. b., *2 p. b., 2 cad., sált. 1 p., 1 p. b., 2 cad., sált. 1 p.,

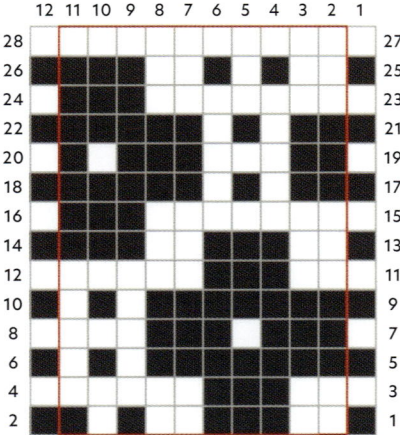

DIAGRAMA DEL MOSAICO

12 11 10 9 8 7 6 5 4 3 2 1

Hilo A = crema
Hilo B = rojo

10 p.

2 p. b., 3 p. a. M.; rep. desde * hasta que quede 1 p.; 1 p. b., dele la vuelta.

H. 19: Con A, 1 cad., 1 p. b., 3 cad., sált. 2 p., *1 p. a. M., 1 p. b., 1 p. a. M., 4 cad., sált. 3 p., 1 p. b.**, 4 cad., sált. 3 p.; rep. desde * hasta que queden 2 p., acabando la última repetición en **; 2 cad., sált. 1 p., 1 p. b., dele la vuelta.

H. 21: Con B, 1 cad., 1 p. b., *2 p. a. M., 2 cad., sált. 1 p., 1 p. b., 2 cad., sált. 1 p., 3 p. a. M., 1 p. b., 1 p. a. M.; rep. desde * hasta que quede 1 p.; 1 p. b., dele la vuelta.

H. 23: Con A, 1 cad., 1 p. b., *2 p. b., 1 p. a. M., 1 p. b., 1 p. a. M., 2 p. b., 4 cad., sált. 3 p.; rep. desde * hasta que quede 1 p.; 1 p. b., dele la vuelta.

H. 25: Con B, 1 cad., 1 p. b., *3 cad., sált. 2 p., 1 p. b., 2 cad., sált. 1 p., 1 p. b., 3 cad., sált. 2 p., 3 p. a. M.; rep. desde * hasta que quede 1 p.; 1 p. b., dele la vuelta.

H. 27: Con A, 1 cad., 1 p. b. en cada p. y 1 p. a. M. en cada esp.

H. 28: Como la H. 2.

Rep. las H. 1-28, acabando la última repetición con la H. 27.

CONSEJO: Si teje el diseño con las dos agujas, el patrón quedará igual de impresionante con el fondo a punto bobo y las flores a punto liso.

PUNTO

GANCHILLO

DIFICULTAD

Hojas

Este adorable diseño con hojas queda maravilloso trabajado con un hilo multicolor como hilo B y con un hilo uniforme como hilo A.

Instrucciones de punto

Múltiplo de 20 p. + 3

En las H. D, deslice los p. como si fuera a tejerlos del revés con el hilo por detrás.

Monte los p. con A, teja 1 H. del derecho y 1 H. del revés.

H. 1 (D): Con B, 1 d., *[desl. 1, 1 d.] 10 veces; rep. desde * hasta que queden 2 p.; desl. 1, 1 d.

H. 2 y todas las H. R: Teja del revés los d. y deslice los p. desl. como si fuera a tejerlos del revés con el hilo por delante.

H. 3: Con A, 1 d., *5 d., desl. 1, 9 d., desl. 1, 4 d.; rep. desde * hasta que queden 2 p.; 2 d.

H. 5: Con B, 1 d., *desl. 2, 7 d., desl. 2, 1 d., desl. 2, 3 d., desl. 2, 1 d.; rep. desde * hasta que queden 2 p.; desl. 1, 1 d.

H. 7: Con A, 1 d., *2 d., desl. 1, 5 d., desl. 1, 5 d., desl. 1, 1 d., desl. 1, 3 d.; rep. desde * hasta que queden 2 p.; 2 d.

H. 9: Con B, 1 d., *desl. 1, 2 d., [desl. 1, 1 d.] 3 veces, 1 d., desl. 1, 1 d., desl. 1, 2 d., desl. 1, 2 d., desl. 1, 1 d.; rep. desde * hasta que queden 2 p.; desl. 1, 1 d.

H. 11: Con A, 1 d., *1 d., desl. 1, 7 d., [desl. 1, 3 d.] 2 veces, desl. 1, 2 d.; rep. desde * hasta que queden 2 p.; 2 d.

H. 13: Con B, 1 d., *desl. 1, 1 d., [desl. 1, 1 d.] 4 veces, desl. 2, 2 d., desl. 1, 1 d., desl. 1, 2 d., desl. 1; rep. desde * hasta que queden 2 p.; desl. 1, 1 d.

H. 15: Con A, 1 d., *1 d., desl. 1, 7 d., desl. 1, 2 d., desl. 1, 5 d., desl. 1, 1 d.; rep. desde * hasta que queden 2 p.; 2 d.

H. 17: Con B, 1 d., *desl. 1, 2 d., [desl. 1, 1 d.] 3 veces, 1 d., desl. 1, 2 d., [desl. 1, 1 d.] 3 veces, 1 d.; rep. desde * hasta que queden 2 p.; desl. 1, 1 d.

H. 19: Con A, 1 d., *2 d., desl. 1, 5 d., desl. 1, 2 d., desl. 1, 7 d., desl. 1; rep. desde * hasta que queden 2 p.; 2 d.

H. 21: Con B, 1 d., *desl. 2, 2 d., [desl. 1, 1 d.] 2 veces, 1 d., desl. 2, 1 d., [desl. 1, 1 d.] 4 veces; rep. desde * hasta que queden 2 p.; desl. 1, 1 d.

H. 23: Con A, 1 d., *[3 d., desl. 1] 3 veces, 7 d., desl. 1; rep. desde * hasta que queden 2 p.; 2 d.

H. 25: Con B, 1 d., *desl. 1, 1 d., [desl. 1, 2 d.] 2 veces, 1 d., desl. 1, 2 d., [desl. 1, 1 d.] 3 veces, 1 d.; rep. desde * hasta que queden 2 p.; desl. 1, 1 d.

H. 27: Con A, 1 d., *1 d., 4 d., desl. 1, 1 d., desl. 1, [5 d., desl. 1] 2 veces, 1 d.; rep. desde * hasta que queden 2 p.; 2 d.

H. 29: Con B, 1 d., *desl. 1, 1 d., desl. 2, 3 d., desl. 2, 1 d., desl. 2, 7 d., desl. 1; rep. desde * hasta que queden 2 p.; desl. 1, 1 d.

H. 31: Con A, 1 d., *5 d., desl. 1, 9 d., desl. 1, 4 d.; rep. desde * hasta que queden 2 p.; 2 d.

H. 33: Con B, 1 d., *[desl. 1, 1 d.] 10 veces; rep. desde * hasta que queden 2 p.; desl. 1, 1 d.

H. 35: Con A, teja p. del derecho.

H. 36: Como la H. 2.

Rep. las H. 1-36. Para terminar, utilice B para tejer todos los p. de la H. 35 del derecho y todos los p. de la H. 36 del revés.

Instrucciones de ganchillo

Múltiplo de 20 p. + 3

Nota sobre el patrón: La repetición de las instrucciones escritas difiere del diagrama en las H. 13 y 29.

Con A, teja el número deseado de p. b. sin cadeneta.

H. 1 (D): Con B, 1 cad., 1 p. b., *[2 cad., sált. 1 p., 1 p. b.] 10 veces; rep. desde * hasta que queden 2 p.; 2 cad., sált. 1 p., 1 p. b., dele la vuelta.

H. 2 y todas las H. R: 1 cad., 1 p. b. en los p., 1 cad. y sált. los esp. de cad., dele la vuelta.

H. 3: Con A, 1 cad., 1 p. b., *[1 p. a. M., 1 p. b.] 2 veces, 1 p. a. M., 2 cad., sált. 1 p., [1 p. a. M., 1 p. b.] 4 veces, 1 p. a. M., 2 cad., sált. 1 p., [1 p. a. M., 1 p. b.] 2 veces; rep. desde * hasta que queden 2 p.; 1 p. a. M., 1 p. b., dele la vuelta.

H. 5: Con B, 1 cad., 1 p. b., *3 cad., sált. 2 p., 3 p. b., 1 p. a. M., 3 p. b., 3 cad., sált. 2 p., 1 p. b., 3 cad., sált. 2 p., 1 p. b., 1 p. a. M., 1 p. b., 3 cad., sált. 2 p., 1 p. b.; rep. desde * hasta que queden 2 p.; 2 cad., sált. 1 p., 1 p. b., dele la vuelta.

H. 7: Con A, 1 cad., 1 p. b., *2 p. a. M., 2 cad., sált. 1 p., 5 p. b., 2 cad., sált. 1 p., 2 p. a. M., 1 p. b., 2 p. a. M., 2 cad., sált. 1 p., 1 p. b., 2 cad., sált. 1 p., 2 p. a. M., 1 p. b.; rep. desde * hasta que queden 2 p.; 1 p. a. M., 1 p. b., dele la vuelta.

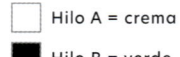
Hilo A = crema

Hilo B = verde

DIAGRAMA DEL MOSAICO

20 p.

PUNTO

GANCHILLO

H. 9: Con B, 1 cad., 1 p. b., *2 cad., sált. 1 p., 1 p. b., 1 p. a. M., [2 cad., sált. 1 p., 1 p. b.] 2 veces, 2 cad., sált. 1 p., 1 p. a. M., 1 p. b., [2 cad., sált. 1 p., 1 p. b.] 2 veces, 1 p. a. M., 2 cad., sált. 1 p., 1 p. a. M., 1 p. b., 2 cad., sált. 1 p., 1 p. b.; rep. desde * hasta que queden 2 p.; 2 cad., sált. 1 p., 1 p. b., dele la vuelta.

H. 11: Con A, 1 cad., 1 p. b., *1 p. a. M., 2 cad., sált. 1 p., [1 p. b., 1 p. a. M.] 3 veces, 1 p. b., 2 cad., sált. 1 p., 1 p. a. M., 1 p. b., 1 p. a. M., 2 cad., sált. 1 p., 1 p. b., 1 p. a. M., 1 p. b., 2 cad., sált. 1 p., 1 p. a. M., 1 p. b.; rep. desde * hasta que queden 2 p.; 1 p. a. M., 1 p. b., dele la vuelta.

H. 13: Con B, 1 cad., 1 p. b., 2 cad., sált. 1 p., *1 p. a. M., [2 cad., sált. 1 p., 1 p. b.] 3 veces, 2 cad., sált. 1 p., 1 p. a. M., 3 cad., sált. 2 p., 1 p. b., 1 p. a. M., 2 cad., sált. 1 p., 1 p. b., 2 cad., sált. 1 p., 1 p. a. M., 1 p. b.**, 3 cad., sált. 2 p.; rep. desde * hasta que queden 3 p., acabando la última repetición en **; 3 cad., sált. 2 p., 1 p. b., dele la vuelta.

H. 15: Con A, 1 cad., 1 p. b., *1 p. a. M., 2 cad., sált. 1 p., [1 p. a. M., 1 p. b.] 3 veces, 1 p. a. M., 2 cad., sált. 1 p., 1 p. b., 1 p. a. M., 1 p. b., 2 cad., sált. 1 p., 1 p. a. M.; rep. desde * hasta que queden 2 p.; 1 p. a. M., 1 p. b., dele la vuelta.

H. 17: Con B, 1 cad., 1 p. b., *2 cad., sált. 1 p., 1 p. a. M., 1 p. b., [2 cad., sált.

1 p., 1 p. b.] 3 veces 1 p. a. M., 2 cad., sált. 1 p., 1 p. b., 1 p. a. M., [2 cad., sált. 1 p., 1 p. b.] 2 veces 2 cad., sált. 1 p., 1 p. a. M., 1 p. b.; rep. desde * hasta que queden 2 p.; 2 cad., sált. 1 p., 1 p. b., dele la vuelta.

H. 19: Con A, 1 cad., 1 p. b., *1 p. a. M., 1 p. b., 2 cad., sált. 1 p., [1 p. a. M., 1 p. b.] 2 veces, 1 p. a. M., 2 cad., sált. 1 p., 1 p. b., 1 p. a. M., 2 cad., sált. 1 p., 1 p. b., [1 p. a. M., 1 p. b.] 3 veces, 2 cad., sált. 1 p.; rep. desde * hasta que queden 2 p.; 1 p. a. M., 1 p. b., dele la vuelta.

H. 21: Con B, 1 cad., 1 p. b., *3 cad., sált. 2 p., 1 p. a. M., 1 p. b., [2 cad., sált. 1 p., 1 p. b.] 2 veces, 1 p. a. M., 3 cad., sált. 2 p., 1 p. a. M., [2 cad., sált. 1 p., 1 p. b.] 3 veces, 2 cad., sált. 1 p., 1 p. a. M.; rep. desde * hasta que queden 2 p.; 2 cad., sált. 1 p., 1 p. b., dele la vuelta.

H. 23: Con A, 1 cad., 1 p. b., *2 p. a. M., 1 p. b., 2 cad., sált. 1 p., 1 p. a. M., 1 p. b., 1 p. a. M., 2 cad., sált. 1 p., 1 p. b., 2 p. a. M., 2 cad., sált. 1 p., [1 p. a. M., 1 p. b.] 3 veces, 1 p. a. M., 2 cad., sált. 1 p.; rep. desde * hasta que queden 2 p.; 1 p. a. M., 1 p. b., dele la vuelta.

H. 25: Con B, 1 cad., 1 p. b., *2 cad., sált. 1 p., 1 p. b., 2 cad., sált. 1 p., 1 p. a. M., 1 p. b., 2 cad., sált. 1 p., 1 p. b., 1 p. a. M., 2 cad., sált. 1 p., 1 p. b., 2 cad., sált. 1 p., 1 p. a. M., 1 p. b., [2 cad., sált. 1 p., 1 p. b.] 3 veces, 1 p. a. M.; rep. desde * hasta que queden 2 p.; 2 cad., sált. 1 p., 1 p. b., dele la vuelta.

H. 27: Con A, 1 cad., 1 p. b., *[1 p. a. M., 1 p. b.] 2 veces, 2 cad., sált. 1 p., 1 p. a. M., 2 cad., sált. 1 p., [1 p. b., 1 p. a. M.] 2 veces, 1 p. b., 2 cad., sált. 1 p., [1 p. a. M., 1 p. b.] 2 veces, 1 p. a. M., 2 cad., sált. 1 p., 1 p. b.; rep. desde * hasta que queden 2 p.; 1 p. a. M., 1 p. b., dele la vuelta.

H. 29: Con B, 1 cad., 1 p. b., 2 cad., sált. 1 p., *1 p. b., 3 cad., sált. 2 p., 1 p. a. M., 1 p. b., 1 p. a. M., 3 cad., sált. 2 p., 1 p. b., 3 cad., sált. 2 p., 1 p. a. M., 5 p. b., 1 p. a. M.**, 3 cad., sált. 2 p.; rep. desde * hasta que queden 3 p., acabando la última repetición en **; 3 cad., sált. 2 p., 1 p. b., dele la vuelta.

H. 31: Con A, 1 cad., 1 p. b., *1 p. a. M., 1 p. b., 2 cad., sált. 1 p., [1 p. b., 2 p. a. M.] 2 veces, 3 p. b., 2 cad., sált. 1 p., 3 p. b., 1 p. a. M.; rep. desde * hasta que queden 2 p.; 1 p. a. M., 1 p. b., dele la vuelta.

H. 33: Con B, 1 cad., 1 p. b., *[2 cad., sált. 1 p., 1 p. b.] 2 veces, 2 cad., sált. 1 p., 1 p. a. M., [2 cad., sált. 1 p., 1 p. b.] 4 veces, 2 cad., sált. 1 p., 1 p. a. M., [2 cad., sált. 1 p., 1 p. b.] 2 veces; rep. desde * hasta que queden 2 p.; 2 cad., sált. 1 p., 1 p. b., dele la vuelta.

H. 35: Con A, 1 cad., 1 p. b. en cada p. y 1 p. a. M. en cada esp.

H. 36: Como la H. 2.
Rep. las H. 1-36, acabando la última repetición con la H. 35.

Hiedra

Este patrón está inspirado en la hiedra que solemos ver trepando por los árboles. Es ideal para emplear como panel en un chal o para añadir un toque interesante a un jersey.

Instrucciones de punto

Múltiplo de 9 p. + 2

En las H. D, deslice los p. como si fuera a tejerlos del revés con el hilo por detrás.

Monte los p. con B, teja 1 H. del derecho y 1 H. del revés.

H. 1 (D): Con A, 1 d., *desl. 1, 3 d., desl. 2, 1 d., desl. 2; rep. desde * hasta que quede 1 p.; 1 d.

H. 2 y todas las H. R: Teja del revés los d. y deslice los p. desl. como si fuera a tejerlos del revés con el hilo por delante.

H. 3: Con B, 1 d., *1 d., [desl. 1, 1 d.] 2 veces, 4 d.; rep. desde * hasta que quede 1 p.; 1 d.

H. 5: Con A, 1 d., *desl. 1, 5 d., desl. 1, 1 d., desl. 1; rep. desde * hasta que quede 1 p.; 1 d.

H. 7: Con B, 1 d., *3 d., desl. 1, 1 d., desl. 1, 3 d.; rep. desde * hasta que quede 1 p.; 1 d.

H. 9: Con A, 1 d., *desl. 1, 1 d., desl. 1, 5 d., desl. 1; rep. desde * hasta que quede 1 p.; 1 d.

H. 11: Con B, 1 d., *5 d., desl. 1, 1 d., desl. 1, 1 d.; rep. desde * hasta que quede 1 p.; 1 d.

H. 13: Con A, 1 d., *desl. 2, 1 d., desl. 2, 3 d., desl. 1; rep. desde * hasta que quede 1 p.; 1 d.

H. 15: Con B, 1 d., *7 d., desl. 1, 1 d.; rep. desde * hasta que quede 1 p.; 1 d.

H. 17: Con A, teja p. del derecho.

H. 19: Como la H. 15.

H. 21: Como la H. 13.

H. 23: Como la H. 11.

H. 25: Como la H. 9.

H. 27: Como la H. 7.

H. 29: Como la H. 5.

H. 31: Como la H. 3.

H. 33: Como la H. 1.

H. 35: Con B, teja p. del derecho.

H. 36: Como la H. 2.

Instrucciones de ganchillo

Múltiplo de 9 p. + 2

Nota sobre el patrón: La repetición de las instrucciones escritas difiere del diagrama en las H. 1, 5, 7, 9, 13, 21, 25, 29 y 33.

Con B, teja el número deseado de p. b. sin cadeneta.

H. 1 (D): Con A, 1 cad., 1 p. b., 2 cad., sált. 1 p., *3 p. b., 3 cad., sált. 2 p., 1 p. b.**, 4 cad., sált. 3 p.; rep. desde * hasta que queden 3 p., acabando la última repetición en **; 3 cad., sált. 2 p., 1 p. b., dele la vuelta.

H. 2 y todas las H. R: 1 cad., 1 p. b. en los p., 1 cad. y sált. los esp. de cad., dele la vuelta.

H. 3: Con B, 1 cad., 1 p. b., *1 p. a. M., 2 cad., sált. 1 p., 1 p. b., 2 cad., sált. 1 p., 2 p. a. M., 1 p. b., 2 p. a. M.; rep. desde * hasta que quede 1 p.; 1 p. b., dele la vuelta.

H. 5: Con A, 1 cad., 1 p. b., 2 cad., sált. 1 p., *1 p. a. M., 1 p. b., 1 p. a. M., 2 p. b., 2 cad., sált. 1 p., 1 p. b.**, 3 cad., sált. 2 p.; rep. desde * hasta que queden 2 p., acabando la última repetición en **; 2 cad., sált. 1 p., 1 p. b., dele la vuelta.

H. 7: Con B, 1 cad., 1 p. b., *1 p. a. M., 2 p. b., 2 cad., sált. 1 p., 1 p. b., 2 cad., sált. 1 p., 1 p. a. M., 1 p. b., 1 p. a. M.; rep. desde * hasta que quede 1 p.; 1 p. b., dele la vuelta.

H. 9: Con A, 1 cad., 1 p. b., 2 cad., sált. 1 p., *1 p. b., 2 cad., sált. 1 p., 1 p. a. M., 1 p. b., 1 p. a. M., 2 p. b.**, 3 cad., sált. 2 p.; rep. desde * hasta que queden 2 p., acabando la última repetición en **; 2 cad., sált. 1 p., 1 p. b., dele la vuelta.

H. 11: Con B, 1 cad., 1 p. b., *1 p. a. M., 1 p. b., 1 p. a. M., 2 p. b., 2 cad., sált. 1 p., 1 p. b., 2 cad., sált. 1 p., 1 p. a. M.; rep. desde * hasta que quede 1 p.; 1 p. b., dele la vuelta.

H. 13: Con A, 1 cad., 1 p. b., 3 cad., sált. 2 p., *1 p. b., 3 cad., sált. 2 p., 1 p. a. M., 1 p. b., 1 p. a. M.**, 4 cad., sált. 3 p.; rep. desde * hasta que queden 2 p., acabando la última repetición en **; 2 cad., sált. 1 p., 1 p. b., dele la vuelta.

H. 15: Con B, 1 cad., 1 p. b., *2 p. a. M., 1 p. b., 2 p. a. M., 2 cad., sált. 1 p., 1 p. a. M.; rep. desde * hasta que quede 1 p.; 1 p. b., dele la vuelta.

H. 17: Con A, 1 cad., 1 p. b., *7 p. b., 1 p. a. M., 1 p. b.; rep. desde * hasta que quede 1 p.; 1 p. b., dele la vuelta.

H. 19: Con B, 1 cad., 1 p. b., *7 p. b., 2 cad., sált. 1 p., 1 p. b.; rep. desde * hasta que quede 1 p.; 1 p. b., dele la vuelta.

DIAGRAMA DEL MOSAICO

11 10 9 8 7 6 5 4 3 2 1

(filas numeradas a la izquierda: 36, 34, 32, 30, 28, 26, 24, 22, 20, 18, 16, 14, 12, 10, 8, 6, 4, 2; a la derecha: 35, 33, 31, 29, 27, 25, 23, 21, 19, 17, 15, 13, 11, 9, 7, 5, 3, 1)

☐ Hilo A = crema

■ Hilo B = verde

9 p.

H. 21: Con A, 1 cad., 1 p. b., 3 cad., sált. 2 p., *1 p. b., 3 cad., sált. 2 p., 3 p. b.**, 4 cad., sált. 3 p.; rep. desde * hasta que queden 2 p., acabando la última repetición en **; 2 cad., sált. 1 p., 1 p. b., dele la vuelta.

H. 23: Con B, 1 cad., 1 p. b., *2 p. a. M., 1 p. b., 2 p. a. M., 2 cad., sált. 1 p., 1 p. b., 2 cad., sált. 1 p., 1 p. a. M.; rep. desde * hasta que quede 1 p.; 1 p. b., dele la vuelta.

H. 25: Con A, 1 cad., 1 p. b., 2 cad., sált. 1 p., *1 p. b., 2 cad., sált. 1 p., 2 p. b., 1 p. a. M., 1 p. b., 1 p. a. M.**, 3 cad., sált. 2 p.; rep. desde * hasta que queden 2 p., acabando la última repetición en **; 2 cad., sált. 1 p., 1 p. b., dele la vuelta.

H. 27: Con B, 1 cad., 1 p. b., *1 p. a. M., 1 p. b., 1 p. a. M., 2 cad., sált. 1 p., 1 p. b., 2 cad., sált. 1 p., 2 p. b., 1 p. a. M.; rep. desde * hasta que quede 1 p.; 1 p. b., dele la vuelta.

H. 29: Con A, 1 cad., 1 p. b., 2 cad., sált. 1 p., *2 p. b., 1 p. a. M., 1 p. b., 1 p. a. M., 2 cad., sált. 1 p., 1 p. b.**, 3 cad., sált. 2 p.; rep. desde * hasta que queden 2 p., acabando la última repetición en **; 2 cad., sált. 1 p., 1 p. b., dele la vuelta.

H. 31: Con B, 1 cad., 1 p. b., *1 p. a. M., 2 cad., sált. 1 p., 1 p. b., 2 cad., sált. 1 p., 2 p. b., 1 p. a. M., 1 p. b., 1 p. a. M.; rep. desde * hasta que quede 1 p.; 1 p. b., dele la vuelta.

H. 33: Con A, 1 cad., 1 p. b., 2 cad., sált. 1 p., *1 p. a. M., 1 p. b., 1 p. a. M., 3 cad., sált. 2 p., 1 p. b.**, 4 cad., sált. 3 p.; rep. desde * hasta que queden 3 p., acabando la última repetición en **; 3 cad., sált. 2 p., 1 p. b., dele la vuelta.

Para terminar, haga las H. 35.

H. 35: Con B, 1 cad., 1 p. b. en cada p. y 1 p. a. M. en cada esp.

PUNTO

GANCHILLO

Abeja reina

Este diseño es perfecto para tejer un panel en una chaqueta o como motivo único en la esquina de un cojín. Si trabaja un panel con las dos agujas, coloque juntas las repeticiones o teja el fondo a punto bobo.

Instrucciones de punto

Múltiplo de 23 p. + 2

En las H. D, deslice los p. como si fuera a tejerlos del revés con el hilo por detrás.

Monte los p. con A, teja 1 H. del derecho y 1 H. del revés.

H. 1 (D): Con B, teja p. del derecho.

H. 2 y todas las H. R: Teja del revés los d. y deslice los p. desl. como si fuera a tejerlos del revés con el hilo por delante.

H. 3: Con A, teja p. del derecho.

H. 5: Con B, 1 d., *9 d., desl. 1, 3 d., desl. 1, 9 d.; rep. desde * hasta que quede 1 p.; 1 d.

H. 7: Con A, 1 d., *10 d., desl. 3, 10 d.; rep. desde * hasta que quede 1 p.; 1 d.

H. 9: Con B, 1 d., *7 d., desl. 1, 7 d., desl. 1, 7 d.; rep. desde * hasta que quede 1 p.; 1 d.

H. 11: Con A, 1 d., *8 d., desl. 1, 5 d., desl. 1, 8 d.; rep. desde * hasta que quede 1 p.; 1 d.

H. 13: Con B, 1 d., *7 d., desl. 1, 7 d., desl. 1, 7 d.; rep. desde * hasta que quede 1 p.; 1 d.

H. 15: Con A, 1 d., *8 d., desl. 1, 5 d., desl. 1, 8 d.; rep. desde * hasta que quede 1 p.; 1 d.

H. 17: Con B, 1 d., *3 d., desl. 1, 15 d., desl. 1, 3 d.; rep. desde * hasta que quede 1 p.; 1 d.

H. 19: Con A, 1 d., *4 d., desl. 1, 4 d., desl. 2, 1 d., desl. 2, 4 d., desl. 1, 4 d.; rep. desde * hasta que quede 1 p.; 1 d.

H. 21: Con B, 1 d., *1 d., desl. 1, 19 d., desl. 1, 1 d.; rep. desde * hasta que quede 1 p.; 1 d.

H. 23: Con A, 1 d., *2 d., desl. 1, 6 d., desl. 2, 1 d., desl. 2, 6 d., desl. 1, 2 d.; rep. desde * hasta que quede 1 p.; 1 d.

H. 25: Con B, 1 d., *1 d., desl. 1, 19 d., desl. 1, 1 d.; rep. desde * hasta que quede 1 p.; 1 d.

H. 27: Con A, 1 d., *9 d., [desl. 1, 1 d.] 3 veces, 8 d.; rep. desde * hasta que quede 1 p.; 1 d.

H. 29: Con B, 1 d., *8 d., desl. 1, 5 d., desl. 1, 8 d.; rep. desde * hasta que quede 1 p.; 1 d.

H. 31: Con A, 1 d., *10 d., [desl. 1, 1 d.] 2 veces, 9 d.; rep. desde * hasta que quede 1 p.; 1 d.

H. 33: Con B, 1 d., *7 d., desl. 1, [3 d., desl. 1] 2 veces, 7 d.; rep. desde * hasta que quede 1 p.; 1 d.

H. 35: Con A, teja p. del derecho.

H. 37: Con B, teja p. del derecho.

H. 39: Con A, teja p. del derecho.

H. 40: Como la H. 2.

Instrucciones de ganchillo

Múltiplo de 23 p. + 2

Con A, teja el número deseado de p. b. sin cadeneta.

H. 1 (D): Con B, 1 cad., 1 p. b. en cada p. hasta el final.

H. 2 y todas las H. R: 1 cad., 1 p. b. en los p., 1 cad. y sált. los esp. de cad., dele la vuelta.

H. 3: Con A, 1 cad., 1 p. b. en cada p. hasta el final.

H. 5: Con B, 1 cad., 1 p. b., *9 p. b., 2 cad., sált. 1 p., 3 p. b., 2 cad., sált. 1 p., 9 p. b.; rep. desde * hasta que quede 1 p.; 1 p. b., dele la vuelta.

H. 7: Con A, 1 cad., 1 p. b., *9 p. b., 1 p. a. M., 4 cad., sált. 3 p., 1 p. a. M., 9 p. b.; rep. desde * hasta que quede 1 p.; 1 p. b., dele la vuelta.

H. 9: Con B, 1 cad., 1 p. b., *7 p. b., 2 cad., sált. 1 p., 2 p. b., 3 p. a. M., 2 p. b., 2 cad., sált. 1 p., 7 p. b.; rep. desde * hasta que quede 1 p.; 1 p. b., dele la vuelta.

H. 11: Con A, 1 cad., 1 p. b., *7 p. b., 1 p. a. M., 2 cad., sált. 1 p., 5 p. b., 2 cad., sált. 1 p., 1 p. a. M., 7 p. b.; rep. desde * hasta que quede 1 p.; 1 p. b., dele la vuelta.

H. 13: Con B, 1 cad., 1 p. b., *7 p. b., 2 cad., sált. 1 p., 1 p. a. M., 5 p. b., 1 p. a. M., 2 cad., sált. 1 p., 7 p. b.; rep. desde * hasta que quede 1 p.; 1 p. b., dele la vuelta.

H. 15: Con A, 1 cad., 1 p. b., *7 p. b., 1 p. a. M., 2 cad., sált. 1 p., 5 p. b., 2 cad., sált. 1 p., 1 p. a. M., 7 p. b.; rep. desde

DIAGRAMA DEL MOSAICO

23 p.

☐ Hilo A = crema

■ Hilo B = amarillo

DE LA NATURALEZA

* hasta que quede 1 p.; 1 p. b., dele la vuelta.

H. 17: Con B, 1 cad., 1 p. b., *3 p. b., 2 cad., sált. 1 p., 4 p. b., 1 p. a. M., 5 p. b., 1 p. a. M., 4 p. b., 2 cad., sált. 1 p., 3 p. b.; rep. desde * hasta que quede 1 p.; 1 p. b., dele la vuelta.

H. 19: Con A, 1 cad., 1 p. b., *3 p. b., 1 p. a. M., 2 cad., sált. 1 p., 4 p. b., 3 cad., sált. 2 p., 1 p. b., 3 cad., sált. 2 p., 4 p. b., 2 cad., sált. 1 p., 1 p. a. M., 3 p. b.; rep. desde * hasta que quede 1 p.; 1 p. b., dele la vuelta.

H. 21: Con B, 1 cad., 1 p. b., *1 p. b., 2 cad., sált. 1 p., 2 p. b., 1 p. a. M., 4 p., 2 p. a. M., 1 p. b., 2 p. a. M., 4 p. b., 1 p. a. M., 2 p. b., 2 cad., sált. 1 p., 1 p. b.; rep. desde * hasta que quede 1 p.; 1 p. b., dele la vuelta.

H. 23: Con A, 1 cad., 1 p. b., *1 p. b., 1 p. a. M., 2 cad., sált. 1 p., 6 p. b., 3 cad., sált. 2 p., 1 p. b., 3 cad., sált. 2 p., 6 p. b., 2 cad., sált. 1 p., 1 p. a. M., 1 p. b.; rep. desde * hasta que quede 1 p.; 1 p. b., dele la vuelta.

H. 25: Con B, 1 cad., 1 p. b., *1 p. b., 2 cad., sált. 1 p., 1 p. a. M., 6 p. b., 2 p. a. M., 1 p. b., 2 p. a. M., 6 p. b., 1 p. a. M., 2 cad., sált. 1 p., 1 p. b.; rep. desde * hasta que quede 1 p.; 1 p. b., dele la vuelta.

H. 27: Con A, 1 cad., 1 p. b., *1 p. b., 1 p. a. M., 7 p. b., [2 cad., sált. 1 p., 1 p. b.] 3 veces, 6 p. b., 1 p. a. M., 1 p. b.; rep. desde * hasta que quede 1 p.; 1 p. b., dele la vuelta.

H. 29: Con B, 1 cad., 1 p. b., *8 p. b., 2 cad., sált. 1 p., [1 p. a. M., 1 p. b.] 2 veces, 1 p. a. M., 2 cad., sált. 1 p., 8 p. b.; rep. desde * hasta que quede 1 p.; 1 p. b., dele la vuelta.

H. 31: Con A, 1 cad., 1 p. b., *8 p. b., 1 p. a. M., 1 p. b., [2 cad., sált. 1 p., 1 p. b.] 2 veces, 1 p. a. M., 8 p. b.; rep. desde * hasta que quede 1 p.; 1 p. b., dele la vuelta.

H. 33: Con B, 1 cad., 1 p. b., *7 p. b., 2 cad., sált. 1 p., 2 p. b., 1 p. a. M., 2 cad., sált. 1 p., 1 p. a. M., 2 p. b., 2 cad., sált. 1 p., 7 p. b.; rep. desde * hasta que quede 1 p.; 1 p. b., dele la vuelta.

H. 35: Con A, 1 cad., 1 p. b., 7 p. b., 1 p. a. M., [3 p. b., 1 p. a. M.] 2 veces, 7 p. b.; rep. desde * hasta que quede 1 p.; 1 p. b., dele la vuelta.

H. 37: Con B, 1 cad., 1 p. b. en cada p. hasta el final.

H. 39: Con A, 1 cad., 1 p. b. en cada p. hasta el final.

H. 40: Como la H. 2.

Rep. las H. 1-40, acabando la última repetición con la H. 39.

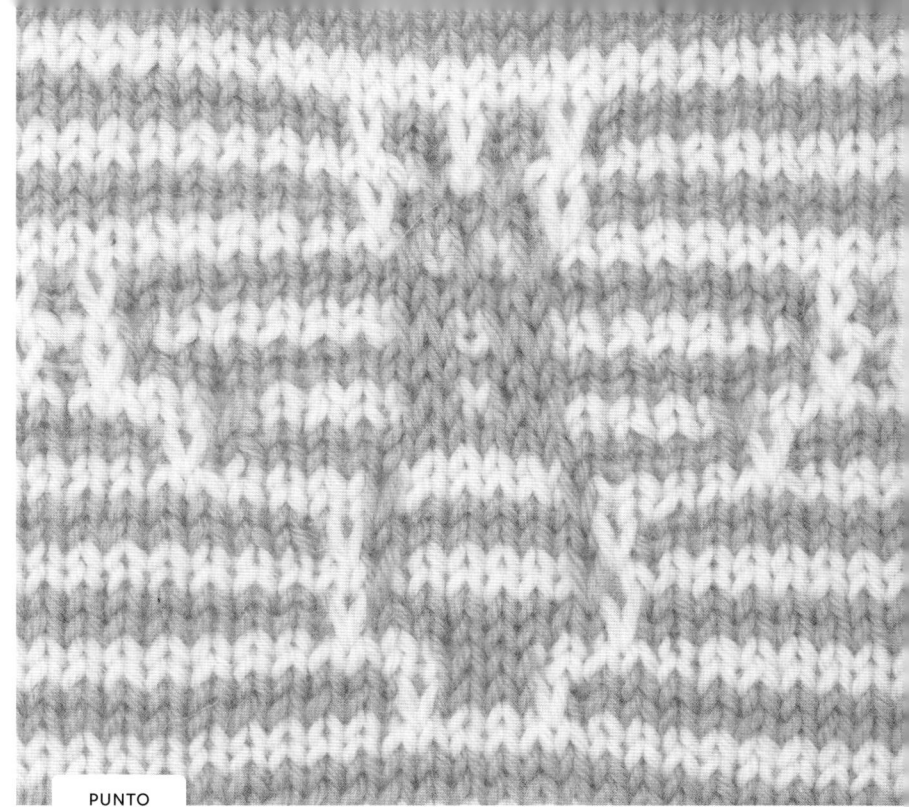

PUNTO

GANCHILLO

Topiaria

Un adorable patrón ideal para confeccionar un regalo relacionado con la jardinería. Considere cambiar el hilo A por uno de color rojo o amarillo si quiere que el motivo parezca un manzano o un limonero.

Instrucciones de punto

Múltiplo de 12 p. + 3
En las H. D, deslice los p. como si fuera a tejerlos del revés con el hilo por detrás.
Monte los p. con A, teja 1 H. del derecho y 1 H. del revés.
H. 1 (D): Con B, 1 d., *[desl. 1, 1 d.]; rep. desde * hasta que queden 2 p.; desl. 1, 1 d.

H. 2 y todas las H. R: Teja del revés los d. y deslice los p. desl. como si fuera a tejerlos del revés con el hilo por delante.
H. 3: Con A, teja p. del derecho.
H. 5: Con B, 1 d., *[desl. 1, 1 d.] 2 veces, desl. 1, 3 d., [desl. 1, 1 d.] 2 veces; rep. desde * hasta que queden 2 p.; desl. 1, 1 d.
H. 7: Con A, 1 d., *5 d., desl. 1, 1 d., desl. 1, 4 d.; rep. desde * hasta que queden 2 p.; 2 d.
H. 9: Con B, 1 d., *desl. 1, 1 d., desl. 2, 5 d., desl. 2, 1 d.; rep. desde * hasta que queden 2 p.; desl. 1, 1 d.

H. 11: Con A, 1 d., *4 d., desl. 2, 1 d., desl. 2, 3 d.; rep. desde * hasta que queden 2 d.; 2 d.
H. 13: Con B, 1 d., *desl. 2, 9 d., desl. 1; rep. desde * hasta que queden 2 p.; desl. 1, 1 d.
H. 15: Con A, 1 d., *6 d., desl. 1, 5 d.; rep. desde * hasta que queden 2 p.; 2 d.
H. 17: Con B, 1 d., *[desl. 1, 1 d.] 2 veces, desl. 2, 1 d., desl. 2, 1 d., desl. 1, 1 d.; rep. desde * hasta que queden 2 p.; desl. 1, 1 d.
H. 19: Con A, 1 d., *6 d., desl. 1, 5 d.; rep. desde * hasta que queden 2 p.; 2 d.
H. 21: Con B, 1 d., *[desl. 1, 1 d.] 2 veces, desl. 2, 1 d., desl. 2, 1 d., desl. 1, 1 d.; rep. desde * hasta que queden 2 p.; desl. 1, 1 d.
H. 23: Con A, 1 d., *6 d., desl. 1, 5 d.; rep. desde * hasta que queden 2 p.; 2 d.
H. 25: Con B, 1 d., *desl. 1, 1 d., desl. 1, 7 d., desl. 1, 1 d.; rep. desde * hasta que queden 2 p.; desl. 1, 1 d.
H. 27: Con A, 1 d., *3 d., [desl. 1, 1 d.] 4 veces, 1 d.; rep. desde * hasta que queden 2 p.; 2 d.

H. 29: Con B, 1 d., *desl. 2, 9 d., desl. 1; rep. desde * hasta que queden 2 p.; desl. 1, 1 d.
H. 31: Con A, 1 d., *2 d., [desl. 1, 1 d.] 5 veces; rep. desde * hasta que queden 2 p.; 2 d.
H. 33: Con B, 1 d., *desl. 2, 9 d., desl. 1; rep. desde * hasta que queden 2 p.; desl. 1, 1 d.
H. 35: Con A, 1 d., *3 d., desl. 2, 1 d., desl. 1, 1 d., desl. 2, 2 d.; rep. desde * hasta que queden 2 p.; 2 d.
H. 37: Con B, 1 d., *desl. 1, 1 d., desl. 1, 7 d., desl. 1, 1 d.; rep. desde * hasta que queden 2 p.; desl. 1, 1 d.
H. 39: Con A, 1 d., *5 d., desl. 1, 1 d., desl. 1, 4 d.; rep. desde * hasta que queden 2 p.; 2 d.
H. 41: Con B, 1 d., *[desl. 1, 1 d.] 2 veces, desl. 1, 3 d., [desl. 1, 1 d.] 2 veces; rep. desde * hasta que queden 2 p.; desl. 1, 1 d.
H. 43: Con A, teja p. del derecho.
H. 45: Con B, 1 d., *[desl. 1, 1 d.]; rep. desde * hasta que queden 2 p.; desl. 1, 1 d.
H. 47: Con A, teja p. del derecho.
H. 48: Como la H. 2.

Instrucciones de ganchillo

Múltiplo de 12 p. + 3
Nota sobre el patrón: La repetición de las instrucciones escritas difiere del diagrama en las H. 13, 29 y 33.
Con A, teja el número deseado de p. b. sin cadeneta.
H. 1 (D): Con B, 1 cad., 1 p. b., *[2 cad., sált. 1 p., 1 p. b.] 6 veces; rep. desde * hasta que queden 2 p.; 2 cad., sált. 1 p., 1 p. b., dele la vuelta.
H. 2 y todas las H. R: 1 cad., 1 p. b. en los p., 1 cad. y sált. los esp. de cad., dele la vuelta.
H. 3: Con A, 1 cad., 1 p. b., *[1 p. a. M., 1 p. b.] 6 veces; rep. desde * hasta que queden 2 p.; 1 p. a. M., 1 p. b., dele la vuelta.
H. 5: Con B, 1 cad., 1 p. b., *[2 cad., sált. 1 p., 1 p. b.] 2 veces, 2 cad., sált. 1 p., 3 p. b., [2 cad., sált. 1 p., 1 p. b.] 2 veces; rep. desde * hasta que queden 2 p.; 2 cad., sált. 1 p., 1 p. b., dele la vuelta.
H. 7: Con A, 1 cad., 1 p. b., *[1 p. a. M., 1 p. b.] 2 veces, 1 p. a. M., 2 cad., sált. 1 p., 1 p. b., 2 cad., sált. 1 p., [1 p. a. M., 1 p. b.] 2 veces; rep. desde * hasta que

DIAGRAMA DEL MOSAICO

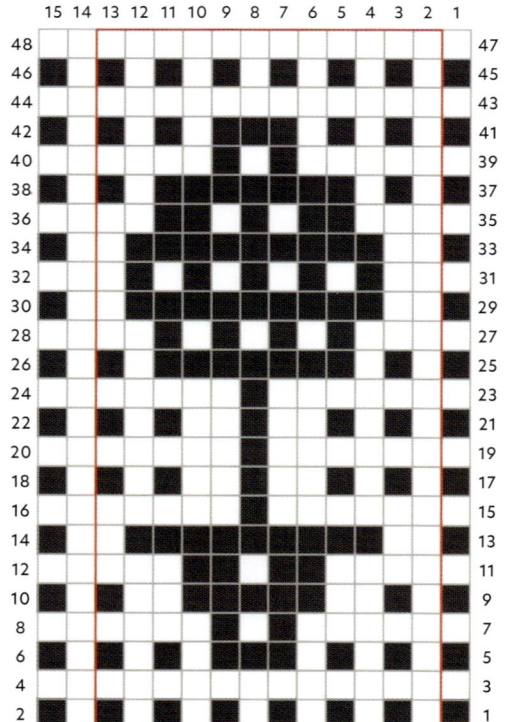

15 14 13 12 11 10 9 8 7 6 5 4 3 2 1

□ Hilo A = crema
■ Hilo B = verde

12 p.

PUNTO

GANCHILLO

queden 2 p.; 1 p. a. M., 1 p. b., dele
la vuelta.

H. 9: Con B, 1 cad., 1 p. b., *2 cad.,
sált. 1 p., 1 p. b., 3 cad., sált. 2 p., [1 p.
b., 1 p. a. M.] 2 veces, 1 p. b., 3 cad.,
sált. 2 p., 1 p. b.; rep. desde * hasta
que queden 2 p.; 2 cad., sált. 1 p., 1 p. b.,
dele la vuelta.

H. 11: Con A, 1 cad., 1 p. b., *1 p. a. M.,
1 p. b., 2 p. a. M., 3 cad., sált. 2 p., 1 p. b.,
3 cad., sált. 2 p., 2 p. a. M., 1 p. b.; rep.
desde * hasta que queden 2 p.; 1 p. a.
M., 1 p. b., dele la vuelta.

H. 13: Con B, 1 cad., 1 p. b., 3 cad.,
sált. 2 p., *2 p. b., 2 p. a. M., 1 p. b.,
2 p. a. M., 2 p. b.**, 4 cad., sált. 3 p.;
rep. desde * hasta que queden 3 p.,
acabando la última repetición en **;
3 cad. sált. 2 p., 1 p. b., dele la vuelta.

H. 15: Con A, 1 cad., 1 p. b., *2 p. a. M.,
4 p. b., 2 cad., sált. 1 p., 4 p. b., 1 p. a.
M.; rep. desde * hasta que queden
2 p.; 1 p. a. M., 1 p. b., dele la vuelta.

H. 17: Con B, 1 cad., 1 p. b., *[2 cad.,
sált. 1 p., 1 p. b.] 2 veces 3 cad., sált.
2 p., 1 p. a. M., 3 cad., sált. 2 p., 1 p. b.,
2 cad., sált. 1 p., 1 p. b.; rep. desde *
hasta que queden 2 p.; 2 cad., sált.
1 p., 1 p. b., dele la vuelta.

H. 19: Con A, 1 cad., 1 p. b., *[1 p. a. M.,
1 p. b.] 2 veces, 2 p. a. M., 2 cad., sált.
1 p., 2 p. a. M., 1 p. b., 1 p. a. M., 1 p. b.;
rep. desde * hasta que queden 2 p.;
1 p. a. M., 1 p. b., dele la vuelta.

H. 21: Con B, 1 cad., 1 p. b., *[2 cad.,
sált. 1 p., 1 p. b.] 2 veces, 3 cad., sált.

2 p., 1 p. a. M., 3 cad., sált. 2 p., 1 p. b.,
2 cad., sált. 1 p., 1 p. b.; rep. desde *
hasta que queden 2 p.; 2 cad., sált.
1 p., 1 p. b., dele la vuelta.

H. 23: Con A, 1 cad., 1 p. b., *[1 p. a. M.,
1 p. b.] 2 veces, 2 p. a. M., 2 cad., sált.
1 p., 2 p. a. M., 1 p. b., 1 p. a. M., 1 p. b.;
rep. desde * hasta que queden 2 p.;
1 p. a. M., 1 p. b., dele la vuelta.

H. 25: Con B, 1 cad., 1 p. b., *2 cad.,
sált. 1 p., 1 p. b., 2 cad., sált. 1 p., 3 p. b.,
1 p. a. M., 3 p. b., 2 cad., sált. 1 p., 1 p. b.;
rep. desde * hasta que queden 2 p.;
2 cad., sált. 1 p., 1 p. b., dele la vuelta.

H. 27: Con A, 1 cad., 1 p. b., *1 p. a. M.,
1 p. b., 1 p. a. M., [2 cad., sált. 1 p., 1 p.
b.] 3 veces, 2 cad., sált. 1 p., 1 p. a. M.,
1 p. b.; rep. desde * hasta que queden
2 p.; 1 p. a. M., 1 p. b., dele la vuelta.

H. 29: Con B, 1 cad., 1 p. b., 3 cad.,
sált. 2 p., *1 p. b., [1 p. a. M., 1 p. b.]
4 veces**, 4 cad., sált. 3 p.; rep. desde
* hasta que queden 3 p., acabando
la última repetición en **; 3 cad., sált.
2 p., 1 p. b., dele la vuelta.

H. 31: Con A, 1 cad., 1 p. b., *2 p. a.
M., [2 cad., sált. 1 p., 1 p. b.] 4 veces,
2 cad., sált. 1 p., 1 p. a. M.; rep. desde
* hasta que queden 2 p.; 1 p. a. M.,
1 p. b., dele la vuelta.

H. 33: Con B, 1 cad., 1 p. b., 3 cad., sált.
2 p., *[1 p. a. M., 1 p. b.] 4 veces, 1 p.
a. M.**, 4 cad., sált. 3 p.; rep. desde *
hasta que queden 3 p., acabando la
última repetición en **; 3 cad., sált.
2 p., 1 p. b., dele la vuelta.

H. 35: Con A, 1 cad., 1 p. b., *2 p. a. M.,
1 p. b., 3 cad., sált. 2 p., 1 p. b., 2 cad.,
sált. 1 p., 1 p. b., 3 cad., sált. 2 p., 1 p.
b., 1 p. a. M.; rep. desde * hasta que
queden 2 p.; 1 p. a. M., 1 p. b., dele
la vuelta.

H. 37: Con B, 1 cad., 1 p. b., *2 cad.,
sált. 1 p., 1 p. b., 2 cad., sált. 1 p., 2 p. a.
M., 1 p. b., 1 p. a. M., 1 p. b., 2 p. a. M.,
2 cad., sált. 1 p., 1 p. b.; rep. desde *
hasta que queden 2 p.; 2 cad., sált.
1 p., 1 p. b., dele la vuelta.

H. 39: Con A, 1 cad., 1 p. b., *1 p. a. M.,
1 p. b., 1 p. a. M., 2 p. b., 2 cad., sált.
1 p., 1 p. b., 2 cad., sált. 1 p., 2 p. b., 1 p.
a. M., 1 p. b.; rep. desde * hasta que
queden 2 p.; 1 p. a. M., 1 p. b., dele
la vuelta.

H. 41: Con B, 1 cad., 1 p. b., *[2 cad.,
sált. 1 p., 1 p. b.] 2 veces, 2 cad., sált.
1 p., 1 p. a. M., 1 p. b., 1 p. a. M., [2 cad.,
sált. 1 p., 1 p. b.] 2 veces; rep. desde *
hasta que queden 2 p.; 2 cad., sált.
1 p., 1 p. b., dele la vuelta.

H. 43: Con A, 1 cad., 1 p. b., *[1 p. a.
M., 1 p. b.] 3 veces, 2 p. b., [1 p. a. M.,
1 p. b.] 2 veces; rep. desde * hasta que
queden 2 p.; 1 p. a. M., 1 p. b., dele
la vuelta.

H. 45: Con B, 1 cad., 1 p. b., *[2 cad.,
sált. 1 p., 1 p. b.] 6 veces; rep. desde *
hasta que queden 2 p.; 2 cad., sált.
1 p., 1 p. b., dele la vuelta.

Para terminar, haga las H. 47.

H. 47: Con A, 1 cad., 1 p. b. en cada p.
y 1 p. a. M. en cada esp.

TOPIARIA

141

Celosía

Este espectacular diseño es perfecto para proyectos grandes en los que puedan hacerse varias repeticiones. Así el patrón realmente lucirá y se apreciará el diseño circundante de hojas.

Instrucciones de punto

Múltiplo de 10 p. + 5

En las H. D, deslice los p. como si fuera a tejerlos del revés con el hilo por detrás.

Monte los p. con A, teja 1 H. del derecho y 1 H. del revés.

H. 1 (D): Con B, 1 d., desl. 1, *2 d., desl. 1, 5 d., desl. 1, 1 d.; rep. desde * hasta que queden 3 p.; 1 d., desl. 1, 1 d.

H. 2 y todas las H. R: Teja del revés los d. y deslice los p. desl. como si fuera a tejerlos del revés con el hilo por delante.

H. 3: Con A, 2 d., *1 d., desl. 1, 2 d., [desl. 1, 1 d.] 2 veces, 1 d., desl. 1; rep. desde * hasta que queden 3 p.; 3 d.

H. 5: Con B, 1 d., desl. 1, *desl. 1, 2 d., desl. 1, 3 d., desl. 1, 2 d.; rep. desde * hasta que queden 3 p.; desl. 2, 1 d.

H. 7: Con A, 2 d., *[2 d., desl. 1] 3 veces, 1 d.; rep. desde * hasta que queden 3 p.; 3 d.

H. 9: Con B, 1 d., desl. 1, *desl. 1, 2 d., desl. 1, 3 d., desl. 1, 2 d.; rep. desde * hasta que queden 3 p.; desl. 2, 1 d.

H. 11: Con A, 2 d., *1 d., desl. 1, 2 d., [desl. 1, 1 d.] 2 veces, 1 d., desl. 1; rep. desde * hasta que queden 3 p.; 3 d.

H. 13: Con B, 1 d., desl. 1, *2 d., desl. 1, 5 d., desl. 1, 1 d.; rep. desde * hasta que queden 3 p.; 1 d., desl. 1, 1 d.

H. 15: Con A, 2 d., *3 d., [desl. 1, 1 d.] 3 veces, 1 d.; rep. desde * hasta que queden 3 p.; 3 d.

H. 17: Con B, 1 d., desl. 1, *desl. 1, 9 d.; rep. desde * hasta que queden 3 p.; desl. 2, 1 d.

H. 19: Con A, 2 d., *1 d., desl. 1, 1 d., [desl. 2, 1 d.] 2 veces, desl. 1; rep. desde * hasta que queden 3 p.; 3 d.

H. 21: Con B, 1 d., desl. 1, *10 d.; rep. desde * hasta que queden 3 p.; 1 d., desl. 1, 1 d.

H. 23: Con A, 2 d., *1 d., desl. 1, 1 d., [desl. 2, 1 d.] 2 veces, desl. 1; rep. desde * hasta que queden 3 p.; 3 d.

H. 25: Con B, 1 d., desl. 1, *desl. 1, 9 d.; rep. desde * hasta que queden 3 p.; desl. 2, 1 d.

H. 27: Con A, 2 d., *3 d., [desl. 1, 1 d.] 2 veces, desl. 1, 2 d.; rep. desde * hasta que queden 3 p.; 3 d.

H. 29: Con B, 1 d., desl. 1, *2 d., desl. 1, 5 d., desl. 1, 1 d.; rep. desde * hasta que queden 3 p.; 1 d., desl. 1, 1 d.

H. 31: Con A, 2 d., *1 d., desl. 1, 2 d., [desl. 1, 1 d.] 2 veces, 1 d., desl. 1; rep. desde * hasta que queden 3 p.; 3 d. Rep. las H. 5-32. Para terminar, haga las H. 33-44.

H. 33: Con B, 1 d., desl. 1, *desl. 1, 2 d., desl. 1, 3 d., desl. 1, 2 d.; rep. desde * hasta que queden 3 p.; desl. 2, 1 d.

H. 35: Con A, 2 d., *2 d., desl. 1, 2 d., desl. 1, 2 d., desl. 1, 1 d.; rep. desde * hasta que queden 3 p.; 3 d.

H. 37: Con B, 1 d., desl. 1, *desl. 1, 2 d., desl. 1, 3 d., desl. 1, 2 d.; rep. desde * hasta que queden 3 p.; desl. 2, 1 d.

H. 39: Con A, 2 d., *1 d., desl. 1, 2 d., desl. 1, 1 d., desl. 1, 2 d., desl. 1, 1 d.; rep. desde * hasta que queden 3 p.; 3 d.

H. 41: Con B, 1 d., desl. 1, *2 d., desl. 1, 5 d., desl. 1, 1 d.; rep. desde * hasta que queden 3 p.; 1 d., desl. 1, 1 d.

H. 43: Con A, teja p. del derecho.

H. 44: Como la H. 2.

Instrucciones de ganchillo

Múltiplo de 10 p. + 5

Nota sobre el patrón: La repetición de las instrucciones escritas difiere del diagrama en las H. 5, 9, 17, 25, 33 y 37. Con A, teja el número deseado de p. b. sin cadeneta.

H. 1 (D): Con B, 1 cad., 1 p. b., 2 cad., sált. 1 p., *2 p. b., 2 cad., sált. 1 p., 5 p. b., 2 cad., sált. 1 p., 1 p. b.; rep. desde * hasta que queden 3 p.; 1 p. b., 2 cad., sált. 1 p., 1 p. b., dele la vuelta.

H. 2 y todas las H. R: 1 cad., 1 p. b. en los p., 1 cad. y sált. los esp. de cad., dele la vuelta.

H. 3: Con A, 1 cad., 1 p. b., 1 p. a. M., *1 p. b., 2 cad., sált. 1 p., 1 p. a. M., [1 p. b., 2 cad., sált. 1 p.] 2 veces, 1 p. b., 1 p. a. M., 2 cad., sált. 1 p.; rep. desde * hasta que queden 3 p.; 1 p. b., 1 p. a. M., 1 p. b., dele la vuelta.

H. 5: Con B, 1 cad., 1 p. b., 3 cad., sált. 2 p., *1 p. a. M., 1 p. b., 2 cad., sált. 1 p., 1 p. a. M., 1 p. b., 1 p. a. M., 2 cad., sált. 1 p., 1 p. b., 1 p. a. M.**, 2 cad., sált. 1 p.; rep. desde * hasta que queden

DIAGRAMA DEL MOSAICO

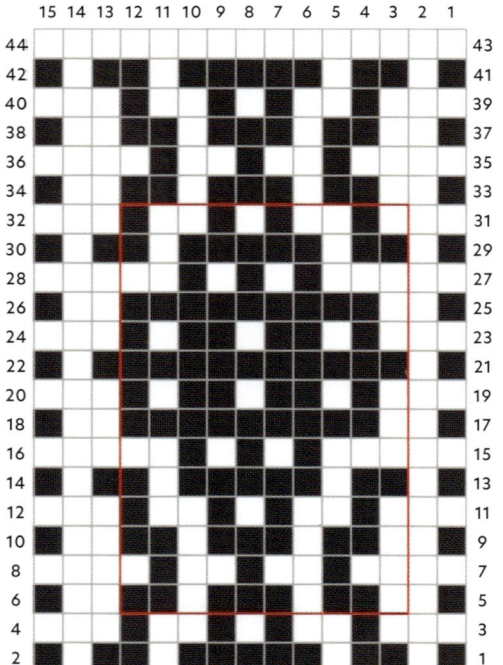

Hilo A = crema

Hilo B = amarillo

10 p.

PUNTO

GANCHILLO

3 p., acabando la última repetición en **; 3 cad., sált. 2 p., 1 p. b., dele la vuelta.

H. 7: Con A, 1 cad., 1 p. b., 1 p. a. M., *[1 p. a. M., 1 p. b., 2 cad., sált. 1 p.] 2 veces, 1 p. b., 1 p. a. M., 2 cad., sált. 1 p., 1 p. b.; rep. desde * hasta que queden 3 p.; 2 p. a. M., 1 p. b., dele la vuelta.

H. 9: Con B, 1 cad., 1 p. b., 3 cad., sált. 2 p., *1 p. b., 1 p. a. M., 2 cad., sált. 1 p., 1 p. b., 1 p. a. M., 1 p. b., 2 cad., sált. 1 p., 1 p. a. M., 1 p. b.**, 2 cad., sált. 1 p.; rep. desde * hasta que queden 3 p., acabando la última repetición en **; 3 cad., sált. 2 p., 1 p. b., dele la vuelta.

H. 11: Con A, 1 cad., 1 p. b., 1 p. a. M., *1 p. a. M., 2 cad., sált. 1 p., 1 p. b., 1 p. a. M., 2 cad., sált. 1 p., 1 p. b., 2 cad., sált. 1 p., 1 p. a. M., 1 p. b., 2 cad., sált. 1 p.; rep. desde * hasta que queden 3 p.; 2 p. a. M., 1 p. b., dele la vuelta.

H. 13: Con B, 1 cad., 1 p. b., 2 cad., sált. 1 p., *1 p. b., 1 p. a. M., 2 cad., sált. 1 p., [1 p. b., 1 p. a. M.] 2 veces, 1 p. b., 2 cad., sált. 1 p., 1 p. a. M.; rep. desde * hasta que queden 3 p.; 1 p. b., 2 cad., sált. 1 p., 1 p. b., dele la vuelta.

H. 15: Con A, 1 cad., 1 p. b., 1 p. a. M., *2 p. b., 1 p. a. M., [2 cad., sált. 1 p., 1 p. b.] 2 veces, 2 cad., sált. 1 p., 1 p. a. M., 1 p. b.; rep. desde * hasta que queden 3 p.; 1 p. b., 1 p. a. M., 1 p. b., dele la vuelta.

H. 17: Con B, 1 cad., 1 p. b., 3 cad., sált. 2 p., *2 p. b., [1 p. a. M., 1 p. b.] 2 veces, 1 p. a. M., 2 p. b.**, 2 cad., sált. 1 p.; rep. desde * hasta que queden 3 p., acabando la última repetición en **; 3 cad., sált. 2 p., 1 p. b., dele la vuelta.

H. 19: Con A, 1 cad., 1 p. b., 1 p. a. M., *1 p. a. M., 2 cad., sált. 1 p., [1 p. b., 3 cad., sált. 2 p.] 2 veces, 1 p. b., 2 cad., sált. 1 p.; rep. desde * hasta que queden 3 p.; 2 p. a. M., 1 p. b., dele la vuelta.

H. 21: Con B, 1 cad., 1 p. b., 2 cad., sált. 1 p., *1 p. b., 1 p. a. M., [1 p. b., 2 p. a. M.] 2 veces, 1 p. b., 1 p. a. M.; rep. desde * hasta que queden 3 p.; 1 p. b., 2 cad., sált. 1 p., 1 p. b., dele la vuelta.

H. 23: Con A, 1 cad., 1 p. b., 1 p. a. M., *1 p. b., 2 cad., sált. 1 p., [1 p. b., 3 cad., sált. 2 p.] 2 veces, 2 cad., sált. 1 p.; rep. desde * hasta que queden 3 p.; 1 p. b., 1 p. a. M., 1 p. b., dele la vuelta.

H. 25: Con B, 1 cad., 1 p. b., 3 cad., sált. 2 p., *1 p. a. M., [1 p. b., 2 p. a. M.] 2 veces, 1 p. b., 1 p. a. M.**, 2 cad., sált. 1 p.; rep. desde * hasta que queden 3 p., acabando la última repetición en **; 3 cad., sált. 2 p., 1 p. b., dele la vuelta.

H. 27: Con A, 1 cad., 1 p. b., 1 p. a. M., *1 p. a. M., 2 p. b., [2 cad., sált. 1 p., 1 p. b.] 2 veces, 2 cad., sált. 1 p., 2 p. b.; rep. desde * hasta que queden 3 p.; 2 p. a. M., 1 p. b., dele la vuelta.

H. 29: Con B, 1 cad., 1 p. b., 2 cad., sált. 1 p., *2 p. b., 2 cad., sált. 1 p., 1 p. a. M., [1 p. b., 1 p. a. M.] 2 veces, 2 cad., sált. 1 p., 1 p. b.; rep. desde * hasta que queden 3 p.; 1 p. b., 2 cad., sált. 1 p., 1 p. b., dele la vuelta.

H. 31: Con A, 1 cad., 1 p. b., 1 p. a. M., *1 p. b., 2 cad., sált. 1 p., 1 p. a. M., 1 p. b., [2 cad., sált. 1 p., 1 p. b.] 2 veces, 1 p. a. M., 2 cad., sált. 1 p.; rep. desde * hasta que queden 3 p.; 1 p. b., 1 p. a. M., 1 p. b., dele la vuelta.

Rep. las H. 5-32. Para terminar, haga las H. 33-43.

H. 33-42: Rep. las H. 5-14.

H. 43: Con A, 1 cad., 1 p. b. en cada p. y 1 p. a. M. en cada esp.

CELOSÍA

143

Tulipán

Aunque este diseño está clasificado como de nivel fácil, es recomendable que preste atención al diagrama y al texto, ya que, cuando trabaje las repeticiones, puede confundirse al deslizar puntos (si teje con dos agujas) o al hacer cadenetas (si hace ganchillo).

Instrucciones de punto

Múltiplo de 10 p. + 3

En las H. D, deslice los p. como si fuera a tejerlos del revés con el hilo por detrás.

Monte los p. con B, teja 1 H. del derecho y 1 H. del revés.

H. 1 (D): Con A, 1 d., *desl. 1, 1 d., desl. 2, 1 d., desl. 1, 1 d., desl. 2, 1 d.; rep. desde * hasta que queden 2 p.; desl. 1, 1 d.

H. 2 y todas las H. R: Teja del revés los d. y deslice los p. desl. como si fuera a tejerlos del revés con el hilo por delante.

H. 3: Con B, 1 d., *4 d., desl. 1, 1 d., desl. 1, 3 d.; rep. desde * hasta que queden 2 p.; 2 d.

H. 5: Con A, 1 d., *[desl. 1, 1 d.] 2 veces, 1 d., desl. 1, 2 d., desl. 1, 1 d.; rep. desde * hasta que queden 2 p.; desl. 1, 1 d.

H. 7: Con B, 1 d., *[3 d., desl. 1] 2 veces, 2 d.; rep. desde * hasta que queden 2 p.; 2 d.

H. 9: Con A, 1 d., *desl. 2, 2 d., desl. 1, 1 d., desl. 1, 2 d., desl. 1; rep. desde * hasta que queden 2 p.; desl. 1, 1 d.

H. 11: Con B, 1 d., *[2 d., desl. 1] 3 veces, 1 d.; rep. desde * hasta que queden 2 p.; 2 d.

H. 13: Con A, 1 d., *desl. 1, 2 d., desl. 1, 3 d., desl. 1, 2 d.; rep. desde * hasta que queden 2 p.; desl. 1, 1 d.

H. 15: Con B, 1 d., *1 d., desl. 1, 2 d., desl. 3, 2 d., desl. 1; rep. desde * hasta que queden 2 p.; 2 d.

H. 17: Con A, 1 d., *desl. 1, 1 d., desl. 1, 5 d., desl. 1, 1 d.; rep. desde * hasta que queden 2 p.; desl. 1, 1 d.

H. 19: Con B, 1 d., *3 d., [desl. 1, 1 d.] 3 veces, 1 d.; rep. desde * hasta que queden 2 p.; 2 d.

H. 21: Con A, 1 d., *[desl. 1, 1 d.] 5 veces; rep. desde * hasta que queden 2 p.; desl. 1, 1 d.

H. 23: Con B, 1 d., *5 d., desl. 1, 4 d.; rep. desde * hasta que queden 2 p.; 2 d.

H. 25: Con A, 1 d., *[desl. 1, 1 d.] 5 veces; rep. desde * hasta que queden 2 p.; desl. 1, 1 d.

H. 27: Con B, teja p. del derecho.

H. 28: Como la H. 2.

Rep. las H. 1-28.

Instrucciones de ganchillo

Múltiplo de 10 p. + 3

Nota sobre el patrón: La repetición de las instrucciones escritas difiere del diagrama en la H. 9.

Con B, teja el número deseado de p. b. sin cadeneta.

H. 1 (D): Con A, 1 cad., 1 p. b., *[2 cad., sált. 1 p., 1 p. b., 3 cad., sált. 2 p., 1 p. b.] 2 veces; rep. desde * hasta que queden 2 p.; 2 cad., sált. 1 p., 1 p. b., dele la vuelta.

H. 2 y todas las H. R: 1 cad., 1 p. b. en los p., 1 cad. y sált. los esp. de cad., dele la vuelta.

H. 3: Con B, 1 cad., 1 p. b., *1 p. a. M., 1 p. b., 2 p. a. M., [2 cad., sált. 1 p., 1 p. a. M.] 2 veces, 1 p. a. M., 1 p. b.; rep. desde * hasta que queden 2 p.; 1 p. a. M., 1 p. b., dele la vuelta.

H. 5: Con A, 1 cad., 1 p. b., *[2 cad., sált. 1 p., 1 p. b.] 2 veces, 1 p. a. M., 2 cad., sált. 1 p., 1 p. a. M., 1 p. b., 2 cad., sált. 1 p., 1 p. b.; rep. desde * hasta que queden 2 p.; 2 cad., sált. 1 p., 1 p. b., dele la vuelta.

H. 7: Con B, 1 cad., 1 p. b., *1 p. a. M., 1 p. b., 1 p. a. M., 2 cad., sált. 1 p., 1 p. b., 1 p. a. M., 1 p. b., 2 cad., sált. 1 p., 1 p. a. M., 1 p. b.; rep. desde * hasta que queden 2 p.; 1 p. a. M., 1 p. b., dele la vuelta.

H. 9: Con A, 1 cad., 1 p. b., 3 cad., sált. 2 p., *1 p. b., 1 p. a. M., 2 cad., sált. 1 p., 1 p. b., 2 cad., sált. 1 p., 1 p. a. M., 1 p. b.**, 4 cad., sált. 3 p.; rep. desde * hasta que queden 3 p., acabando la última repetición en **; 3 cad., sált. 2 p., 1 p. b., dele la vuelta.

H. 11: Con B, 1 cad., 1 p. b., *2 p. a. M., 2 cad., sált. 1 p., 1 p. b., 1 p. a. M., 2 cad., sált. 1 p., 1 p. a. M., 1 p. b., 2 cad., sált. 1 p., 1 p. a. M.; rep. desde * hasta que queden 2 p.; 1 p. a. M., 1 p. b., dele la vuelta.

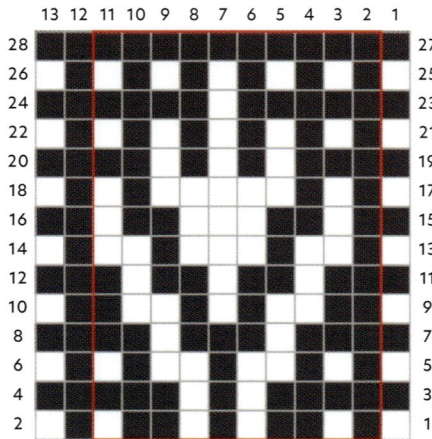

DIAGRAMA DEL MOSAICO

☐ Hilo A = crema

■ Hilo B = rojo

10 p.

DE LA NATURALEZA

H. 13: Con A, 1 cad., 1 p. b., *2 cad., sált. 1 p., 1 p. b., 1 p. a. M., 2 cad., sált. 1 p., 1 p. b., 1 p. a. M., 1 p. b., 2 cad., sált. 1 p., 1 p. a. M., 1 p. b.; rep. desde * hasta que queden 2 p.; 2 cad., sált. 1 p., 1 p. b., dele la vuelta.

H. 15: Con B, 1 cad., 1 p. b., *1 p. a. M., 2 cad., sált. 1 p., 1 p. b., 1 p. a. M., 4 cad., sált. 3 p., 1 p. a. M., 1 p. b., 2 cad., sált. 1 p.; rep. desde * hasta que queden 2 p.; 1 p. a. M., 1 p. b., dele la vuelta.

H. 17: Con A, 1 cad., 1 p. b., *2 cad., sált. 1 p., 1 p. a. M., 2 cad., sált. 1 p., 1 p. b., 3 p. a. M., 1 p. b., 2 cad., sált. 1 p., 1 p. a. M.; rep. desde * hasta que queden 2 p.; 2 cad., sált. 1 p., 1 p. b., dele la vuelta.

H. 19: Con B, 1 cad., 1 p. b., *1 p. a. M., 1 p. b., 1 p. a. M., [2 cad., sált. 1 p., 1 p. b.] 2 veces, 2 cad., sált. 1 p., 1 p. a. M., 1 p. b.; rep. desde * hasta que queden 2 p.; 1 p. a. M., 1 p. b., dele la vuelta.

H. 21: Con A, 1 cad., 1 p. b., *2 cad., sált. 1 p., 1 p. b., [2 cad., sált. 1 p., 1 p. a. M.] 3 veces, 2 cad., sált. 1 p., 1 p. b.; rep. desde * hasta que queden 2 p.; 2 cad., sált. 1 p., 1 p. b., dele la vuelta.

H. 23: Con B, 1 cad., 1 p. b., *[1 p. a. M., 1 p. b.] 2 veces, 1 p. a. M., 2 cad., sált. 1 p., [1 p. a. M., 1 p. b.] 2 veces; rep. desde * hasta que queden 2 p.; 1 p. a. M., 1 p. b., dele la vuelta.

H. 25: Con A, 1 cad., 1 p. b., *[2 cad., sált. 1 p., 1 p. b.] 2 veces, 2 cad., sált. 1 p., 1 p. a. M., [2 cad., sált. 1 p., 1 p. b.] 2 veces; rep. desde * hasta que queden 2 p.; 2 cad., sált. 1 p., 1 p. b., dele la vuelta.

H. 27: Con B, 1 cad., 1 p. b. en cada p. y 1 p. a. M. en cada esp.

H. 28: Como la H. 2.

Rep. las H. 1-28, acabando la última repetición con la H. 27.

PUNTO

GANCHILLO

Flor

Trabajado con muchas repeticiones, este patrón es apropiado para confeccionar mantas. Para conseguir un resultado único, también puede utilizarlo como panel horizontal y combinarlo con otros diseños, como el Topiaria, el Hojas o el Tulipán.

Instrucciones de punto

Múltiplo de 12 p. + 3

En las H. D, deslice los p. como si fuera a tejerlos del revés con el hilo por detrás.

Monte los p. con A, teja 1 H. del derecho y 1 H. del revés.

H. 1 (D): Con B, 1 d., *desl. 1, 1 d., [desl. 1, 3 d.] 2 veces, desl. 1, 1 d.; rep. desde * hasta que queden 2 p.; desl. 1, 1 d.

H. 2 y todas las H. R: Teja del revés los d. y deslice los p. desl. como si fuera a tejerlos del revés con el hilo por delante.

H. 3: Con A, 1 d., *3 d., [desl. 1, 1 d.] 4 veces, 1 d.; rep. desde * hasta que queden 2 p.; 2 d.

H. 5: Con B, 1 d., *desl. 1, [3 d., desl. 1] 2 veces, 3 d.; rep. desde * hasta que queden 2 p.; desl. 1, 1 d.

H. 7: Con A, 1 d., *1 d., desl. 1, 3 d., desl. 1, 1 d., desl. 1, 3 d., desl. 1; rep. desde * hasta que queden 2 p.; 2 d.

H. 9: Con B, 1 d., *desl. 1, 11 d.; rep. desde * hasta que queden 2 p.; desl. 1, 1 d.

H. 11: Con A, 1 d., *3 d., [desl. 1, 1 d.] 4 veces, 1 d.; rep. desde * hasta que queden 2 p.; 2 d.

H. 13: Con B, 1 d., *desl. 1, 11 d.; rep. desde * hasta que queden 2 p.; desl. 1, 1 d.

H. 15: Con A, 1 d., *1 d., desl. 1, 3 d., desl. 1, 1 d., desl. 1, 3 d., desl. 1; rep. desde * hasta que queden 2 p.; 2 d.

H. 17: Con B, 1 d., *desl. 1, [3 d., desl. 1] 2 veces, 3 d.; rep. desde * hasta que queden 2 p.; desl. 1, 1 d.

H. 19: Con A, 1 d., *3 d., [desl. 1, 1 d.] 4 veces, 1 d.; rep. desde * hasta que queden 2 p.; 2 d.

H. 21: Con B, 1 d., *desl. 1, 1 d., [desl. 1, 3 d.] 2 veces, desl. 1, 1 d.; rep. desde * hasta que queden 2 p.; desl. 1, 1 d.

H. 23: Con A, teja p. del derecho.

H. 24: Como la H. 2.

Rep. las H. 1-24.

Instrucciones de ganchillo

Múltiplo de 12 p. + 3

Con A, teja el número deseado de p. b. sin cadeneta.

H. 1 (D): Con B, 1 cad., 1 p. b., *2 cad., sált. 1 p., 1 p. b., [2 cad., sált. 1 p., 3 p. b.] 2 veces, 2 cad., sált. 1 p., 1 p. b.; rep. desde * hasta que queden 2 p.; 2 cad., sált. 1 p., 1 p. b., dele la vuelta.

H. 2 y todas las H. R: 1 cad., 1 p. b. en los p., 1 cad. y sált. los esp. de cad., dele la vuelta.

H. 3: Con A, 1 cad., 1 p. b., *1 p. a. M., 1 p. b., 1 p. a. M., [2 cad., sált. 1 p., 1 p. b., 2 cad., sált. 1 p., 1 p. a. M.] 2 veces, 1 p. b.; rep. desde * hasta que queden 2 p.; 1 p. a. M., 1 p. b., dele la vuelta.

H. 5: Con B, 1 cad., 1 p. b., *2 cad., sált. 1 p., 2 p. b., 1 p. a. M., 2 cad., sált. 1 p., 1 p. a. M., 1 p. b., 1 p. a. M., 2 cad., sált. 1 p., 1 p. a. M., 2 p. b.; rep. desde * hasta que queden 2 p.; 2 cad., sált. 1 p., 1 p. b., dele la vuelta.

H. 7: Con A, 1 cad., 1 p. b., *1 p. a. M., 2 cad., sált. 1 p., 2 p. b., 1 p. a. M., 2 cad., sált. 1 p., 1 p. b., 2 cad., sált. 1 p., 1 p. a. M., 2 p. b., 2 cad., sált. 1 p.; rep. desde * hasta que queden 2 p.; 1 p. a. M., 1 p. b., dele la vuelta.

H. 9: Con B, 1 cad., 1 p. b., *2 cad., sált. 1 p., 1 p. a. M., 3 p. b., 1 p. a. M., 1 p. b., 1 p. a. M., 3 p. b., 1 p. a. M.; rep. desde * hasta que queden 2 p.; 2 cad., sált. 1 p., 1 p. b., dele la vuelta.

H. 11: Con A, 1 cad., 1 p. b., *1 p. a. M., 2 p. b., [2 cad., sált. 1 p., 1 p. b.] 4 veces, 1 p. b.; rep. desde * hasta que queden 2 p.; 1 p. a. M., 1 p. b., dele la vuelta.

H. 13: Con B, 1 cad., 1 p. b., *2 cad., sált. 1 p., 2 p. b., [1 p. a. M., 1 p. b.] 4 veces, 1 p. b.; rep. desde * hasta que queden 2 p.; 2 cad., sált. 1 p., 1 p. b., dele la vuelta.

H. 15: Con A, 1 cad., 1 p. b., *1 p. a. M., 2 cad., sált. 1 p., 3 p. b., 2 cad., sált.

DIAGRAMA DEL MOSAICO

15 14 13 12 11 10 9 8 7 6 5 4 3 2 1

24 — 23 — 22 — 21 — 20 — 19 — 18 — 17 — 16 — 15 — 14 — 13 — 12 — 11 — 10 — 9 — 8 — 7 — 6 — 5 — 4 — 3 — 2 — 1

☐ Hilo A = crema
■ Hilo B = rojo

12 p.

1 p., 1 p. b., 2 cad., sált. 1 p., 3 p. b., 2 cad., sált. 1 p.; rep. desde * hasta que queden 2 p.; 1 p. a. M., 1 p. b., dele la vuelta.

H. 17: Con B, 1 cad., 1 p. b., *2 cad., sált. 1 p., 1 p. a. M., 2 p. b., 2 cad., sált. 1 p., 1 p. a. M., 1 p. b., 1 p. a. M., 2 cad., sált. 1 p., 2 p. b., 1 p. a. M.; rep. desde * hasta que queden 2 p.; 2 cad., sált. 1 p., 1 p. b., dele la vuelta.

H. 19: Con A, 1 cad., 1 p. b., *1 p. a. M., 2 p. b., 2 cad., sált. 1 p., 1 p. a. M., 2 cad., sált. 1 p., 1 p. b., 2 cad., sált. 1 p., 1 p. a. M., 2 cad., sált. 1 p., 2 p. b.; rep. desde * hasta que queden 2 p.; 1 p. a. M., 1 p. b., dele la vuelta.

H. 21: Con B, 1 cad., 1 p. b., *2 cad., sált. 1 p., 1 p. b., 2 cad., sált. 1 p., [1 p. a. M., 1 p. b., 1 p. a. M., 2 cad., sált. 1 p.] 2 veces, 1 p. b.; rep. desde * hasta que queden 2 p.; 2 cad., sált. 1 p., 1 p. b., dele la vuelta.

H. 23: Con A, 1 cad., 1 p. b. en cada p. y 1 p. a. M. en cada esp.

H. 24: Como la H. 2.

Rep. las H. 1-24, acabando la última repetición con la H. 23.

CONSEJO: Este diseño funciona tanto como panel horizontal como vertical. Si trabaja un solo panel horizontal, termine la labor en la H. 24 (si hace punto) o en la H. 23 (si hace ganchillo).

PUNTO

GANCHILLO

Enredadera

Este es otro diseño inspirado en las plantas trepadoras. El motivo funciona mejor como panel alto o a modo de repetición grande, opciones que realzan el patrón.

Instrucciones de punto

Múltiplo de 12 p. + 5

En las H. D, deslice los p. como si fuera a tejerlos del revés con el hilo por detrás.

Monte los p. con A, teja 1 H. del derecho y 1 H. del revés.

H. 1 (D): Con B, 1 d., desl. 1, *1 d., desl. 1, 2 d., desl. 1, 3 d., desl. 1, 2 d., desl. 1; rep. desde * hasta que queden 3 p.; 1 d., desl. 1, 1 d.

H. 2 y todas las H. R: Teja del revés los d. y deslice los p. desl. como si fuera a tejerlos del revés con el hilo por delante.

H. 3: Con A, 2 d., *2 d., [desl. 1, 3 d.] 2 veces, desl. 1, 1 d.; rep. desde * que queden 3 p.; 3 d.

H. 5: Con B, 1 d., desl. 1, *desl. 1, 2 d., desl. 1, 5 d., desl. 1, 2 d.; rep. desde * hasta que queden 3 p.; desl. 2, 1 d.

H. 7: Con A, 2 d., *1 d., desl. 1, 2 d., [desl. 1, 1 d.] 3 veces, 1 d., desl. 1; rep. desde * hasta que queden 3 p.; 3 d.

H. 9: Con B, 1 d., desl. 1, *desl. 1, 1 d., desl. 1, 2 d., desl. 1, 1 d., desl. 1, 2 d.,

desl. 1, 1 d.; rep. desde * hasta que queden 3 p.; desl. 2, 1 d.

H. 11: Con A, 2 d., *3 d., [desl. 1, 2 d.] 3 veces; rep. desde * hasta que que-den 3 p.; 3 d.

Rep. las H. 1-12. Para terminar, haga las H. 13-16.

H. 13: Con B, 1 d., desl. 1, *1 d., desl. 1, 2 d., desl. 1, 3 d., desl. 1, 2 d., desl. 1; rep. desde * hasta que queden 3 p.; 1 d., desl. 1, 1 d.

H. 15: Con A, teja p. del derecho.

H. 16: Como la H. 2.

Instrucciones de ganchillo

Múltiplo de 12 p. + 5

Nota sobre el patrón: La repetición de las instrucciones escritas difiere del diagrama en las H. 5 y 9.

Con A, teja el número deseado de p. b. sin cadeneta.

H. 1 (D): Con B, 1 cad., 1 p. b., 2 cad., sált. 1 p., *1 p. b., 2 cad., sált. 1 p., 2 p. b., 2 cad., sált. 1 p., 3 p. b., 2 cad., sált. 1 p., 2 p. b., 2 cad., sált. 1 p.; rep. desde

* hasta que queden 3 p.; 1 p. b., 2 cad., sált. 1 p., 1 p. b., dele la vuelta.

H. 2 y todas las H. R: 1 cad., 1 p. b. en los p., 1 cad. y sált. los esp. de cad., dele la vuelta.

H. 3: Con A, 1 cad., 1 p. b., 1 p. a. M., *1 p. b., 1 p. a. M., [2 cad., sált. 1 p., 1 p. b., 1 p. a. M., 1 p. b.] 2 veces, 2 cad., sált. 1 p., 1 p. a. M.; rep. desde * hasta que queden 3 p.; 1 p. b., 1 p. a. M., 1 p. b., dele la vuelta.

H. 5: Con B, 1 cad., 1 p. b., 3 cad., sált. 2 p., *1 p. b., 1 p. a. M., 2 cad., sált. 1 p., 2 p. b., 1 p. a. M., 2 p. b., 2 cad., sált. 1 p., 1 p. a. M., 1 p. b.**, 2 cad., sált. 1 p.; rep. desde * hasta que queden 3 p., acabando la última repetición en **; 3 cad., sált. 2 p., 1 p. b., dele la vuelta.

H. 7: Con A, 1 cad., 1 p. b., 1 p. a. M., *1 p. a. M., 2 cad., sált. 1 p., 1 p. b., 1 p. a. M., [2 cad., sált. 1 p., 1 p. b.] 2 veces, 2 cad., sált. 1 p., 1 p. a. M., 1 p. b., 2 cad., sált. 1 p.; rep. desde * hasta que queden 3 p.; 2 p. a. M., 1 p. b., dele la vuelta.

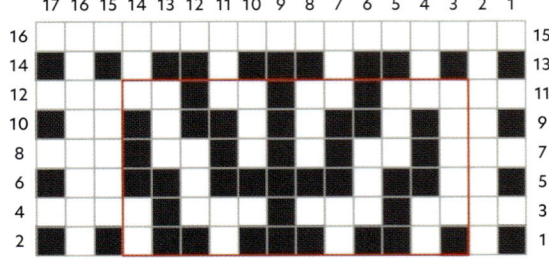

DIAGRAMA DEL MOSAICO

12 p.

☐ Hilo A = crema
■ Hilo B = rojo

H. 9: Con B, 1 cad., 1 p. b., 3 cad., sált. 2 p., *1 p. a. M., 2 cad., sált. 1 p., 1 p. b., [1 p. a. M., 2 cad., sált. 1 p.] 2 veces, 1 p. a. M., 1 p. b., 2 cad., sált. 1 p., 1 p. a. M.**, 2 cad., sált. 1 p.; rep. desde * hasta que queden 3 p., acabando la última repetición en **; 3 cad., sált. 2 p., 1 p. b., dele la vuelta.

H. 11: Con A, 1 cad., 1 p. b., 1 p. a. M., *1 p. a. M., 1 p. b., 1 p. a. M., 2 cad., sált. 1 p., 1 p. b., 1 p. a. M., 2 cad., sált. 1 p., 1 p. a. M., 1 p. b., 2 cad., sált. 1 p., 1 p. a. M., 1 p. b.; rep. desde * hasta que queden 3 p.; 2 p. a. M., 1 p. b., dele la vuelta. Rep. las H. 1-12, haciendo 1 p. a. M. en los esp. requeridos en la H. 1. Para terminar, haga las H. 13-15.

H. 13: Con B, 1 cad., 1 p. b., 2 cad., sált. 1 p., *1 p. b., 2 cad., sált. 1 p., 1 p. b., 1 p. a. M., 2 cad., sált. 1 p., 1 p. b., 1 p. a. M., 1 p. b., 2 cad., sált. 1 p., 1 p. a. M., 1 p. b., 2 cad., sált. 1 p.; rep. desde * hasta que queden 3 p.; 1 p. b., 2 cad., sált. 1 p., 1 p. b., dele la vuelta.

H. 15: Con A, 1 cad., 1 p. b. en cada p. y 1 p. a. M. en cada esp.

PUNTO

GANCHILLO

Estacionales

   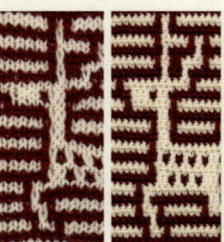  

Bolas de Navidad   Árbol de Navidad
       162   164

Huevo de Pascua

La versión de punto de este patrón queda más redondeado porque las hileras son más pequeñas que en la versión de ganchillo. Trabaje la técnica mosaico a ganchillo con puntos superpuestos (página 24) para obtener una labor con el mismo aspecto que la tejida con dos agujas.

Instrucciones de punto

Múltiplo de 20 p. + 5
En las H. D, deslice los p. como si fuera a tejerlos del revés con el hilo por detrás.
Monte los p. con A, teja 1 H. del derecho y 1 H. del revés.
H. 1 (D): Con B, teja p. del derecho.
H. 2 y todas las H. R: Teja del revés los d. y deslice los p. desl. como si fuera a tejerlos del revés con el hilo por delante.

☐ Hilo A = crema
■ Hilo B = azul

H. 3: Con A, 1 d., desl. 1, 1 d., *desl. 1, 1 d.; rep. desde * hasta que queden 2 p.; desl. 1, 1 d.
H. 5: Con B, teja p. del derecho.
H. 7: Con A, teja p. del derecho.
H. 9: Con B, 1 d., desl. 1, 1 d., *desl. 3, 1 d., desl. 1, 9 d., desl. 1, 1 d., desl. 3, 1 d.; rep. desde * hasta que queden 2 p.; desl. 1, 1 d.
H. 11: Con A, 3 d., *5 d., [desl. 1, 1 d.] 5 veces, 5 d.; rep. desde * hasta que queden 2 p.; 2 d.
H. 13: Con B, 1 d., desl. 2, *desl. 1, 1 d., desl. 1, 13 d., desl. 1, 1 d., desl. 2; rep. desde * hasta quedar 2 p.; desl. 1, 1 d.

H. 15: Con A, 3 d., *3 d., desl. 1, 11 d., desl. 1, 4 d.; rep. desde * hasta que queden 2 p.; 2 d.
H. 17: Con B, 1 d., desl. 1, 1 d., *desl. 2, 15 d., desl. 2, 1 d.; rep. desde * hasta que queden 2 p.; desl. 1, 1 d.
H. 19: Con A, 3 d., *2 d., [desl. 1, 1 d.] 8 veces, 2 d.; rep. desde * hasta que queden 2 p.; 2 d.
H. 21: Con B, 1 d., desl. 2, *desl. 1, 17 d., desl. 2; rep. desde * hasta que queden 2 p.; desl. 1, 1 d.
H. 23: Con A, 3 d., *1 d., desl. 1, 15 d., desl. 1, 2 d.; rep. desde * hasta que queden 2 p.; 2 d.
H. 25: Con B, 1 d., desl. 2, *19 d., desl. 1; rep. desde * hasta que queden 2 p.; desl. 1, 1 d.
H. 27: Con A, 3 d., *desl. 1, 1 d.; rep. desde * hasta que queden 2 p.; 2 d.
H. 29: Como la H. 25.
H. 31: Con A, 3 d., *desl. 2, [1 d., desl. 1] 8 veces, desl. 1, 1 d.; rep. desde * hasta que queden 2 p.; 2 d.
H. 33: Como la H. 25
H. 35: Como la H. 23; **H. 37:** Como la H. 21; **H. 39:** Como la H. 19.
H. 41: Con B, 1 d., desl. 2, *1 d., desl. 1, 15 d., desl. 1, 1 d., desl. 1; rep. desde * hasta que queden 2 p.; desl. 1, 1 d.
H. 43: Como la H. 15.
H. 45: Con B, 1 d., desl. 1, 1 d., *desl. 3, 13 d., desl. 3, 1 d.; rep. desde * hasta que queden 2 p.; desl. 1, 1 d.
H. 47: Con A, 3 d., *4 d., desl. 1, 9 d., desl. 1, 5 d.; rep. desde * hasta que queden 2 p.; 2 d.
H. 49: Con B, 1 d., desl. 2, *desl. 1, 1 d., desl. 2, 11 d., desl. 2, 1 d., desl. 2; rep. desde * hasta que queden 2 p.; desl. 1, 1 d.
H. 51: Con A, 3 d., *6 d., desl. 1, 5 d., desl. 1, 7 d.; rep. desde * hasta que queden 2 p.; 2 d.
H. 53: Con B, 1 d., desl. 1, 1 d., *desl. 3, 1 d., desl. 2, 7 d., desl. 2, 1 d., desl. 3, 1 d.; rep. desde * hasta que queden 2 p.; desl. 1, 1 d.
H. 55: Con A, teja p. del derecho.
H. 57: Con B, teja p. del derecho.
H. 59: Como la H. 3.
H. 61: Con B, teja p. del derecho.
Rep. las H. 7-62. Para terminar, haga las H. 63 y 64.
H. 63: Con A, teja p. del derecho.
H. 64: Como la H. 2.

DIAGRAMA DEL MOSAICO

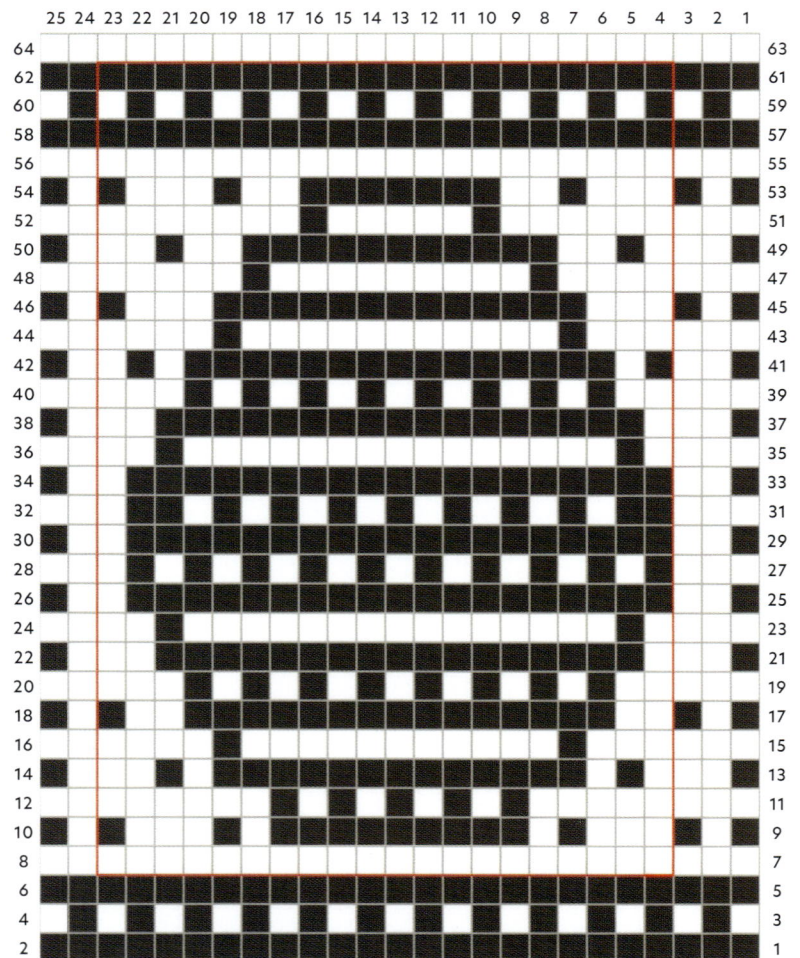

20 p.

PUNTO

GANCHILLO

Instrucciones de ganchillo

Múltiplo de 20 p. + 5

Nota sobre el patrón: La repetición de las instrucciones escritas difiere del diagrama en las H. 13, 21, 25, 29, 33, 37, 41 y 49.

Con A, teja el número deseado de p. b. sin cadeneta.

H. 1 (D): Con B, 1 cad., 1 p. b. en cada p., dele la vuelta.

H. 2 y todas las H. R: 1 cad., 1 p. b. en los p., 1 cad. y sált. los esp. de cad., dele la vuelta.

H. 3: Con A, 1 cad., 1 p. b., 2 cad., sált. 1 p., 1 p. b., *[2 cad., sált. 1 p., 1 p. b.] 10 veces; rep. desde * hasta quedar 2 p.; 2 cad., sált. 1 p., 1 p. b., dele la vuelta.

H. 5: Con B, 1 cad., 1 p. b., 1 p. a. M., 1 p. b., *[1 p. a. M., 1 p. b.] 10 veces; rep. desde * hasta que queden 2 p.; 1 p. a. M., 1 p. b., dele la vuelta.

H. 7: Con A, 1 cad., 1 p. b. en cada p., dele la vuelta.

H. 9: Con B, 1 cad., 1 p. b., 2 cad., sált. 1 p., 1 p. b., *4 cad., sált. 3 p., 1 p. b., 2 cad., sált. 1 p., 9 p. b., 2 cad., sált. 1 p., 1 p. b., 4 cad., sált. 3 p., 1 p. b.; rep. desde * hasta que queden 2 p.; 2 cad., sált. 1 p., 1 p. b., dele la vuelta.

H. 11: Con A, 1 cad., 1 p. b., 1 p. a. M., 1 p. b., *3 p. a. M., 1 p. b., 1 p. a. M., [2 cad., sált. 1 p., 1 p. b.] 4 veces, 2 cad., sált. 1 p., 1 p. a. M., 1 p. b., 3 p. a. M., 1 p. b.; rep. desde * hasta que queden 2 p.; 1 p. a. M., 1 p. b., dele la vuelta.

H. 13: Con B, 1 cad., 1 p. b., 4 cad., sált. 3 p., *1 p. b., 2 cad., sált. 1 p., 2 p. b., [1 p. a. M., 1 p. b.] 5 veces, 1 p. b., 2 cad., sált. 1 p., 1 p. b., 4 cad., sált. 3 p.; rep. desde * hasta quedar 1 p.; 1 p. b., dele la vuelta.

H. 15: Con A, 1 cad., 1 p. b., 2 p. a. M., *1 p. a. M., 1 p. b., 1 p. a. M., 2 cad., sált. 1 p., 11 p. b., 2 cad., sált. 1 p., 1 p. a. M., 1 p. b., 2 p. a. M.; rep. desde * hasta quedar 2 p.; 1 p. a. M., 1 p. b., dele la vuelta.

H. 17: Con B, 1 cad., 1 p. b., 2 cad., sált. 1 p., 1 p. b., *3 cad., sált. 2 p., 1 p. b., 1 p. a. M., 11 p. b., 1 p. a. M., 1 p. b., 3 cad., sált. 2 p., 1 p. b.; rep. desde * hasta que queden 2 p.; 2 cad., sált. 1 p., 1 p. b., dele la vuelta.

H. 19: Con A, 1 cad., 1 p. b., 1 p. a. M., 1 p. b., *2 p. a. M., [2 cad., sált. 1 p., 1 p. b.] 7 veces, 2 cad., sált. 1 p., 2 p. a. M., 1 p. b.; rep. desde * hasta que queden 2 p.; 1 p. a. M., 1 p. b., dele la vuelta.

H. 21: Con B, 1 cad., 1 p. b., 4 cad., sált. 3 p., *1 p. b., [1 p. a. M., 1 p. b.] 8 veces, 4 cad., sált. 3 p.; rep. desde * hasta que quede 1 p.; 1 p. b., dele la vuelta.

H. 23: Con A, 1 cad., 1 p. b., *1 p. a. M., 2 cad., sált. 1 p., 15 p. b., 2 cad., sált. 1 p., 2 p. a. M.; rep. desde * hasta quedar 2 p.; 1 p. a. M., 1 p. b; vuelta.

H. 25: Con B, 1 cad., 1 p. b., 3 cad., sált. 2 p., *1 p. b., 1 p. a. M., 15 p. b., 1 p. a. M., 1 p. b., 2 cad., sált. 1 p.; rep. desde * hasta quedar 3 p., acabando la última rep. con 3 cad.; sált. 2 p., 1 p. b.; vuelta.

H. 27: Con A, 1 cad., 1 p. b., 2 p. a. M., *[2 cad., sált. 1 p., 1 p. b.] 9 veces, 2 cad., sált. 1 p., 2 p. a. M.; rep. desde * hasta que queden 2 p.; 1 p. b.; vuelta.

H. 29: Con B, 1 cad., 1 p. b., 3 cad., sált. 2 p., *[1 p. a. M., 1 p. b.] 9 veces, 1 p. a. M.**, 2 cad., sált. 1 p.; rep. desde * hasta que queden 3 p., acabando la última repetición en **; 3 cad., sált. 2 p., 1 p. b., dele la vuelta.

H. 31: Con A, 1 cad., 1 p. b., 2 p. a. M., *3 cad., sált. 2 p., [1 p. b., 2 cad., sált. 1 p.] 7 veces, 1 p. b., 3 cad., sált. 2 p., 1 p. a. M.; rep. desde * hasta que queden 2 p.; 1 p. a. M., 1 p. b., dele la vuelta.

H. 33: Con A, 1 cad., 1 p. b., 3 cad., sált. 2 p., *2 p. a. M., [1 p. b., 1 p. a. M.] 7 veces, 1 p. b., 2 p. a. M.**, 2 cad., sált. 1 p.; rep. desde * hasta que queden 3 p., acabando la última repetición en **; 3 cad., sált. 2 p., 1 p. b., dele la vuelta.

H. 35: Con A, 1 cad., 1 p. b., 2 p. a. M., *1 p. b., 2 cad., sált. 1 p., 15 p. b., 2 cad., sált. 1 p., 1 p. b., 1 p. a. M.; rep. desde * hasta quedar 2 p.; 1 p. a. M., 1 p. b.; vuelta.

H. 37: Con B, 1 cad., 1 p. b., 4 cad., sált. 3 p., *1 p. b., 15 p. b., 1 p. a. M., 4 cad., sált. 3 p.; rep. desde * hasta que quede 1 p.; 1 p. b., dele la vuelta.

H. 39: Con A, 1 cad., 1 p. b., 2 p. a. M., *1 p. a. M., 1 p. b., [2 cad., sált. 1 p., 1 p. b.] 8 veces, 2 p. a. M.; rep. desde * hasta que queden 2 p.; 1 p. a. M., 1 p. b. vuelta.

H. 41: Con B, 1 cad., 1 p. b., 3 cad., sált. 2 p., *1 p. b., 2 cad., sált. 1 p., [1 p. a. M., 1 p. b.] 7 veces, 1 p. a. M., 2 cad., sált. 1 p., 1 p. b.**, 2 cad., sált. 1 p.; rep. desde * hasta quedar 3 p., acabando la última rep. en **; 3 cad., sált. 2 p., 1 p. b.; vuelta.

H. 43: Con A, 1 cad., 1 p. b., 2 p. a. M., *1 p. b., 1 p. a. M., 1 p. b., 2 cad., sált. 1 p., 11 p. b., 2 cad., sált. 1 p., [1 p. b., 1 p. a. M.] 2 veces; rep. desde * hasta que queden 2 p.; 1 p. a. M., 1 p. b., dele la vuelta.

H. 45: Con B, 1 cad., 1 p. b., 2 cad., sált. 1 p., 1 p. b., *4 cad., sált. 3 p., 1 p. a. M., 11 p. b., 1 p. a. M., 4 cad., sált. 3 p., 1 p. b.; rep. desde * hasta que queden 2 p.; 2 cad., sált. 1 p., 1 p. b., dele la vuelta.

H. 47: Con A, 1 cad., 1 p. b., 1 p. a. M., 1 p. b., *3 p. a. M., 1 p. b., 2 cad., sált. 1 p., 9 p. b., 2 cad., sált. 1 p., 1 p. b., 3 p. a. M., 1 p. b.; rep. desde * hasta quedar 2 p.; 1 p. a. M., 1 p. b., dele la vuelta.

H. 49: Con B, 1 cad., 1 p. b., 4 cad., sált. 3 p., *1 p. b., 3 cad., sált. 2 p., 1 p. a. M., 9 p. b., 1 p. a. M., 3 cad., sált. 2 p., 1 p. b., 4 cad., sált. 3 p.; rep. desde * hasta que quede 1 p.; 1 p. b., dele la vuelta.

H. 51: Con A, 1 cad., 1 p. b., 2 p. a. M., *1 p. a. M., 1 p. b., 2 p. a. M., 2 p. b., 2 cad., sált. 1 p., 5 p. b., 2 cad., sált. 1 p., 2 p. b., 2 p. a. M., 1 p. b., 2 p. a. M.; rep. desde * hasta que queden 2 p.; 1 p. a. M., 1 p. b., dele la vuelta.

H. 53: Con B, 1 cad., 1 p. b., 2 cad., sált. 1 p., 1 p. b., *4 cad., sált. 3 p., 1 p. b., 3 cad., sált. 2 p., 1 p. a. M., 5 p. b., 1 p. a. M., 3 cad., sált. 2 p., 1 p. b., 4 cad., sált. 3 p., 1 p. b.; rep. desde * hasta que queden 2 p.; 2 cad., sált. 1 p., 1 p. b., dele la vuelta.

H. 55: Con A, 1 cad., 1 p. b., 1 p. a. M., 1 p. b., *3 p. a. M., 1 p. b., 2 p. a. M., 7 p. b., 2 p. a. M., 1 p. b., 3 p. a. M., 1 p. b.; rep. desde * hasta que queden 2 p.; 1 p. a. M., 1 p. b., dele la vuelta.

H. 57: Con B, 1 cad., 1 p. b. en cada p., dele la vuelta.

H. 59: Como la H. 3; **H. 61:** Como la H. 5. Rep. las H. 7-62. Para terminar, haga la H. 63.

H. 63: Con A, 1 cad., 1 p. b. en cada p.

Pollito

Un diseño muy adecuado para trabajar alrededor de un canesú o justo encima del borde inferior de una prenda de ropa. Puede tejer todo un grupo de pollitos y colocarlo en una manta, o simplemente poner uno solo en una bufanda o un bolsillo.

Instrucciones de punto

Múltiplo de 14 p. + 5

En las H. D, deslice los p. como si fuera a tejerlos del revés con el hilo por detrás. Monte los p. con B, teja 1 H. del derecho y 1 H. del revés.

H. 1 (D): Con A, 1 d., desl. 2, *desl. 1, 1 d., desl. 3, 3 d., desl. 3, 1 d., desl. 2; rep. desde * hasta que queden 2 p.; desl. 1, 1 d.

H. 2 y todas las H. R: Teja del revés los d. y deslice los p. desl. como si fuera a tejerlos del revés con el hilo por delante.

H. 3: Con B, 3 d., *6 d., desl. 1, 7 d.; rep. desde * hasta que queden 2 p.; 2 d.

H. 5: Con A, 1 d., desl. 1, 1 d., *desl. 3, 7 d., desl. 3, 1 d.; rep. desde * hasta que queden 2 p.; desl. 1, 1 d.

H. 7: Con B, 3 d., *3 d., desl. 2, 1 d., desl. 1, 1 d., desl. 2, 4 d.; rep. desde * hasta que queden 2 p.; 2 d.

H. 9: Con A, 1 d., desl. 2, *1 d., desl. 1, 10 d., desl. 2; rep. desde * hasta que queden 2 p.; desl. 1, 1 d.

H. 11: Con B, 3 d., *2 d., desl. 2, [1 d., desl. 1] 3 veces, desl. 2, 2 d.; rep. desde * hasta que queden 2 p.; 2 d.

H. 13: Con A, 1 d., desl. 1, 1 d., *desl. 1, 12 d., desl. 1; rep. desde * hasta que queden 2 p.; desl. 1, 1 d.

H. 15: Con B, 3 d., *1 d., desl. 2, [1 d., desl. 1, 1 d., desl. 2] 2 veces, 1 d.; rep. desde * hasta que queden 2 p.; 2 d.

H. 17: Con A, 1 d., desl. 2, *desl. 1, 12 d., desl. 1; rep. desde * hasta que queden 2 p.; desl. 1, 1 d.

H. 19: Con B, 3 d., *1 d., desl. 1, [1 d., desl. 1] 2 veces, 3 d., desl. 2, 1 d., desl. 1, 1 d.; rep. desde * hasta quedar 2 p.; 2 d.

H. 21: Con A, 1 d., desl. 1, 1 d., *desl. 1, 5 d., desl. 3, 4 d., desl. 1; rep. desde * hasta que queden 2 p.; desl. 1, 1 d.

H. 23: Con B, 3 d., *1 d., desl. 2, 1 d., desl. 1, 6 d., desl. 2, 1 d.; rep. desde * hasta que queden 2 p.; 2 d.

H. 25: Con A, 1 d., desl. 2, *5 d., desl. 1, desl. 3, 2 d., desl. 1; rep. desde * hasta que queden 2 p.; desl. 1, 1 d.

H. 27: Con B, 3 d., *desl. 2, 1 d., desl. 1, 10 d.; rep. desde * hasta que queden 2 p.; 2 d.

H. 29: Con A, 1 d., desl. 1, 1 d., *4 d., desl. 1, 1 d., [desl. 3, 1 d.] 2 veces; rep. desde * hasta que queden 2 p.; desl. 1, 1 d.

H. 31: Con B, teja p. del derecho.

H. 33: Con A, 1 d., desl. 2, *1 d., desl. 1, 1 d., [desl. 3, 1 d.] 2 veces, desl. 2; rep. desde * hasta que queden 2 p.; desl. 1, 1 d.

H. 35: Con B, teja p. del derecho.
H. 36: Como la H. 2.
Rep. las H. 1-36.

Instrucciones de ganchillo

Múltiplo de 14 p. + 5

Nota sobre el patrón: La repetición de las instrucciones escritas difiere del diagrama en las H. 1, 9, 13, 17, 21, 25 y 33. Con B, teja el número deseado de p. b. sin cadeneta.

H. 1 (D): Con A, 1 cad., 1 p. b., 4 cad., sált. 3 p., *1 p. b., 4 cad., sált. 3 p., 3 p. b., 4 cad., sált. 3 p., 1 p. b., 4 cad., sált. 3 p.; rep. desde * hasta que quede 1 p.; 1 p. b., dele la vuelta.

H. 2 y todas las H. R: 1 cad., 1 p. b. en los p., 1 cad. y sált. los esp. de cad., dele la vuelta.

H. 3: Con B, 1 cad., 1 p. b., 2 p. a. M., *1 p. a. M., 1 p. b., 3 p. a. M., 1 p. b., 2 cad., sált. 1 p., 1 p. b., 3 p. a. M., 1 p. b., 2 p. a. M.; rep. desde * hasta que queden 2 p.; 1 p. a. M., 1 p. b., dele la vuelta.

H. 5: Con A, 1 cad., 1 p. b., 2 cad., sált. 1 p., 1 p. b., *4 cad., sált. 3 p., 3 p. b., 1 p. a. M., 3 p. b., 4 cad., sált. 3 p., 1 p. b.; rep. desde * hasta que queden 2 p.; 2 cad., sált. 1 p., 1 p. b., dele la vuelta.

H. 7: Con B, 1 cad., 1 p. b., 1 p. a. M., 1 p. b., *3 p. a. M., 3 cad., sált. 2 p., 1 p. b., 2 cad., sált. 1 p., 1 p. b., 3 cad., sált. 2 p., 3 p. a. M., 1 p. b.; rep. desde * hasta que queden 2 p.; 1 p. a. M., 1 p. b., dele la vuelta.

H. 9: Con A, 1 cad., 1 p. b., 3 cad., sált. 2 p., *1 p. b., 2 cad., sált. 1 p., 1 p. b., 2 p. a. M., 1 p. b., 1 p. a. M., 1 p. b., 2 p. a. M., 2 p. b.**, 3 cad., sált. 2 p.; rep. desde * hasta que quede 1 p., acabando la última repetición en **; 4 cad., sált. 3 p., 1 p. b., dele la vuelta.

H. 11: Con B, 1 cad., 1 p. b., 2 p. a. M., *1 p. b., 1 p. a. M., 3 cad., sált. 2 p., 1 p. b., [2 cad., sált. 1 p., 1 p. b.] 2 veces, 4 cad., sált. 3 p., 2 p. a. M.; rep. desde * hasta que queden 2 p.; 1 p. a. M., 1 p. b., dele la vuelta.

H. 13: Con A, 1 cad., 1 p. b., 2 cad., sált. 1 p., 1 p. b., 2 cad., sált. 1 p., *1 p. b., 2 p. a. M., [1 p. b., 1 p. a. M.] 3 veces, 2 p. a. M., 1 p. b., 3 cad., sált. 2 p.; rep. desde * hasta que quede 1 p.; 1 p. b., dele la vuelta.

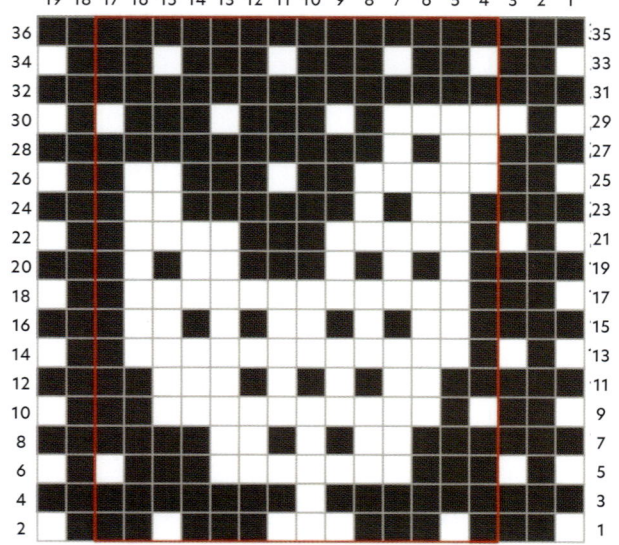

DIAGRAMA DEL MOSAICO

19 18 17 16 15 14 13 12 11 10 9 8 7 6 5 4 3 2 1

☐ Hilo A = crema
■ Hilo B = azul

14 p.

H. 15: Con B, 1 cad., 1 p. b., 1 p. a. M., 1 p. b., *1 p. a. M., 3 cad., sált. 2 p., [1 p. b., 2 cad., sált. 1 p., 1 p. b., 3 cad., sált. 2 p.] 2 veces, 1 p. a. M.; rep. desde * hasta quedar 2 p.; 1 p. a. M., 1 p. b.; vuelta.

H. 17: Con A, 1 cad., 1 p. b., 4 cad., sált. 3 p., *2 p. a. M., [1 p. b., 1 p. a. M., 1 p. b., 2 p. a. M.] 2 veces, 3 cad., sált. 2 p.; rep. desde * hasta quedar 1 p.; 1 p. b.; vuelta.

H. 19: Con B, 1 cad., 1 p. b., 2 p. a. M., *1 p. a. M., [2 cad., sált. 1 p., 1 p. b.] 2 veces, 2 cad., sált. 1 p., 3 p. b., 3 cad., sált. 2 p., 1 p. b., 2 cad., sált. 1 p., 1 p. a. M.; rep. desde * hasta que queden 2 p.; 1 p. a. M., 1 p. b., dele la vuelta.

H. 21: Con A, 1 cad., 1 p. b., 2 cad., sált. 1 p., 1 p. b., 2 cad., sált. 1 p., *[1 p. a. M., 1 p. b.] 2 veces, 1 p. a. M., 4 cad., sált. 3 p., 2 p. a. M., 1 p. b., 1 p. a. M., 3 cad., sált. 2 p.; rep. desde * hasta que quede 1 p.; 1 p. b., dele la vuelta.

H. 23: Con B, 1 cad., 1 p. b., 1 p. a. M., 1 p. b., *1 p. a. M., 3 cad., sált. 2 p., 1 p. b., 2 cad., sált. 1 p., 1 p. b., 3 p. a. M., 2 p. b., 3 cad., sált. 2 p., 1 p. a. M.; rep. desde * hasta que queden 2 p.; 1 p. a. M., 1 p. b., dele la vuelta.

H. 25: Con A, 1 cad., 1 p. b., 3 cad., sált. 2 p., 1 p. b., *2 p. a. M., 1 p. b., 1 p. a. M., 3 cad., sált. 2 p., 1 p. b., 4 cad., sált. 3 p., 2 p. a. M.**, 2 cad., sált. 1 p.; rep. desde * hasta que queden 3 p., acabando la última repetición en **; 3 cad., sált. 2 p., 1 p. b., dele la vuelta.

H. 27: Con B, 1 cad., 1 p. b., 2 p. a. M., *3 cad., sált. 2 p., 1 p. b., 2 cad., sált. 1 p., 1 p. b., 2 p. a. M., 1 p. b., 3 p. a. M., 2 p. b., 1 p. a. M.; rep. desde * hasta que queden 2 p.; 1 p. b., dele la vuelta.

H. 29: Con A, 1 cad., 1 p. b., 2 cad., sált. 1 p., *2 p. a. M., 1 p. b., 1 p. a. M., 2 cad., sált. 1 p., 1 p. b., [4 cad., sált. 3 p., 1 p. b.] 2 veces; rep. desde * hasta quedar 2 p.; 2 cad., sált. 1 p., 1 p. b.; vuelta.

H. 31: Con B, 1 cad., 1 p. b., 1 p. a. M., 1 p. b., *4 p. b., 1 p. a. M., 1 p. b., [3 p. a. M., 1 p. b.] 2 veces; rep. desde * hasta que queden 2 p.; 1 p. a. M., 1 p. b., dele la vuelta.

H. 33: Con A, 1 cad., 1 p. b., 3 cad., sált. 2 p., *1 p. b., 3 cad., sált. 2 p., [1 p. b., 4 cad., sált. 3 p.] 2 veces, 1 p. b.**, 3 cad., sált. 2 p.; rep. desde * hasta que quede 1 p., acabando la última rep. en **; 4 cad., sált. 3 p., 1 p. b., dele la vuelta.

H. 35: Con B, 1 cad., 1 p. b., 2 p. a. M., *1 p. b., 2 p. a. M., 1 p. b., [3 p. a. M., 1 p. b.] 2 veces, 2 p. a. M.; rep. desde * hasta que queden 2 p.; 1 p. a. M., 1 p. b., dele la vuelta.

H. 36: Como la H. 2.

Rep. las H. 1-36, acabando la última repetición con la H. 35.

PUNTO

GANCHILLO

Reno

Este reno festivo es perfecto para mantas y cojines. En la versión de punto, las rayas del fondo son a punto liso, lo que crea un tejido suelto. Para equilibrar la labor, hágalas a punto bobo o junte más las repeticiones.

Instrucciones de punto

Múltiplo de 21 p. + 3

En las H. D, deslice los p. como si fuera a tejerlos del revés con el hilo por detrás. Monte los p. con B, teja 1 H. del derecho y 1 H. del revés.

H. 1 (D): Con A, 1 d., *1 d., desl. 1, 1 d., desl. 1, 17 d.; rep. desde * hasta que queden 2 p.; 2 d.

H. 2 y todas las H. R: Teja del revés los d. y deslice los p. desl. como si fuera a tejerlos del revés con el hilo por delante.

H. 3: Con B, 1 d., *2 d., desl. 1, 18 d.; rep. desde * hasta que queden 2 p.; 2 d.

H. 5: Con A, 1 d., *1 d., desl. 1, 2 d., desl. 1, 8 d., desl. 1, 2 d., desl. 1, 4 d.; rep. desde * hasta que queden 2 p.; 2 d.

H. 7: Con B, 1 d., *3 d., desl. 1, 11 d., desl. 1, 5 d.; rep. desde * hasta que queden 2 p.; 2 d.

H. 9: Con A, 1 d., *2 d., desl. 1, 4 d., desl. 1, 6 d., desl. 1, 2 d., desl. 1, 3 d.; rep. desde * hasta que queden 2 p.; 2 d.

H. 11: Con B, 1 d., *5 d., desl. 2, 9 d., desl. 1, 4 d.; rep. desde * hasta que queden 2 p.; 2 d.

H. 13: Con A, 1 d., *4 d., desl. 1, 12 d., desl. 1, 3 d.; rep. desde * hasta que queden 2 p.; 2 d.

H. 15: Con B, 1 d., *5 d., desl. 3, [1 d., desl. 1] 3 veces, desl. 1, 6 d.; rep. desde * hasta que queden 2 p.; 2 d.

H. 17: Con A, 1 d., *4 d., desl. 1, 10 d., desl. 1, 5 d.; rep. desde * hasta que queden 2 p.; 2 d.

H. 19: Con B, 1 d., *5 d., desl. 2, [1 d., desl. 1] 4 veces, 6 d.; rep. desde * hasta que queden 2 p.; 2 d.

H. 21: Con A, 1 d., *3 d., desl. 1, 11 d., desl. 1, 5 d.; rep. desde * hasta que queden 2 p.; 2 d.

H. 23: Con B, 1 d., *4 d., desl. 1, 8 d., desl. 2, 6 d.; rep. desde * hasta que queden 2 p.; 2 d.

H. 25: Con A, 1 d., *1 d., desl. 1, 3 d., desl. 1, 6 d., desl. 1, 2 d., desl. 1, 5 d.; rep. desde * hasta que queden 2 p.; 2 d.

H. 27: Con B, 1 d., *13 d., desl. 2, 6 d.; rep. desde * hasta que queden 2 p.; 2 d.

H. 29: Con A, 1 d., *12 d., desl. 1, 6 d., desl. 1, 1 d.; rep. desde * hasta que queden 2 p.; 2 d.

H. 31: Con B, 1 d., *13 d., desl. 2, 1 d., desl. 3, 2 d.; rep. desde * hasta que queden 2 p.; 2 d.

H. 33: Con A, 1 d., *9 d., desl. 1, 10 d., desl. 1; rep. desde * hasta que queden 2 p.; 2 d.

H. 35: Con B, 1 d., *10 d., desl. 1, 2 d., desl. 1, 7 d.; rep. desde * hasta que queden 2 p.; 2 d.

H. 37: Con A, 1 d., *7 d., desl. 1, 3 d., desl. 2, 1 d., desl. 1, 6 d.; rep. desde * hasta que queden 2 p.; 2 d.

H. 39: Con B, 1 d., *8 d., desl. 1, 4 d., desl. 1, 7 d.; rep. desde * hasta que queden 2 p.; 2 d.

H. 41: Con A, 1 d., *7 d., desl. 1, 1 d., desl. 1, 4 d., desl. 1, 6 d.; rep. desde * hasta que queden 2 p.; 2 d.

H. 43: Con B, 1 d., *13 d., desl. 1, 7 d.; rep. desde * hasta que queden 2 p.; 2 d.

H. 45: Con A, 1 d., *12 d., desl. 1, 1 d., desl. 1, 6 d.; rep. desde * hasta que queden 2 p.; 2 d.

H. 47: Con B, teja p. del derecho.

H. 48: Como la H. 2.

Instrucciones de ganchillo

Múltiplo de 21 p. + 3

Con B, teja el número deseado de p. b. sin cadeneta.

H. 1 (D): Con A, 1 cad., 1 p. b., *1 p. b., 2 cad., sált. 1 p., 1 p. b., 2 cad., sált. 1 p., 17 p. b.; rep. desde * hasta que queden 2 p.; 2 p. b., dele la vuelta.

H. 2 y todas las H. R: 1 cad., 1 p. b. en los p., 1 cad. y sált. los esp. de cad., dele la vuelta.

H. 3: Con B, 1 cad., 1 p. b., *1 p. b., 1 p. a. M., 2 cad., sált. 1 p., 1 p. a. M., 17 p. b.; rep. desde * hasta que queden 2 p.; 2 p. b., dele la vuelta.

H. 5: Con A, 1 cad., 1 p. b., *1 p. b., 2 cad., sált. 1 p., 1 p. a. M., 1 p. b., 2 cad., sált. 1 p., 8 p. b., 2 cad., sált.

DIAGRAMA DEL MOSAICO

24 23 22 21 20 19 18 17 16 15 14 13 12 11 10 9 8 7 6 5 4 3 2 1

21 p.

☐ Hilo A = crema

■ Hilo B = burdeos

PUNTO　　　　　**GANCHILLO**

1 p., 2 p. b., 2 cad., sált. 1 p., 4 p. b.; rep. desde * hasta que queden 2 p.; 2 p. b., dele la vuelta.

H. 7: Con B, 1 cad., 1 p. b., *1 p. b., 1 p. a. M., 1 p. b., 2 cad., sált. 1 p., 1 p. a. M., 8 p. b., 1 p. a. M., 1 p. b., 2 cad., sált. 1 p., 1 p. a. M., 4 p. b.; rep. desde * hasta que queden 2 p.; 2 p. b., dele la vuelta.

H. 9: Con A, 1 cad., 1 p. b., *2 p. b., 2 cad., sált. 1 p., 1 p. a. M., 3 p. b., 2 cad., sált. 1 p., 6 p. b., 2 cad., sált. 1 p., 1 p. a. M., 1 p. b., 2 cad., sált. 1 p., 3 p. b.; rep. desde * hasta que queden 2 p.; 2 p. b., dele la vuelta.

H. 11: Con B, 1 cad., 1 p. b., *2 p. b., 1 p. a. M., 2 p. b., 3 cad., sált. 2 p., 1 p. a. M., 6 p. b., 1 p. a. M., 1 p. b., 2 cad., sált. 1 p., 1 p. a. M., 3 p. b.; rep. desde * hasta que queden 2 p.; 2 p. b., dele la vuelta.

H. 13: Con A, 1 cad., 1 p. b., *4 p. b., 2 cad., sált. 1 p., 2 p. a. M., 9 p. b., 1 p. a. M., 2 cad., sált. 1 p., 3 p. b.; rep. desde * hasta que queden 2 p.; 2 p. b., dele la vuelta.

H. 15: Con B, 1 cad., 1 p. b., *4 p. b., 1 p. a. M., 4 cad., sált. 3 p., [1 p. b., 2 cad., sált. 1 p.] 2 veces, 1 p. b., 3 cad., sált. 2 p., 2 p. b., 1 p. a. M., 3 p. b.; rep. desde * hasta que queden 2 p.; 2 p. b., dele la vuelta.

H. 17: Con A, 1 cad., 1 p. b., *4 p. b., 2 cad., sált. 1 p., 3 p. a. M., [1 p. a. M.] 3 veces, 1 p. a. M., 2 cad., sált. 1 p., 5 p. b.; rep. desde * hasta que queden 2 p.; 2 p. b., dele la vuelta.

H. 19: Con B, 1 cad., 1 p. b., *4 p. b., 1 p. a. M., 3 cad., sált. 2 p., [1 p. b., 2 cad., sált. 1 p.] 4 veces, 1 p. a. M., 5 p. b.; rep. desde * hasta que queden 2 p.; 2 p. b., dele la vuelta.

H. 21: Con A, 1 cad., 1 p. b., *3 p. b., 2 cad., sált. 1 p., 1 p. b., 2 p. a. M., [1 p. b., 1 p. a. M.] 4 veces, 2 cad., sált. 1 p., 5 p. b.; rep. desde * hasta que queden 2 p.; 2 p. b., dele la vuelta.

H. 23: Con B, 1 cad., 1 p. b., *3 p. b., 1 p. a. M., 2 cad., sált. 1 p., 8 p. b., 3 cad., sált. 2 p., 1 p. a. M., 5 p. b.; rep. desde * hasta que queden 2 p.; 2 p. b., dele la vuelta.

H. 25: Con A, 1 cad., 1 p. b., *1 p. b., 2 cad., sált. 1 p., 2 p. b., 1 p. a. M., 2 cad., sált. 1 p., 6 p. b., 2 cad., sált. 1 p., 2 p. a. M., 2 cad., sált. 1 p., 5 p. b.; rep. desde * hasta que queden 2 p.; 2 p. b., dele la vuelta.

H. 27: Con B, 1 cad., 1 p. b., *1 p. b., 1 p. a. M., 3 p. b., 1 p. a. M., 6 p. b., 1 p. a. M., 3 cad., sált. 2 p., 1 p. a. M., 5 p. b.; rep. desde * hasta que queden 2 p.; 2 p. b., dele la vuelta.

H. 29: Con A, 1 cad., 1 p. b., *12 p. b., 2 cad., sált. 1 p., 2 p. a. M., 4 p. b., 2 cad., sált. 1 p., 1 p. b.; rep. desde * hasta que queden 2 p.; 2 p. b.; vuelta.

H. 31: Con B, 1 cad., 1 p. b., *12 p. b., 1 p. a. M., 3 cad., sált. 2 p., 1 p. b., 4 cad., sált. 3 p., 1 p. a. M., 1 p. b.; rep. desde * hasta que queden 2 p.; 2 p. b.; vuelta.

H. 33: Con A, 1 cad., 1 p. b., *9 p. b., 2 cad., sált. 1 p., 3 p. b., 2 p. a. M.,

1 p. b., 3 p. a. M., 1 p. b., 2 cad., sált. 1 p.; rep. desde * hasta que queden 2 p.; 2 p. b., dele la vuelta.

H. 35: Con B, 1 cad., 1 p. b., *9 p. b., 1 p. a. M., 2 cad., sált. 1 p., 2 p. b., 2 cad., sált. 1 p., 6 p. b., 1 p. a. M.; rep. desde * hasta que queden 2 p.; 2 p. b., dele la vuelta.

H. 37: Con A, 1 cad., 1 p. b., *7 p. b., 2 cad., sált. 1 p., 2 p. b., 1 p. a. M., 3 cad., sált. 2 p., 1 p. a. M., 2 cad., sált. 1 p., 6 p. b.; rep. desde * hasta que queden 2 p.; 2 p. b., dele la vuelta.

H. 39: Con B, 1 cad., 1 p. b., *7 p. b., 1 p. a. M., 2 cad., sált. 1 p., 2 p. b., 2 p. a. M., 2 cad., sált. 1 p., 1 p. a. M., 6 p. b.; rep. desde * hasta que queden 2 p.; 2 p. b., dele la vuelta.

H. 41: Con A, 1 cad., 1 p. b., *7 p. b., 2 cad., sált. 1 p., 1 p. a. M., 2 cad., sált. 1 p., 3 p. b., 1 p. a. M., 2 cad., sált. 1 p., 6 p. b.; rep. desde * hasta que queden 2 p.; 2 p. b., dele la vuelta.

H. 43: Con B, 1 cad., 1 p. b., *7 p. b., 1 p. a. M., 1 p. b., 1 p. a. M., 3 p. b., 2 cad., sált. 1 p., 1 p. a. M., 6 p. b.; rep. desde * hasta que queden 2 p.; 2 p. b., dele la vuelta.

H. 45: Con A, 1 cad., 1 p. b., *12 p. b., 2 cad., sált. 1 p., 1 p. a. M., 2 cad., sált. 1 p., 6 p. b.; rep. desde * hasta que queden 2 p.; 2 p. b., dele la vuelta.
Para terminar, haga la H. 47.

H. 47: Con B, 1 cad., 1 p. b. en cada p. y 1 p. a. M. en cada esp.

Copo de nieve 1

Este copo de nieve, un clásico símbolo de la Navidad, va acompañado de la nieve que cae en el fondo, lo que crea una bonita escena cuando se repite.

Instrucciones de punto

Múltiplo de 22 p. + 3

En las H. D., deslice los p. como si fuera a tejerlos del revés con el hilo por detrás.

Monte los p. con B, teja 1 H. del derecho y 1 H. del revés.

H. 1 (D): Con A, 1 d., *desl. 2, 1 d., desl. 3, 3 d., desl. 2, 1 d., desl. 2, 3 d., desl. 3, 1 d.; rep. desde * hasta que queden 2 p.; desl. 1, 1 d.

H. 2 y todas las H. R: Teja del revés los d. y deslice los p. desl. como si fuera a tejerlos del revés con el hilo por delante.

H. 3: Con B, 1 d., *6 d., desl. 1, 1 d., desl. 1, 5 d., desl. 1, 1 d., desl. 1, 5 d.; rep. desde * hasta que queden 2 p.; 2 d.

H. 5: Con A, 1 d., *desl. 1, 1 d., desl. 2, 1 d., desl. 1, 5 d., desl. 1, 5 d., desl. 1, 1 d., desl. 2, 1 d.; rep. desde * hasta que queden 2 p.; desl. 1, 1 d.

H. 7: Con B, 1 d., *8 d., desl. 1, [1 d., desl. 1] 3 veces, 7 d.; rep. desde * hasta que queden 2 p.; 2 d.

H. 9: Con A, 1 d., *desl. 2, 3 d., desl. 1, 1 d., [desl. 1, 3 d.] 2 veces, desl. 1, 1 d., desl. 1, 3 d., desl. 1; rep. desde * hasta que queden 2 p.; desl. 1, 1 d.

H. 11: Con B, 1 d., *2 d., desl. 1, 1 d., desl. 1, 5 d., desl. 1, 1 d., desl. 1, 5 d., desl. 1, 1 d., desl. 1, 1 d.; rep. desde * hasta que queden 2 p.; 2 d.

H. 13: Con A, 1 d., *desl. 2, 5 d., [desl. 1, 1 d.] 4 veces, desl. 1, 5 d., desl. 1; rep. desde * hasta que queden 2 p.; desl. 1, 1 d.

H. 15: Con B, 1 d., *4 d., desl. 1, 1 d., desl. 1, 9 d., desl. 1, 1 d., desl. 1, 3 d.; rep. desde * hasta que queden 2 p.; 2 d.

H. 17: Con A, 1 d., *desl. 1, 1 d., desl. 2, 5 d., [desl. 1, 1 d.] 2 veces, desl. 1, 5 d., desl. 2, 1 d.; rep. desde * hasta que queden 2 p.; desl. 1, 1 d.

H. 19: Con B, teja p. del derecho.

H. 21: Con A, como la H. 17.

H. 23: Con B, como la H. 15.

H. 25: Con A, como la H. 13.

H. 27: Con B, como la H. 11.

H. 29: Con A, 1 d., como la H. 9.

H. 31: Con B, 1 d., como la H. 7.

H. 33: Con A, 1 d., como la H. 5.

H. 35: Con B, 1 d., como la H. 3.

H. 37: Con A, 1 d., como la H. 1.

H. 39: Con B, teja p. del derecho.

H. 40: Como la H. 2.

Instrucciones de ganchillo

Múltiplo de 22 p. + 3

Nota sobre el patrón: La repetición de las instrucciones escritas difiere del diagrama en las H. 9, 13, 25, 2 y 37. Con B, teja el número deseado de p. b. sin cadeneta.

H. 1: Con A, 1 cad., 1 p. b., 3 cad., sált. 2 p., *1 p. b., 4 cad., sált. 3 p., 3 p. b., 3 cad., sált. 2 p., 1 p. b., 3 cad., sált. 2 p., 3 p. b., 4 cad., sált. 3 p., 1 p. b.**, 4 cad., sált. 3 p.; rep. desde * hasta que queden 3 p., acabando la última repetición en **; 3 cad., sált. 2 p., 1 p. b.

H. 2 y todas las H. R: 1 cad., 1 p. b. en los p., 1 cad. y sált. los esp. de cad., dele la vuelta.

H. 3: Con B, 1 cad., 1 p. b., *2 p. a. M., 1 p. b., 3 p. a. M., 2 cad., sált. 1 p., 1 p. b., 2 cad., sált. 1 p., 2 p. a. M., 1 p. b., 2 p. a. M., 2 cad., sált. 1 p., 1 p. b., 2 cad., sált. 1 p., 3 p. a. M., 1 p. b., 1 p. a. M.; rep. desde * hasta que queden 2 p.; 1 p. a. M., 1 p. b., dele la vuelta.

H. 5: Con A, 1 cad., 1 p. b., *2 cad., sált. 1 p., 1 p. b., 3 cad., sált. 2 p., 1 p. b., 2 cad., sált. 1 p., 1 p. a. M., 2 p. b., 2 cad., sált. 1 p., 2 p. b., 1 p. a. M., 1 p. b., 1 p. a. M., 2 cad., sált. 1 p., 1 p. b., 3 cad., sált. 2 p., 1 p. b.; rep. desde * hasta que queden 2 p.; 2 cad., sált. 1 p., 1 p. b., dele la vuelta.

H. 7: Con B, 1 cad., 1 p. b., *1 p. a. M., 1 p. b., 2 p. a. M., 1 p. b., 1 p. a. M., 2 p. b., 2 cad., sált. 1 p., 1 p. b., 2 cad., sált. 1 p., 1 p. a. M., 2 cad., sált. 1 p., 1 p. b., 2 cad., sált. 1 p., 2 p. b., 1 p. a. M., 1 p. b., 2 p. a. M., 1 p. b.; rep. desde * hasta que queden 2 p.; 1 p. a. M., 1 p. b., dele la vuelta.

H. 9: Con A, 1 cad., 1 p. b., 3 cad., sált. 2 p., *3 p. b., 2 cad., sált. 1 p., 1 p. b., 2 cad., sált. 1 p., 1 p. a. M., 1 p. b., 1 p. a. M., 2 cad., sált. 1 p., 1 p. a. M., 1 p. b., 1 p. a. M., 2 cad., sált. 1 p., 1 p. b., 2 cad., sált. 1 p., 3 p. b.**, 4 cad., sált. 3 p.; rep. desde * hasta que queden 3 p., acabando la última repetición en **; 3 cad., sált. 2 p., 1 p. b., dele la vuelta.

H. 11: Con B, 1 cad., 1 p. b., *2 p. a. M., 2 cad., sált. 1 p., 1 p. b., 2 cad., sált. 1 p.,

Leyenda

☐ Hilo A = crema

■ Hilo B = burdeos

DIAGRAMA DEL MOSAICO

22 p.

PUNTO

GANCHILLO

1 p. a. M., 1 p. b., 1 p. a. M., 2 p. b., 2 cad., sált. 1 p., 1 p. a. M., 2 cad., sált. 1 p., 2 p. b., 1 p. a. M., 1 p. b., 1 p. a. M., 2 cad., sált. 1 p., 1 p. b., 2 cad., sált. 1 p., 1 p. a. M.; rep. desde * hasta que queden 2 p.; 1 p. a. M., 1 p. b., dele la vuelta.

H. 13: Con A, 1 cad., 1 p. b., 3 cad., sált. 2 p., *1 p. a. M., 1 p. b., 1 p. a. M., 2 p. b., 2 cad., sált. 1 p., 1 p. b., 2 cad., sált. 1 p., 1 p. a. M., 2 cad., sált. 1 p., 1 p. a. M., 2 cad., sált. 1 p., 1 p. b., 2 cad., sált. 1 p., 2 p. b., 1 p. a. M., 1 p. b., 1 p. a. M.**, 4 cad., sált. 3 p.; rep. desde * hasta que queden 3 p., acabando la última rep. en **; 3 cad., sált. 2 p., 1 p. b.; vuelta.

H. 15: Con B, 1 cad., 1 p. b., *2 p. a. M., 2 p. b., 2 cad., sált. 1 p., 1 p. b., 2 cad., sált. 1 p., [1 p. a. M., 1 p. b.] 4 veces, 1 p. a. M., 2 cad., sált. 1 p., 1 p. b., 2 cad., sált. 1 p., 2 p. b., 1 p. a. M.; rep. desde * hasta que queden 2 p.; 1 p. a. M., 1 p. b., dele la vuelta.

H. 17: Con A, 1 cad., 1 p. b., *2 cad., sált. 1 p., 1 p. b., 3 cad., sált. 2 p., 1 p. a. M., 1 p. b., 1 p. a. M., 2 p. b., [2 cad., sált. 1 p., 1 p. b.] 2 veces, 2 cad., sált. 1 p., 2 p. b., 1 p. a. M., 1 p. b., 1 p. a. M., 3 cad., sált. 2 p., 1 p. b.; rep. desde * hasta que queden 2 p.; 2 cad., sált. 1 p., 1 p. b., dele la vuelta.

H. 19: Con B, 1 cad., 1 p. b., *1 p. a. M., 1 p. b., 2 p. a. M., 5 p. b., [1 p. a. M., 1 p. b.] 2 veces, 1 p. a. M., 5 p. b., 2 p. a. M., 1 p. b.; rep. desde * hasta que queden 2 p.; 1 p. a. M., 1 p. b., dele la vuelta.

H. 21: Con A, 1 cad., 1 p. b., *2 cad., sált. 1 p., 1 p. b., 3 cad., sált. 2 p., 5 p. b.,

2 cad., sált. 1 p., [1 p. b., 2 cad., sált. 1 p.] 2 veces, 5 p. b., 3 cad., sált. 2 p., 1 p. b.; rep. desde * hasta que queden 2 p.; 2 cad., sált. 1 p., 1 p. b., dele la vuelta.

H. 23: Con B, 1 cad., 1 p. b., *1 p. a. M., 1 p. b., 2 p. a. M., 2 cad., sált. 1 p., 1 p. b., 2 cad., sált. 1 p., 2 p. b., 1 p. a. M., [1 p. b., 1 p. a. M.] 2 veces, 2 p. b., 2 cad., sált. 1 p., 1 p. b., 2 cad., sált. 1 p., 2 p. a. M., 1 p. b.; rep. desde * hasta que queden 2 p.; 1 p. a. M., 1 p. b., dele la vuelta.

H. 25: Con A, 1 cad., 1 p. b., 3 cad., sált. 2 p., *2 p. b., 1 p. a. M., 1 p. b., 1 p. a. M., 2 cad., sált. 1 p., [1 p. b., 2 cad., sált. 1 p.] 4 veces, 1 p. a. M., 1 p. b., 1 p. a. M., 2 p. b.**, 4 cad., sált. 3 p.; rep. desde * hasta que queden 3 p., acabando la última repetición en **; 3 cad., sált. 2 p., 1 p. b., dele la vuelta.

H. 27: Con B, 1 cad., 1 p. b., *2 p. a. M., 2 cad., sált. 1 p., 1 p. b., 2 cad., sált. 1 p., 2 p. b., 1 p. a. M., 1 p. b., 1 p. a. M., 2 cad., sált. 1 p., 1 p. a. M., 2 cad., sált. 1 p., 1 p. a. M., 1 p. b., 1 p. a. M., 2 p. b., 2 cad., sált. 1 p., 1 p. b., 2 cad., sált. 1 p., 1 p. a. M.; rep. desde * hasta que queden 2 p.; 1 p. a. M., 1 p. b., dele la vuelta.

H. 29: Con A, 1 cad., 1 p. b., 3 cad., sált. 2 p., *1 p. a. M., 1 p. b., 1 p. a. M., 2 cad., sált. 1 p., 1 p. b., 2 cad., sált. 1 p., 2 p. b., 1 p. a. M., 2 cad., sált. 1 p., 1 p. a. M., 2 p. b., 2 cad., sált. 1 p., 1 p. b., 2 cad., sált. 1 p., 1 p. a. M., 1 p. b., 1 p. a. M.**, 4 cad., sált. 3 p.; rep. desde * hasta que queden 3 p., acabando la última repetición en **; 3 cad., sált. 2 p., 1 p. b., dele la vuelta.

H. 31: Con B, 1 cad., 1 p. b., *2 p. a. M., 3 p. b., 1 p. a. M., 1 p. b., 1 p. a. M., 2 cad., sált. 1 p., 1 p. b., 2 cad., sált. 1 p., 1 p. a. M., 2 cad., sált. 1 p., 1 p. b., 2 cad., sált. 1 p., 1 p. a. M., 1 p. b., 1 p. a. M., 3 p. b., 1 p. a. M.; rep. desde * hasta que queden 2 p.; 1 p. a. M., 1 p. b., dele la vuelta.

H. 33: Con A, 1 cad., 1 p. b., *2 cad., sált. 1 p., 1 p. b., 3 cad., sált. 2 p., 1 p. b., 2 cad., sált. 1 p., 2 p. b., 1 p. a. M., 1 p. b., 1 p. a. M., 2 cad., sált. 1 p., 1 p. a. M., 1 p. b., 1 p. a. M., 2 p. b., 2 cad., sált. 1 p., 1 p. b., 2 cad., sált. 1 p., 1 p. b., 3 cad., sált. 2 p., 1 p. b.; rep. desde * hasta que queden 2 p.; 2 cad., sált. 1 p., 1 p. b., dele la vuelta.

H. 35: Con B, 1 cad., 1 p. b., *1 p. a. M., 1 p. b., 2 p. a. M., 1 p. b., 1 p. a. M., 2 cad., sált. 1 p., 1 p. b., 2 cad., sált. 1 p., 2 p. b., 1 p. a. M., 2 p. b., 2 cad., sált. 1 p., 1 p. b., 2 cad., sált. 1 p., 1 p. a. M., 1 p. b., 2 p. a. M., 1 p. b.; rep. desde * hasta que queden 2 p.; 1 p. a. M., 1 p. b., dele la vuelta.

H. 37: Con A, 1 cad., 1 p. b., 3 cad., sált. 2 p., *1 p. b., 4 cad., sált. 3 p., 1 p. a. M., 1 p. b., 1 p. a. M., 3 cad., sált. 2 p., 1 p. b., 3 cad., sált. 2 p., 1 p. a. M., 1 p. b., 1 p. a. M., 4 cad., sált. 3 p., 1 p. b.**, 4 cad., sált. 3 p.; rep. desde * hasta que queden 3 p., acabando la última repetición en **; 3 cad., sált. 2 p., 1 p. b., dele la vuelta.

Para terminar, haga la H. 39.

H. 39: Con B, 1 cad., 1 p. b. en cada p. y 1 p. a. M. en cada esp.

DIFICULTAD

XXX

Copo de nieve 2

Parecido al copo de nieve de la página 158, este motivo tiene una estructura más robusta, con ocho puntas diferentes. Tanto en la versión de punto como en la de ganchillo, se aprecia una cruz en el centro.

Instrucciones de punto

Múltiplo de 20 p. + 5

En las H. D, deslice los p. como si fuera a tejerlos del revés con el hilo por detrás.

Monte los p. con A, teja 1 H. del derecho y 1 H. del revés.

H. 1 (D): Con B, 1 d., desl. 1, 1 d., *desl. 2, 3 d., [desl. 3, 3 d.] 2 veces, desl. 2, 1 d.; rep. desde * hasta que queden 2 p.; desl. 1, 1 d.

H. 2 y todas las H. R: Teja del revés los d. y deslice los p. desl. como si fuera a tejerlos del revés con el hilo por delante.

H. 3: Con A, 3 d., *2 d., [desl. 1, 1 d., desl. 1, 3 d.] 3 veces; rep. desde * hasta que queden 2 p.; 2 d.

H. 5: Con B, 1 d., desl. 1, 1 d., *desl. 2, 5 d., desl. 1, 3 d., desl. 1, 5 d., desl. 2, 1 d.; rep. desde * hasta que queden 2 p.; desl. 1, 1 d.

H. 7: Con A, 3 d., *4 d., [desl. 1, 1 d.] 6 veces, 4 d.; rep. desde * hasta que queden 2 p.; 2 d.

H. 9: Con B, 1 d., desl. 1, 1 d., *desl. 1, 1 d., desl. 2, 11 d., desl. 2, 1 d., desl. 1,

1 d.; rep. desde * hasta que queden 2 p.; desl. 1, 1 d.

H. 11: Con A, 3 d., *6 d., [desl. 1, 1 d.] 4 veces, 6 d.; rep. desde * hasta que queden 2 p.; 2 d.

H. 13: Con B, 1 d., desl. 1, 1 d., *desl. 2, [7 d., desl. 1] 2 veces, desl. 1, 1 d.; rep. desde * hasta que queden 2 p.; desl. 1, 1 d.

H. 15: Con A, 3 d., *2 d., [desl. 1, 1 d.] 3 veces, 4 d., [desl. 1, 1 d.] 3 veces, 2 d.; rep. desde * hasta que queden 2 p.; 2 d.

H. 17: Como la H. 13.

H. 19: Como la H. 11.

H. 21: Como la H. 9.

H. 23: Como la H. 7.

H. 25: Como la H. 5.

H. 27: Como la H. 3.

H. 29: Como la H. 1.

H. 31: Con A, teja p. del derecho.

H. 32: Como la H. 2.

Instrucciones de ganchillo

Múltiplo de 20 p. + 5

Con A, teja el número deseado de p. b. sin cadeneta.

H. 1: Con B, 1 cad., 1 p. b., 2 cad., sált. 1 p., 1 p. b., *3 cad., sált. 2 p., [3 p. b., 4 cad., sált. 3 p.] 2 veces, 3 p. b., 3 cad.,

sált. 2 p., 1 p. b.; rep. desde * hasta que queden 2 p.; 2 cad., sált. 1 p., 1 p. b., dele la vuelta.

H. 2 y todas las H. R: 1 cad., 1 p. b. en los p., 1 cad. y sált. los esp. de cad., dele la vuelta.

H. 3: Con A, 1 cad., 1 p. b., 1 p. a. M., 1 p. b., *[2 p. a. M., 2 cad., sált. 1 p., 1 p. b., 2 cad., sált. 1 p., 1 p. a. M.] 3 veces, 1 p. a. M., 1 p. b.; rep. desde * hasta quedar 2 p.; 1 p. a. M., 1 p. b.; vuelta.

H. 5: Con B, 1 p. b., 1 p. b., 2 cad., sált. 1 p., 1 p. b., *3 cad., sált. 2 p., 1 p. a. M., 1 p. b., 1 p. a. M., 2 p. b., 2 cad., sált. 1 p., 1 p. a. M., 1 p. b., 1 p. a. M., 2 cad., sált. 1 p., 2 p. b., 1 p. a. M., 1 p. b., 1 p. a. M., 3 cad., sált. 2 p., 1 p. b.; rep. des-de * hasta que queden 2 p.; 2 cad., sált. 1 p., 1 p. b., dele la vuelta.

H. 7: Con A, 1 cad., 1 p. b., 1 p. a. M., 1 p. b., *2 p. a. M., 2 p. b., [2 cad., sált. 1 p., 1 p. b., 2 cad., sált. 1 p., 1 p. a. M.] 2 veces, 2 cad., sált. 1 p., 1 p. b., 2 cad., sált. 1 p., 2 p. b., 2 p. a. M., 1 p. b.; rep. desde * hasta que queden 2 p.; 1 p. a. M., 1 p. b., dele la vuelta.

H. 9: Con B, 1 cad., 1 p. b., 2 cad., sált. 1 p., 1 p. b., *2 cad., sált. 1 p., 1 p. b., 3 cad., sált. 2 p., 1 p. a. M., [1 p. b., 1 p. a. M.] 5 veces, 3 cad., sált. 2 p., 1 p. b., 2 cad., sált. 1 p., 1 p. b.; rep. desde * hasta que queden 2 p.; 2 cad., sált. 1 p., 1 p. b., dele la vuelta.

H. 11: Con A, 1 cad., 1 p. b., 1 p. a. M., 1 p. b., *1 p. a. M., 2 p. a. M., 2 p. b., [2 cad., sált. 1 p., 1 p. b.] 4 veces, 1 p. b., 2 p. a. M., 1 p. a. M., 1 p. b.; rep. desde * hasta que queden 2 p.; 1 p. a. M., 1 p. b., dele la vuelta.

H. 13: Con B, 1 cad., 1 p. b., 2 cad., sált. 1 p., 1 p. b., *3 cad., sált. 2 p., 4 p. b., 1 p. a. M., 1 p. b., 1 p. a. M., 2 cad., sált. 1 p., 1 p. a. M., 1 p. b., 1 p. a. M., 4 p. b., 3 cad., sált. 2 p., 1 p. b.; rep. desde * hasta que queden 2 p.; 2 cad., sált. 1 p., 1 p. b., dele la vuelta.

H. 15: Con A, 1 cad., 1 p. b., 1 p. a. M., 1 p. b., *2 p. a. M., [2 cad., sált. 1 p., 1 p. b.] 3 veces, 1 p. b., 1 p. a. M., 1 p. b., [1 p. b., 2 cad., sált. 1 p.] 3 veces, 2 p. a. M., 1 p. b.; rep. desde * hasta que queden 2 p.; 1 p. a. M., 1 p. b., dele la vuelta.

☐ Hilo A = crema

■ Hilo B = burdeos

DIAGRAMA DEL MOSAICO

20 p.

PUNTO

GANCHILLO

H. 17: Con B, 1 cad., 1 p. b., 2 cad., sált. 1 p., 1 p. b.,*3 cad., sált. 2 p., [1 p. a. M., 1 p. b.] 3 veces, 1 p. b., 2 cad., sált. 1 p., 1 p. b., [1 p. b., 1 p. a. M.] 3 veces, 3 cad., sált. 2 p., 1 p. b.; rep. desde * hasta que queden 2 p.; 2 cad., sált. 1 p., 1 p. b., dele la vuelta.

H. 19: Con A, 1 cad., 1 p. b., 1 p. a. M., 1 p. b., *2 p. a. M., 4 p. b., 2 cad., sált. 1 p., 1 p. b., 2 cad., sált. 1 p., 1 p. a. M., 2 cad., sált. 1 p., 1 p. b., 2 cad., sált. 1 p., 4 p. b., 2 p. a. M., 1 p. b.; rep. desde * hasta que queden 2 p.; 1 p. a. M., 1 p. b., dele la vuelta.

H. 21: Con B, 1 cad., 1 p. b., 2 cad., sált. 1 p., 1 p. b., *2 cad., sált. 1 p., 1 p. b., 3 cad., sált. 2 p., 2 p. b., [1 p. a. M., 1 p. b.] 4 veces, 1 p. b., 3 cad., sált. 2 p., 1 p. b., 2 cad., sált. 1 p., 1 p. b.; rep. desde * hasta que queden 2 p.; 2 cad., sált. 1 p., 1 p. b., dele la vuelta.

H. 23: Con A, 1 cad., 1 p. b., 1 p. a. M., 1 p. b., *1 p. a. M., 1 p. b., 2 p. a. M., 2 cad., sált. 1 p., [1 p. b., 2 cad., sált. 1 p.] 5 veces, 2 p. a. M., 1 p. b., 1 p. a. M., 1 p. b.; rep. desde * hasta que queden 2 p.; 1 p. a. M., 1 p. b., dele lo vuelta.

H. 25: Con B, 1 cad., 1 p. b., 2 cad., sált. 1 p., 1 p. b., *3 cad., sált. 2 p., 2 p. b., [1 p. a. M., 1 p. b., 1 p. a. M., 2 cad., sált. 1 p.] 2 veces, 1 p. a. M., 1 p. b., 1 p. a. M., 2 p. b., 3 cad., sált. 2 p., 1 p. b.; rep. desde * hasta que queden 2 p.; 2 cad., sált. 1 p., 1 p. b., dele la vuelta.

H. 27: Con A, 1 cad., 1 p. b., 1 p. a. M., 1 p. b., *2 p. a. M., 2 cad., sált. 1 p., 1 p. b., 2 cad., sált. 1 p., 2 p. b., 1 p. a. M., 2 cad., sált. 1 p., 1 p. b., 2 cad., sált. 1 p., 1 p. a. M., 2 p. b., 2 cad., sált. 1 p., 1 p. b., 2 cad., sált. 1 p., 2 p. a. M., 1 p. b.; rep. desde * hasta que queden 2 p.; 1 p. a. M., 1 p. b., dele la vuelta.

H. 29: Con B, 1 cad., 1 p. b., 2 cad., sált. 1 p., 1 p. b., *3 cad., sált. 2 p., [1 p. a. M., 1 p. b., 1 p. a. M., 4 cad., sált. 3 p.] 2 veces, 1 p. a. M., 1 p. b., 1 p. a. M., 3 cad., sált. 1 p., 1 p. b.; rep. desde * hasta que queden 2 p.; 2 cad., sált. 1 p., 1 p. b., dele la vuelta.

Para terminar, haga la H. 31.

H. 31: Con A, 1 cad., 1 p. b. en cada p. y 1 p. a. M. en cada esp.

Bolas de Navidad

Si sabe hacer tanto punto como ganchillo, puede elegir un método u otro según si desea que la bola quede más redonda (punto) o más alargada (ganchillo).

Instrucciones de punto

Múltiplo de 18 p. + 3

En las H. D, deslice los p. como si fuera a tejerlos del revés con el hilo por detrás. Monte los p. con B, teja 1 H. del derecho y 1 H. del revés.

H. 1 (D): Con A, teja p. del derecho.

H. 2 y todas las H. R: Teja del revés los d. y deslice los p. desl. como si fuera a tejerlos del revés con el hilo por delante.

H. 3: Con B, 1 d., *12 d., desl. 1, 1 d., desl. 1, 3 d.; rep. desde * hasta quedar 2 p.; 2 d.

H. 5: Con A, 1 d., *13 d., desl. 1, 4 d.; rep. desde * hasta que queden 2 p.; 2 d.

H. 7: Con B, 1 d., *2 d., desl. 1, 3 d., desl. 1, 4 d., desl. 1, 3 d., desl. 1, 2 d.; rep. desde * hasta que queden 2 p.; 2 d.

H. 9: Con A, 1 d., *3 d., desl. 3, 6 d., desl. 3, 3 d.; rep. desde * hasta quedar 2 p.; 2 d.

H. 11: Con B, 1 d., *1 d., desl. 1, 5 d., desl. 1, 2 d., desl. 1, 5 d., desl. 1, 1 d.; rep. desde * hasta que queden 2 p.; 2 d.

H. 13: Con A, 1 d., *2 d., desl. 1, 3 d., desl. 1, 4 d., desl. 1, 3 d., desl. 1, 2 d.; rep. desde * hasta que queden 2 p.; 2 d.

H. 15: Con B, 1 d., *desl. 1, 2 d., desl. 1, 1 d., desl. 1, 2 d., desl. 2, 2 d., desl. 1, 1 d., desl. 1, 2 d., desl. 1; rep. desde * hasta que queden 2 p.; 2 d.

H. 17: Con A, 1 d., *1 d., desl. 1, 5 d., desl. 1, 2 d., desl. 1, 5 d., desl. 1, 1 d.; rep. desde * hasta que queden 2 p.; 2 d.

H. 19: Con B, 1 d., *desl. 1, 1 d., desl. 2, 1 d., desl. 2, 1 d., desl. 1, 2 d., desl. 1, [1 d., desl. 1] 2 veces, 2 d.; rep. desde * hasta que queden 2 p.; desl. 1, 1 d.

H. 21: Con A, 1 d., *1 d., desl. 1, 5 d., desl. 1, 1 d., desl. 1, 7 d., desl. 1; rep. desde * hasta que queden 2 p.; 2 d.

H. 23: Con B, 1 d., *desl. 1, 2 d., desl. 1, 1 d., desl. 1, 2 d., desl. 1, 1 d., desl. 2, 1 d., desl. 1, 1 d., desl. 2, 1 d.; rep. desde * hasta que queden 2 p.; desl. 1, 1 d.

H. 25: Con A, 1 d., *2 d., desl. 1, 3 d., desl. 1, 2 d., desl. 1, 7 d., desl. 1; rep. desde * hasta que queden 2 p.; 2 d.

H. 27: Con B, 1 d., *desl. 2, 5 d., desl. 2, 2 d., [desl. 1, 1 d.] 3 veces, 1 d.; rep. desde * hasta que queden 2 p.; desl. 1, 1 d.

H. 29: Con A, 1 d., *3 d., desl. 3, 4 d., desl. 1, 5 d., desl. 1, 1 d.; rep. desde * hasta que queden 2 p.; 2 d.

H. 31: Con B, 1 d., *2 d., desl. 1, 3 d., desl. 1, 2 d., desl. 1, 2 d., desl. 1, 1 d., desl. 1, 2 d., desl. 1, 1 d.; rep. desde * hasta que queden 2 p.; 2 d.

H. 33: Con A, 1 d., *4 d., desl. 1, 6 d., desl. 1, 3 d., desl. 1, 2 d.; rep. desde * hasta que queden 2 p.; 2 d.

H. 35: Con B, 1 d., *3 d., desl. 1, 1 d., desl. 1, 4 d., desl. 1, 5 d., desl. 1, 1 d.; rep. desde * hasta que queden 2 p.; 2 d.

H. 37: Con A, 1 d., *4 d., desl. 1, 7 d., desl. 3, 3 d.; rep. desde * hasta que queden 2 p.; 2 d.

H. 39: Con B, 1 d., *3 d., desl. 1, 1 d., desl. 1, 5 d., desl. 1, 3 d., desl. 1, 2 d.; rep. desde * hasta que queden 2 p.; 2 d.

H. 41: Con A, 1 d., *4 d., desl. 1, 8 d., desl. 1, 4 d.; rep. desde * hasta que queden 2 p.; 2 d.

H. 43: Con B, 1 d., *3 d., desl. 1, 1 d., desl. 1, 6 d., desl. 1, 1 d., desl. 1, 3 d.; rep. desde * hasta que queden 2 p.; 2 d.

H. 45: Con A, 1 d., *4 d., desl. 1, 8 d., desl. 1, 4 d.; rep. desde * hasta que queden 2 p.; 2 d.

H. 47: Con B, teja p. del derecho.

H. 48: Como la H. 2.

Instrucciones de ganchillo

Múltiplo de 18 p. + 3

Nota sobre el patrón: La repetición de las instrucciones escritas difiere del diagrama en la H. 15.

Con B, teja el número deseado de p. b. sin cadeneta.

H. 1: Con A, 1 cad., 1 p. b. en cada p. hasta el final, dele la vuelta.

H. 2 y todas las H. R: 1 cad., 1 p. b. en los p., 1 cad. y sált. los esp. de cad., dele la vuelta.

H. 3: Con B, 1 cad., 1 p. b., *12 p. b., 2 cad., sált. 1 p., 1 p. b., 2 cad., sált. 1 p., 3 p. b.; rep. desde * hasta que queden 2 p.; 2 p. b., dele la vuelta.

H. 5: Con A, 1 cad., 1 p. b., *12 p. b., 1 p. a. M., 2 cad., sált. 1 p., 1 p. a. M., 3 p. b.; rep. desde * hasta que queden 2 p.; 2 p. b., dele la vuelta.

DIAGRAMA DEL MOSAICO

21 20 19 18 17 16 15 14 13 12 11 10 9 8 7 6 5 4 3 2 1

18 p.

☐ Hilo A = crema

■ Hilo B = burdeos

PUNTO

GANCHILLO

H. 7: Con B, 1 cad., 1 p. b., *2 p. b., 2 cad., sált. 1 p., 3 p. b., 2 cad., sált. 1 p., 4 p. b., 2 cad., sált. 1 p., 1 p. b., 1 p. a. M., 1 p. b., 2 cad., sált. 1 p., 2 p. b.; rep. desde * hasta que queden 2 p.; 2 p. b., dele la vuelta.

H. 9: Con A, 1 cad., 1 p. b., *2 p. b., 1 p. a. M., 4 cad., sált. 3 p., 1 p. a. M., 4 p. b., 1 p. a. M., 4 cad., sált. 3 p., 1 p. a. M., 2 p. b.; rep. desde * hasta que queden 2 p.; 2 p. b., dele la vuelta.

H. 11: Con B, 1 cad., 1 p. b., *1 p. b., 2 cad., sált. 1 p., 1 p. b., 3 p. a. M., 1 p. b., 2 cad., sált. 1 p., 2 p. b., 2 cad., sált. 1 p., 1 p. b., 3 p. a. M., 1 p. b., 2 cad., sált. 1 p., 1 p. b.; rep. desde * hasta que queden 2 p.; 2 p. b., dele la vuelta.

H. 13: Con A, 1 cad., 1 p. b., *1 p. b., 1 p. a. M., 2 cad., sált. 1 p., 3 p. b., 2 cad., sált. 1 p., 1 p. a. M., 2 p. b., 1 p. a. M., 2 cad., sált. 1 p., 3 p. b., 2 cad., sált. 1 p., 1 p. a. M., 1 p. b.; rep. desde * hasta que queden 2 p.; 2 p. b., dele la vuelta.

H. 15: Con B, 1 cad., 1 p. b., 2 cad., sált. 1 p., *1 p. b., 1 p. a. M., 2 cad., sált. 1 p., 1 p. b., 2 cad., sált. 1 p., 1 p. a. M., 1 p. b., 3 cad., sált. 2 p., 1 p. b., 1 p. a. M., 2 cad., sált. 1 p., 1 p. b., 2 cad., sált. 1 p., 1 p. a. M., 1 p. b.**, 3 cad., sált. 2 p.; rep. desde * hasta que queden 3 p., acabando la última repetición en **; 2 cad., sált. 1 p., 2 p. b., dele la vuelta.

H. 17: Con A, 1 cad., 1 p. b., *1 p. a. M., 2 cad., sált. 1 p., [1 p. b., 1 p. a. M.] 2 veces, 1 p. b., 2 cad., sált. 1 p., 2 p. a. M., 2 cad., sált. 1 p., [1 p. b., 1 p. a. M.] 2 veces, 1 p. b., 2 cad., sált. 1 p., 1 p. a. M.; rep. desde * hasta que queden 2 p.; 2 p. b., dele la vuelta.

H. 19: Con B, 1 cad., 1 p. b., *2 cad., sált. 1 p., 1 p. a. M., 3 cad., sált. 2 p., 1 p. b., 3 cad., sált. 2 p., 1 p. a. M., 2 cad., sált. 1 p.,

1 p. b., 1 p. a. M., [2 cad., sált. 1 p., 1 p. b.] 2 veces, 2 cad., sált. 1 p., 1 p. a. M., 1 p. b.; rep. desde * hasta que queden 2 p.; 2 cad., sált. 1 p., 1 p. b., dele la vuelta.

H. 21: Con A, 1 cad., 1 p. b., *1 p. a. M., 2 cad., sált. 1 p., 2 p. a. M., 1 p. b., 2 p. a. M., 2 cad., sált. 1 p., 1 p. a. M., 2 cad., sált. 1 p., [1 p. b., 1 p. a. M.] 3 veces, 2 cad., sált. 1 p.; rep. desde * hasta quedar 2 p.; 1 p. a. M., 1 p. b., dele la vuelta.

H. 23: Con B, 1 cad., 1 p. b., *2 cad., sált. 1 p., 1 p. a. M., 1 p. b., [2 cad., sált. 1 p., 1 p. b.] 2 veces, 1 p. a. M., 2 cad., sált. 1 p., 1 p. a. M., 3 cad., sált. 2 p., 1 p. b., 2 cad., sált. 1 p., 1 p. b., 3 cad., sált. 2 p., 1 p. a. M.; rep. desde * hasta que queden 2 p.; 2 cad., sált. 1 p., 1 p. b., dele la vuelta.

H. 25: Con A, 1 cad., 1 p. b., *1 p. a. M., 1 p. b., 2 cad., sált. 1 p., 1 p. a. M., 1 p. b., 1 p. a. M., 2 cad., sált. 1 p., 1 p. b., 1 p. a. M., 2 cad., sált. 1 p., 2 p. a. M., 1 p. b., 1 p. a. M., 2 cad., sált. 1 p., 1 p. a. M., 2 cad., sált. 1 p.; rep. desde * hasta que queden 2 p.; 1 p. a. M., 1 p. b., dele la vuelta.

H. 27: Con B, 1 cad., 1 p. b., *3 cad., sált. 2 p., 1 p. a. M., 3 p. b., 1 p. a. M., 3 cad., sált. 2 p., 1 p. a. M., 1 p. b., [2 cad., sált. 1 p., 1 p. b.] 3 veces, 1 p. a. M., rep. desde * hasta que queden 2 p.; 2 cad., sált. 1 p., 1 p. b., dele la vuelta.

H. 29: Con A, 1 cad., 1 p. b., *2 p. a. M., 1 p. b., 4 cad., sált. 3 p., 1 p. b., 2 p. a. M., 1 p. b., 2 cad., sált. 1 p., 1 p. a. M., [1 p. b., 1 p. a. M.] 2 veces, 2 cad., sált. 1 p., 1 p. b., rep. desde * hasta que queden 2 p.; 1 p. a. M., 1 p. b., dele la vuelta.

H. 31: Con B, 1 cad., 1 p. b., *2 p. a. M., 1 p. b., 3 p. a. M., 2 cad., sált. 1 p., 2 p. b., 2 cad., sált. 1 p., 1 p. a M., [1 p. b., 2 cad., sált. 1 p.] 2 veces, 1 p. b., 1 p. a. M., 2 cad., sált. 1 p.; rep. desde * hasta que queden 2 p.; 2 p. b., dele la vuelta.

H. 33: Con A, 1 cad., 1 p. b., *2 p. b., 1 p. a. M., 1 p. b., 2 cad., sált. 1 p., 1 p. b., 1 p. a. M., 2 p. b., 1 p. a. M., 1 p. b., 2 cad., sált. 1 p., 1 p. a. M., 1 p. b., 1 p. a. M., 2 cad., sált. 1 p., 1 p. b., 1 p. a. M., rep. desde * hasta que queden 2 p.; 2 p. b., dele la vuelta.

H. 35: Con B, 1 cad., 1 p. b., *3 cad., sált. 1 p., 1 p. a. M., 2 cad., sált. 1 p., 4 p. b., 2 cad., sált. 1 p., 1 p. a. M., 3 p. b., 1 p. a. M., 2 cad., sált. 1 p., 1 p. b.; rep. desde * hasta que queden 2 p.; 2 p. b., dele la vuelta.

H. 37: Con A, 1 cad., 1 p. b., *3 p. b., 1 p. a. M., 2 cad., sált. 1 p., 1 p. a. M., 4 p. b., 1 p. a. M., 1 p. b., 4 cad., sált. 3 p., 1 p. a. M., 1 p. b., rep. desde * hasta que queden 2 p.; 2 p. b., dele la vuelta.

H. 39: Con B, 1 cad., 1 p. b., *3 p. b., 2 cad., sált. 1 p., 1 p. a. M., 2 cad., sált. 1 p., 5 p. b., 2 cad., sált. 1 p., 3 p. a. M., 2 cad., sált. 1 p., 2 p. b.; rep. desde * hasta que queden 2 p.; 2 p. b., dele la vuelta.

H. 41: Con A, 1 cad., 1 p. b., *3 p. b., 1 p. a. M., 2 cad., sált. 1 p., 1 p. a. M., 5 p. b., 1 p. a. M., 1 p. b., 2 cad., sált. 1 p., 1 p. b., 1 p. a. M., 2 p. b.; rep. desde * hasta que queden 2 p.; 2 p. b., dele la vuelta.

H. 43: Con B, 1 cad., 1 p. b., *3 p. b., 2 cad., sált. 1 p., 1 p. a. M., 2 cad., sált. 1 p., 6 p. b., 2 cad., sált. 1 p., 1 p. a. M., 2 cad., sált. 1 p., 3 p. b.; rep. desde * hasta que queden 2 p.; 2 p. b., dele la vuelta.

H. 45: Con A, 1 cad., 1 p. b., *3 p. b., 1 p. a. M., 2 cad., sált. 1 p., 1 p. a. M., 6 p. b., 1 p. a. M., 2 cad., sált. 1 p., 1 p. a. M., 3 p. b.; rep. desde * hasta que queden 2 p.; 2 p. b., dele la vuelta. Para terminar, haga la H. 47.

H. 47: Con B, 1 cad., 1 p. b. en cada p. y 1 p. a. M. en cada esp.

Árbol de Navidad

Este motivo en forma de árbol de Navidad quedaría muy bien en una manta o un camino de mesa. También puede combinarse con todos los diseños navideños para crear un patrón festivo único.

Instrucciones de punto

Múltiplo de 21 p. + 5

En las H. D, deslice los p. como si fuera a tejerlos del revés con el hilo por detrás. Monte los p. con A, teja 1 H. del derecho y 1 H. del revés.

H. 1 (D): Con B, 1 d., desl. 1, *[1 d., desl. 1] 5 veces, 2 d., [desl. 1, 1 d.] 4 veces, desl. 1; rep. desde * hasta que queden 3 p.; 1 d., desl. 1, 1 d.

H. 2 y todas las H. R: Teja del revés los d. y deslice los p. desl. como si fuera a tejerlos del revés con el hilo por delante.

H. 3: Con A, 2 d., *10 d., desl. 2, 9 d.; rep. desde * hasta que queden 3 p.; 3 d.

H. 5: Con B, 1 d., desl. 1, *1 d., desl. 1, 18 d., desl. 1; rep. desde * hasta que queden 3 p.; 1 d., desl. 1, 1 d.

H. 7: Con A, 2 d., *4 d., [desl. 1, 1 d.] 3 veces, desl. 2, [1 d., desl. 1] 3 veces, 3 d.; rep. desde * hasta que queden 3 p.; 3 d.

H. 9: Con B, 1 d., desl. 1, *1 d., desl. 2, 16 d., desl. 2; rep. desde * hasta que queden 3 p.; 1 d., desl. 1, 1 d.

H. 11: Con A, 2 d., *5 d., [desl. 1, 1 d.] 2 veces, desl. 4, [1 d., desl. 1] 2 veces, 4 d.; rep. desde * hasta que queden 3 p.; 3 d.

H. 13: Con B, 1 d., desl. 1, *1 d., desl. 3, 14 d., desl. 3; rep. desde * hasta que queden 3 p.; 1 d., desl. 1, 1 d.

H. 15: Con A, 2 d., *6 d., [desl. 1, 1 d.] 2 veces, desl. 2, [1 d., desl. 1] 2 veces, 5 d.; rep. desde * hasta que queden 3 p.; 3 d.

H. 17: Con B, 1 d., desl. 1, *1 d., desl. 1, 1 d., desl. 2, 12 d., desl. 2, 1 d., desl. 1; rep. desde * hasta que queden 3 p.; 1 d., desl. 1, 1 d.

H. 19: Con A, 2 d., *7 d., desl. 1, 1 d., desl. 4, 1 d., desl. 1, 6 d.; rep. desde * hasta que queden 3 p.; 3 d.

H. 21: Con B, 1 d., desl. 1, *1 d., desl. 2, 1 d., desl. 2, 10 d., desl. 2, 1 d., desl. 2; rep. desde * hasta que queden 3 p.; 1 d., desl. 1, 1 d.

H. 23: Con A, 2 d., *8 d., desl. 1, 1 d., desl. 2, 1 d., desl. 1, 7 d.; rep. desde * hasta que queden 3 p.; 3 d.

H. 25: Con B, 1 d., desl. 1, *1 d., desl. 1, 1 d., desl. 2, 8 d., desl. 2, 1 d., desl. 3; rep. desde * hasta que queden 3 p.; 1 d., desl. 1, 1 d.

H. 27: Con A, 2 d., *9 d., desl. 4, 8 d.; rep. desde * hasta que queden 3 p.; 3 d.

H. 29: Con B, 1 d., desl. 1, *1 d., desl. 1, 1 d., desl. 2, 1 d., desl. 2, 6 d., [desl. 2, 1 d.] 2 veces, desl. 1; rep. desde * hasta que queden 3 p.; 1 d., desl. 1, 1 d.

H. 31: Con A, 2 d., *10 d., desl. 2, 9 d.; rep. desde * hasta que queden 3 p.; 3 d.

H. 33: Con B, 1 d., desl. 1, *[1 d., desl. 2] 3 veces, 4 d., [desl. 2, 1 d.] 2 veces, desl. 2; rep. desde * hasta que queden 3 p.; 1 d., desl. 1, 1 d.

H. 35: Con A, 2 d., *10 d., desl. 2, 9 d.; rep. desde * hasta que queden 3 p.; 3 d.

H. 37: Con B, 1 d., desl. 1, *1 d., desl. 3, [1 d., desl. 2] 2 veces, 2 d., [desl. 2, 1 d.] 2 veces, desl. 3; rep. desde * hasta que queden 3 p.; 1 d., desl. 1, 1 d.

H. 39: Con A, teja p. del derecho.

H. 40: Como la H. 2.

Instrucciones de ganchillo

Múltiplo de 21 p. + 5

Con A, teja el número deseado de p. b. sin cadeneta.

H. 1: Con B, 1 cad., 1 p. b., 2 cad., sált. 1 p., *[1 p. b., 2 cad., sált. 1 p.] 5 veces, 2 p. b., [2 cad., sált. 1 p., 1 p. b.] 4 veces, 2 cad., sált. 1 p.; rep. desde * hasta que queden 3 p.; 1 p. b., 2 cad., sált. 1 p., 1 p. b., dele la vuelta.

H. 2 y todas las H. R: 1 cad., 1 p. b. en los p., 1 cad. y sált. los esp. de cad., dele la vuelta.

H. 3: Con A, 1 cad., 1 p. b., 1 p. a. M., *[1 p. b., 1 p. a. M.] 5 veces, 3 cad., sált. 2 p., [1 p. a. M., 1 p. b.] 4 veces, 1 p. a. M.; rep. desde * hasta quedar 3 p.; 1 p. b., 1 p. a. M., 1 p. b.; vuelta.

H. 5: Con B, 1 cad., 1 p. b., 2 cad., sált. 1 p., *1 p. b., 2 cad., sált. 1 p., 8 p. b., 2 p. a. M., 8 p. b., 2 cad., sált. 1 p.; rep. desde * hasta que queden 3 p.; 1 p. b., 2 cad., sált. 1 p., 1 p. b., dele la vuelta.

H. 7: Con A, 1 cad., 1 p. b., 1 p. a. M., *1 p. b., 1 p. a. M., 2 p. b., [2 cad., sált. 1 p., 1 p. b.] 3 veces, 3 cad., sált. 2 p., [1 p. b., 2 cad., sált. 1 p.] 3 veces, 2 p. b., 1 p. a. M.; rep. desde * hasta que queden 3 p.; 1 p. b., 1 p. a. M., 1 p. b., dele la vuelta.

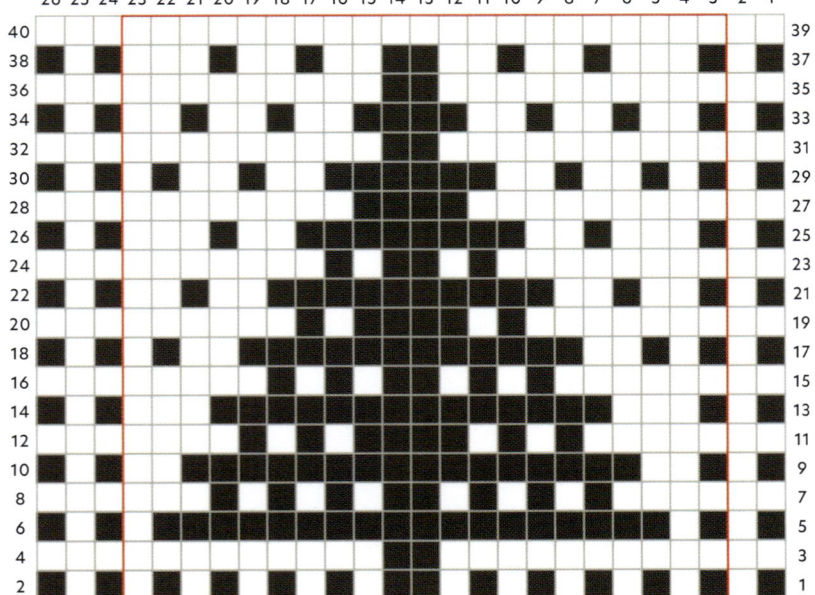

DIAGRAMA DEL MOSAICO

21 p.

☐ Hilo A = crema

■ Hilo B = burdeos

PUNTO	GANCHILLO

H. 9: Con B, 1 cad., 1 p. b., 2 cad., sált. 1 p., *1 p. b., 3 cad., sált. 2 p., 1 p. b., [1 p. a. M., 1 p. b.] 3 veces, 2 p. a. M., [1 p. b., 1 p. a. M.] 3 veces, 1 p. b., 3 cad., sált. 2 p.; rep. desde * hasta quedar 3 p.; 1 p. b., 2 cad., sált. 1 p., 1 p. b.; vuelta.

H. 11: Con A, 1 cad., 1 p. b., 1 p. a. M., *1 p. b., 2 p. a. M., 2 p. b., [2 cad., sált. 1 p., 1 p. b.] 2 veces, 5 cad., sált. 4 p., [1 p. b., 2 cad., sált. 1 p.] 2 veces, 2 p. b., 2 p. a. M.; rep. desde * hasta quedar 3 p.; 1 p. b., 1 p. a. M., 1 p. b.; vuelta.

H. 13: Con B, 1 cad., 1 p. b., 2 cad., sált. 1 p., *1 p. b., 4 cad., sált. 3 p., 1 p. b., [1 p. a. M., 1 p. b.] 2 veces, 4 p. a. M., [1 p. b., 1 p. a. M.] 2 veces, 1 p. b., 4 cad., sált. 3 p.; rep. desde * hasta quedar 3 p.; 1 p. b., 2 cad., sált. 1 p., 1 p. b.; vuelta.

H. 15: Con A, 1 cad., 1 p. b., 1 p. a. M., *1 p. b., 3 p. a. M., 2 p. b., [2 cad., sált. 1 p., 1 p. b.] 2 veces, 3 cad., sált. 2 p., [1 p. b., 2 cad., sált. 1 p.] 2 veces, 2 p. b., 3 p. a. M.; rep. desde * hasta quedar 3 p.; 1 p. b., 1 p. a. M., 1 p. b.; vuelta.

H. 17: Con B, 1 cad., 1 p. b., 2 cad., sált. 1 p., *1 p. b., 2 cad., sált. 1 p., 1 p. b., 3 cad., sált. 2 p., 1 p. b., [1 p. a. M., 1 p. b.] 2 veces, 2 p. a. M., [1 p. b., 1 p. a. M.] 2 veces, 1 p. b., 3 cad., sált. 2 p., 1 p. b., 2 cad., sált. 1 p.; rep. desde * hasta que queden 3 p.; 1 p. b., 2 cad., sált. 1 p., 1 p. b., dele la vuelta.

H. 19: Con A, 1 cad., 1 p. b., 1 p. a. M., *1 p. b., 1 p. a. M., 1 p. b., 2 p. a. M.,

2 p. b., 2 cad., sált. 1 p., 1 p. b., 5 cad., sált. 4 p., 1 p. b., 2 cad., sált. 1 p., 2 p. b., 2 p. a. M., 1 p. b., 1 p. a. M.; rep. desde * hasta que queden 3 p.; 1 p. b., 1 p. a. M., 1 p. b., dele la vuelta.

H. 21: Con B, 1 cad., 1 p. b., 2 cad., sált. 1 p., *1 p. b., [3 cad., sált. 2 p., 1 p. b.] 2 veces, 1 p. a. M., 1 p. b., 4 p. a. M., 1 p. b., 1 p. a. M., 1 p. b., 3 cad., sált. 2 p., 1 p. b., 3 cad., sált. 2 p.; rep. desde * hasta que queden 3 p.; 1 p. b., 2 cad., sált. 1 p., 1 p. b., dele la vuelta.

H. 23: Con A, 1 cad., 1 p. b., 1 p. a. M.,*[1 p. b., 2 p. a. M.] 2 veces, 2 p. b., 2 cad., sált. 1 p., 1 p. b., 3 cad., sált. 2 p., 1 p. b., 2 cad., sált. 1 p., 2 p. b., 2 p. a. M., 1 p. b., 2 p. a. M.; rep. desde * hasta que queden 3 p.; 1 p. b., 1 p. a. M., 1 p. b., dele la vuelta.

H. 25: Con B, 1 cad., 1 p. b., 2 cad., sált. 1 p., *1 p. b., 4 cad., sált. 3 p., 1 p. b., 3 cad., sált. 2 p., 1 p. b., 1 p. a. M., 1 p. b., 2 p. a. M., 1 p. b., 1 p. a. M., 1 p. b., 3 cad., sált. 2 p., 1 p. b., 4 cad., sált. 3 p.; rep. desde * hasta que queden 3 p.; 1 p. b., 2 cad., sált. 1 p., 1 p. b., dele la vuelta.

H. 27: Con A, 1 cad., 1 p. b., 1 p. a. M., *1 p. b., 3 p. a. M., 1 p. b., 2 p. a. M., 2 p. b., 5 cad., sált. 4 p., 2 p. b., 2 p. a. M., 1 p. b., 3 p. a. M.; rep. desde * hasta que queden 3 p.; 1 p. b., 1 p. a. M., 1 p. b., dele la vuelta.

H. 29: Con B, 1 cad., 1 p. b., 2 cad., sált. 1 p., *1 p. b., 2 cad., sált. 1 p., 1 p. b.,

[3 cad., sált. 2 p., 1 p. b.] 2 veces, 4 p. a. M., 1 p. b., [3 cad., sált. 2 p., 1 p. b.] 2 veces, 2 cad., sált. 1 p.; rep. desde * hasta que queden 3 p.; 1 p. b., 2 cad., sált. 1 p., 1 p. b., dele la vuelta.

H. 31: Con A, 1 cad., 1 p. b., 1 p. a. M., *1 p. b., 1 p. a. M., [1 p. b., 2 p. a. M.] 2 veces, 2 p. b., 3 cad., sált. 2 p., 2 p. b., [2 p. a. M., 1 p. b.] 2 veces, 1 p. a. M.; rep. desde * hasta que queden 3 p.; 1 p. b., 1 p. a. M., 1 p. b., dele la vuelta.

H. 33: Con B, 1 cad., 1 p. b., 2 cad., sált. 1 p., *[1 p. b., 3 cad., sált. 2 p.] 3 veces, 1 p. b., 2 p. a. M., 1 p. b., [3 cad., sált. 2 p., 1 p. b.] 2 veces, 3 cad., sált. 2 p.; rep. desde * hasta que queden 3 p.; 1 p. b., 2 cad., sált. 1 p., 1 p. b., dele la vuelta.

H. 35: Con A, 1 cad., 1 p. b., 1 p. a. M., *[1 p. b., 2 p. a. M.] 3 veces, 1 p. b., 3 cad., sált. 2 p., [1 p. b., 2 p. a. M.] 3 veces; rep. desde * hasta que queden 3 p.; 1 p. b., 1 p. a. M., 1 p. b., dele la vuelta.

H. 37: Con B, 1 cad., 1 p. b., 2 cad., sált. 1 p., *1 p. b., 4 cad., sált. 3 p., 1 p. b., 3 cad., sált. 2 p., 1 p. b., 3 cad., sált. 2 p., 2 p. a. M., [3 cad., sált. 2 p., 1 p. b.] 2 veces, 4 cad., sált. 3 p.; rep. desde * hasta que queden 3 p.; 1 p. b., 2 cad., sált. 1 p., 1 p. b., dele la vuelta.
Para terminar, haga la H. 39.

H. 39: Con A, 1 cad., 1 p. b. en cada p. y 1 p. a. M. en cada esp.

Nociones básicas de ganchillo

Conocer los puntos básicos es esencial para trabajar la técnica mosaico a ganchillo. Tanto si está aprendiendo a tejer como si necesita refrescar sus conocimientos, a continuación encontrará los conceptos fundamentales.

Inicio y acabado

Las labores de ganchillo pueden trabajarse en hileras comenzando con una cadeneta base (*véase la página opuesta*) o con una hilera base sin cadeneta (*véase la página 20*).

CÓMO SOSTENER EL GANCHILLO Y EL HILO

Estas son las dos maneras más habituales de sostener la aguja.

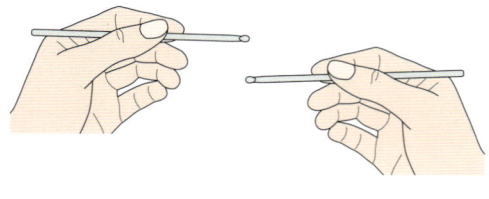

MANO IZQUIERDA   MANO DERECHA

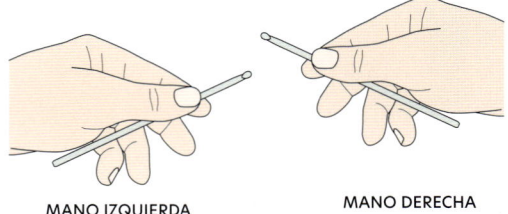

MANO IZQUIERDA   MANO DERECHA

Método del lápiz Sujete la zona plana con las puntas del pulgar y del índice de su mano dominante, tal como se muestra, como si sostuviera un bolígrafo o un lápiz.

Método del cuchillo Agarre la zona plana entre el pulgar y el índice, como si fuese un cuchillo.

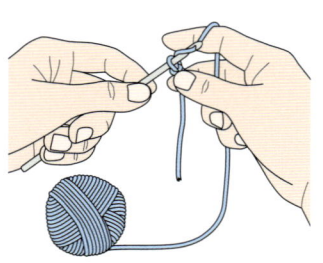

MANO IZQUIERDA

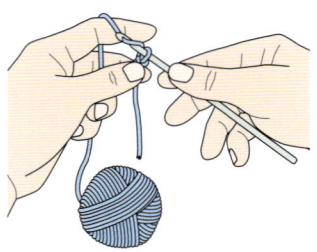

MANO DERECHA

Cómo sostener el hilo Para controlar el avance del hilo y mantener una tensión uniforme, pase el cabo suelto del hilo alrededor del índice de su mano no dominante y luego pase el hilo que sale del ovillo alrededor del meñique de la misma mano sin apretar. Utilice el dedo corazón de la misma mano para sostener la labor.

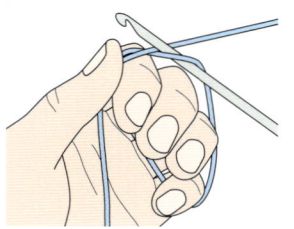

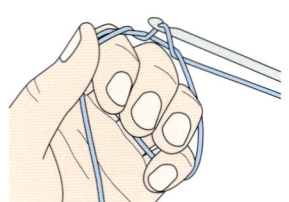

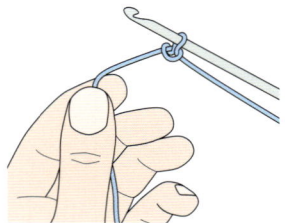

CÓMO HACER UN PUNTO CORREDIZO

1. Forme un bucle tal como muestra el dibujo, introduzca el ganchillo, agarre el hilo y sáquelo por el bucle para que quede una lazada sobre la aguja.

2. Tire del hilo con suavidad para ajustar la lazada alrededor de la aguja y completar el punto corredizo.

Puntos básicos

Todos los puntos se basan en utilizar una aguja de ganchillo para pasar una lazada por otra lazada. Solo hay que aprender unos pocos puntos, todos de diferentes longitudes. A continuación, encontrará una guía concisa de los puntos básicos empleados en la técnica mosaico a ganchillo.

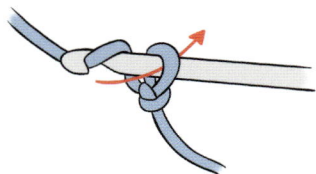

Cadeneta (cad.) Eche hebra sobre la aguja y sáquela a través de la lazada del ganchillo para formar una nueva lazada.

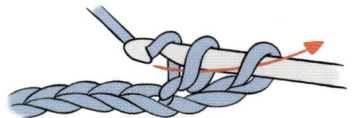

Punto bajo (p. b.) Introduzca el ganchillo en el punto indicado, eche hebra y sáquela a través del punto (2 lazadas en la aguja). Eche hebra y sáquela a través de las 2 lazadas.

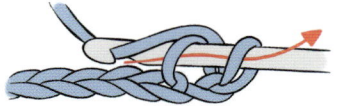

Punto raso (p. r.) Introduzca el ganchillo en el punto indicado, eche hebra y sáquela a través del punto y de la lazada de la aguja.

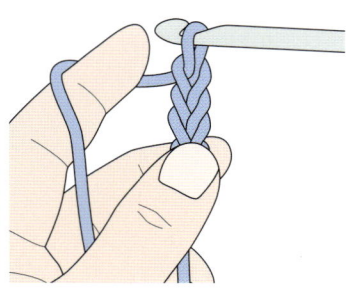

CADENETA BASE

El patrón le indicará cuántas cadenetas debe hacer. Puede tratarse de un número concreto o de un múltiplo. Si el patrón indica un múltiplo de 3 + 2, esto no significa un múltiplo de 5, sino que debe tejer un múltiplo de 3 y después añadir 2 cadenetas más (por ejemplo, 3 + 2, 6 + 2, 9 + 2, etc.). A veces, el patrón también indica que debe añadir una cadeneta de vuelta en la primera hilera.

1. Siga las instrucciones de la cadeneta (véase arriba) para completar el primer punto de cadeneta.

2. Repita el proceso de sacar un nuevo hilo a través de la lazada de la aguja hasta obtener una cadeneta de la longitud deseada. Cada lazada en forma de «V» del derecho de la labor es una cadeneta, excepto la que queda en el ganchillo, que no cuenta. Cada pocos puntos, desplace hacia arriba el pulgar y el dedo con el que agarra la cadeneta para que las cadenetas le queden uniformes.

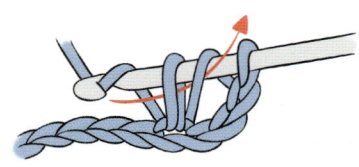

Punto alto (p. a.) Eche hebra, introduzca el ganchillo en el punto indicado, eche hebra y sáquela a través del punto (3 lazadas en la aguja). *Eche hebra y sáquela a través de 2 lazadas; repita desde * 1 vez más.

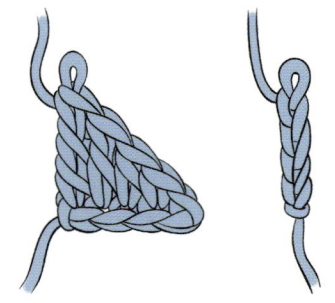

CADENETAS DE VUELTA Y DE INICIO

Al hacer ganchillo, tendrá que tejer un número específico de cadenetas adicionales al inicio de cada hilera o vuelta. Cuando da la vuelta a la labor al final de una hilera, las cadenetas adicionales se llaman cadeneta de vuelta, y cuando se tejen al principio de una vuelta se conocen como cadenetas de inicio. Las cadenetas adicionales llevan la aguja a la altura adecuada por poder trabajar el siguiente punto.

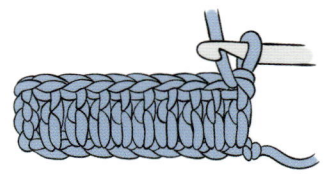

REMATAR LA LABOR

Cuando haya terminado la labor, corte el hilo a unos 15 cm del último punto. Eche el hilo sobre el ganchillo y saque el extremo por la lazada que queda en la aguja. Tire suavemente del hilo para apretar el último punto y, después, remate el cabo suelto.

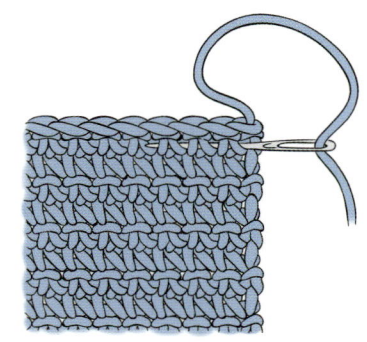

REMATAR LOS CABOS SUELTOS

Cuando acabe un proyecto, tendrá que rematar los cabos sueltos. En las labores tejidas en hileras, utilice una aguja lanera para introducirlos en diagonal por el revés de la labor. En las piezas trabajadas en redondo, remate los cabos bajo los puntos a lo largo de 3 o 4 cm.

Nociones básicas de punto

Si quiere aprender a hacer punto, aquí encontrará toda la información que necesita para comenzar.

NUDO CORREDIZO

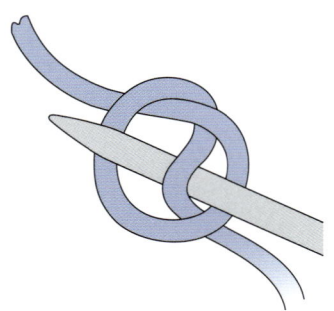

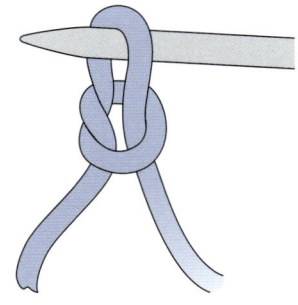

1. El nudo corredizo que se pone en la aguja cuenta como el primer punto de la hilera de montaje. Forme un bucle alrededor de dos dedos de la mano izquierda, de modo que el extremo del ovillo quede por encima. Introduzca la aguja en el bucle, agarre la hebra del ovillo y pásela a través del bucle.

2. Tire de los dos extremos del hilo para cerrar el nudo. Tire de la hebra del ovillo para llevar el nudo a la aguja.

Cabos sueltos

El cabo que queda después de montar puntos debe tener una longitud razonable para poder utilizarlo para coser. Lo mismo ocurre con el cabo que queda después de cerrar la labor. Al hacer cambios de color en una labor, los cabos que quedan deben esconderse en una costura o al final de una hilera por el revés de la labor; estos cabos serán útiles para disimular imperfecciones, como un cambio de color poco pulcro.

Las hebras que quedan al trabar un motivo pueden rematarse por detrás de este; para ello, use una aguja lanera de punta roma.

MONTAJE DE CABLE

Este método con dos agujas crea un resultado bastante rígido con un borde parecido a una cuerda.

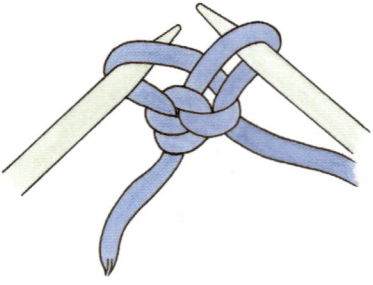

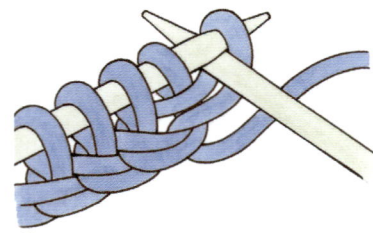

1. Ponga un nudo corredizo en una aguja. Con la otra aguja y el hilo procedente del ovillo, haga un punto del derecho en el bucle de la aguja izquierda sin deslizarlo. Transfiera el nuevo punto a la aguja izquierda.

2. Introduzca la aguja derecha entre el nuevo punto y el siguiente y, después, haga otro punto de la misma manera que antes. Siga haciendo puntos del mismo modo.

CERRAR LA LABOR

Estas labores pueden cerrarse simplemente con puntos del derecho formando una especie de cadeneta. Haga 2 d. *Con la aguja izquierda, pase el 1.er punto por encima del 2.º. Haga el siguiente d. Repita desde * hasta que quede 1 p. Corte el hilo, pase el extremo a través de ese p. y tire para cerrarlo.

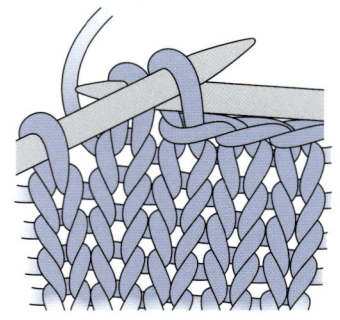

Para cerrar la labor, simplemente haga puntos del derecho o del revés en la última hilera según correspondería en el patrón y vaya cerrándolos del mismo modo explicado.

PUNTO DEL DERECHO (d.)

Sujete las agujas y el hilo de la forma que le resulte más cómoda. Para tensar el hilo (para que se mueva uniformemente), tendrá que pasarlo entre los dedos de la mano que lo sujeta, tal vez también alrededor del meñique. Una sucesión de hileras de punto del derecho crean un tejido a punto bobo.

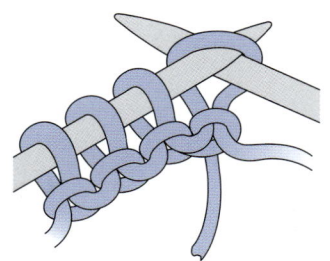

1. Introduzca la aguja derecha en el primer punto de la aguja izquierda, asegurándose de que atraviesa la parte delantera del punto de izquierda a derecha.

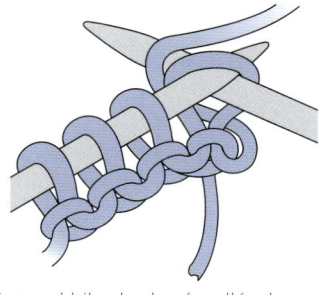

2. Tome el hilo de detrás y llévelo hacia arriba y alrededor de la aguja derecha.

3. Con la punta de la aguja derecha, saque la nueva lazada a través del punto.

4. Saque el punto de la aguja izquierda. Ahora tendrá un nuevo punto en la oguja derecha.

PUNTO DEL REVÉS (r.)

Sujete las agujas y el hilo del mismo modo que para hacer el punto del derecho. Con el punto del revés ocurre lo contrario: crea un bultito en el derecho de la labor y una suave «V» en el revés. Hileras alternas de punto del derecho y del revés crean un tejido a punto liso.

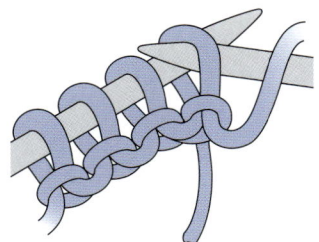

1. Introduzca la aguja derecha en el primer punto de la aguja izquierda, asegurándose de que atraviesa el punto de derecha a izquierda.

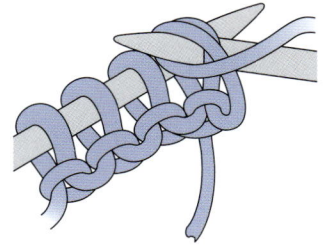

2. Traiga el hilo hacia delante, enrollándolo alrededor de la aguja derecha.

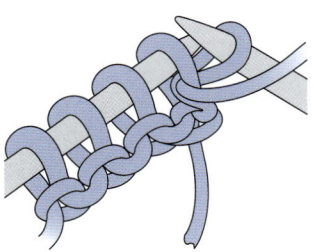

3. Baje la punta de la aguja derecha, alejándola de usted para sacar la nueva lazada a través del punto.

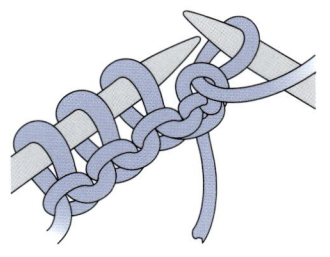

4. Saque el punto de la aguja izquierda. Ahora tendrá un nuevo punto en la aguja derecha.

Unir piezas

Los paneles se pueden juntar con una aguja de coser o con el ganchillo.
Antes de unir piezas, siempre debe bloquearlas (*véase* la página 172). Sujete
las costuras con alfileres para encajar bien los paneles y darles un acabado
pulcro. Utilice el mismo hilo de la labor o uno más fino, preferiblemente de
la misma composición.

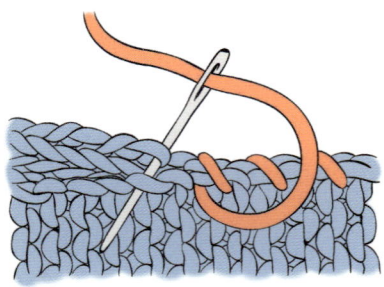

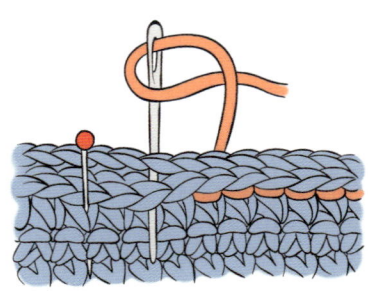

SOBREHILADO

Junte dos paneles derecho contra
derecho, sujetándolos con alfileres si
fuera necesario. Cosa una hilera de
puntadas diagonales de detrás hacia
delante por debajo de las hebras de
los bordes de los paneles.

PESPUNTE

Sujete los paneles derecho contra
derecho. Con una aguja lanera, haga
un pespunte a lo largo del borde.

COSTURAS A GANCHILLO

Junte los paneles revés contra revés
para obtener una costura visible, o
derecho contra derecho para que no
se vea. Trabaje una hilera de puntos
rasos o de puntos bajos tejiéndolos
en las lazadas superiores de ambos
paneles. Cuando siga este método
en los bordes laterales de los paneles trabajados en hileras, asegúrese
de que los puntos queden espacia-
dos de manera uniforme para que
la costura no quede demasiado
apretada.

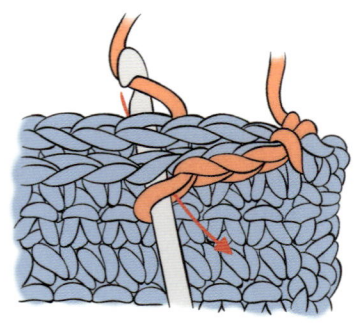

COSTURA A PUNTO RASO

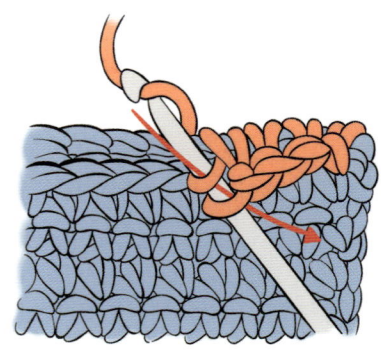

COSTURA A PUNTO BAJO

Calcular las cantidades de hilo

La mejor forma de calcular cuánto hilo necesitará
en un proyecto grande es trabajar unas cuantas
repeticiones del patrón con el hilo y la combinación
de colores que vaya a utilizar, y después deshacer-
los. Mida la cantidad de hilo de cada color usado,

calcule la longitud media y multiplique por el número
de repeticiones del patrón que pretenda realizar.
No se olvide de añadir el hilo extra para unir los
paneles y trabajar los ribetes.

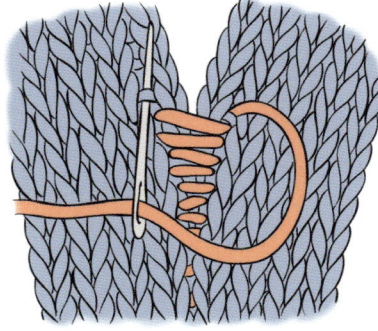

Cuidado posterior

Se recomienda conservar una etiqueta de los ovillos de cada proyecto que complete como referencia para las instrucciones de lavado. Para que las labores de punto y ganchillo no se deformen, lo mejor es lavarlas suavemente a mano y dejarlas secar planas sobre una toalla. No las cuelgue, ya que el peso del agua las estiraría.

PUNTO DE COLCHONERO EN UN TEJIDO DE PUNTO
Extienda los paneles uno al lado del otro, con los bordes en contacto y el derecho hacia arriba. Enhebre una aguja lanera con hilo a juego y pásela por debajo de la lazada situada entre el punto exterior y el siguiente de cada borde, tal como se muestra.

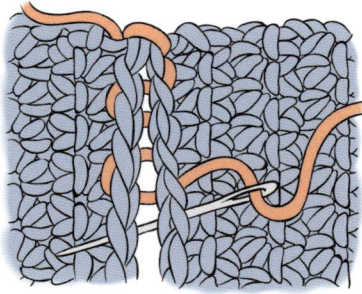

PUNTO DE COLCHONERO EN UN TEJIDO DE GANCHILLO
Coloque los paneles con el revés hacia arriba y los bordes en contacto. Con una aguja lanera, pase el hilo hacia detrás y hacia delante en torno el centro de los puntos, sin apretar mucho los puntos.

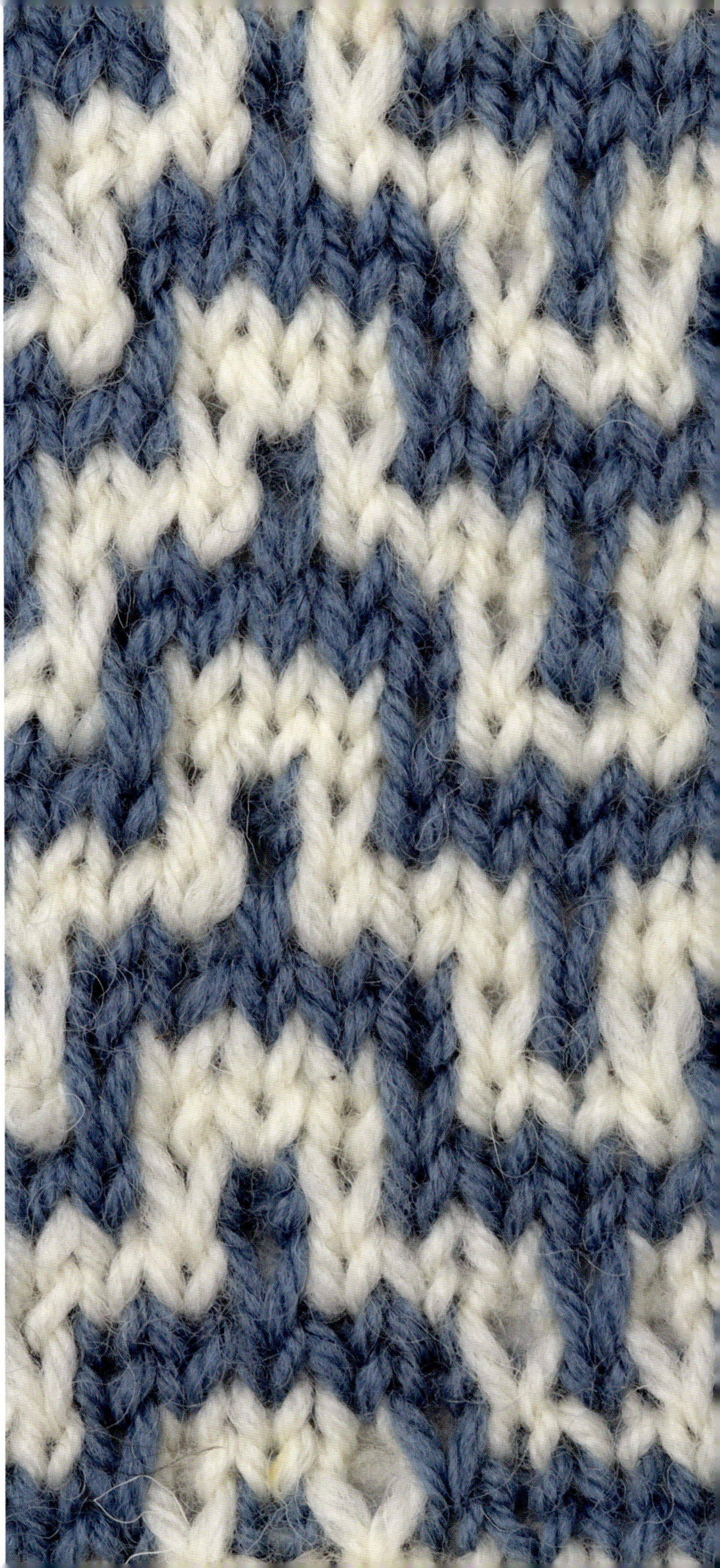

Bloquear la labor

Bloquear un tejido es esencial para fijar los puntos y obtener un acabado uniforme. Es una manera de dar forma a su labor de punto o ganchillo una vez acabada, para enderezarla, definir los puntos y conseguir que el tejido recupere su forma y tamaño. La mayoría de los tejidos de punto y ganchillo agradecen el bloqueo, proceso que suele llevarse a cabo como parte de la fase de ensamblaje.

Elija el método que se adecue más a los cuidados indicados en la etiqueta del hilo. En caso de duda, siga el método húmedo. Clave las piezas en el planchero o en una alfombrilla especial de gomaespuma (puede comprarla o bien utilizar una de las infantiles).

Método húmedo: acrílico o mezcla de lana y acrílico Con alfileres, sujete el tejido de manera que tenga las medidas correctas sobre una superficie plana y utilice un pulverizador para humedecer con agua fría. Dé unos toques al tejido para que la humedad penetre mejor. Recoloque los puntos para que las hileras y los puntos queden rectos. Espere a que se seque antes de retirar los alfileres.

Método con vapor: lanas y algodones Sujete el tejido tal como se explica en la página opuesta. Si se trata de un tejido con puntos en relieve, sujételo con el derecho hacia arriba para evitar aplastar los puntos; en cualquier otro caso, sujételo con el revés hacia arriba. Aplique vapor manteniendo la plancha a 2,5 cm de la labor. Espere varios segundos a que el vapor penetre en el tejido.

TABLA PARA BLOQUEAR
Puede comprar alfombrillas especiales de gomaespuma en forma de rompecabezas (como esta), o adquirir una versión prácticamente igual en una juguetería a mitad de precio. También puede utilizar la parte superior de un planchero o una toalla de baño extendida en el suelo.

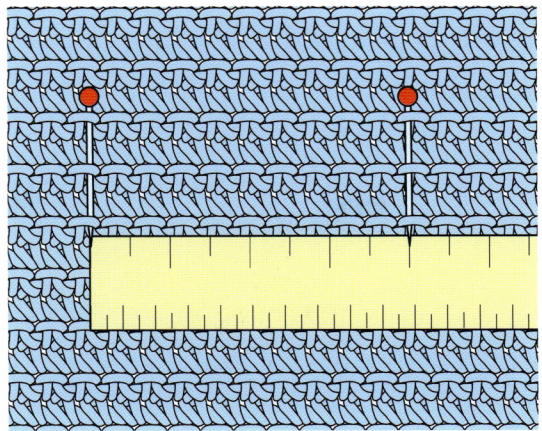

Use alfileres finos inoxidables de costura: clávelos con cuidado en los bordes de la pieza, asegurándose de que esta tenga el tamaño y la forma correctos. Primero clave las esquinas. Después, ponga un alfiler entre cada esquina, uno en cada borde. Clave más alfileres a intervalos regulares a lo largo de cada borde. Emplee muchos alfileres para evitar que el tejido se deforme.

ALFILERES MAL PUESTOS
Observe como los puntos se estiran y deforman.

ALFILERES BIEN PUESTOS
Muestra tensada de manera que mantiene su forma natural. Si el borde tiene puntas, sujete cada una con un alfiler.

Tensión

Es importante que, antes de empezar un proyecto grande de punto o ganchillo, teja una muestra para establecer la tensión que ejercerá. Puede usar su muestra de tensión para comprobar los métodos de bloqueo y lavado.

El término «tensión» se refiere al número de puntos e hileras que hay en un tejido de ganchillo o punto de una longitud y anchura determinados. Los patrones para confeccionar piezas de ropa incluyen una tensión recomendada y es importante que consiga la misma para que la labor resultante sea de la talla esperada. La tensión se ve afectada por el tamaño y la marca de las agujas de ganchillo o de punto, así como por el tipo de hilo, el patrón de punto y la tensión particular del tejedor.

El tejedor No hay dos personas que ejerzan la misma tensión exacta al tejer, ni siquiera si utilizan el mismo hilo y el mismo ganchillo.

Las variedades de hilos Dos hilos con la misma descripción (por ejemplo, deportivo o estambre) y la misma composición de fibras pero de distintos fabricantes pueden variar de peso. El color del hilo elegido también puede afectar a la tensión debido a los diferentes tintes empleados durante la fabricación.

Los modelos de agujas Las agujas de ganchillo y de punto pueden variar mucho de forma y tamaño incluso si están clasificadas con el mismo número o letra. Utilice siempre el mismo ganchillo o agujas para tejer tanto la muestra de tensión como la labor.

¿Por qué debo hacer una muestra de tensión? Haga siempre una muestra antes de iniciar un proyecto, para que pueda comparar su tensión con la del patrón y hacerse una idea del aspecto y la caída de la labor terminada. También es útil para probar diferentes combinaciones de colores.

¿Cómo compruebo la tensión? Para comprobar su tensión, trabaje una muestra con el hilo que vaya a utilizar siguiendo las instrucciones del patrón. Bloquee la muestra y vuelva a medirla. Si su muestra es más grande que la que especifica el patrón, use una aguja de ganchillo más pequeña; si es más pequeña, pruebe a trabajar otra muestra con un ganchillo de un número mayor. Haga también esto si nota el tejido demasiado suelto y flojo o demasiado tupido y rígido. Siga probando hasta que encuentre la aguja adecuada para conseguir la tensión requerida, o hasta que esté satisfecho con la caída y el aspecto del tejido. Básicamente, es más importante que se sienta cómodo con el ganchillo o las agujas de tejer que no que siga las instrucciones del patrón al pie de la letra.

Índice analítico

Créditos

Gracias a todas las personas que han comprobado mis patrones.

Los de ganchillo:
Jo Wright: @Sycamorecottagecraft
Karen Pimblett: @__kernowdesigns
Emma Griffiths-Brown: @mrsgbcrochet
Lucy Croft: @lucyacroft
Tayu Purnamasari: @TayuPurnamasari
Elena Trimarchi: @Elena.trimarchi
Claire Robinson
Sarah-Jane Hicks: @flo_and_dot
Chloe Jones
Amy Hancock: @Harmonytalc
Gee Wyles: @jadestar8
Christine Tait: @whatchristinemade
Pam Harrison: @Harrison_pam
Rachael Matthewman:@rachaellm

Los de punto:
Alexandra Zeilinger: @arwenundomiel72
Marion Cook: @marionmakes_
Lauren Haighton: @knitasaurus
Faye Perriam-Reed: @fayeperriamreed
Nici Griffin: @beanieboat
Chloe Richardson @chesterfield_knitter
Elizabeth Ann Robinson: @millyknittens
Olivia Knoedt: @oliv_knits
Linda James
Vicky Wootten:@vixwootten
Sally Cowell: @levenknitandsew
Dooknits
Karen S. Henderson: @plot.twist.designs
Nicole Hawkesford: @certainstyle_makes
Becca Huben: @nutmegknitter

Agradecimientos

Mi mayor agradecimiento es para mi increíble marido, Dave, que me anima constantemente con su amor, su apoyo y su fe en mí.

Muchas gracias a Charlene y al fantástico equipo de Quarto por hacer realidad este libro.

¡Gracias, Sharon y Linda, por ser las mejores editoras técnicas del mundo!

Un enorme agradecimiento a Rhiannon y al equipo de West Yorkshire Spinners por proporcionarme los bonitos hilos empleados en este libro.

Y gracias a todos los que hayan comprado el libro y disfruten haciendo punto, ganchillo o ambas cosas.

Anna x

Acerca de la autora

ANNA NIKIPIROWICZ es diseñadora de ganchillo y punto, además de profesora y autora. Sus diseños se publican regularmente en revistas de labores, como en *Inside Crochet*, y también es la autora de *Manual de puntos de ganchillo tunecino* y *Crocheted Wreaths for the Home*, entre otros. Encontrará más información sobre ella en su página web, www.moochka.co.uk, y en Instagram: @annanikipirowicz.

Colores de hilos usados en este libro

COLOR A

LANGA 0010

GEOMÉTRICOS

BRESSAY 1150

MAYWICK 0512

CLATE 1152

NISTA 0348

AZTECAS

NORBY 0353

SKELBERRY 0580

WHALSAY 1151

DE LA NATURALEZA

GRAVEN 1018

HARKLAND 0226

CHALLISTER 1019

GENERALES

SAMPFREY 1153

GREENBANK 0404

ESTACIONALES

SKELBERRY 0580

NISTA 0348

WEST YORKSHIRE SPINNERS

Visite wyspinners/stockists para localizar su distribuidor local de hilos de West Yorkshire Spinners. Siga @westyorshirespinners en Facebook e Instagram.